规划教材

企业内部控制

ENTERPRISE INTERNAL CONTROL

杨有红/著

北京大学出版社
PEKING UNIVERSITY PRESS

图书在版编目(CIP)数据

企业内部控制/杨有红著. —北京：北京大学出版社, 2019.5
(21世纪MBA规划教材)
ISBN 978-7-301-30467-9

Ⅰ. ①企⋯　Ⅱ. ①杨⋯　Ⅲ. ①企业内部管理—研究生—教材　Ⅳ. ①F270

中国版本图书馆CIP数据核字(2019)第084391号

书　　　　名	企业内部控制 QIYE NEIBU KONGZHI
著作责任者	杨有红　著
责任编辑	李　娟
标准书号	ISBN 978-7-301-30467-9
出版发行	北京大学出版社
地　　　　址	北京市海淀区成府路205号　100871
网　　　　址	http://www.pup.cn
微信公众号	北京大学经管书苑(pupembook)
电子信箱	em@pup.cn　QQ：552063295
电　　　　话	邮购部 010-62752015　发行部 010-62750672　编辑部 010-62752926
印刷者	大厂回族自治县彩虹印刷有限公司
经销者	新华书店
	787毫米×1092毫米　16开本　20.75印张　452千字 2019年5月第1版　2019年5月第1次印刷
定　　　　价	49.00元

未经许可，不得以任何方式复制或抄袭本书之部分或全部内容。
版权所有，侵权必究
举报电话：010-62752024　电子信箱：fd@pup.pku.edu.cn
图书如有印装质量问题，请与出版部联系，电话：010-62756370

前　言

企业内部控制系统具有目标明确、架构完整、高度适用性的特点。企业内部控制系统的构建、运行、评价和完善能够为企业抵御合规性风险和效益性风险，为实现可持续性的价值创造提供合理保证。作为工商企业和经济管理部门务实型、复合型和应用型高层次管理人才的后备军，工商管理硕士（MBA）学员必须对企业内部控制系统有一个全面、准确的了解。

最近十几年，我撰写了一些关于内部控制的论文，主持完成了财政部和国家审计署的两个内部控制方面的重大课题与北京市的一个内部控制重点课题，并主持完成了大型企业委托的三项内部控制系统的构建、评价方面的横向课题。另外，作为若干家大型国有企业外部董事和上市公司独立董事，我积极参与和指导任职企业内部控制系统的构建、评价工作。上述成果无论对推动内部控制理论研究，还是服务于我国企业内部控制系统的构建与运行，都起到了一定的作用。

在总结、归纳、提炼上述研究成果和实践的基础上，我完成的《企业内部控制系统——构建·运行·评价》一书2014年荣获"北京市第十三届哲学社会科学优秀成果二等奖"。本书基于《企业内部控制系统——构建·运行·评价》，融入作者近几年企业内部控制研究的理论成果和实践体会编写而成。本书的主要特色如下：

（1）将近年来新的内部控制框架和规范做了明晰的阐述。本书解析了2013年以后国外内部控制框架的更新以及我国新的内部控制规范，包括美国COSO发布的《内部控制——整合框架》（2013）、《企业风险管理——与战略和绩效的整合》（2017）和我国财政部发布的《小型企业内部控制规范（试行）》（2017）。

（2）每章章前配有"学习目标"，章后配有"思考题"。"学习目标"有助于读者了解每章学习应达到的要求，"思考题"则有助于读者梳理所学内容，并深入思考、巩固每章的重点内容。

（3）案例贯穿全书。每章章前配有"引导案例"、章中尽可能地插入"典型案例"、章后配有"案例分析题"。案例全部源于实际而非虚构。"引导案例"以实例的形式引出本章将阐述的主要内容，并使读者在学习前对本章内容产生感性认知；"典型案例"能使所阐述的知识更贴合企业实际，并运用所学内容解决实际问题；"案例分析题"则要求读者通过实例分析加深对本章内容的理解，融会贯通所学知识。

我的博士生孙多娇、闫珍丽、段文谡、武艳萍参与了案例收集、整理等工作，在此对他们表示感谢！

杨有红
2019 年 1 月 14 日

目　　录

第一章　内部控制的演进 ································· 1
　　第一节　内部控制的产生与演进轨迹 ················· 3
　　第二节　从内部控制发展历程中获得的启示 ··········· 15
　　第三节　我国的内部控制规范体系 ··················· 19

第二章　内部控制与公司治理 ························· 25
　　第一节　公司治理与公司管理 ······················· 28
　　第二节　内部控制与公司治理的关系 ················· 30
　　第三节　内部控制与公司治理的对接 ················· 31

第三章　内部环境 ··································· 39
　　第一节　机构设置与权责分配 ······················· 42
　　第二节　监督体系 ································· 47
　　第三节　企业发展战略 ····························· 49
　　第四节　诚信和道德价值观、员工胜任能力 ··········· 52
　　第五节　管理哲学、经营风格与企业文化 ············· 55
　　第六节　人力资源政策与实务 ······················· 59

第四章　风险评估 ··································· 63
　　第一节　风险评估的四个环节 ······················· 67
　　第二节　目标设定 ································· 67
　　第三节　风险识别 ································· 71
　　第四节　风险分析 ································· 76
　　第五节　风险应对 ································· 84

第五章　控制活动——基本控制措施 ··················· 89
　　第一节　不相容职务分离控制 ······················· 92

第二节　授权审批控制 ……………………………………………………… 93
第三节　会计系统控制 ……………………………………………………… 95
第四节　信息系统控制 ……………………………………………………… 98
第五节　资产保全控制 ……………………………………………………… 106
第六节　营运分析控制 ……………………………………………………… 113
第七节　全面预算控制 ……………………………………………………… 126

第六章　控制活动——主要业务内部控制 ……………………………………… 131
第一节　资金活动内部控制 ………………………………………………… 133
第二节　采购业务内部控制 ………………………………………………… 150
第三节　销售业务内部控制 ………………………………………………… 165
第四节　工程项目内部控制 ………………………………………………… 180
第五节　担保业务内部控制 ………………………………………………… 188
第六节　研究与开发内部控制 ……………………………………………… 194
第七节　业务外包内部控制 ………………………………………………… 199
第八节　资产管理内部控制 ………………………………………………… 205
第九节　财务报告内部控制 ………………………………………………… 214

第七章　信息与沟通 ……………………………………………………………… 227
第一节　组织结构与信息处理 ……………………………………………… 230
第二节　信息的获取、识别与处理 ………………………………………… 233
第三节　信息系统 …………………………………………………………… 240
第四节　沟　通 ……………………………………………………………… 248

第八章　内部监督 ………………………………………………………………… 259
第一节　内部监督机构及其职责 …………………………………………… 262
第二节　内部监督方式 ……………………………………………………… 267
第三节　内部监督程序 ……………………………………………………… 273

第九章　内部控制评价 …………………………………………………………… 283
第一节　内部控制评价概述 ………………………………………………… 286
第二节　内部控制评价标准的确定 ………………………………………… 290
第三节　内部控制评价的内容 ……………………………………………… 291
第四节　内部控制缺陷认定 ………………………………………………… 315
第五节　内部控制评价程序 ………………………………………………… 320

参考书目 ……………………………………………………………………………… 325

第一章　内部控制的演进

[学习目标]

通过学习本章,您应该:

1. 了解内部控制的产生和发展历程;
2. 掌握内部控制框架的构成以及框架中各要素间的逻辑关系;
3. 熟悉我国当前的内部控制规范体系。

[引导案例]

2001年10月,安然公司公布年度第三季度财务报告,报告显示公司亏损总计达6.2亿美元,引起投资者、媒体和管理层的广泛关注,由此拉开安然事件的序幕。2001年12月2日,安然公司正式向法院申请破产保护,破产清单所列资产达498亿美元,成为当时美国历史上最大的破产企业。安然事件催生了《萨班斯-奥克斯利法案》的出台。法案有两处最为引人注目:一是改进公司治理结构,强化内部控制,明确公司管理层对内部控制和财务报告的责任;二是催生了公众公司会计监督委员会(PCAOB),其通过发布审计准则、对会计师事务所实施监督等手段,促使公众公司的审计师提供信息量大、透明度高、公允和独立的审计报告。《萨班斯-奥克斯利法案》以法律形式对财务报告内部控制的建立、持续运行、有效评估和披露做了强制性规定,为内部控制在美国企业的实施提供了强有力的保障。十几年来,随着内部控制责任在许多国家的企业中的落实以及内部控制评价和审计在企业内的实施,内部控制在完善公司治理与管理、提高财务报告透明度等方面起到了显著作用。

第一节 内部控制的产生与演进轨迹

尽管不同国家的研究机构和研究人员考察内部控制产生与发展动因的角度不同、看法不一,但是对内部控制的产生与发展历程的认识渐渐趋于一致,认为内部控制的发展可以划分为内部牵制阶段、内部控制制度阶段、内部控制结构阶段、内部控制框架阶段和风险管理框架阶段。内部控制的五阶段划分,能够较好地展现内部控制的发展逻辑。

一、内部牵制阶段

内部牵制(internal check)是内部控制发展进程中的第一阶段,也是内部控制发展史上经历时间最长的阶段,有史料记载的内部牵制始于公元前4000年的古埃及国库管理。从史料记载看,早在古埃及、古希腊、古罗马时期,内部控制思想在国家治理、国库管理、军队管理等方面就得到了广泛的应用。在法老统治的古埃及中央财政国库管理中,已初具内部牵制的雏形:银子和谷物等物品接收时数量的记录、入库时数量的记录与实物的检查、接收数量与入库数量的核对,分别由三名人员完成;仓库的收发存记录由仓库管理员的上司定期检查,以确保记录正确、账实相符。在古罗马时代,随着会计账簿的设置,尤其是"双人记账制"的出现,内部牵制技术措施得到了丰富。在罗马帝国的和平时期,宫廷库房规定:国库支付金钱之前要求出具认可书和正式的支付命令书;一笔业务发生后,必须由两名记账员在各自的账簿中同时加以反映,然后定期将双方账簿记录加以对比考核,以审查有无差错或舞弊行为,从而达到控制财物收支的目的。

内部牵制思想在我国同样源远流长,最早见于《周礼》一书。朱熹在评述《周礼理其财之所出》时指出:"虑夫掌财用财之吏,渗漏乾没,或者容奸而肆欺……于是一毫财赋之出入,数人耳目之通焉。"意指当时的统治者为防止掌管和使用财赋的官吏弄虚作假甚至贪污盗窃,因而规定每笔财赋的出入要经过几个人,达到互相牵制的目的。对此,美国著名会计史学家迈克尔·查特菲尔德(Michael Chatfield)曾高度评价:"在内部控制、预算及审计程序等方面,周代在古代世界是无与伦比的。"①

到15世纪末,随着资本主义经济的初步发展与会计体系的成熟,内部牵制也发展到一个新的阶段。以意大利出现的复式记账法为标志,内部牵制渐趋成熟。它以账目间的相互核对为主要手段并实施一定程度的岗位分离,在当时一致被认为是确保所有钱财和账目正确无误的一种理想的控制方法。18世纪工业革命以后,企业规模逐渐扩大,公司制企业开始出现。当时,美国铁路公司为了对遍及各地的客货运业务进行控制和考核,采用了内部稽核制度,因收效显著而被各大企业纷纷效仿。20世纪初期,资本主义经济迅猛发展,股份有限公司的规模迅速扩大,生产资料的所有权与经营权逐渐分离。为了提高市场竞争力,攫取更多的剩余价值并防范和揭露错弊,美国的一些企业逐渐摸索出一些组织、调节、制约和检查企业生产经营活动的办法。

审计师劳伦斯·迪克西(Lawrence Dicksee)在1905年出版的《审计学:审计师实用手册》中最早提出内部牵制这个概念,并认为内部牵制由三个要素构成:职责分工、会计记录、人员轮换。罗伯特·蒙哥马利(Robert Montgomery)在1912年出版的《审计:理论与实践》一书中指出,内部牵制是指一个人不能完全支配账户、另一个人也不能独立加以控制的制度,单位某一职员的业务与另一职员的业务必须是相互补充、相互牵制的关系,即必须进行组织上的责任分工和业务上的交叉检查或交叉控制,以便相互牵制,防止发生错误或弊端。

乔治·贝内特(George Bennett)发展了内部牵制这一概念,在其1926年出版的《会计制度:原则与问题确定》中给内部牵制下了一个完整的定义:内部牵制是账户和程序组成的协作系统,这个系统使得员工在从事本职工作时,独立地对其他员工的工作进行连续

---

① 〔美〕迈克尔·查特菲尔德著,《会计思想史》,文硕等译,北京:中国商业出版社,1989年版,第8页。

性的检查,以确定舞弊的可能性。

在20世纪40年代前,人们习惯用内部牵制这一概念。内部牵制主要通过人员配备和职责划分、业务流程、簿记系统等来完成,其目标主要是防止组织内部的错误和舞弊,保护组织财产的安全,保障组织运转的有效性。正如《柯氏会计辞典》所解释的,内部牵制是指以提供有效的组织和经营并防止错误和其他非法业务发生的业务流程设计。其主要特点是以任何个人或部门不能单独控制任何一项或一部分业务的方式进行组织上的责任分工,每项业务通过正常发挥其他个人或部门的功能进行交叉检查或交叉控制。设计有效的内部牵制以使各项业务能完整、正确地经过规定的处理程序,而在这规定的处理程序中,内部牵制机制永远是一个不可缺少的组成部分。

二、内部控制制度阶段

20世纪40年代至70年代,内部控制的发展进入内部控制制度阶段。内部控制(internal control)一词,最早出现在1936年美国会计师协会[①]发布的《注册会计师对财务报表的审查》中,指为保护现金和其他资产、检查簿记事务的准确性而在公司内部实行的手段和方法。1947年,该协会在《审计准则暂行公告》中重申了这一内容。

内部控制制度的形成,可以说是传统的内部牵制思想与古典管理理论相结合的产物。工业革命在欧美各国的相继完成,极大地推动了生产关系的重大变革。尤其是进入20世纪以后,生产的社会化程度空前提高,股份制公司相应地迅速发展起来,并逐渐成为西方各国主要的企业组织形式。市场竞争日益加剧,资本家为了攫取超额剩余价值,一方面,扩大生产规模,采用新技术、新工艺、新设备等手段降低生产成本,这迫切要求在企业管理上采用更为完善、更为有效的控制方法以改变传统的生产方式及经验管理对企业的影响;另一方面,为了适应当时社会经济关系的要求,保护投资者和债权人的经济利益,西方各国纷纷以法律的形式要求强化对企业财务会计资料以及各种经济活动的内部管理。在这种形势下,与手工工厂相适应的局限于会计事项完整性的内部牵制显然难以满足企业内部管理的现实需求。与此同时,一大批管理者结合自己的实践经验,深入研究探索如何加强企业管理。有"科学管理之父"之称的泰勒以及法约尔等人创立了科学管理与组织管理理论,使企业管理逐渐摆脱了传统的经验管理,开始注重工作标准化、组织分工等科学方法,对企业内部的经营管理活动进行控制。

第二次世界大战以后,伴随着自然科学技术的迅猛发展及其在企业中的普遍应用,企业生产过程的连续化、自动化程度以及生产的社会化程度空前提高,许多产品和工程需要极大规模的分工与协作,并辅以极其复杂的生产过程和激烈的竞争环境,管理者一方面要实行分权管理,以调动员工的积极性、提高经济效益;另一方面要采取比单纯的内部牵制更为完善的控制措施,以达到有效经营的目的。在管理理论的指导和企业管理的现实需求下,欧美一些企业在传统内部牵制思想的基础上,纷纷在企业内部组织结构、经济业务授权、处理程序等方面借助各种事先制定的科学标准和程序,对企业内部的生产

---

① 美国注册会计师协会的前身。

标准、质量管理、统计分析、采购销售、人员培训等经济活动及相关的财务会计资料分别实施控制,基本做到业务处理程序标准化、规范化,业务分工制度化;人员之间相互促进、相互制约,从而达到防范错弊、保护企业财产物资及相关资料的安全与完善、确保经营管理方针的贯彻落实及提高企业经营效率的目的。因此,以账户核对和职责分工为主要内容的内部牵制,从20世纪40年代开始逐步演变为由组织结构、岗位职责、人员条件、业务处理程序、检查标准和内部审计等要素构成的较为严密的内部控制系统。

尽管内部控制的发展动力源于企业组织发展的需要,但是在这一阶段,人们对审计目标认识的深化以及审计模式的变革,成为促进内部控制制度发展与完善的最为关键的现实力量。其中,审计模式是对审计技术和方法的内在结构尤其是主导因素进行概括与总结的产物。审计模式处于动态的变革之中,从全面(详细)审计发展到测试(抽样)审计是审计模式变革的总体脉络。全面审计起源于19世纪的英国,实质上是直接针对会计账目和数据所进行的详细审计,是账项基础审计;而测试审计是通过对内部控制制度的评价来确定实质性测试范围和程度的审计模式,是制度基础审计。从账项基础审计到制度基础审计,大大节约了审计成本,完成了审计发展史上的一次飞跃。制度基础审计的发展有力地推动了对企业内部控制的研究、利用和完善。吉恩·布朗(Gene Brown)在20世纪60年代初发表了《审计目标和技术的演进》一文,对1960年前内部控制与审计的关系概括如表1-1所示。

表1-1 内部控制与审计的关系

时期	审计目标表述	查证范围	内部控制的重要性
1850年之前	察觉舞弊	详查	没有认识
1850—1905年	察觉舞弊;察觉职员记录错误	详查为主,有些测试手段	没有认识
1905—1933年	确定所报告的财务状况的公允性;查错纠弊	详查与测试	略有认识
1933—1940年	确定所报告的财务状况的公允性;查错纠弊	测试	意识到与内部控制的关系
1940—1960年	确定所报告的财务状况的公允性	测试	实质性强调

资料来源:Gene Brown,"Changing Audit Objectives and Techniques",*The Accounting Review*,1962,37(4).

1949年,美国注册会计师协会(AICPA)所属的审计程序委员会(CPA)发表了一份题为《内部控制:系统协调的要素及其对管理部门和独立公共会计师的重要性》的特别报告,首次正式提出了内部控制的定义:"内部控制包括一个企业内部为保护资产、审核会计数据的正确性和可靠性、提高经营效率、坚持既定管理方针而采用的组织计划以及各种协调方法和措施。"这个定义承认内部控制制度超越与财务部门直接相关的事项。可见,内部控制概念已突破与财务部门直接有关的内部控制的局限,还包括成本控制、预算控制、定期报告经营情况、进行统计分析并保证管理部门所制定政策方针的贯彻执行等内容。尽管这一定义和解释被普遍认为是对内部控制概念认识上的重大突破,但是该报告内容宽泛,在职责划分上缺乏可操作性。于是,1953年10月,美国审计程序委员会对上述定义进行了第一次修正,在《审计程序公告第19号》中修正的定义表述为:"广义而言,内部控制按其关注领域可以分为会计控制和管理控制:(1)会计控制由组织计划和所有保护资产、保护会计记录可靠性或与此有关的方法和程序构成;会计控制包括授权与批准制度,记账、编制财务报表、保管财务资产等职务的分离,财产的实物控制以及内部审计等控制。(2)管理控制由组织计划和所有为提高经营效率、保证管理部门所制定的各项政策得到贯彻执行或与此直接有关的方法和程序构成。管理控制的方法和程序通常只与财务记录发生间接关系,包括统计分析、动态研究、经营报告、员工培训计划和质量控制等。"1958年10月,美国审计程序委员会发布《审计程序公告第29号——独立审计人员评价内部控制的范围》,将内部控制分为内部会计控制(internal accounting control)和内部管理控制(internal administrative control)两类。其中,前者涉及与财产安全和会计记录的准确性、可靠性有直接联系的方法和程序,后者主要是与贯彻管理方针和提高经营效率有关的方法和程序。这就是内部控制的"制度二分法"。

内部控制的"制度二分法"对推动审计模式的改进起着重要作用,它使得审计人员有可能在研究和评价企业内部控制制度的基础上来确定实质性测试的范围和方式。但是,由于管理控制的概念比较空泛和模糊,而且在实际业务中管理控制与内部控制的界限难以明确划清,为此,美国注册会计师协会所属的审计准则委员会(ASB)1972年12月公布了《审计准则公告第1号》,重新对内部管理控制和内部会计控制进行了描述:管理控制包括(但不限于)组织规划以及与管理部门业务授权决策过程有关的程序和记录。这种授权是直接与达到组织目标的责任相联系的管理职能,是基于经济业务建立内部控制的出发点。会计控制包括组织规划和涉及保护资产与财务记录可靠性的程序与记录,并为以下各项内容提供合理保证:根据管理部门的一般授权或特殊授权处理各种经济业务;经济业务的记录使财务报表符合一般公认会计原则或其他适用标准,并保持对资产的经营责任;只有经过管理部门的授权才能接近资产;每隔一段时间,要将账面记录的资产和实有资产进行核对,并对有关差异采取适当的措施。

经过审计与会计界的不断探索,1986年最高审计机构国际组织(INTOSAI)在第十二届国际审计会议上发表的《总声明》中赋予内部控制以新的定义:"内部控制作为完整的财务和其他控制体系,包括组织结构、方法程序和内部审计。它是由管理者根据总体目标而建立的,目的在于促使企业经营活动合理化,使其具有经济性、效率性和效果性;保证管理决策的贯彻;维护资产和资源的安全;保证会计记录的准确和完整,并提供及时、可靠的财务和管理信息。"由此可见,内部控制的含义较以前更为明晰和规范,涵盖范围日趋广泛,而且包括内部审计等重要内容。

这一阶段内部控制开始有了内部会计控制和内部管理控制的划分,主要通过形成和推行一整套内部控制制度(方法和程序)来实施控制。内部控制的目标除了保护组织财产的安全,还包括增进会计信息的可靠性、提高经营效率和遵循既定的管理方针。

三、内部控制结构阶段

20世纪80年代至90年代初,内部控制的发展进入内部控制结构(internal control structure)阶段。在这一阶段,审计模式的发展与变革客观上仍是推动内部控制发展的决定性力量。

制度基础审计和账项基础审计都属于程序驱动审计(procedures driven auditing),即规划审计时考虑的主要是遵循制度和形成账项的程序及其结果,是一种后验式导向的审计。由于审计理论都是以一系列的假设为前提的,很难与现实完全吻合,由此产生了审计"期望差距"(expectation gap,即社会公众对审计的期望与审计所能达到的实际效果或者执行审计人员自己的期望之间的差距),加之物质技术(如审计抽样技术、信息技术等)、法律责任(尤其是诉讼与判例)和审计技术自身发展等多种因素,使得审计不得不考虑审计环境或管理环境,由此产生风险基础审计,即需要以经营业务为导向,针对主要经营业务进行风险控制评价,据此分配审计资源。因此在这一阶段,管理环境被纳入内部控制的视线,并引起内部控制各要素的重新划分与结构整合,其标志是美国注册会计师协会于1988年5月发布的《审计准则公告第55号》。在公告中,以"内部控制结构"概念取代了"内部控制制度",并指出:"企业内部控制结构包括提供为取得企业特定目标的合理保证而建立的各种政策和程序。"该公告认为内部控制结构由以下三个要素组成:

(1) 控制环境(control environment)。它是指对建立、加强或削弱特定政策与程序的效率有重大影响的各种因素,包括:管理理念和经营风格;组织结构;董事会及其所属委员会,特别是审计委员会发挥的职能;确定职权和责任的方法;管理者监控和检查工作时所使用的控制方法,包括计划、预算、预测、利润计划、责任会计和内部审计;人事工作方针及其执行;影响本企业业务的各种外部关系,如银行对指定代理人的检查等。

(2) 会计制度(accounting system)。它是指为认定、分析、归类、记录、编报各项经济业务,明确资产与负债的经营管理责任而规定的各种方法,包括:鉴定和登记一切合法的经济业务;对各项经济业务按时和适当地分类,作为编制财务报表的依据;将各项经济业务按适当的货币价值计价,以便列入财务报表;确定经济业务发生的日期,以便按会计期间进行记录;在财务报表中恰当地表述经济业务及对有关内容进行提示。

(3) 控制程序(control procedure)。它是指单位为保证目标的实现而建立的政策和程序,包括:经济业务和经济活动的适当授权;明确各个人员的职责分工,如指派不同的人员分别承担业务批准、业务记录和财产保管的职责,防止有关人员对正常经济业务图谋不轨和隐匿各种弊端;账簿和凭证的设置、记录与使用,保证经济业务活动得到正确的记载,如出厂凭证应事先编号,以便控制发货业务;资产及记录的限制接触,如接触计算机程序和档案资料要经过批准;已经登记的业务及记录与复核,如常规的账面复核,存款、借款调节表的编制,账面的核对,计算机编程控制,以及管理者检查明细报告。

这一阶段把控制环境作为一项重要内容与会计制度、控制程序一起纳入内部控制结构之中,并且不再区分内部控制和管理控制。控制环境反映组织各个利益关系主体(管理层、所有者和其他利益关系主体)对内部控制的态度、看法和行为;会计制度规定各项经济业务的确认、分析、归类、记录和报告方法,旨在明确各项资产、负债的经营管理责任;控制程序是管理层确定的方针和程序,以保证达到一定的目标。

在三个构成要素中,会计制度是内部控制结构的关键要素,控制程序是保证内部控制结构有效运行的机制。这一概念跳出了"制度二分法"的圈子,特别强调管理者对内部制度的认识、态度等控制环境的重要作用,指出这些环境因素是实现内部控制目标的环境保证,要求审计师在评估控制风险时不仅要关注内部控制系统与控制程序,还要评估单位所面临的内外部环境。内部控制结构概念的提出,适应了经济形势发展和企业经营管理的需要,因而得到了会计审计界的认可。20世纪80年代末兴起的风险基础审计法便是在这一概念基础上产生和发展起来的。

四、内部控制框架阶段

随着企业组织形式与经营业务的发展,人们对内部控制的认识不断深化,内部控制被分为控制机制与控制方法两个层次,而这两个层次又是浑然一体的。控制机制是内部控制的前提与条件,控制方法是内部控制的关键。过去对控制机制尤其是内部控制权责配置机制的忽视是影响内部控制功能发挥的重大障碍。因此,我们应深化对控制机制的研究,并把它内化、整合为一个有机的框架。

(一)《内部控制——整合框架》(1992)

1992年9月,美国注册会计师协会(AICAP)与美国会计学会(AAA)、内部审计协会(IIA)、管理会计师协会(MAA)、财务执行官协会(FEI)共同组成的发起组织委员会(COSO,Committee of Sponsoring Organization of the Tideway Commission)发布了指导内部控制实践的纲领性文件——《内部控制——整合框架》(Internal Control:Integrated Framework),并于1994年进行了增补。这份报告提出了内部控制的三个目标和五个要素。COSO指出:"内部控制是由企业董事会、经理层及其他员工实施的,为财务报告的可靠性、经营活动的效率和效果、相关法律法规的遵循性等目标的实现而提供合理保证的过程。"美国国会2002年的《萨班斯-奥克斯利法案》404条款规定,美国证券交易委员会(SEC)应制定规则,要求每一份按《1934年证券交易法》编制的年度报告包含一份内部控制报告。该报告应当:第一,表明管理层对建立和维持充分的、关于财务报告的内部控制结构和程序的责任;第二,包含对发行公司在最近年度年底关于财务报告的内部控制结构和程序的有效性的评估。虽然404条款并未要求管理层声明其采用了哪一个内部控制框架,但是美国公众公司会计监督委员会(PCAOB)在其2004年9月发布的第2号审计准则中,推荐使用COSO内部控制框架。如果使用其他内部控制框架,其框架也必须包括COSO所包含的要素。这实际上确定了内部控制框架在遵从《萨班斯-奥克斯利法案》404条款方面的绝对主导地位。三个目标、五个要素是内部控制框架的核心内容。三个目标是经营的有效性和效率、财务报告的可靠性、法律法规的贯彻实施;五个相互联系的要素是控制环境、风险评估、控制活动、信息与沟通以及监控。

控制环境(control environment)指企业从事生产经营活动的员工以及他们开展经营

管理活动所处的环境。控制环境包括：员工的品行、职业道德、胜任能力；领导的管理哲学和经营作风；企业组织机构、公司治理结构、董事会及审计委员会、权责分配体系、人力资源政策及实务。

风险评估(risk appraisal)指在既定的目标下，评估控制目标实现过程中的不确定性因素。风险评估包括目标设定、风险确认、风险分析、风险应对。

控制活动(control activity)指建立和执行控制政策与程序，从而有助于确保管理层处置风险、实现主体目标的必要活动得以有效实施。控制活动包括职务分离、实物控制、信息处理控制、业绩评价等。

信息与沟通(information and communication)指围绕风险评估、控制活动、监督行为而需要的信息与沟通系统，包括确认记录有效的经济业务、采用恰当的价值计量、在财务报告中恰当提示。

监控(monitoring)指对整个过程的监督、评价以及必要时采取的修正措施。监控包括日常的管理监督活动，还包括内部审计以及与单位外部团体进行信息交流的监控。

同以往的内部控制理论及研究成果相比，《内部控制——整合框架》凸显了以下特点：第一，统一了内部控制的概念和框架，改变了不同的职业团体从各自角度阐述内部控制、要求内部控制和评价内部控制的局面。第二，将内部控制"嵌入"企业的各个管理层级、各个业务单元，明确提出内部控制的对象是单位整个运行过程中的所有要素(如人、财、物、信息、技术等)，必须构筑单位整体的内部控制框架，包括组织赖以存在的环境因素、内部控制的机制与程序、信息流动等，并进行全面的考虑与分析。第三，将内部控制作为一个具有很强执行力和应变力的系统，而不只是一个机械的规定或一项制度，要求管理者根据环境条件的变化采取不同的激励与约束措施，灵活地选取适当的控制方式与方法，即内部控制是一个发现问题、解决问题、发现新问题、解决新问题的循环往复的"动态过程"。第四，内部控制由原来的查错纠弊转化为以风险评估为基础的事前防范、威慑与查错纠弊相结合的系统。在现代竞争日趋激烈的社会，任何组织必然面临来自内外两方面因素所导致的各种风险，管理者必须及时对各种可能的风险加以反映和评估，采取适当的控制措施，以保证内部控制的效率与效果。第五，客观评价内部控制框架的作用，认为内部控制是单位管理者采取的一系列控制措施的有机整体，但由于所设计的内部控制系统可能存在固有缺陷及其他各种原因，它只能为管理者实现组织目标提供合理保证而非绝对保证。由此可见，内部控制框架为关注内部控制的有关各方(包括管理者、投资者、债权人、审计人员及理论界)提供了一个普遍认可的、内涵统一的内部控制概念框架和评价方法，其涵盖的范围比以往任何一个概念都更为广泛。

在这一时期，世界各国相继颁布内部控制框架。例如，加拿大特许会计师协会1995年发布的《控制指导》(COCO报告)，英格兰和威尔士特许会计师协会受伦敦证券交易所委托于1999年发布的《内部控制：董事综合准则指南》(Turnbull报告)。无论是COSO报告，还是COCO报告和Turnbull报告，都将内部控制视为一个过程，采用广义的内部控制概念，控制内容同时涵盖经营效率和效果、遵守相应法律法规、财务报告真实可靠。

（二）《内部控制——整合框架》(2013)

《内部控制——整合框架》(1992)发布后的二十多年里,由于技术的不断进步和经济全球化,企业的经营环境、运营模式、组织结构均发生了巨大的变化,与此同时,人们也在为寻求更透明、更可靠和更适用的内部控制整合体系而不懈努力。在这种背景下,COSO于2013年发布了修订后的内部控制框架。

《内部控制——整合框架》(2013)虽然保留了三个目标(新框架对内部控制目标的表述略有变化,具体是运营目标、报告目标和合规目标)、五个要素的基本架构,但与《内部控制——整合框架》(1992)相比,具有两个方面的显著创新:一是对风险的认识更加深入、科学,二是对应于五个要素提出了17项原则。

《内部控制——整合框架》(1992)将风险定义为目标实现过程中对目标实现产生不利影响的事项。但是,将事项分为有助于目标实现的有利事项和阻碍目标实现的不利事项,这种绝对化的划分方法既不能反映事项的本质,也没有反映风险的特征。《内部控制——整合框架》(2013)将风险定义为事项发生并对目标实现产生负面影响的可能性。这一定义充分反映了事项具有可能产生"正""负"两方面影响的特征。也就是说,不能机械地将事项归为有利事项或不利事项,许多事项都有产生正面影响或负面影响的可能。例如,一般地,某企业每季度有5 000万元的订单,本季收到8 000万元的订单,通常被认为是有利事项,但订单陡增会因任务重、赶工期而导致生产安全事故或产品质量下降、客户满意度降低等负面影响。

将原则嵌入五个要素之中,其目的是提高框架对各类环境下所有类型主体的适用性、提高要素构建和运行对目标实现的保障程度。这些原则包括:

（1）与环境相关的五项原则。组织应展现对诚信和道德价值观的承诺;董事会应展现出独立于经理层,并对内部控制的运行与成效实施监督;为实现内部控制目标,经理层应在董事会的监督下确立组织框架、报告路线、合理权责;组织应展现出对吸引、培养和留住符合组织目标要求的人才的承诺;为了实现目标,组织应要求全体员工承担与内部控制相关的责任。

（2）与风险评估相关的四项原则。组织应设定明晰的目标,以服务于识别、评估与目标相关的风险;组织应对影响目标实现的风险进行全面识别和评估,并以此作为确定风险应对的基础;组织应在评估影响目标实现的风险时,考虑潜在的舞弊行为;组织应识别并评估对内部控制系统可能造成重大影响的各种变化。

（3）与控制活动相关的三项原则。组织应选择并实施那些将目标实现的风险降到可接受水平的控制活动;针对信息技术变化,组织应选择并实施一般控制活动以支持目标的实现;组织应通过政策和程序来实施控制活动,其中政策是建立预期,程序是将政策付诸行动。

（4）与信息与沟通相关的三项原则。组织应获取或生成、使用高质量信息支持内部控制的持续运行;组织应在单位内部对内部控制目标和责任等必要信息进行沟通,从而支持内部控制系统的持续运行;组织应就影响内部控制发挥作用的事项与外部进行沟通。

(5)与监控活动相关的两项原则。组织应选择、开展并进行持续和(或)单独的内部控制评估,确认内部控制各要素存在并持续运行;组织应评估内部控制缺陷,并及时与整改责任人沟通,必要时应与管理层和董事会沟通。

五、风险管理框架阶段

内部控制框架在提高企业的执行力、提高企业管理的效率和效果、保证报告的可靠性方面起着重大作用,但其本身的局限性也是很明显的。尽管内部控制框架包含风险评估内容,但它主要指完成三大目标过程中的管理风险评估,是执行风险,而不涵盖决策风险,但决策风险却是企业运营中不可忽略的。

每个企业的存在都是为了向利益相关人提供价值,这是企业风险管理的基本前提。所有企业都面临不确定性,管理层的挑战就在于努力增加利益相关人价值的同时,确定应该承受多大的不确定性。不确定性既意味着风险,也意味着机会。不确定性既可能破坏价值,也可能增加价值。企业风险管理可以帮助管理层有效应对不确定性并处理与之相随的风险和机会,增强其创造价值的能力。为此,COSO 于 2004 年 9 月发布了《企业风险管理——整合框架》,并于 2017 年 9 月修订发布了《企业风险管理——与战略和绩效的整合》。

(一)《企业风险管理——整合框架》(2004)

1. 风险管理的定义

企业风险管理涉及影响企业保值增值的风险和机会。其定义为:企业风险管理是一个过程,该过程受组织的董事会、经理层和其他人员的影响,应用于战略制定并贯穿于整个企业。企业风险管理旨在识别影响组织的潜在事项,并在其承受范围内管理风险,从而为组织目标的实现提供合理保证。该定义具有以下几层含义:①企业风险管理是一个过程,这个过程融理念、政策、制度、流程及执行为一体,并持续流动于企业之内;②企业风险管理是由组织中各个层级的人员来实施的;③企业风险管理应用于战略制定的过程;④企业风险管理贯穿于企业整体,在各个层级和单元应用,还包括采取企业整体层级的风险组合观;⑤企业风险管理旨在识别那些一旦发生将会影响企业的潜在事项,并把风险控制在风险容量以内;⑥企业风险管理能够向企业的经理层和董事会提供合理保证;⑦企业风险管理力求实现一个或多个不同类型但相互交织的目标。

2. 风险管理的目标

管理层设定战略和目标,力图在收益增长和风险控制之间取得最佳平衡,并有效地配置资源,实现企业价值最大化。确定目标是事项识别、风险评估和风险应对的前提,企业管理层只有先确立目标,才能依据目标识别和评估风险并采取相应措施。企业风险管理框架就是为实现企业目标服务的。企业目标可分成如下四类:

(1)战略目标。战略目标是高层次目标,体现了企业的使命,反映了企业管理层努力为利益相关者创造价值所做出的战略选择。

(2)经营目标。经营目标指经营的效率和效果方面的目标,它为企业资源配置起着导向性作用。

（3）报告目标。报告目标指企业对内、对外提供的财务信息和非财务信息都必须准确且完整。

（4）合规目标。合规目标指企业的生产经营活动必须符合相关法律法规的要求。

3. 风险管理框架的要素

企业风险管理包括八个互相关联的要素，这些要素来自管理层经营企业的方式，并和管理流程整合在一起。具体包括：

（1）内部环境。内部环境包含组织基调，是组织内人员如何看待风险、对待风险的基础，包括风险管理理念、风险承受能力、正直和道德价值观及工作环境。

（2）目标制定。只有先确立目标，管理层才能识别影响目标实现的事项。企业风险管理确保管理层参与目标制定流程，确保所选择的目标不仅与组织使命方向一致，而且与风险承受能力相符。

（3）事项识别。企业必须识别影响目标实现的内外部事项，分清风险和机会。管理层在战略或目标制定过程中必须充分考虑机会。

（4）风险评估。企业应权衡风险发生的可能性和影响，在此基础上决定如何管理风险。风险评估从固有风险和剩余风险两个角度展开。

（5）风险应对。企业应在风险评估的基础上选择风险应对方式——回避、接受、降低或分担，制定相应措施，把风险控制在风险容忍度和风险承受能力之内。

（6）控制措施。控制措施指制定政策和程序并加以执行，帮助确保风险应对政策有效落实。

（7）信息和沟通。建立信息内外沟通、内部上下沟通及平行沟通的渠道，从而有助于员工履行各自职责，实现控制目标。

（8）监督。监督整个企业风险管理过程，必要时进行修正。监督既可以是持续的管理措施，也可以是分开的评价，或者两者结合。

与COSO的内部控制框架相比，《企业风险管理——整合框架》（2004）将目标拓展到企业战略，并将内部控制框架中风险评估的四项内容分别作为四个要素，从而使内部控制框架的五要素上升为风险管理框架的八要素。

（二）《企业风险管理——与战略和绩效的整合》（2017）

风险管理框架2004版发布以后的十几年时间里，由于环境、技术的不断演变，风险的复杂性发生了重大变化，新的风险大量涌现。在此前提下，COSO在2014年启动了对风险管理框架的修订工作，并于2017年10月发布经修订的框架。与《内部控制——整合框架》（2013）类似，《企业风险管理——与战略和绩效的整合》（2017）由紧扣目标的要素与原则构成。

1. 风险及风险管理的定义

在这一框架中，风险被定义为事项发生并影响战略和目标实现的可能性。这一定义要求在实施组织战略、实现组织绩效的过程中同时兼顾事项的"正面"和"负面"影响，关注它们之间的转化。

风险管理框架2017版将风险管理定义为:组织在创造、保持和实现价值的过程中,结合战略制定和执行,赖以进行管理风险的文化、能力和实践。这一定义将原来的风险管理从"一种过程"提升到"文化、能力和实践",强调风险管理必须将"一个流程或程序"提升到"文化、能力和实践融为一体"。原来的框架将内部控制和风险管理定义为"过程",要素构成也相似,给人的感觉是内部控制和风险管理只是范围不同而已,风险管理是"大内部控制"。新的风险管理定义告诉我们:风险管理是文化、能力和实践的整合,旨在创造、保持和实现价值;风险管理是战略制定的重要组成,是组织识别风险与机遇、创造和保留价值的必要部分。

2. 风险管理的要素和原则

《企业风险管理——与战略和绩效的整合》(2017)包括五个要素,并将20个原则贯穿于五个要素之中。良好的企业运营必须有明确的使命、愿景与核心价值观,以此为依托,通过战略选择与目标制定、战略实施来创造绩效和提升价值。贯穿于上述过程的企业风险管理由五大要素构成:治理与文化、战略与目标制定、执行、检查与修正,以及信息、沟通和报告,如图1-1所示。

图1-1 企业风险管理五大要素

(1)治理与文化。治理确定企业的基调,强化企业风险管理的重要性并确立治理层对风险管理的监督职责。文化则事关员工道德价值、期望的行为及态度和对风险本质的了解。

(2)战略与目标制定。企业风险管理、战略和目标制定在战略规划过程中应共同发挥作用。企业建立的风险偏好要与战略相协调。业务目标应将战略付诸实践,并作为识别、评估和应对风险的基础。

(3)执行。企业应识别和评估可能会影响战略与业务目标实现的风险,根据风险严重程度和风险偏好确定风险的优先级,在此基础上选择风险应对方案,并从风险组合的角度预测风险总量。这一过程的结果应向主要利益相关者报告。

(4)检查与修正。通过对执行情况的审查,企业能考量企业风险管理各要素在一段时间以及出现重大变化时的运行情况,并发现哪些部分需要调整。

(5)信息、沟通和报告。企业应建立相应流程,从内部、外部两个渠道持续获取和分享相关信息,而这些信息必须能够在整个企业得到全方位的沟通和传达。

在新框架中,20个原则嵌入五大要素之中,为要素提供支持。这些原则增强了新框架对不同规模、类型、领域的企业的适用性。遵循这些原则能够使企业结合战略和业务目标进行风险管理,为董事会、经理层和员工提供合理预期。

嵌入五要素中的原则如图 1-2 所示。

治理与文化	战略与目标制定	执行	检查与修正	信息、沟通和报告
1. 履行董事会风险监督职能 2. 建立运营架构 3. 定义理想的企业文化 4. 致力于实现核心价值 5. 吸引、培育和留住人才	6. 分析业务环境 7. 定义风险偏好 8. 评估备选战略 9. 制定业务目标	10. 识别风险 11. 评估风险的严重程度 12. 风险排序 13. 执行风险应对方案 14. 建立风险组合观	15. 评估重大变化 16. 检查风险和绩效 17. 追踪企业风险管理的改进	18. 运用信息和技术 19. 沟通风险信息 20. 汇报风险、文化和绩效

图 1-2　企业风险管理五要素中的原则

第二节　从内部控制发展历程中获得的启示

通过上节对内部控制发展历程的回顾,不难得出以下启示:内部控制已从企业自身要求变为外界强制性要求,保证资产安全和会计信息的可靠性是贯穿于内部控制发展的主线,内部控制目标随公司治理机制的完善呈多元化发展趋势。

一、内部控制已从企业自身要求变为外界强制性要求

企业内部控制的实践远远早于外界对它提出的要求。在内部控制变成外部对企业的要求之前的漫长时期,企业管理人员早已认识到内部控制在查错纠弊、保护现金及其他资产的安全、保证会计可靠性方面的作用。内部控制之所以由企业自身要求转变为外界对企业的强制性要求,原因在于企业的公众性质和企业的社会责任。从内部控制理论和实务都走在前列的美国来看,这一转变过程十分明朗。就拿内部控制有效性而言,美国在 21 世纪初之前,"对内部控制系统的有效性编制报告尽管并不是强制性的,但是上市公司的管理部门有时也对此编制报告。这样做的目的在于增强企业报告(特别是财务报告)的可信度,并且公开解释会计责任的履行情况"①,但是安然丑闻催生的《萨班斯-奥克斯利法案》使内部控制的评价和报告成为法律强制性要求。该法案 404 条款(1)规定:美国证券交易委员会应当规定,按《1934 年证券交易法》第 13 条(a)或第 15 条(d)编制的年度报告都应包括内部控制报告,其内容包括强调公司管理层建立和维护内部控制制度及相应控制程序充分有效的责任,以及上市公司管理层最近财政年度末对内部控制制度及控制程序有效性的评价。该法案 404 条款(2)规定:对于本条款(1)中要求的管理层对内部控制的评价,担任年度财务报告审计的会计公司应当对其进行测试和评价,并出具评价报告。美国证券交易委员会约翰·W.怀特(John W.White)曾指出:"高质量的财务报告是投资者依法信赖的依据,是资本市场的重要基石。404 条款在提升公众公司

---

① 美国注册会计师协会,《论改进企业报告——美国注册会计师协会财务报告特别委员会综合报告》,陈毓圭译,北京:中国财政经济出版社,1997 年版,第 112 页。

财务报告可靠性方面起着关键的作用。"①

公众公司性质的企业广泛涉及利益各方:政府、投资者、债权人、员工、社区。公众公司的特点是规模大、众多的投资者、所有权与经营权分离、涉及广泛的利益方,为保证公司合规有效经营,保证外部各方能获取可靠的财务数据、了解企业的经营状况,不仅公司管理层有一定的建立完善的内部控制系统的动力,外界各方也有建立完善的公司内部控制的一致需求。我们通常说公司成长性取决于公司基本面,公司内部控制系统的严谨性及其运行效果就是基本面的重要内容。

由于每个公司外界各方与公司管理层达成内部控制契约的成本很高,再加上内部控制失效后的严重后果,外界一致性的需求最终以法律强制性要求的形式出现。内部控制的宗旨是在合法经营的基础上,为利益相关者创造最大的价值,为公司合法有效经营保驾护航。试想一下,如果某一公司由于违规或失误而倒闭,严重的社会后果将随即产生:员工失业、养老金蒸发、股票价值烟消云散、管理人员锒铛入狱,甚至可能引发社会不稳定。维护公众利益毫无疑问成为立法者义不容辞的责任。理解这一点对企业管理者很重要,不是你愿意不愿意建立内部控制制度,这里不存在选择问题,而是你必须建立内部控制系统并保证它良好运行。

二、保证资产安全和会计信息的可靠性是贯穿于内部控制发展的主线

内部控制理论在一个多世纪的时间里得到快速发展,经历了内部牵制、内部控制制度、内部控制结构、内部控制框架、风险管理框架五个阶段。随着企业规模的扩大、竞争的加剧以及管理要求的提高,企业中逐渐形成了一套以相互制约、相互牵制和相互协调为指导思想的内部控制制度。从内部控制理论的发展进程看,内部控制与会计存在天然的血缘关系。早期的内部控制思想是以账簿之间的核对、账簿记录与财产的一致性以及会计报表数据的可靠性为核心内容的。"一方面,会计系统建立在内部控制程序基础之上,从而保证会计数据的可靠性;另一方面,内部控制程序利用会计数据保证资产的安全,监督各部分的业务。"②内部控制制度被运用于审计也是出于保证会计信息真实性之目的。

第一,我们从内部控制与会计的关系来看。保证资产的安全和会计信息真实可靠是会计工作的基本要求。早期的内部牵制规则其实就是基于上述两点建立的。无论是古埃及、古希腊、古罗马时期内部牵制的做法,还是我国西周时期的做法都证明了这一点。从第一节论述的内部控制发展阶段进程可以看出,保证资产安全和会计信息可靠是贯穿于内部控制发展的主线。所不同的是,当进入内部控制制度阶段后,人们认识到资产安全和会计信息可靠不仅指账账、账证、账实相符,还包括所有进入会计系统的交易和事项都必须经过适当的授权。内部控制制度阶段被内部控制结构阶段和内部控制框架阶段替代的认识基础是:单纯的内部会计控制系统无法保证企业资产安全和会计信息真实可

---

① 美国证券交易委员会网站:http://www.sec.gov/news/press/2006/2006-112.htm,访问日期2019年3月6日。
② Meigs & Meigs, *Accounting: The Basis for Business Decision*, Ninth Edition, McGraw-Hill, Inc, 1996.

靠,资产安全和会计信息真实可靠与否不仅取决于内部会计控制系统,还有赖于企业整体的内部控制结构或框架。

会计准则是会计工作的直接依据,为保证会计信息相关性和可靠性提供技术性规范。但是,高质量的会计准则不一定必然产生高质量的财务报表。例如,准则做出的计提资产减值准备的规定,为提升资产计量的相关性和可靠性进而预测未来盈利能力、提高会计信息质量提供了可遵循的指南,但是由于资产减值准备的计提过程涉及资产的可收回净额、未来现金流量现值、可变现净值的确定等复杂问题,只有建立以原始数据收集与测算中的分工与牵制、审计、分级审批三个关键控制点为核心的资产减值内部控制制度,会计准则关于资产减值的规定才能达到预期的效果;否则,资产减值会计很可能成为操纵利润的工具。资产减值内部控制只是财务报告内部控制的一项内容。科学的会计准则不一定能产生高质量的财务报表,要使科学的会计准则产生高质量的财务报表,必须有内部控制为其保驾护航。

第二,我们从内部控制与审计模式的关系来看。企业规模的扩大和企业结构的复杂迫使注册会计师寻找既保证审计质量又降低审计成本的办法,在这个过程中,注册会计师认识到抽样审计可以与内部控制制度结合起来,从而使审计方式逐渐演变成以评审内部控制制度为着手点,审计也从传统的审计阶段进入现代审计阶段。从内部控制的演变过程不难看出,对内部控制倍加关注并适时对内部控制的定义进行修改的是注册会计师,原因在于注册会计师对财务报告的验证离不开对内部控制制度的评价。内部控制概念的演进和审计理论与实践的发展是相辅相成的。从现代审计方法论的进化看,账目基础审计—制度基础审计—风险导向审计的发展脉络在很大程度上是由于人们对内部控制认识深化所致。注册会计师对内部控制认识的深刻以及内部控制定义的不断完善,在推动审计方法论进步的同时促进了注册会计师业务范围的不断扩大,然而内部控制的发展从未离开会计信息真实性这一中心。内部控制发展阶段与审计模式的关系如表1-2所示。

表1-2 内部控制发展阶段与审计模式的关系

内部控制发展阶段	审计模式
内部牵制	账目基础审计
内部控制制度	制度基础审计
内部控制结构	
内部控制框架	风险导向审计
风险管理框架	

第三,我们从财务报告内部控制评估和审计的角度看。《萨班斯-奥克斯利法案》要求公司管理层披露年度财务报告的同时披露管理层内部控制评价报告和财务报告内部控制审计报告。PCAOB于2004年11月发布了《审计准则第2号——与财务报表审计交

织进行的财务报告内部控制审计》。为了给公司财务报告内部控制评价提供指南,美国证券交易委员会于2006年7月起着手出版《概念公告》(Concept Release),在此过程中,于2007年7月25日颁布《审计准则第5号——与财务报表审计融为一体的财务报告内部控制审计》,并于2007年11月15日以后的会计年度实施。

许多国家也颁布了有关内部控制评价或审计方面的准则。之所以进行财务报告内部控制审计,是因为"有效的财务报告内部控制为财务报告的可靠性和对外财务报表的编制提供了合理保证"。即使财务报表没有重大错报,财务报告内部控制也可能存在重大漏洞。存在重大漏洞的内部控制无法为财务报告的可靠性、相关性提供合理保证,是财务报告的质量隐患。基于财务报告内部控制审计的目的和成本考虑,"对那些没有以合理可能性导致财务报表发生重大错报的控制来说,即使存在缺陷,也没有必要进行测试"[①]。

三、内部控制目标随公司治理机制的完善呈多元化发展趋势

从内部控制的目标和内容的演进来看,现代企业制度下的内部控制已不是传统的查弊纠错,其内容涉及企业治理机构的各个方面和层级,成为企业控制权结构的具体体现。这一点与企业组织形式的演化及公司治理机构的发展不谋而合。在剩余索取者和最终决策者为同一个人的业主制企业(独资企业)中不存在现代意义上的内部控制制度或内部控制机制,只有为保护业主资产安全而设置的内部牵制措施。虽然在合伙制企业中剩余索取权和控制权也是合一的,有限责任公司与股份有限公司从理论上讲也可以做到剩余索取权和控制权的统一(除国有独资企业外,两个股东即可成立有限责任公司,五个股东即可成立股份有限公司),由股东共同管理企业并做出最终决策,但这时的"一"指的是由若干名合伙人或股东构成的整体而不是个人,因而存在共有产权问题;另外,公司制企业出现后,在股东为数不多的情况下,尽管从理论上讲剩余索取权和控制权可以是合一的,但股东的剩余索取权以出资额为基础,控制权实际上很难以股份比例划分,剩余索取权和控制权在一定程度上产生了分离。因此,代理问题和搭便车现象随之产生。内部控制也由此产生,但其职能仅表现为保护资产和查错纠弊。19世纪末至20世纪初和20世纪二三十年代,美国分别经历了第一次、第二次兼并浪潮。第二次兼并浪潮以及同期出现的大量股票公开交易的上市公司,其目的是筹集资本。但是,随着公司规模的不断扩大和股权的进一步分散,所有权与经营权出现了高度分离并且形成了管理阶层,导致公司治理结构提到了公共的议事日程。与业主制和合伙制企业不同,公司作为法人拥有巨大的权力,公司权力的合法性与权威性的基础是信任和公司治理中的制衡机制。阿道夫·伯利(Adolf Berle)和加德纳·米恩斯(Gardiner Means)在1932年所著的《现代公司与私有财产》一书中首次提出了公司治理(corporate governance)概念[②]。在公司制下,传

---

① 参见PCAOB《审计准则第5号——与财务报表审计融为一体的财务报告内部控制审计》第2、3、11段。
② 朱义坤,《公司治理论》,广州:广东人民出版社,1999年版,第4页。

统的以保护资产和查错纠弊为内容的内部控制显然不能满足所有权与经营权分离、剩余索取权与控制权分离的需要。内部控制结构应运而生,作为内部控制结构的内部控制,其职责不仅包括保证财产的安全完整、检查会计资料的准确性和可靠性,还将促进企业贯彻既定的经营方针及提高企业的经营效率纳入其中。这是公司治理结构对内部控制提出的要求。"一个健全、高效的内部控制机制是公司高质量运行的至关重要的组成部分。""当翻开股票公开交易的上市公司的年度报告时,如果报告中某一部分是管理层对公司内部控制制度的讲述,该公司就找到了与现有的和潜在的股东交流的结合点,并向他们转达了这样的信息:公司已采取了一系列策略和政策以保证公司处于控制之下。越来越多的上市公司将内部控制管理报告作为良好的公司治理实践包括在年度报告内。"[①] 从内部控制的演进过程来看,内部控制结构后来被内部控制框架和风险管理框架取代以及将战略目标纳入控制系统,其根本动因是公司治理机制不断完善向内部控制提出的要求。

第三节 我国的内部控制规范体系

21世纪初以美国为代表的国际资本市场财务丑闻频发,投资者的信心大受打击,以《萨班斯-奥克斯利法案》为标志,引发了全球对内部控制的关注。在我国,《公司法》《证券法》《会计法》等法律从各自角度提出了对内部控制的要求,但直接针对内部控制提出系统规范的时间相对较晚。从我国的情况来看,2006年财政部发起成立内部控制标准委员会,并于当年7月开始全面起草征求意见稿。2008年6月28日,财政部会同证监会、审计署、银监会、保监会联合发布了《企业内部控制基本规范》;2010年4月26日,发布了与其配套的应用指引[②]、评价指引和审计指引(以下简称"配套指引"),初步在我国确立了一套比较系统、完整的内部控制体系。为了加强上市公司内部控制系统的建设,财政部等五部委制定了企业内部控制规范体系的实施时间表:自2011年1月1日起首先在境内外同时上市的公司施行,自2012年1月1日起扩大到上海证券交易所、深圳证券交易所主板上市的公司;在此基础上,择机在中小板和创业板上市公司施行;同时鼓励非上市大中型企业提前执行。这标志着"以防范风险和控制舞弊为中心,以控制标准和评价标准为主体,结构合理、层次分明、衔接有序、方法科学、体系完备"的企业内部控制规范体系建设基本完成,上述规范体系对大中型企业及上市公司内部控制系统的构建、运行、评价、审计提供了具有直接指导意义的规范。我国大中型企业及上市公司企业内部控制规范体系的构成如图1-3所示。

[①] David M. Willis, Susan S. Lightle, "Management Reports on Internal Control", *Journal of Accountancy*, October 2000.

[②] 应用指引共21项,目前已发布18项,涉及银行、证券、保险业务的指引暂未发行。

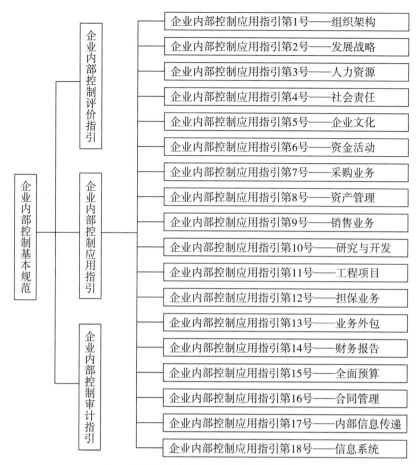

图 1-3 我国内部控制规范体系

但是,在小企业实施上述规范明显不符合成本效益原则。为此,2017 年 6 月,财政部又发布了《小企业内部控制规范(试行)》,对小企业内部控制构建、运行和监督做了明确规定。《小企业内部控制规范(试行)》的执行主体是尚不具备执行《企业内部控制基本规范》及其配套指引条件的小企业。按照这一规范的要求,所有小企业必须在资金管理、重要资产管理(包括核心技术)、债务与担保业务管理、税费管理、成本费用管理、合同管理、重要客户和供应商管理、关键岗位人员管理、信息技术管理等方面建立健全内部控制制度。至此,适用于各类企业的内部控制规范体系已基本建成,为各类规模企业内部控制的构建、运行、评价与审计提供了系统的技术规范。

一、内部控制基本规范

2008 年 6 月由财政部、证监会、审计署、银监会和保监会联合发布的《企业内部控制基本规范》奠定了内部控制的基本理论架构,基本规范涉及内部控制的定义、内部控制的目标、内部控制的构建原则、内部控制的基本要素。

(一) 内部控制的定义与目标

内部控制是由企业董事会、监事会、经理层和全体员工实施的、旨在实现控制目标的过程。内部控制的目标是合理保证企业经营管理合法合规、资产安全、财务报告及相关信息真实完整、提高经营效率和效果、促进企业实现发展战略。领会内部控制的定义和目标,应把握以下几个问题:

1. 内部控制是一个过程

关于内部控制的提法,目前常见的有内部控制制度、内部控制程序等。将内部控制定义为一个过程看起来有些空泛,但实际上是科学的、适用的。内部控制是一个动态的过程,这一过程不仅包括控制制度、程序、表格,还将理念、价值观、员工胜任能力、管理风格融入其中。只有将内部控制作为一个集控制制度、控制程序、控制环境为一体的动态化过程来把握,才有可能取得理想的效果。

2. 内部控制贯穿于企业的各个层面

企业涉及公司层和业务层两个层面,无论是公司的治理层和经理层,还是各业务层,都必须实施内部控制。企业实施内部控制必须避免两类片面性:一是重公司层面内部控制而轻业务层面内部控制,二是重视业务层面内部控制而忽视公司层面内部控制。

3. 内部控制贯穿于企业各单元

企业经营与管理涉及采购、生产、营销、研究与开发、人力资源、财务与会计、审计等单元,这些单元都必须构建和实施内部控制。也就是说,按照基本规范的要求,不仅财务与会计、审计等管理单元需要完善内部控制,采购、生产、营销、研究与开发、人力资源等管理单元也必须按基本规范的要求构建和运行内部控制。

4. 内部控制包括五个相互交织的目标

内部控制的目标包括企业经营管理合法合规、资产安全、财务报告及相关信息真实完整、提高经营效率和效果、促进企业实现发展战略。上述五个目标是相互交织在一起的,我们不能将其当作彼此孤立的目标来对待。例如,经营管理合法合规和财务报告及相关信息真实完整是两个方面的目标,对内部控制的设计有不同的侧重点,但是这两个方面是相互交织的,因为如果企业财务报告及相关信息的披露违背了真实完整的要求,这本身就是经营管理的违法违规。

5. 内部控制能够为目标的实现提供合理保证

完善的内部控制能够促使企业完成上述五个目标,为上述五个目标的实现提供合理保证。但是,由于内部控制具有自身局限性,它不能为实现上述目标提供绝对保证。内部控制是实现上述目标的必要条件,但不是充分条件。内部控制必须嵌入整个公司的治理和管理,与其他治理手段和管理手段相结合,才能确保上述五个目标的实现。

(二) 建立与实施内部控制的原则

企业之间经营规模、业务性质、治理模式和管理理念的差异必然对内部控制的设计与运行产生直接的影响,内部控制差异性决定内部控制过程具有不可复制性。但这并不是说内部控制的构建与实施不存在可循规律。这种规律性体现在内部控制的构建与实

施必须以五要素为内容,并遵循以下基本原则:

(1)全面性原则。内部控制应当贯穿于决策、执行和监督全过程,覆盖企业及其所属单位的各种业务和事项。

(2)重要性原则。内部控制应当在全面控制的基础上,关注重要业务事项和高风险领域。

(3)制衡性原则。内部控制应当在治理结构、机构设置及权责分配、业务流程等方面形成相互制约、相互监督,同时兼顾运营效率。

(4)适应性原则。内部控制应当与企业经营规模、业务范围、竞争状况和风险水平等相适应,并随着情况的变化及时加以调整。

(5)成本效益原则。内部控制应当权衡实施成本与预期效益,以适当的成本实现有效控制。

(三)内部控制要素

内部控制包括五个相互关联的要素。这些构成要素包括:

(1)内部环境。内部环境是企业实施内部控制的基础,一般包括治理结构、机构设置及权责分配、内部审计、人力资源政策、企业文化等。

(2)风险评估。风险评估是企业及时识别、系统分析经营活动中与实现内部控制目标相关的风险,合理确定风险应对策略。

(3)控制活动。控制活动是企业根据风险评估结果,采用相应的控制措施,将风险控制在可承受范围之内。

(4)信息与沟通。信息与沟通是企业及时、准确地收集、传递与内部控制相关的信息,确保信息在企业内部、企业与外部之间进行有效沟通。

(5)内部监督。内部监督是企业对内部控制建立与实施情况进行监督检查,评价内部控制的有效性,发现内部控制缺陷,并及时加以改进。

上述五要素围绕控制目标构成了一个密不可分的整体。内部环境是内部控制的基础,主要解决两个问题:一是实施内部控制的企业具备哪些控制条件,根据现有的控制条件适合建立什么样的控制系统;二是哪些内部环境可以改善和优化,以便在此基础上实施更加有效的内部控制。风险评估主要解决控制什么的问题(笼统地讲是控制风险,但要通过风险评估来识别具体的风险),该要素要求企业识别自身面临的风险、风险发生的可能性及其影响程度,并提出相应的应对策略。控制活动则是在确定应对策略的基础上解决如何控制的问题,即采取哪些措施控制企业面临的风险。信息与沟通主要解决控制中的协调问题,即通过信息的传递、沟通与反馈使内部控制各要素之间、各层级及各业务单元之间步调一致,共同完成内部控制的目标。内部监督主要是通过持续监督和改进来保证内部控制的有效性。

此外,基本规范还要求企业在建立内部控制系统时必须遵循有关的法律法规;在构建内部控制系统时充分利用信息技术建立完善的信息系统;建立内部控制实施的激励约束机制,将各责任单位和全体员工实施内部控制的情况纳入绩效考评体系,促进内部控制的有效实施。

内部控制五要素之间的内在联系如图 1-4 所示。

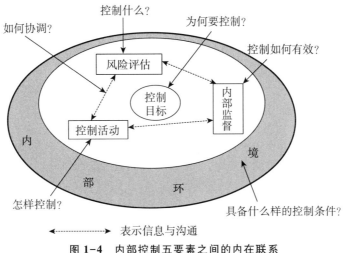

图 1-4 内部控制五要素之间的内在联系

二、内部控制应用指引

应用指引为企业按《企业内部控制基本规范》所确立的目标、原则和要素建立健全内部控制系统提供了具操作性的指南。应用指引分为三类：内部环境类指引、控制活动类指引和控制手段类指引。

1. 内部环境类指引

内部环境是企业构建科学的内部控制并保证其有效运行的基本条件。内部环境类指引有助于企业按照内部控制要求建设内部控制环境，并建立与企业自身环境相适应的内部控制，包括《企业内部控制应用指引第 1 号——组织架构》《企业内部控制应用指引第 2 号——发展战略》《企业内部控制应用指引第 3 号——人力资源》《企业内部控制应用指引第 4 号——社会责任》《企业内部控制应用指引第 5 号——企业文化》。

2. 控制活动类指引

控制活动类指引是针对企业各项业务活动建立内部控制而制定的指南，包括《企业内部控制应用指引第 6 号——资金活动》《企业内部控制应用指引第 7 号——采购业务》《企业内部控制应用指引第 8 号——资产管理》《企业内部控制应用指引第 9 号——销售业务》《企业内部控制应用指引第 10 号——研究与开发》《企业内部控制应用指引第 11 号——工程项目》《企业内部控制应用指引第 12 号——担保业务》《企业内部控制应用指引第 13 号——业务外包》和《企业内部控制应用指引第 14 号——财务报告》。

3. 控制手段类指引

控制手段类指引是基于运用各种控制手段对业务活动实施控制而制定的指南，包括《企业内部控制应用指引第 15 号——全面预算》《企业内部控制应用指引第 16 号——合同管理》《企业内部控制应用指引第 17 号——内部信息传递》《企业内部控制应用指引第 18 号——信息系统》。

三、内部控制评价指引

内部控制评价指引主要是为企业董事会或类似机构对内部控制有效性进行评价、出具评价报告提供指南。内容涉及内部控制的评价内容、评价工作组织、内部控制缺陷认定、内部控制评价报告以及评价报告的披露与报送。

四、内部控制审计指引

内部控制审计指引规范的是会计师事务所接受委托对特定企业特定基准日内部控制设计与运行的有效性所进行的审计行为。审计指引从以下方面对内部控制审计提出明确的要求：审计责任划分、审计范围、整合审计、被审计单位人员的工作、审计方法、控制缺陷评价、审计报告出具。

本章小结

企业内部控制的发展经历了内部牵制、内部控制制度、内部控制结构、内部控制框架、风险管理框架五个阶段。企业内部控制的发展进入内部控制框架阶段后，为了应对经济全球化、信息化带来的日益复杂的风险，帮助企业科学地进行风险识别和战略制定、实现战略目标，COSO 在发布、修订内部控制框架的同时，发布了企业风险管理框架并进行了适时修订。从内部控制发展历程不难看出，内部控制已从企业自身要求变为外界强制性要求、保证资产安全和会计信息的可靠性是贯穿于内部控制发展的主线、内部控制目标随公司治理机制的完善呈多元化发展趋势，并对公司治理与管理起着重要作用。2008年以来，我国着手进行系统化的内部控制规范体系建设，内部控制的评价、审计等一系列措施对提升企业内部控制质量产生了显著的效果。

思考题

1. 企业内部控制五个发展阶段各有哪些显著特征？
2. COSO 的《内部控制——整合框架》(2013)与《企业风险管理——与战略和绩效的整合》(2017)有何异同点？
3. 我国的《企业内部控制基本规范》与 COSO 的《内部控制——整合框架》(2013)有何异同点？

案例分析题

2008年6月财政部会同证监会、审计署、银监会、保监会联合发布了《企业内部控制基本规范》，2010年4月又联合发布了配套的应用指引、评价指引和审计指引，初步在我国确立了一套比较系统、完整的内部控制体系。2017年6月，财政部又发布了《小企业内部控制规范（试行）》，对小企业内部控制的构建、运行和监督做了明确规定。

思考： 我国已基本建立了一套比较系统、完整的内部控制体系，为何还要单独发布《小企业内部控制规范（试行）》？

第二章 内部控制与公司治理

[学习目标]

通过学习本章,您应该:

1. 了解内部控制与公司治理、公司管理之间的关系;
2. 了解内部控制与公司治理对接的基础与路径;
3. 掌握审计委员会的职责及其在内部控制系统中的作用;
4. 掌握公司治理规范对内部控制构建与运行的基本要求。

[引导案例]

B股份有限公司的《公司章程》第112条和第8条均规定:交易涉及资产总额占上市公司最近一期经审计总资产5%以上、绝对金额超过1 000万元的由董事会批准。《董事会议事规则》第9条规定:交易涉及资产总额占上市公司最近一期经审计净资产10%以上或绝对金额超过1 000万元的由董事会批准。中国证监会××监管局对B股份有限公司进行现场检查时,就这一状况询问董事会秘书:B股份有限公司实务工作中董事会决策到底依据的是交易涉及资产总额占上市公司最近一期经审计"总资产5%以上、绝对金额超过1 000万元",还是"净资产10%以上或绝对金额超过1 000万元"?董事会秘书回答:《公司章程》是公司的大法,本公司制定的各项规定与《公司章程》相矛盾的话,都以《公司章程》为准。但监管局现场检查的结果是:一些决策事项依据的是《公司章程》和《对外投资管理制度》,而另一些依据的则是《董事会议事规则》。由此不难看出,B股份有限公司的公司治理是比较混乱的,公司治理规范的相互矛盾以及规范执行中的随意性无法为内部控制良好运行提供基本保障。因此,监管局下达了限期整改通知书。

长期以来,我国的内部控制研究主要侧重于会计和审计领域,研究成果主要服务于审计程序与方法的应用、审计成本的节约、审计效率的提高和审计风险的控制。受西方内部控制研究关注点转移以及近年来公司丑闻的启发,进入21世纪后,我国在内部控制理论研究方面,无论是内部控制研究的切入点、研究的视野,还是研究成果的运用,都取得了令人瞩目的成就。

研究公司治理及内部控制的文献不在少数,并在一些问题上达成共识。学术界已经认识到:离开特定的公司治理环境研究内部控制不会产生具有根本变革意义的结果,从两者有机结合的角度研究内部控制十分必要。公司治理、公司管理、内部控制是既有明显区别又有密切联系的三个概念,本章在简要阐述公司治理与公司管理两者联系和区别的基础上,论述内部控制与公司治理的关系,并探究内部控制对接公司治理的路径。

第一节 公司治理与公司管理

一、公司治理

现代企业的规模、技术含量、市场竞争带来的机遇与风险、发展战略确立的重要意义、内部资源配置的效率等问题都是传统业主式企业所不能比及或没有碰到过的。由此,它造就了职业的管理者阶层和管理者市场,出现了所有权与管理权的分离,这一分离体现了契约控制权的授权过程——作为所有者的股东,除保留诸如通过投票选择董事与审计师、兼并和发行新股等剩余控制权外,将其拥有的绝大部分契约控制权授予了董事会,而董事会则保留了聘用和解聘首席执行官(CEO)、重大投资、兼并和收购等战略性的决策控制权(一种剩余控制权),将日常的生产、销售、雇用等决策管理权(特定控制权)授予了公司经理层。职业管理者取代业主控制企业的经营又产生了"代理人"问题。从经济学的理性假设出发,委托人和代理人具有不同的目标函数。代理人会做出搭便车等行为。公司治理所要解决的问题是通过契约关系的制度安排,确保委托人的权益不被侵害。除股东外,债权人、供应商、雇员、政府和社区也与公司存在利益关系。公司不仅对股东承担盈利责任,还对各利益方、社会承担责任。公司治理必须通过一套包括正式或非正式的、内部或外部的制度或机制来协调公司与所有利益相关者之间的利益关系,以保证公司决策的科学化,最终维护公司各方面的利益。

与此相应,公司治理有狭义和广义两种理解。狭义的公司治理是指股东、董事会、总经理之间的责权利安排和相互制衡的机制,其立足点是防止经营者背离所有者利益,追求股东利益最大化。广义的公司治理则不局限于股东、董事会、总经理之间的责权利安排和相互制衡,还涉及债权人、供应商、雇员、政府和社区等与公司有利害关系的各方。广义上的公司治理不局限于股东、董事会、总经理之间的内部治理,还包括利益相关者通过一系列的内部、外部机制来实施共同治理,治理的目标不仅是股东利益的最大化,还要保证公司决策的科学性,从而保证公司各利益相关者的利益最大化。公司治理是通过公司治理机制的设计和运行来实现的,而公司治理机制是一组规范与法人财产相关各方的责权利的制度安排。这一制度安排的内在逻辑是通过制衡来实现对管理者的约束与激励的同时,通过证券市场、产品市场和经理市场发挥外部的约束与激励,以最大限度地满足股东和利益相关者的权益。

公司受参与者及其关系的影响。政府制定法律法规,提供公司治理的基本规范;控股股东(个人控股股东以及家族控股股东、控股公司)对公司行为具有重大影响;作为权益的拥有者,机构投资者在公司治理中的作用日益提高,个人投资者通常不寻求履行治理的权力但关注同等对待的权力,债权人在公司治理中扮演重要角色并有潜力作为外部监管者对公司施加影响,雇员及其他利益相关者在提升公司业绩、促进公司长期成功方面起着积极的作用。

2015年经济合作与发展组织(OECD)修订发布的《公司治理原则》中对公司治理做了如下描述:"公司治理是一种据以对工商业公司进行管理和控制的体系。公司治理明确规定公司各个参与者(诸如董事会、经理层、股东和其他利益相关者)的责任和权利,并且清楚地说明对公司事务进行决策应遵循的规则和程序。同时,它还提供一种结构,用以设置公司目标,也提供达到这些目标和监控运营的手段。"就企业角度而言,公司治理机制辐射两方面的内容:一是企业与股东及其他利益相关者之间的责权利分配,在这一层次中,股东要授权管理层管理企业、采取措施保证管理层从股东利益出发管理企业、能够获取足够的信息判断股东期望能否真正得到实现,并在管理层损害股东权益时有权采取必要的行动;二是企业董事会及高级管理层为履行对股东的承诺、承担自己应有的职责而在内部各部门及有关人员之间进行的责权利分配,有些学者称之为狭义的公司治理。

二、公司管理

公司管理是经理人员对公司日常经营活动的管理。具体而言,这是公司生产经营过程中所进行的计划、组织、指挥、协调等一系列工作,以最有效地利用人力、物力、财力,提高企业的经济效益。公司管理具体包括公司的行政管理、采购管理、生产管理、营销管理、技术研发管理、人力资源管理、财务管理等。公司管理必须在特定的公司治理框架下进行。

关于公司治理与公司管理的关系,牛津大学著名学者R. I. 契科尔(R. I. Tricker)在1984年所著的《公司治理》中提出以下观点:公司管理是运营公司,公司治理则是确保这种运营处于正确的轨道上,公司治理与公司管理的结合点是公司战略管理。R. I. 契科尔的公司治理与公司管理的关系如图2-1所示。

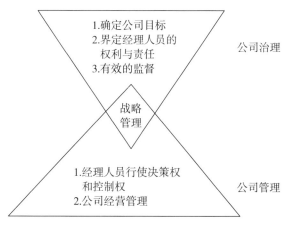

图2-1 公司治理与公司管理的关系

第二节 内部控制与公司治理的关系

一、公司治理与内部控制的思想同源性

公司治理与内部控制都产生于委托代理问题,如果不存在委托代理关系,那么既不会有公司治理问题,也不会存在内部控制问题。在存在委托代理关系的前提下,公司治理与内部控制是决定公司经营效率和公司能否健康发展的关键要素。公司治理包括内部治理和外部治理,在不同的公司治理环境下,内部治理和外部治理的关系是不一样的:在美国经理层占绝对优势的情况下,公司治理目标和内部控制目标的一致性很大程度上是通过公司外部治理的力量实现的,即市场控制是基本路径;而在中国经理层不具备绝对压倒优势的情况下,公司治理目标和内部控制目标的一致性主要通过公司内部治理与内部控制的对接及互动来完成,即组织控制是主要路径。在中国,尽管内部控制框架与公司内部治理和外部治理都存在密切关系,但与公司内部治理的关系更加紧密。公司内部治理研究的目的是在所有权与控制权(没有显著控制权的财富所有权和没有显著所有权的控制权)不相匹配成为一个合乎逻辑的现实的情况下,使控制权的目标与所有权的目标一致。[①] 公司治理的重要性源于控制权的独立性。如果控制权是所有权的一种功能且两者高度一致,就不会有现代意义的公司治理。

内部控制是由企业董事会、经理层和全体员工共同实施的一系列程序和政策。从古埃及金库管理的内部牵制发展到今天由内部环境、风险评估、控制活动、信息与沟通、内部监督五大要素交织而成的内部控制框架经历了漫长的历程,但内部控制思想的核心仍然是不相容职务相分离。内部控制从过去的查错纠弊理念转为防错纠弊以后,势必要以风险评估和防范为导向,也就是在风险评估的基础上设置控制关键点并建立控制程序;为了使内部控制既能起到防错纠弊的作用又有助于企业运行效率的提高,必须由管理哲学与理念、企业文化、组织机构提供环境基础,并以信息沟通与反馈提供保障;为保证建立在不相容职务相分离基础上的控制程序与措施得到切实的贯彻实施,必须有科学的监督机制。不相容职务相分离作为一种思想不仅用于内部控制系统的构建,还服务于公司治理结构和机制的构建。例如,公司治理所强调的制衡机制,其核心就是不相容权力相分离。两权分离以后,在控制既与所有权分离又与管理分离的情况下,控制的基本目的就是"不丧失控制权的授权":对于所有者而言,控制是为了在不丧失控制权的前提下放弃经营权,将经营权交给管理者;对于管理者而言,控制则是为了在不丧失控制权的前提下层层分解日常经营权,保证企业内部各经营系统有效地运转。公司治理和内部控制虽然产生于不同的背景、服务于不同的目的,但两者具有思想同源性,即在委托代理关系成为既定现实的情况下实现不丧失控制权的授权。

[①] 阿道夫·伯利、加德纳·米恩斯,《控制的演化》,载于李维安、张俊喜主编,《公司治理前沿》,北京:中国财政经济出版社,2003年版,第98页。

二、公司治理与内部控制的差异性

尽管公司治理与内部控制具有思想同源性,但两者存在明显的区别:公司治理和内部控制产生的基础虽然都是委托代理,但是两者委托代理的层级是不同的。公司治理产生于两权分离,是基于所有权、控制权、经营权相分离的事实而建立的约束、激励和监督机制,试图解决所有者与经营者的委托代理问题;内部控制则解决公司经营管理中不同层级经营者的委托代理问题。公司治理处理的是股东(权力人)、董事会(决策层)和经理班子(执行层)三者间的关系,内部控制处理的是董事会(决策层)、经理班子(执行层)和次级执行层(各部门、各单位)的关系。不同的委托代理层级决定了公司治理与内部控制具有不同的辐射面,如图2-2所示。

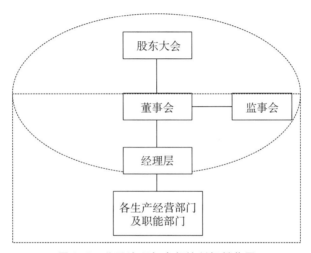

图2-2 公司治理与内部控制辐射范围

图2-2中,椭圆覆盖区域为公司治理的辐射范围,长方形覆盖区域为内部控制的辐射范围。两者既有各自的管控领域,也有重叠的区域。实现公司治理与内部控制的无缝对接是充分发挥内部控制有效性的基础。

第三节 内部控制与公司治理的对接

一、两者的对接是内部控制有效性的基础

《企业内部控制基本规范》第十一条要求"企业根据国家有关法律法规和企业章程,建立规范的公司治理结构和议事规则,明确决策、执行、监督等方面的职责权限,形成科学有效的职责分工和制衡机制",为内部控制构建与运行提供良好的基础。COSO报告对内部控制的局限性做了精辟的论述:内部控制受成本效益法则的约束;内部控制一般针对常规业务;内部控制因粗心大意、相互勾结、环境变化等而产生失误。这种对内部控制

局限性的认识与 COSO 报告研究者的人员构成和经历有关。在 COSO 报告出炉之前,会计、内部审计、外部审计、管理者对内部控制概念的理解存在分歧,导致在内部控制措施的运行和内部控制效果的评估方面出现混乱状态,对这一问题的解决促成由来自美国注册会计师协会(AICPA)、美国会计协会(AAA)、内部审计协会(IIA)、管理师协会(IMA)和财务经理协会(FEI)等组织的代表组成的 COSO 的诞生。COSO 报告与以往的文献相比,尽管研究视角发生了变化,但并没有摆脱服务于 CPA 审计这一导向以及将内部控制作为一个相对独立的闭环系统。[①] 因此,对于保证公司营运的效率与效果、财务报告的真实可靠、相关法令和规章的贯彻实行这三大目标而言,内部控制只能提供"合理的保证"而非"有效的保证"。例如,2004 年 4 月 30 日由姚雄杰等人和黄曼发等人组成的宏智科技两个董事会分别推出的 2003 年年报均因无法获取真实、准确、完整的"财务资料和相关资料"而无法对年报的"真实、完整"负责。问题的症结不在于有无内部控制,而在于公司治理。正如由姚雄杰等人组成的董事会在年报中声称的那样:"鉴于公司法人治理结构混乱,公司无法保证建立有效的内部控制制度,保护资产的安全,保证会计资料的真实性、合法性和完整性,并提供完整的审计过程中所要查看的各种文件资料。"美国安然、施乐、世通,中国银广夏、东方电子等公司的特大财务欺诈案件,以及中国这两年的高管人员失踪案,都说明内部控制不仅没有提供"合理保证",甚至没有提供"基本保证"。从案情来看,财务欺诈行为相当一部分是董事、经理等高管人员威逼和唆使下属或者直接由他们一手操办的。董事会与经理层是公司治理和内部控制的共同辐射区,而恰恰是这个共管地带常出大案要案。原因何在?

中外财务欺诈及公司违规操作的案件告诉我们:内部控制只能为避免错误和舞弊提供"合理"的保证,而不能提供"有效"的保证。这不仅因为非故意因素会导致错误陈述或遗漏,还由于错误和舞弊不仅仅是内部控制原因造成的,还可能是公司治理问题所导致的。例如,某上市公司暴露出 7.8 亿元担保余额中有近 5 亿元的担保未经董事会讨论批准,也未经独立董事审阅,而是由公司的实际控制人操办。表面上看是由于内部控制系统失效,实际上该担保事项完全绕过了内部控制系统。另外,中国上市公司利益相关者利益中的特有问题,如确保大股东和公司管理层利益与市场利益一致、流通股股东与限制性流通股股东的利益协调、小股东的利益保护等问题不是单靠内部控制系统的完善就能解决的。

从内部控制的角度来看,尽管内部控制的辐射范围上至董事会、下至各基层岗位,董事会是内部控制的核心,但要保证董事会—经理层内部控制制度的科学性并对经理层实施有效监督不是董事会这个"核心"力所能及的。以下原因决定内部控制在董事会—经理层是一个薄弱层面:第一,在内部控制框架中,内部控制制度是由经理层制定、由董事会审批通过的。对于总经理以下的各部门和岗位来说,总经理是委托者,他们在制定内部控制制度时会尽量使制度本身科学并以强有力的手段保证其实施。但对董事、经理们而言,他们给自己制定内部控制制度本身就不符合不相容职务相分离的原则。尽管他们

---

① Steven J. Root, *Beyond COSO: Internal Control to Enhance Corporate Governance*, John Wiley & Sons Inc, 1998.

存在道德良知和要求建立内部控制的外在压力,但从理性经济人的角度来看,他们没有作茧自缚的傻劲,因此其制度设计就很可能存在侵犯股东权益、损害中小股东利益的条款。例如,某上市公司规定"董事会拥有不超过净资产50%的处置权,经理拥有不超过净资产10%的处置权",这种做法形式上体现了分级授权的控制原则,但实质上将应由出资者决策的权力下移至董事会。第二,无论是所有权较分散、主要依靠外部力量对管理层实施控制的英美治理模式,还是外部约束力相对较弱、一股独大状况下的内部治理模式,董事会对经理层的控制弱化是一个共性的问题。在美国,"强管理者,弱所有者"的表现之一就是在经理层这一平台基础上产生董事,而中国公司则是一股独大情况下董事与经理层人员的高度重叠,这种状况下通过内部控制框架的构建来达到董事会对经理层的控制是难以实现的。

鉴于上述理由,我们认为,应将解决董事会与经理层之间的不相容职务分离、分级授权控制、监督机制构建作为公司治理的内容分别在《公司章程》《董事会议事规则》《总经理工作细则》中做出明确规定,并打破目前普遍存在的《公司章程》《董事会议事规则》《总经理工作细则》雷同的现象,要根据公司的经营环境、经营模式、管理方式将内部控制的思想融入其中;在具体业务内部控制制度设计的过程中,将公司治理中董事会与经理层间治理机制对内部控制的要求融入控制关键点、控制程序与方法的设计之中。只有以强有力的公司治理为后盾并实现两者的衔接与互动式结合,才能使内部控制制度得到切实可行的贯彻实施。如果不改变目前存在的将《公司章程》等公司治理文件作为应对监管、应对投资者的思想,再好的内部控制制度也无法提供"合理保证"。

二、创新公司治理规范,实现内部控制与公司治理的对接

在由许多投资者共同出资组成的公司中,每个投资者都行使对公司的控制权是不可能的,因为这样会使公司运行产生高昂的成本,但公司治理机制必须保证放弃控制权的一部分中小投资者的合法利益不会因此受到侵害。针对我国目前普遍存在的内部人控制和大股东侵犯小股东利益两大症结,公司治理结构设计不仅要体现股东大会、董事会、监事会、经理层间的制衡,还必须从治理机制设计上为上述机构间的分级授权和不相容职务间的制衡提供制度保障。

(一) 公司治理规范必须对内部控制机制的构建提出明确要求

内部控制系统是由代理人设计的,充分体现了管理者的管理意志和管理意图,但代理人的目标函数与委托人的目标函数是不一致的。为保证多级委托代理链组成的公司运行能够维护所有股东的平等地位和权利、承担对股东的诚信义务,公司治理规范中必须提出对内部控制构建的基本要求,从而保证内部控制目标与公司治理目标的高度一致性。没有公司治理做后盾,内部控制系统的不断完善将失去动力。事实上,各国有关公司治理的法规和准则都对内部控制提出了基本要求。例如,美国内部控制从制度、发展到三要素构成的结构和五要素构成的框架,与美国《反海外腐败法》的颁布与完善是分不开的。该法除了禁止各种形式的行贿和具有可疑行贿的行为,还要求在证券交易委员会

管辖下的每一家公司都建立内部控制制度并详细规定:美国公司有责任保证其海外下属公司妥善保存财务报表和记录并建立和实施内部监控制度;不得非法向外国政府公职人员或国际公共组织官员支付财物;即使海外下属公司在母公司不知情的情况下发生与上述有关的不当行为,母公司也不能免责。

2002年1月,中国证监会颁布了我国第一部公司治理准则——《上市公司治理准则》,从六个方面对公司治理做出了规范:①平等对待所有股东,保护股东合法权益;②强化董事的诚信与勤勉义务;③发挥监事会的监督作用;④建立健全绩效评价与激励约束机制;⑤保障利益相关者的合法权利;⑥强化信息披露,增加公司透明度。上述六个方面的要求需要通过科学、严密的内部控制系统来保障,但该准则并没有涉及内部控制方面的内容,这使得该准则自诞生之日起便存在明显的缺陷。2018年9月修订发布的《上市公司治理准则》,在推动机构投资者参与公司治理,强化董事会审计委员会作用,确立环境、社会责任和公司治理信息披露的基本框架等方面提出了明确、具体的要求。

在国家公司治理规范以及企业《公司章程》等公司治理文件中,至少应就企业的内部控制系统做出如下三点规范并从理论上再充实:

(1)公司必须制定统驭所有内部管理制度的内部控制框架。将五要素构成的内部控制框架结合企业的组织结构、经营模式具体化。

(2)赋予董事会在内部控制中的核心地位,对公司内部控制系统的构建、修订、执行、监督承担法律责任。

(3)内部控制框架要充分体现企业股权结构、组织结构等公司内部治理要素的要求,实现与公司治理的无缝对接。

(二)从公司治理机制构建的角度为董事会在内部控制中的核心地位提供保证

公司董事会是连接出资者和经营者的桥梁,为股权资本出资者和经理人员的职业合同提供了合理的保障。尽管在契约未预见事项发生的情况下,出资者可以利用剩余控制权做出决策,但基于股权分散的事实产生的投资者行使剩余控制权的高额成本以及信息不对称问题,行使控制权的重心客观上要求落在董事会肩上。内部控制是董事会抑制管理人员搜寻短期盈利机会中的机会主义倾向,保证法律、公司政策及董事会决议切实贯彻实施的措施;内部控制以及涉及内部控制的信息流动构成解决信息不对称、保证会计信息真实可靠的重要手段,而确保信息质量是董事会不可推卸的责任。因此,《企业内部控制基本规范》明确指出,由"董事会负责内部控制的建立健全和有效实施"。董事会在内部控制中的核心地位是通过公司治理结构和机制的安排来实现的。

(1)完善董事会构建机制,将董事会建设成能真正独立行使权利和承担责任的机构。总结近几年公司控制结构变迁的特点,针对大股东一股独大或公司最终控制人试图通过一致行动、差额投票权、多重塔式持股、交叉持股等手段控制公司而有可能出现侵犯中小股东权益、损害公司长远利益的现象,优化董事提名机制、董事会形成机制以及董事责任追究与免责机制,使董事会真正成为公司治理链中一个独立履行权利、承担责任的机构。

（2）从人员配置上割断董事与经理层的脐带，保证董事会成员的相对独立性。董事会的作用在于选聘高管人员、考评并更换不称职的管理者、行使决策权并代表股东监督经理层。如果董事与经理人员高度重叠，董事会与经理层的分设完全是为了应对法律，而未体现公司治理法规所应体现的制衡机制，则董事会与经理层的制衡就名存实亡了。董事会成员独立于经理层才能为董事会成为内部控制的监督者和最高执行者，发挥董事会在内部控制中的核心作用提供权责划分的保证。最近几年，国务院国有资产监督管理委员会在董事会试点的中央企业中推行的外部董事制度要求试点企业的董事会中外部董事占一半以上，有的试点企业的董事长由外部董事担任，实践证明，这种尝试对保证董事会的独立性、强化董事会的决策与监督起着积极的作用。

（3）强化董事会专业委员会职能以及决策与监督程序，为发挥董事会核心作用提供信息与技术支持。人员的独立性只为董事会在内部控制中核心地位的发挥提供必要条件而非充分条件。董事，尤其是外部董事或独立董事，不可能像经理人员一样掌握有关公司运作方面的详细信息，信息不对称为经理层实质上"控制"董事会的决策和监督提供了温室。例如，对于新项目的上马，从理论和法律上讲董事会有权决策项目的取舍。实际上，经理层在项目可行性报告中往往会遴选和粉饰项目技术含量、市场前景、现金流预测等信息，造成董事会对经理层的控制失效。如果能发挥战略委员会和审计委员会的决策与监督职能，并在程序上规定需要由董事会决策的项目必须事先由战略委员会从国家产业政策、项目市场前景等角度进行科学论证并由审计委员会对财务效益、现金流风险进行评估，对于投资额巨大的项目董事必须进行实地调研，在此基础上由董事会做出项目取舍决策，董事会在决策和监督中的主导作用才能得到发挥。

（三）在公司治理规范中明确审计委员会的职责定位

内部控制框架的五大要素之一是监督，在内部环境要素中，也要求建立与内部控制相对应的监督机构。我国的公司治理机制是大陆法系国家二元治理结构与英美法系国家一元治理结构的结合体，即将产生于一元治理结构下的审计委员会嵌入二元治理结构而打造的"监事会+审计委员会"模式。"监事会+审计委员会"模式无论是强化董事会对经理层的控制，还是弥补现行监事会机制设计及运行中的缺陷，都是一种现实的选择。但是，期望与监事会、审计委员会、审计部门三个监督层产生浑然天成的效果，就必须明确审计委员会的职责定位。

在监事会、审计委员会、审计部门三个监督层中，监事会和审计部门的历史久于审计委员会，而审计委员会在三个监督层中起承上启下的作用，因此审计委员会的职责定位以及关系梳理成为这一监督架构能否发生预期作用的关键。一元治理结构下的审计委员会制度对二元治理结构而言虽不具移植性，但将制度优化的重点放在职责定位和关系确定方面的做法是值得我们借鉴的。

审计委员会的职责因公司而异，它与公司规模、组织结构、公司经营所处行业、审计委员会成员的能力和精力、董事会对其他专业委员会的授权等因素有关。正如美国蓝带报告所说:"一个模式不能满足所有公司(one size can't fit all)。"①但是,这并不意味着审计委员会的职责没有共性。对某一公司而言,审计委员会的职责由"共性职责+个性职责"构成,前者由法定规章(legal-regulation)规范,后者由公司自治规章(self-regulation)规范。

公司治理机制的规范分为三个层次:一是公司治理的法律框架;二是公司治理的规则框架;三是公司治理的自治框架。② 法律框架是最基础的公司治理框架,只规定公司是采取一元治理结构还是二元治理结构,并在此基础上规定公司股东(大)会、董事会、经理层的基本法律权利和义务。规则框架是政府有关部门针对某一类公司的治理要求提出的,它是法律框架在本类公司中的具体运用,如中国证监会对上市公司做出的建立独立董事制度和审计委员会的规定等,为审计委员会的运作提供了总体指引。自治框架则是法律框架和规则框架在某一公司中的具体运用,如《公司章程》《董事会议事规则》《总经理实施细则》《审计委员会工作细则》以及审计委员会与监事会、审计部门的关系等方面的规定。我们认为,尽管美国公司治理第一、二层次的规范都比我国详细,但并不等于我国必须照搬美国的做法,因为我国上市公司股权类型与结构复杂,既有大股东绝对控制,也有竞争性股权结构产生的相对控股;既有国有控股公司,也有民营或外商控股公司;既有境内上市公司,也有必须遵循所在地规则的境外上市公司。第一、二层次需要在基本面上做出比较符合我国上市公司多样化特征的规范。公司治理规范应当更集中地体现在自治层面。自治层面的公司治理规范要在遵循第一、二层次公司治理规范的前提下,充分体现本公司行业特征、股权性质与结构、商业模式等对公司治理的要求,而且做到各规范之间相互协调、逻辑一致,不得相互矛盾。因为内部控制系统的构建需要以公司治理规范为基础,公司治理规范之间的矛盾会导致针对不同交易、事项、状况所制定的内部控制制度之间的矛盾,从而导致公司内部控制系统的混乱。审计委员会的设置和科学的职责定位是公司内部控制系统发挥预期作用的关键,《公司章程》《董事会议事规则》等公司规章中应对审计委员会的设置、职责定位以及审计委员会与注册会计师的直接沟通等问题做出明确规定。

因此,在内部控制构建过程中,我们应该遵循第一、二层次规范的要求,通过第三层次规范的完善为审计委员会的职责设定、运行机制构建等问题做出具有可操作性的规定。这种层次性设计也恰好体现了我国《公司法》尊重市场主体的意志和公司自我管理的能力、扩大公司自治的权力边界这一价值取向。审计委员会职责精细化应该体现在《公司章程》《董事会议事规则》《审计委员会工作细则》等公司自治规范中。也就是说,尽管《公司法》奠定了公司治理框架的基础,《上市公司治理准则》提出了建立审计委员会的要求并赋予审计委员会共性职责,但审计委员会共性职责在某一公司中的具体化、特定公司审计委员会的个性化职责以及审计委员会与公司治理其他主体间的关系是公

---

① 蓝带报告(Blue Ribbon Report),即Report and Recommendations of the Blue Ribbon Committee on Improving the Effectiveness of Corporate Audit Committees,由蓝带委员会于1999年2月8日发布。One size can't fit all 这一谚语通常被译成"众口难调"。

② 前两个层次构成法定规章。

司治理中需要自治的内容。自治框架中审计委员会职责的确定及三机构间关系的建立直接制约了公司治理中监督与控制体系发挥作用的程度。

当然,审计委员会职责的定位范围还应考虑公司组织机构设置的具体情况。例如,董事会下设战略发展委员会、财务委员会的公司应发挥这两个委员会的作用,为董事会的战略决策和投资项目选择提供支持,审计委员会只需履行《上市公司治理准则》规定的职责;不设战略发展委员会、财务委员会的公司则可以赋予审计委员会此项职责,使其成为战略决策和战略执行的监督机构。具体的职责安排应在《公司章程》和《董事会议事规则》中做出规定。另外,尚未设立审计委员会的公司并不意味着可以不受《上市公司治理准则》的管辖,只是可能将审计委员会应有职责通过独立董事的工作制度来履行,而不在公司相关规定中出现"审计委员会"的提法;也可能分派给不同专业委员会来实现功能的代偿。

(四)建立反向制衡机制

决策与执行相分离是内部控制框架中不相容职务分离的五大内容之一。这种分离不仅包含了当事人间的相互制约,而且还包括反向制衡。在COSO报告的信息与沟通部分和内部监督部分,要求各内部控制执行主体在经营中相互监督,有权拒绝明显违法的事项并通过信息沟通反映经营管理中的不当行为。在解决了董事会成员和经理层高度重合、董事长与总经理交叉任职的基础上,在治理机制设计上启用反向制衡程序十分必要,能够杜绝大股东侵占中小股东合法利益、防止实际控制人牺牲公司利益以获取个人利益。国家有关公司治理的法规和企业的《公司章程》中应明确规定总经理有权抵制股东会或董事会(股东或董事)抽逃资本、利用关联交易侵犯中小股东利益等违法行为。最近颁布的有关公司治理的规定已在反向制衡机制构建方面进行了有益的尝试。例如,证监会2004年3月颁布的《期货经纪公司治理准则(试行)》第五章"经理层"中明确规定了经理对股东大会、董事会违规违法行为的抵制权以及经理层之间的制约措施。当然,在资本话语权和公司实际控制权占绝对优势的情况下,如何保证反向制衡机制的有效运行是需要进一步研究的系统工程。

本章小结

公司治理是指股东、董事会、总经理之间的责权利安排和相互制衡的机制,其立足点是防止经营者背离所有者利益,追求股东利益最大化。公司治理和内部控制产生的基础虽然都是委托代理,但两者委托代理的层级是不同的。公司治理产生于两权分离,是基于所有权、控制权、经营权相分离的事实而建立的约束、激励和监督机制,试图解决所有者与经营者的委托代理问题;而内部控制则解决公司经营管理中不同层级经营者的委托代理问题。公司治理和内部控制的对接是内部控制有效性的基础。各公司制定的各项治理规范必须符合国家法律法规的要求,所制定的各项规范之间必须协调一致。公司治理规范必须对内部控制机制的构建提出明确要求,从公司治理机制构建的角度为董事会在内部控制中的核心地位提供保证,在公司治理规范中明确审计委员会的职责定位,建立公司治理的反向制衡机制。

思考题

1. 什么是公司治理？什么是公司管理？公司治理与公司管理之间的联系和区别是什么？
2. 公司治理与内部控制之间的联系和区别是什么？
3. 如何从公司治理机制构建的角度为董事会在内部控制中的核心地位提供保证？
4. 为什么要在公司治理规范中明确审计委员会的职责定位？

案例分析题

H 股份有限公司的《公司章程》第 146 条第 4 款对公司董事会就交易事项决策权限做出的规定如下："交易的成交金额占公司最近一期经审计净资产的 10% 以上且绝对金额超过 1 000 万元至 50% 以下且绝对金额不超过 5 000 万元之间的重大交易事项。"H 股份有限公司 2011 年年度报告披露的公司年末净资产为 16.7 亿元。中国证券监督管理委员会××监管局对 H 股份有限公司进行现场检查后下达的限期整改通知书中，要求对这一规定进行限期整改。

思考：（1）监管局要求 H 股份有限公司对此项规定进行限期整改的理由是什么？

（2）如果不限期整改，会对 H 股份有限公司交易事项的决策分权和内部控制的分级授权产生什么不利影响？

第三章　内部环境

[学习目标]

通过学习本章,您应该:

1. 了解内部环境的构成;

2. 比较我国企业内部环境在机构设置和权责分配方面与西方国家企业的差异;

3. 比较内部控制监督体系中监事会、审计委员会、审计部门之间的异同点;

4. 掌握发展战略、人力资源政策、员工胜任能力、企业文化、社会责任等内部环境要素的概念和优化路径。

[引导案例]

蒙牛乳业的成功缘于遵循业界的"企业短期不衰靠人管理,中期不衰靠制度管理,长期不衰靠文化管理"的训言,具体体现在以下方面:

1. 突出重点

蒙牛乳业注重培育共同价值观,其战略决策塑造了将"消费者、股东、银行、员工、合作伙伴和社会的六满意"作为企业立身之本的组织价值观;塑造了"股东投资求回报,银行注入图利息,合作伙伴需赚钱,员工参与为收入,父老乡亲盼税收"的管理者价值观;塑造了将企业利益寓于社会利益之中的员工价值观;塑造了"有德有才破格重用,有德无才培养使用,无德有才限制使用,无德无才坚决不用,使每个员工都能发挥个人价值"的能够影响人、熏陶人、激励人、引导人和改善人的价值观体系,进而在很大程度上提高了蒙牛乳业内部控制的效率和效果。

2. 重在建设

加强和谐企业制度、行为、形象文化体系的建设。不断推进物质生活文化、制度管理文化、行为习俗文化和精神意识文化向高效、有序、健康的方向发展,坚持重在建设的方针,着眼长远,搞好和谐企业文化建设。

3. 以人为本

人作为企业文化活动的参与者与企业文化的体现者,在构建和谐企业文化的过程中起着主体作用。企业应重视生产、经营和管理的柔韧性,在建设企业和谐文化的过程中,人力资源也将成为企业的核心因素。

蒙牛乳业成功的根本在于在"以人为本,加强和谐企业制度、行为、形象体系建设"的基础上形成了一套企业与员工共同的价值观,从而形成了一定的文化氛围和气势,造就了一批与企业荣辱与共的高素质员工队伍,进而推进了物质生活文化、制度管理文化、行为习俗文化和精神意识文化沿着高效、有序、健康的轨道发展。另外,企业管理者与员工在统一的价值观下,将先进的管理理念化作具体执行力,把目标变成现实,实现了真正意义上的企业和谐,为内部控制营建了良好的人文环境,提高了内部控制的效率与效果。

资料来源:何建国、周秀明、冀冬鸽,《和谐企业文化对提高企业内部控制能力的研究——基于蒙牛乳业的案例分析》,《会计之友》,2009年第25期,第62—64页。

有些人认为,在美国等发达的市场经济国家,内部控制形成了比较完善的体系,我们直接将其移植到我国企业中就行了。实际上,这是行不通的。美国的内部控制系统在美国的环境中能够有效运行,在我国的环境下却不一定能有效运行(例如,美国公司只有董事会没有监事会,在此基础上建立的内部控制系统无法完全适用于我国董事会和监事会并存的公司治理结构);即使在美国,由于企业环境不同,各企业按统一内部控制框架建立的内部控制系统也存在较大的差异。内部控制像一棵能结出美味果实的树。你将这棵树移植到你的院子里,也许不仅不能结出美味的果实,很可能还会死掉。因为果树的生长需要所适应的气候环境和土壤环境。

内部环境是企业实施内部控制的基础,通常包括治理结构、机构设置及权责分配、监督体系、发展战略、人力资源政策、员工胜任能力、企业文化、社会责任等。在企业内部环境中,有些环境是可以改善的,如机构设置;有些环境却无法在短期内得到明显改善,如企业文化。在企业内部控制系统构建的过程中,必须评估和建设环境,做到建立的内部控制系统与企业自身环境相适应,并通过环境的持续改善不断完善内部控制。环境评估是一个十分复杂的问题,不同企业具有不同的内部环境,即使同一企业集团内部不同成员单位的内部环境之间也可能存在较大的差异,这种差异使得企业集团内部控制系统的构建不能采取一刀切的办法。对于拥有众多分支机构、子公司的企业,或者跨地区、跨国经营的企业而言,内部环境可能存在很大的差别,企业在构建内部控制系统时应当建设和整合内部环境,力求控制过程标准化;同时,还应根据不同地区、不同国家分支机构或子公司的环境特点,适度调整控制的程序和方法,以达到控制环境与控制活动的高度匹配。

本书第二章已对公司治理的内容、公司治理与内部控制两者思想的同源性和差异性、公司治理与内部控制的对接等问题进行了理论阐述。本章对内部环境的其他几方面进行阐述。

第一节 机构设置与权责分配

《公司法》奠定了公司机构设置的基本框架。在这个框架的基础上,公司在出资者与经营者之间以及不同层级的经营者之间进行权力、利益的划分和责任的落实。但是,《公司法》只是对公司股东(大)会、董事会、监事会、经理层的机构设置及权责划分做出一般性的规范。这种一般性规范是各公司建立组织机构并进行权责划分的基础,但不能取代处于某一具体行业、某一特定规模的企业的组织机构设置和权责分配。例如,一个从事汽车制造的企业是采取事业部制组织结构,还是采取矩阵式组织结构;在事业部制下,是采取产品事业部制还是地区事业部制。权责分配是在组织机构设置的基础上进行的。例如,股东(大)会与董事会的权力划分、审计委员会与战略委员会的权力界定及职责定位等。

有人认为,机构设置与权责分配属于控制活动的内容,不属于控制环境;组织机构设置实际上是组织规划控制,权责分配则属于分级授权控制的内容。然而,作为控制环境构成部分的机构设置与权责分配和构成控制活动内容的机构设置与权责分配之间存在明显的区别。为整个内部控制系统运行提供保障的机构设置与权责分配属于控制环境的范畴,例如股东大会与董事会的设立和权责划分,以及审计委员会、审计部门、内部控制部门的设立及权责分配属于控制环境;基于具体业务设计的控制过程的机构设置与权责分配则属于控制活动的内容,例如在预算控制中,预算委员会和预算办公室的设立及其权责划分属于预算控制活动的内容。将机构设置与权责分配的全部内容归于控制活动不仅混淆了机构设置与权责分配的层次性,还混淆了内部控制的边界,因为机构设置与权责分配不完全属于内部控制的内容。例如,股东(大)会的设置及运作规范、股东(大)会与董事会之间的权力界定属于公司治理的内容,但不属于内部控制的范围。

一、中西方企业组织结构差异及我国企业组织结构的特色

英美等国虽然具有较完善的内部控制框架,但是公司治理解决的主要矛盾以及公司组织机构等方面的差异决定了英美等国的内部控制框架对我国企业来说具有不可复制性。借鉴英美等国内部控制的有益做法、建立无障碍运行的内部控制系统,要求我们深入了解中西方企业组织结构差异以及我国企业组织结构的显著特征。

(一)西方企业组织结构特征

西方公司治理模式有以美国为代表的一元治理结构和以德国为代表的二元治理结构。

美国的一元治理结构是股东大会选举董事会,董事会选任、评价和考核经营者。一元治理结构由于不设监事会,对董事的监督是通过独立董事制度安排来实施的。具体体现为:在董事会中,独立董事占一半至三分之二,以实现董事之间的相互监督与制约;定期召开全部由独立董事参加的董事会,评价执行董事及整个董事会的运作状况;保证审计委员会、提名委员会、薪酬与考核委员会等专业委员会的独立性以强化对董事会的制衡,例如审计委员会有权决定年报审计的注册会计师及审计费用,注册会计师的审计计划须经审计委员会认可等。

德国的二元治理结构是同时设置董事会和监事会,并将其置于公司治理结构的两个不同层次:股东大会选举产生监事会;监事会任命董事会成员,并对董事会运作实施监督。德国公司的董事会又称管理董事会,其职责是按照法律和章程的规定执行公司业务。

（二）我国企业组织结构的特色

1. 监事会制度与独立董事制度融为一体，构成具有中国特色的二元治理结构

我国企业的公司治理模式属于二元治理结构，即同时设置董事会和监事会，并在董事会中实行独立董事制度和专业委员会制度。但是，我国公司的二元治理结构与德国公司的二元治理结构存在本质区别。按照我国《公司法》的规定，董事和监事均由股东大会选举产生，并各自对股东大会负责，不存在层次的差别。董事会负责执行股东大会决议，依据授权制定公司战略和企业生产经营方案；监事会监督董事、经理层执行公司业务的行为；经理层具体实施董事会的战略与决策，管理日常经营业务。

我国企业的独立董事制度与美国的独立董事制度既有显著共性，也有明显差别。独立董事制度的实施，实现了董事会决策过程中的制衡，提高了及时修正决策偏差的能力。但是，我国除进行董事会试点的中央企业外，绝大部分公司的独立董事仅占全体董事的三分之一，单纯依靠独立董事与执行董事之间的制衡来实现对董事会的约束是不现实的。监事会的监督不可或缺。从董事会中专业委员会的角度来看，我国的专业委员会属于董事会的决策支持机构，而美国企业的专业委员会则具有较大的决策权和独立性。在我国独立董事和监事会并存的二元治理结构中，独立董事的配备与专业委员会的定位能实现决策优化和加强监督力度。

2. 党组织在公司治理中发挥着重要作用

《公司法》第19条规定：在公司中，根据《中国共产党章程》的规定，设立中国共产党的组织，开展党的活动，公司应当为党组织的活动提供必要条件。《中国共产党章程》第33条规定：国有企业党委（党组）发挥领导作用，把方向、管大局、保落实，依照规定讨论和决定企业重大事项。国有企业和集体企业中党的基层组织，围绕企业生产经营开展工作。保证监督党和国家的方针、政策在本企业的贯彻执行；支持股东会、董事会、监事会和经理（厂长）依法行使职权；全心全意依靠职工群众，支持职工代表大会开展工作；参与企业重大问题的决策。非公有制经济组织中党的基层组织，贯彻党的方针政策，引导和监督企业遵守国家的法律法规，领导工会、共青团等群团组织，团结凝聚职工群众，维护各方面的合法权益，促进企业健康发展。无论是国有独资或控股公司，还是非公有制经济组织，党组织在公司治理中都发挥着重要作用。

二、内部控制建设中的组织机构设置

无论是财政部等五部委发布的《企业内部控制基本规范》，还是美国COSO发布的《内部控制——整合框架》，都将董事会作为内部控制的核心，对内部控制的构建与运行负责。在公司治理结构中，董事会应根据出资者的意愿制定企业的战略与方案，并促使经理层按方案实施。为了确保董事会拥有充分的权力和能力履行公司战略决策与内部控制的职责，西方企业的做法是在统一法规的要求下根据行业特征、经营与管理的辐射面等因素，在董事会下设置相应的专业委员会，并在经理层下设置独立的内部控制机构。这一做法符合我国企业内部控制建设中组织机构设置的思路，但我国企业专业委员会及内部控制机构的设置应符合公司治理法规的要求和企业自身的特点。

（一）专业委员会的设置

董事会下设置专业委员会并认真履行职责是保持董事会控制力的基础。尽管董事会拥有生产经营决策权，但实际上，企业生产经营中的许多提案是由经理层提出后由董事会决策通过的。经理层位于生产经营的一线，而董事会成员中的一部分是独立董事或外部董事而非执行董事，这类董事来自不同的行业且不参与企业的日常经营活动。董事会与经理层存在行业知识不对称和信息不对称问题，无论是批准还是否决经理层的提案都缺乏充分的知识支持和信息支持。因此，企业必须在董事会下设置专业委员会作为董事会决策控制的支持机构，甚至是具有一定决策权和控制权的机构。企业除根据相关规定建立战略委员会、提名委员会、薪酬与考核委员会、审计委员会外，还应根据自身特点建立相应的专业委员会，为董事会进行科学决策提供依据。具体体现在：

（1）对于从事高风险经营业务（例如期货等金融衍生品）的企业，董事会应下设风险管理委员会，凡超出经理层授权的开仓、超亏损额的持仓、对冲等业务必须经风险管理委员会授权方可操作。

（2）对规模大、层级多的生产经营企业，为了加强董事会的决策控制力，可以根据需要成立科学技术委员会、市场营销委员会等为董事会提供决策支持。企业在建立相应专业委员会提供决策系统组织规划控制的同时，还应通过决策控制流程设计保证决策程序的科学性。对于经理层提交的投资项目，首先应由战略委员会进行项目与企业战略拟合度论证，其次由科学技术委员会和市场营销委员会分别进行技术先进性与市场适用性论证，最后由审计委员会对可行性报告中的财务数据进行验证。对于需由董事会决策的重大事项，只有通过上述专业委员会的可行性论证，才可提交董事会表决。只有这样，才能强化董事会对经理层的控制，保证决策的科学性。

（3）在董事长为外部董事的情况下，可以考虑在董事会下设立执行委员会。执行委员会为董事会休会期间的常设机构，主要负责对企业重大战略、重大投资决策及重大经营活动的监控，保证董事会决议的贯彻实施。

（二）内部控制部门（或风险管理部门）的设置

内部控制部门具体落实内部控制系统的建立和运行。为了建立和完善公司内部控制与风险管理体系，检查监督内部控制与风险管理制度的执行情况，中石油、神华集团等企业建立了内部控制部门；中国建设银行、中国工商银行、中国银行、太平洋保险等金融企业则设立了独立的风险管理部门，具体负责企业的内部控制与风险管理工作。当然，企业是建立独立的内部控制部门或风险管理部门，还是将内部控制与风险管理职能并入审计部门等，应视企业具体情况而定。通常而言，规模大、业务复杂或业务风险度高的企业应设立独立的内部控制部门或风险管理部门，负责建立和完善企业内部控制系统，检查和监督内部控制执行情况。从近年的实践来看，设置独立的内部控制部门或风险管理部门的做法取得了良好的效果。

三、内部控制建设中的权责分配体系

内部控制系统中的不相容职务分离、分级授权控制等措施是通过不同部门、不同岗位之间的权责分配来完成的。

（一）正确处理党组织与董事会的关系

现有研究显示,我国国有企业和集体企业的党组织参与治理对公司治理及企业行为具有积极意义。例如,党组织参与公司治理有助于抑制大股东掏空中小股东利益,提高公司治理水平与董事会效率,降低公司高管的绝对薪酬,抑制高管攫取超额薪酬,缩小高管与普通员工间的薪酬差距,提高并购溢价水平等;在非公有制企业中,党组织在引导和监督企业遵守国家的法律法规、领导工会和共青团等群团组织、团结凝聚职工群众、维护各方的合法权益、促进企业健康发展方面也起到积极的作用。坚持党的领导、加强党的建设是国有企业和集体企业的独特优势;要明确党组织在国有企业和集体企业法人治理结构中的法定地位,将党建工作总体要求纳入国有企业和集体企业的公司章程,明确党组织在企业决策、执行、监督各环节的权责和工作方式,使党组织成为企业法人治理结构的有机组成部分;要充分发挥党组织的领导核心和政治核心作用,领导企业思想政治工作,支持董事会、监事会、经理层依法履行职责,保证党和国家方针政策的贯彻执行。

对于国有企业和集体企业而言,党管干部的原则和党的监督保障职能必须得到充分贯彻与发挥;在非公有制组织中,党组织担负着引导和监督企业遵守国家法律法规之责,而《公司法》赋予了董事会任命经理层的权力和生产经营决策权。党管干部与董事会任命经理层的关系、党组织发挥监督保障职能和董事会行使决策权的关系是无法回避的矛盾。因此,在公司治理层面建立权责分配体系的过程中,高层管理人员的任命、重大经营决策等同时属于董事会和党委管理权限的事项,应先经党委会审议通过,再按有关控制程序提交董事会决策;为发挥党组织在企业中的监督保障作用,企业发生的需向董事会、监事会汇报的事项,必须同时向党组织汇报,接受党组织的监督。

（二）董事会对专业委员会的权责分配

董事会通常下设战略委员会、提名委员会、薪酬与考核委员会、审计委员会等。专业委员会成员全部由董事组成,其中审计委员会、提名委员会、薪酬与考核委员会中独立董事应占多数并担任召集人,审计委员会中至少应有一名独立董事是会计专业人士。董事会下设的专业委员会为提高董事会控制力提供了组织机构保障,但控制力的布局还体现在董事会与专业委员会的权责分配上。各专业委员会对董事会负责,其提案应提交董事会审查决定。从董事会与各专业委员会的关系来看,各专业委员会隶属于董事会,是董事会的决策支持机构;但从各专业委员会与经理层的关系来看,有的专业委员会拥有一定的监督与管理权。

1. 战略委员会

战略委员会的主要权责是对公司的长期发展战略和重大投资决策进行研究并提出建议。公司的发展战略及重大投资决策只有通过战略委员会的论证,才可提交董事会。

2. 提名委员会

提名委员会主要负责对公司董事与经理人员的选择标准、程序和人选提出建议,主要包括:①根据公司经营管理需要和股权结构对董事会的规模、人员构成与经理人员的组成向董事会提出建议;②研究董事、经理人员的选择标准和选择程序,向董事会提出建议;③广泛搜寻合格的董事和经理人选;④对董事候选人和经理人选进行任职资格审查并提出建议。

3. 审计委员会

审计委员会的主要权责是:①提议聘请或更换外部审计机构;②监督公司的内部审计制度及其实施情况;③负责内部审计与外部审计之间的沟通;④审核公司的财务信息及其披露;⑤审查和评价公司的内部控制制度。

4. 薪酬与考核委员会

薪酬与考核委员会的主要权责是:①研究董事与经理人员的考核标准,对其进行考核并提出建议;②研究和审查董事及高级管理人员的薪酬政策与方案。

(三) 内部控制部门(或风险管理部门)的定位及其与审计部门的关系

企业是否设立独立的内部控制部门或风险管理部门应视企业规模、地域或业务辐射面、业务复杂性及风险程度等而定。但是,无论什么样的企业,都必须设立部门具体落实内部控制与风险管理制度建设,监督内部控制与风险管理制度的执行。对于设置独立内部控制部门(风险管理部门)的企业来说,应理顺内部控制部门(风险管理部门)在公司治理与管理机制中的关系。目前,尽管有的企业单独设立了内部控制部门,但由于未能理清关系,影响了内部控制作用的发挥,甚至被监管部门列为限期整改项目。

内部控制部门(风险管理部门)应具体负责内部控制系统的建立,并监督企业各部门内部控制制度的实施,对关键经营活动及管理活动进行事前和事中的监督。对于管理层级多的大型企业集团,集团内部控制部门还应负责指导和监督下属单位内部控制部门的工作。在设置内部控制部门(风险管理部门)的企业中,审计部门负责审计和评估内部控制,发现和分析控制缺陷,向经理层和审计委员会提出改进内部控制系统的建议,以保证企业内部控制系统设计和运行的有效性。

第二节 监督体系

我国企业的二元治理结构引入了产生于一元治理结构下的独立董事制度和审计委员会制度,从理论上完善了与决策和执行系统相配套的层级性监督体系。要使这一监督体系产生投资者和社会公众所期望的监督效果,就必须改变目前公司治理中普遍存在的三者彼此独立的现状,理顺监事会、审计委员会和审计部门三者间的关系。如果不能有效地厘清监事会、审计委员会、审计部门三者在职责履行中的关系,就会出现各监督部门相互推诿或掣肘,造成公司监督资源的浪费和管理成本的上升。在我国的公司治理实践中,监事会、审计委员会、审计部门三者各自为政的状况较严重,无法形成强有力的监督合力。只有改变目前监事会、审计委员会、审计部门各自为政的局面,整合现有的监督体系并使之形成合力,才能实时监控内部控制运行情况,纠正内部控制制度执行中的偏差,实现内部控制系统在企业各层级、各业务单元的有效运行。

一、审计委员会与监事会的关系

我国公司治理现状中的股东大会、监事会及董事会之间相互联系、相互作用的"三权分立"治理模式,充分体现了"所有权与经营管理权分离、经营管理权与监督权相互制衡"的现代公司治理特征。[①] 在这种治理模式下,审计委员会与监事会分别行使对不同层级经营管理者的监督权,这两项监督权既彼此联系,又有所区别。由于独立董事只具有外部独立性(不是内部人),且主要由他们组成的审计委员会是非常设机构,而现行的一般监事会制度只具有内部独立性(不参与决策),且属于专职常设监督机构,因此审计委员会与监事会在运行机制设计上应该是互补关系。监事会在公司重大决策制定后便启动日常性跟踪监控,保障决策的执行水平与效率并降低纠偏成本。审计委员会则定期审阅公司财务报告和检查内部控制质量,履行其监督职责。进一步而言,二者在职责划分上各有侧重:审计委员会履行《上市公司治理准则》规定的职责;监事会履行公司治理层面中审计委员会以外的监督职能,包括监督经理层执行股东大会和董事会决议的情况、执行公司章程的情况以及公司有无违法行为,等等。在审计委员会与监事会的关系上,要明确两者间的业务沟通与业务指导关系:监事会通过各种方式积极了解和跟踪审计委员会相关工作的实施进展,并协助和指导审计委员会有效地推进和开展工作。

二、审计委员会与审计部门应为领导与被领导的关系

我国上市公司监督机构间的关系是:监事会、审计委员会、审计部门分别对股东大会、董事会、经理层负责,这些监督机构间彼此不存在垂直关系。《上市公司治理准则》规定的审计委员会职责之一是监督公司的内部审计制度及其实施,但这一规定并未打破三层监督机构各为其主的格局。由于各监督机构的功能定位和功能实现不以关系定位为前提,这些监督机构不能在公司治理结构中作为一个有机的监督机制发挥作用,反而为其开脱责任提供了预留的辩护空间。在我国大部分企业中,审计部门在解决经理层与下属部门的委托代理问题中起着监督作用,扮演着为经理层保驾护航的角色。审计部门上述功能之所以能得到较彻底的发挥,主要有三个原因:一是审计部门属于常设的监督机构;二是审计人员有充分的时间履行职责;三是审计人员有履行责任的能力。与审计部门不同,审计委员会为公司的非常设机构,审计委员会成员均为不在本公司任职的独立董事,尽管审计委员会的专家拥有履行责任的能力,但履行责任所需的时间得不到充分保证。董事会与经理层在公司治理架构中的分工决定着公司经营策略必须通过经理层来实施。在同属于监督机构的审计委员会与审计部门两者中,审计委员会作为董事会专业委员会的特征、非常设机构的性质及其成员的独立董事身份决定着审计委员会的监督具有较高的战略性和相对较低的业务渗透度。审计委员会成员均为独立董事,他们未能亲自实地参与公司的经营管理,对公司具体营运的了解是不透彻的。作为常设机构的审计部门是审计委员会最佳的信息来源,审计部门对公司日常经营的监督和评价可以满足

---

① 李健,《公司治理论》,北京:经济科学出版社,1999 年版。

审计委员会履行监督职责的信息需要。战略性与业务渗透度的无缝对接要求改变审计部门单纯隶属于经理层的局面。在审计委员会与审计部门的关系上,我国公司应借鉴英美等国公司的做法,改变审计部门只对经理层负责的做法,采用审计部门双重负责制。审计部门同时对经理层和审计委员会负责,内部审计与鉴证报告同时提交给经理层和审计委员会,但涉及经理层自身问题的报告只提交给审计委员会。

三、审计部门应同时对审计委员会和总经理负责

审计委员会和审计部门属于领导与被领导的关系并不意味着审计部门只是审计委员会的下设办事机构,作为企业管理的一个职能部门,审计部门同时应接受经理层的直接领导。在公司组织架构中,经理层履行全面的日常经营管理权。在经理层与下属经营部门和管理部门构成的委托代理链中,单一强调审计部门对审计委员会负责不仅会造成审计委员会和审计部门职能的重叠与交叉,还会使审计部门将监督重点放在对经理层的监督而弱化对下属经营部门和管理部门的监督。审计部门同时对审计委员会和经理层负责的模式主要通过以下两点来落实:

1. 经理层与审计委员会对审计部门的领导权划分

经理层根据企业规模以及业务链的长短确定内部审计机构的规模和人事编制;审计委员会应负责:①在招聘内部审计人员时的业务测试,保证内部审计部门有足够的人员和胜任能力;②与总经理协商确定内部审计人员的报酬与晋升;③确定内部审计部门的职责权限,指导内部审计部门制订工作计划;④监督内部审计部门的工作程序,保证其按相关准则制度进行;⑤复核内部审计报告。同时,审计委员会应充分利用内部审计部门的工作成果,依靠内部审计完成部分工作职责。

2. 审计部门的报告职责

良好的审计信息生成机制是公司财务会计信息有效披露的基本保障;在保证内部审计信息科学生成的基础上,公司应建立审计部门独立报告机制,即审计部门就发现的生产经营中的问题同时向经理层和审计委员会报告,从而同时满足经理层对日常经营活动监控与纠偏的需要以及审计委员会履行监督职责对信息的需求。但是,如果审计部门在审计中发现的问题产生于经理层,那么审计部门应直接向审计委员会提交审计报告。审计委员会负责处理审计部门与经理层之间的分歧,经理层在重大会计问题的处理上应听取审计委员会的意见。

第三节 企业发展战略

企业发展战略是指企业在对现实状况和未来趋势进行综合分析和科学预测的基础上,制定并实施的战略定位、战略目标与战略路径。战略定位是在"知彼知己"的基础上确定的能充分体现自身竞争优势的经营领域和方向,通过战略定位凸显本企业的产品和服务同竞争者相比所具有的差异性和竞争优势;战略目标是对战略定位预期取得的主要

成果的期望值,表现为企业发展所期望的速度和水平;战略路径是对战略目标实现手段的选择和规划。传统的内部控制观将内部控制视为执行系统,风险管理观将战略风险视为企业首要风险,风险控制的首要目标是企业战略目标。《企业风险管理——整合框架》明确将风险管理"应用于战略制定"。清晰的战略定位、战略目标和战略路径为企业内部控制系统的运行提供了明确的指引,战略制定过程中的风险控制同时也是基于风险导向控制系统的重要内容。

一、企业战略的制定

为了保证董事会所制定的战略能体现本企业的竞争优势并具有前瞻性和可实现性,成为引导全体员工共同奋斗的纲领,企业应做好以下两方面:

第一,董事会负责制定企业战略,但企业战略的制定是一个复杂的过程,必须综合考虑宏观经济政策、国内外市场需求变化、技术发展趋势、行业及竞争对手状况、可利用资源水平及自身优劣势等影响因素。战略制定必须在充分认识自身的优势和不足的基础上,综合考虑上述因素的影响。制定科学的战略不仅要求董事会成员具备一定的知识、经验和能力,还必须有强有力的支持机构做支撑。

第二,企业除了在董事会下设立审计委员会、提名委员会和薪酬与考核委员会,还应设立战略委员会,或者指定相关机构负责发展战略的管理工作。企业职能部门中应设置战略规划部门或类似部门。战略规划部门负责战略规划制定过程中的信息与数据收集、前期调研、可行性方案初稿撰写和草案拟订。战略委员会或类似机构应当组织有关部门对发展目标、战略规划、资源整合、措施保障进行可行性研究和科学论证,形成发展战略建议方案;必要时,可借助中介机构和外部专家的力量为其履行职责提供专业意见。董事会应当对战略委员会提交的发展战略方案进行审议,重点关注其全局性、长期性和可行性。董事会在审议方案的过程中如果发现重大问题,应当责成战略委员会对方案做出调整。企业发展战略方案经董事会审议通过后,报经股东(大)会批准实施。

在制定战略的过程中,企业还应采取研讨会、座谈会等方式广泛征求各方意见,使战略制定尽可能多地考虑各种因素,并提高战略制定过程的透明度和民主程度,提升企业所有员工对战略的理解度和认同感,为战略实施打下良好的文化基础。

二、企业战略的实施

良好的战略需要强有力的执行力予以实施,这种执行力来自与战略高度匹配的各项年度工作计划、预算、战略实施过程中的监控手段以及战略的适时调整。

(1)通过计划、预算具体落实战略目标和路径。企业应根据发展战略目标和路径的要求制订五年计划、三年流动计划和年度工作计划,在此基础上编制全面预算,将战略目标转化为年度预算业绩指标,将年度业绩目标层层分解、落实;同时,完善发展战略管理制度,提升执行力,确保发展战略有效实施。

(2)加强对战略实施过程的监控。战略规划、投资管理等相关部门定期收集和分析相关信息,对于明显偏离发展战略的情况,应当及时报告并提出相应的改进建议;战略委员会、审计委员会应加强对发展战略实施情况的监督和指导,为董事会监管战略实施提供建议。

(3) 适时调整战略,提高战略适用性。董事会的战略管理文件中应明确战略调整的条件、权限与程度,允许企业在经济环境、政策环境、产业政策、技术进步、行业状况等因素发生重大变化以及产生不可抗力的情况下,按规定的权责分配体系和程序调整企业发展战略,以提升企业对外部环境的反应能力。

延伸阅读
战略大师的公司破产,他的理论也破产了吗?

2012 年,竞争力策略大师、哈佛商学院终身教授迈克尔·波特(Michael Porter)创办的管理顾问公司摩立特集团(Monitor Group),在经历近三十年的暴起及衰落之后,于 11 月 7 日向法院申请破产保护,之后,由纽约德勤管理顾问公司收购。摩立特集团鼎盛时期在全球有 27 家分公司、1 500 位顾问,在咨询业排名第四。

是波特自己的战略理论知易行难,还是其理论本身出了问题?

波特从产业结构与竞争优势出发,认为战略的本质就是"定位""取舍""匹配"。当公司能通过独特的运营活动提供特定的产品或服务时,定位就具有经济意义,即产生"可持续的竞争优势"。这一理论成为许多企业制定战略或者咨询公司提供策划的"黄金"工具。

但定位这一先验的设计思路,无疑将战略制定者抬高到一个全知全能的地位。CEO 或者一个刚出师的 MBA 如果能够收集全面的产业信息或者市场数据,就可以制定出一个超越竞争对手的战略。这忽视了战略是个不断摸索、迭代优化的过程;尤其是在不确定性高的环境下,战略制定者不能理性决策,很多时候是运气在其中起作用。为此,亨利·明茨伯格(Henry Mintzberg)毫不客气地将波特的战略理论视为"盲人摸象"中的一种。万科总裁郁亮声称万科没有战略,正是出于对盲人摸象型战略的怀疑。在一个行业规则剧烈波动的时期,根本无法制定清晰的或者传统意义上的战略。

除了波特的竞争战略模型,会计学术界也有关于竞争战略的讨论。管理会计界中以平衡计分卡而蜚声中外的战略执行大师罗伯特·卡普兰(Robert Kaplan)在 2011 年出版的《管理会计:战略制定和执行的信息》一书中将企业竞争战略根据客户的价值主张分为成本领先(cost leadership)、差异化(differentiation)和提供全套服务(providing a set of service)三类,建议根据不同的客户价值主张绘制企业战略地图,运用平衡计分卡协助战略的执行。

根据 2GC(英国一家著名的平衡计分卡咨询公司)2015 年的平衡计分卡应用调查,31%的公司认为平衡计分卡非常有效,42%的公司认为有效,但也有 23%的公司认为平衡计分卡的运用效果不佳。特别是在我国的管理实践中,平衡计分卡这样的战略执行工具往往难以有效发挥作用,但这并不能说明平衡计分卡没有应用价值。波特的公司倒闭后,"战略管理理论已死""理论的阴暗面"的声音一浪盖过一浪,但盲目地用个别企业的战略管理失败案例,唱衰理论和管理工具的有用性的做法并不可取。

由于研究对象的高度复杂性、模糊性、动态性及主观性,社会科学比自然科学具有高得多的不确定性,社会科学理论往往存在很多的假设、条件与因果关系,而且常常存在多个理论解释同一现象的情况,正如"盲人摸象"。人们很难确切地判断某一理论的正确性及有效性,也很难精确地判定该理论的有效边界。在此情况下,摩立特集团破产无法完全证伪波特的定位理论。

管理学的权变理论(contingency theory)认为,没有最好的管理,只有最适合的管理。我们不能由于管理学理论和工具在某些企业的经营管理实践中运用效果不佳就认为该理论无用,学习战略管理的理论知识有助于企业在战略管理实践中形成聚焦的思维体系并指导实践工作,有助于更加深层次地思考实践中的一些问题。近年来,中国企业的管理实践表明,战略风险管理已经成为企业战略管理非常重要的一部分。中兴集团的芯片事件(详见第四章引导案例),正是由于没有重视风险管理而险些成为中美贸易战的牺牲品。COSO在2017年发布的《企业风险管理——与战略和绩效整合》特别将企业的战略选择作为风险管理框架整合中的一部分,更加突出了战略风险管理的重要性。

资料来源:孙黎,《好理论　坏管理:战略大师波特的公司破产了》,《中欧商业评论》,2014年9月。

第四节　诚信和道德价值观、员工胜任能力

一、诚信和道德价值观

内部控制构建和运行的核心是人。内部控制的有效性和有效程度无法脱离参与内部控制构建与运行的人员的诚信和道德价值观。诚信和道德价值观尽管属于内部控制的软环境,但它是内部控制环境的首要因素,影响内部控制其他要素的设计与运行。

企业董事会成员和经理层应该带领各级员工保持对诚信和良好道德价值观的不懈追求。企业生存的意义在于为股东创造最大化的财富,服务于消费者、社区和社会,企业员工只有在承担上述责任的前提下才能谋求自身的经济利益。企业需要内部控制系统保障上述责任的履行,但同样需要具有高职业素养的员工队伍。内部控制的实施主体是人,如果全体员工以积极的态度参与内部控制过程,内部控制将会产生良好的效果;如果员工以被动、消极甚至抵触的态度对待内部控制,内部控制实施效果就会大打折扣。

在中国商业史上,成功的商人们积淀了丰富的、值得借鉴的诚信和道德价值观,如"童叟无欺""和气生财""互利互让"等,这些在员工中具有行动诱导作用和行为约束力。企业管理层应该是诚信和道德价值观方面的表率。管理层必须通过语言和行动不断体现对高道德标准的要求,并向员工传递在诚信和道德价值观方面不能让步的信息。

诚信是道德价值观的先决条件。委托代理关系是现代企业的基本特征。契约的不完备性使管理层拥有相当一部分自由裁量权,企业中存在因缺乏责任心而使价值损失的

可能,甚至存在非法牟取私利的机会。如果员工缺失诚信,那么再完善的治理机制和管理制度也无法完全避免价值损失事件和违法行为的发生。

建立一套保障企业正常运行的制度是一件不容易的事情,确立支撑企业基业长青的道德价值观更是一项艰难的工作。道德价值观的树立要求管理层平衡企业、员工、消费者、供应商、竞争对手和社会公众等所有利益相关者的利益。道德价值观与企业的行业背景、所在地的文化习俗等存在密切的联系,也存在共性。共性的价值观包括:所有的员工应该做法律和道德都允许做的事情;以最恰当的方式通过"规则盲区";以合法与合理授权的方式使用企业和客户的资源;提供的产品和服务的质量不低于企业的承诺;公正、礼貌地对待同事和有业务往来的人;等等。

二、员工胜任能力

胜任能力是指完成某岗位工作任务的能力。内部控制要求每个岗位的员工都能恰如其分地胜任本职工作,从而使内部控制过程最大限度地服务于控制目标的实现,并有效地降低和控制成本。为了使企业各层次、各岗位员工都能胜任本职工作,管理层首先必须确定每个岗位对员工知识和技能的要求,然后按岗位要求对受聘人员和在岗人员进行能力评价,并作为岗位人员配备的依据。

(一)权责分配与员工胜任能力

现代企业在市场竞争中取胜靠的是组织内部的协调能力和组织作为一个整体的抗风险能力。在对企业内部各机构进行权责分配的基础上,各层级管理部门应该做好下属各部门、各岗位的权责描述,明确各岗位对员工知识、技能和经验的要求。权责分配体系设计规划了董事会、经理层及企业直属各职能部门的权力和责任的分配;企业中战略规划、投资、研发、生产、营销、财务等各直属部门应该将企业对本部门的权责分配落实到本部门下属的各部门和各个岗位。例如,财务部门负责整个企业的会计核算和财务管理,大型企业的财务部门又下设核算、结算、资金管理等部门,核算部门又具体分为出纳、制证、记账等岗位,在这种情况下,财务部门需要对下属各部门以及每一部门的各岗位做出清晰的岗位职责描述,明确各岗位对员工知识、技能和经验的要求。明确各岗位对员工知识、技能和经验的要求既是合理配置企业人力资源的前提,也是评价岗位员工工作质量的依据。

(二)确定员工胜任能力的评价标准

能力不是一个抽象的概念,而是就工作的类别和工作岗位而言的。例如,有的人交往能力很强,而有的人学术研究能力很强。对某一个具体的人而言,我们说他能力很强,隐含的意思是他能够很好地胜任当前岗位的工作,而不是他是一个全能的人。对每一个具体岗位而言,胜任能力的内容也不同。企业应制定员工胜任能力的评价标准,作为录用、考核、晋升员工的衡量尺度。员工胜任能力评价标准由员工的品行与价值观、公司使命对相应岗位的要求、完成相应岗位工作所需的知识和技能三方面构成。本部分阐述公司使命对相应岗位的要求以及完成相应岗位工作所需的知识和技能。

1. 公司使命对相应岗位的要求

公司使命是指公司存在的意义和奋斗的方向。例如,美国电话电报公司的使命为"让每一个美国家庭、每一个美国企业都能安上电话";微软公司的使命是"让每一个家庭都用上微软的电脑"。公司使命告诉员工:我们的事业是什么?公司使命促使员工思考:在公司为使命奋斗的过程中,我应该如何做?使命尽管不是具体的工作要求和工作任务,但它能够激发员工的热情和创造力,使员工将工作视为自己为之奋斗的事业,而不仅仅作为谋生的手段。每一个岗位的员工都应该明白本岗位存在的价值、公司使命对本岗位的特殊要求,把握本岗位在完成公司使命过程中所扮演的角色,从而使自己具有进取性、所从事的工作具有挑战性。

2. 完成相应岗位工作所需的知识和技能

对某一个具体岗位来说,工作能力的基础在于知识和技能。也就是说,与本岗位相应的知识和技能是圆满完成岗位工作的能力基础。知识和技能与良好的品行同等重要,试想一下,某一财务岗位的员工富有高尚的道德和正直的品行,但财务专业知识和技能不足,即使不想造假账,他也编不出真报表。

知识可以帮助人们尽快地掌握技能,但知识和技能存在明显的区别。一个拥有汽车驾驶方面知识的人,不一定具备汽车驾驶的技能或者不一定具备高超的汽车驾驶技能;一个拥有丰富的市场营销方面知识的人,不一定能成为优秀的营销人员。企业应该从知识和技能两个维度制定不同类型、不同层级岗位的胜任能力标准,并据此评价各岗位员工是否达到公司内部控制系统对员工胜任能力的要求。企业在界定生产、营销、研发、财务等各单元及每一单元各层级岗位权责的基础上,分以下两个步骤建立知识和技能评价标准:

(1)确定各业务单元、每业务单元各层次岗位对知识和技能所要求的一般条件,如教育背景、学习经历、专业资格、与岗位相关的工作经验等。这种一般条件虽然对于在岗员工考核来说不是必需的,但对于招聘员工及员工晋升来说却是十分重要的。

(2)制定各业务单元、每业务单元各层次岗位对知识和技能的具体标准。通常,符合具体标准的员工是从具备一般条件的备选者中选出的。具体标准是按各岗位权责对知识与技能的要求确立的。以财务管理单元为例,该单元分为出纳、结算、核算、财务部门经理、首席财务官等岗位,各岗位既有对知识和技能的共同要求(各岗位员工都必须熟悉会计准则、财务制度等财经法规),也有因职责权限差别而产生的特殊要求。例如,核算岗位必须通晓关于各类交易和事项确认与计量的会计规定、职业判断和操作规程;而首席财务官除了具备核算员所掌握的知识和技能,还应该具备公司法及税法知识、金融与资本市场知识、财务报表解读技能、综合分析与财务诊断技能、财务决策与财务控制技能、沟通技巧等知识和技能。

(三)胜任能力整合

每一岗位的员工都是优秀员工不等于企业拥有一支优秀的、能为股东创造最大财富并能最大限度地承担社会责任的员工队伍。员工招聘、员工岗位的调整应当体现胜任能力整合观,从整体优化的角度配备员工。

1. 将恰如其分地胜任本职工作定为对员工胜任能力的要求

恰如其分地胜任本职工作包括两层含义:既不能因知识与技能不足而影响控制目标的实现,也不能因将能力过剩人员安排在较低岗位而增加企业的人力资源成本,甚至因不安于本职工作而产生负面影响。在岗位人员安排方面,管理层往往重视前者而忽视后者。例如,有的企业为了提高人员层次,不切实际地提高各岗位员工的录用标准。企业即使可以通过提高待遇、增加人力资源成本来吸引人,也无法满足员工实现价值的愿望;在经济低迷期,以这种"高"标准招聘的员工,极有可能不安心工作而将注意力放在寻求更高职位上。

2. 注意员工能力、性格的搭配,打造优势互补的团队

岗位产生于分工与协作,员工胜任能力评价不能局限于某一岗位上某一员工的胜任能力,还应考察同一岗位若干名员工(对于大中型规模的企业,同一岗位需要多名员工的状况比较普遍)的能力与性格搭配以及相邻岗位的合作与协调,做到能力互补、性格互补。诸葛孔明是一个伟大的政治家和军事家,但如果蜀国军队所有将士都由与诸葛孔明能力、性格完全相同的人组成,结果是不难想象的。做到优势互补、具有整体优势的员工队伍才能应对激烈竞争对企业的挑战。

第五节 管理哲学、经营风格与企业文化

一、管理哲学和经营风格

管理哲学和经营风格表现为管理者的各种偏好。例如,有的管理者偏好风险型投资,有的管理者则热衷于保守经营;有的管理者偏好突出主营业务,而有的管理者则热衷于多元化经营。尽管管理哲学和经营风格是无形的,但它们会对一个组织的有效运行起着积极或消极的影响。企业制定的任何制度都不可能超越设立这些制度的人,企业内部控制的有效性同样也无法超越创造、管理与监督这一制度的人的管理哲学和经营风格。管理层的管理哲学与经营风格,包括企业承受经营风险的种类、整个企业的管理方式、企业管理层对法规的反应、对企业财务的重视程度以及对人力资源的政策及看法等,都深深地影响着内部控制的成效。管理人员的管理哲学和经营风格对企业内部控制的效率与效果影响深远,直接影响到下级员工的道德与行为、思维方式和品行。因此,企业高层领导人除了自身起表率作用,还要引导员工的道德行为,从而促使企业内部控制产生良好的效果。管理哲学和经营风格主要体现在以下几个方面:

1. 企业接受风险的程度

这是指管理层是否经常进入特殊的高风险领域,或对风险采取什么样的态度。比如,管理者是否只有在小心翼翼地分析风险和潜在收益后才稳健行事。若管理者对风险比较反感,在企业经营中采取保守型策略,那么企业的债务与权益比在同行业中一般处于较低者行列。

2. 关键岗位的人员轮换

这是指会计、数据处理、内部审计等部门内各岗位的管理或监督人员是否频繁流动,人员的配备是否有利于内部控制的实施。例如,撤换不称职的财务、内部审计等负责人意味着管理层重视内部控制。

3. 管理层的态度

这是指管理层对数据处理和财务工作的态度以及对财务报告可靠性和安全性的关心程度。例如,管理层是将会计的职能仅仅理解为"计数器",还是将会计作为控制企业内部各项活动的"推进器";在财务报告编制过程中是否热衷于采用导致高收益的原则;对各项有价值的资产包括人力资产和各种重要的信息,是否采用限制接近的做法;是仅仅将财务工作看作辅助性工作,还是看作价值创造性工作。

4. 对财务报告的态度

管理层对财务报告的态度包括对会计处理方法的运用是否采取武断的态度,对重要信息的披露是否存在遗漏或基于管理层的私利而有意识地进行选择性披露,财务数据是否存在被操纵现象,等等。

二、企业文化

企业文化是指随着现代工业文明的发展,企业组织在一定的民族文化传统中逐步形成的具有本企业特征的基本信念、价值观念、道德规范、规章制度、生活方式、人文环境,以及与此相适应的思维方式和行为方式的总和。企业文化作为内部控制的文化氛围,引起了我们国家有关部门的高度重视。《证券公司内部控制指引》在"内部控制主要内容"一章中指出:"公司管理层必须牢固树立内部控制优先思想,自觉形成风险管理观念;同时,制定有效的信息资料流转通报制度,保证全体员工及时了解重要的法律法规和管理层的经营思想。公司全体职工必须忠于职守,勤勉尽责,严格遵守国家法律法规和公司各项规章制度。"

企业文化往往是现存的一种无形的力量,影响企业成员的思维方式和行为方式。在企业成长的过程中,文化对企业的许多影响都被植入企业行为之中,处于行为动机的意识层面之下,以至于文化的作用往往被人们忽视。由于文化本身所具有的特性(无形性、软约束性、相对稳定性和连续性),企业文化始终以一种不可抗拒的方式影响着企业。它具有很强的凝聚力,不仅可以促进企业的发展、阻止企业的衰败,也可能使企业陷入困境。

> **典型案例**
> **家企文化摧毁丰田"神话"**

"车到山前必有路,有路必有丰田车"一直是全球汽车消费者耳熟能详的广告语。丰田公司推崇的"精益化管理"使其产品在全球享有盛名,丰田公司一直以产品精良和卓越品质为荣。但家企文化摧毁了丰田公司"神话"。2010年年初,丰田公司发生了一系列因油门踏板设计问题而召回汽车的事件:1月21日,丰田汽车美国公司宣布召回230万辆汽车;1月28日,一汽丰田宣布召回在中国生产的75 552辆RAV4;1月29日,丰田公司宣布召回欧洲约180万辆存在油门隐患的车辆;2月9日,丰田公司正式宣布召回日本国内对制动系统有问题的新款混合动力车普锐斯等22.3万辆汽车。

早在2004年年初,丰田公司的油门踏板设计问题就已经引起人们的注意,但直到2009年8月,发生在美国境内的一起致命事故才使油门踏板故障成为各界关注的焦点。问题长期得不到解决的深层原因在于丰田公司的家企文化。当产品质量出现问题时,丰田公司羞于公开承认这些问题,认为这将造成巨大的损失;与众多日本企业一样,丰田公司拥有一种"服从"文化,导致下级员工很难质疑上级的举动,很难将存在的问题如实汇报给上级;员工对企业的忠诚度超过对消费者利益的关注,注重一致意见、团结的形象成为标榜企业管理成功的标杆,导致企业高层无法获取精准的信息,进而影响反应的速度和准确性。

资料来源:news.163.com/10/0211/08/5V7Q2EQ3000120GU.html,访问日期2019年1月21日。

企业文化在企业经营管理中具有重要作用,不可避免地影响着企业的内部控制。企业的各种制度和规章只能书面表明管理层想让什么发生,而企业文化则决定什么会发生。良好的企业文化能在一定程度上弥补制度的缺失,而不良的企业文化则会使健全的制度无法达到应有的执行力。例如,在规则意识很强的企业文化中,企业的各种控制程序都能得到不折不扣的贯彻实施;而在随意性占主导地位的文化氛围里,内部控制程序在实施过程中"走过场"的现象可能比较严重,许多事情往往是先发生再补程序。我国企业的经营管理者应注重对企业文化的培养与优化。企业在培养自身的文化时,应强调使命与愿景对行为的指引,培养和强化规则意识,保持一种积极、健康上进的文化氛围,使企业文化有助于战略目标的实现。

典型案例
德胜的企业文化

德胜(苏州)洋楼有限公司(以下简称"德胜")成立于1997年,是美国联邦德胜公司(Federal Tecsun Inc)在中国苏州工业园区设立的全资子公司,主要从事美制现代木(钢)结构住宅(中国俗称"美制别墅")的研究、开发设计及建造。德胜创始人聂圣哲出生于安徽休宁,曾在美国留学和经商,兼具文、理、工三学科教育背景。作为德胜的创始人,他是德胜管理体系的创建者,亲自编写了《德胜员工读本》,并把它作为德胜的管理制度文本。

德胜规模并不大,员工仅千余人,其中很大一部分员工是由农民工构成的建筑工人,但德胜制造的美制别墅却超过了欧美的标准,让客户由衷赞叹。更引人注目的是,几乎每天都有企业界人士、政府部门官员和国内外专家学者慕名而来,人们通过参观学习,深入了解了德胜独树一帜的企业文化。2018年5月,由于一起员工纠纷,德胜专门召开了听证会,以下是听证会报告节选:

BX、LS 两位员工因矛盾发生骂人事件的听证会报告

各位德胜员工：

2018年5月26日早晨7:29,公司员工BX、LS在进入咖啡屋办公室时,BX认为LS关门撞击到她的头部,进而在咖啡屋办公室辱骂LS,LS没有顾及当时处于管家中心开晨会期间,直接与BX发生争执。事后,LS要求公司出面主持公正。为此,公司成立本次听证会,对此事件进行调查处理。

根据2018年5月28日下午15:00在德胜楼匠心堂举行的听证会调查,会场的录音、录像、波特兰小街咖啡屋大厅监控视频、当事人BX和LS的书面陈述、事件见证人的证明以及听证员的提问,本次听证团做出以下结论：

1. BX女士在咖啡屋办公室公众场合辱骂LS女士的行为得到听证团确认,此行为影响极为恶劣。

★ 违反了德胜核心价值观"有爱心"；

★ 违反了《德胜员工读本》职工守则第23条,即讲文明,懂礼貌,不说脏话、粗话,真诚待人,不恭维成性,不溜须拍马成习；

★ 违反了《德胜员工读本》同事关系法则第2条,即在任何场合下都不能与同事或闲人议论其他同事或公司的事务,更不可指责与讥讽同事,因为这样只能给同事带来不快,损坏公司形象,对己也无益处。

2. 通过反复观看咖啡屋监控视频确认：在LS关门时,大门并没有与BX的身体形成接触,BX是自己打开大门走进咖啡屋的,而且从BX进门后的反应来观察,也支持大门并没有撞击到BX的身体这一事实。BX提供了虚假的书面陈述,且在听证会现场说了谎话。

★ 违反了德胜核心价值观"诚实"；

★ 违反了《德胜员工读本》职工守则第19条,即不得向公司提供假文件；

★ 违反了《德胜员工读本》人生六戒的第6戒,即不允许撒谎害人做假证。

3. BX、LS两位员工在事件发生时,互相争执,干扰了管家中心开晨会的正常工作,严重地影响了公司的工作秩序。

★ 违反了《德胜员工读本》同事关系法则第7条,即反对同事之间有矛盾及纠纷；

★ 违反了《德胜员工读本》职工守则第6条,即职工之间的关系要简单化,不得钩心斗角,互不买账,如有此情况发生,只要影响到公司的利益就会受到严肃处理；

★ 违反了《德胜员工读本》衡量和检验一个工地(公司)的标准第1、5条,即：公司秩序是否井然；公司人员是否彬彬有礼、和气待人？是否不胡说八道？

4. 根据双方的陈述,在此次事件之前,BX在工作场所做出多次针对LS的骂人行为,从而得出结论,两人的矛盾由来已久。

★ 违反了《德胜员工读本》同事关系法则第7条,即公司反对同事之间有矛盾及纠纷。

资料来源：德胜洋楼(苏州)有限公司公告,2018年第008号。

COSO 发布的《内部控制——整合框架》将组织的诚信和道德价值观作为实现良好内部控制环境的重要内容,企业管理层要重视诚信和道德价值观的建设工作,因为管理层的态度会在很大程度上影响员工的行为和潜意识,员工会随着管理层的态度设置自己的道德评判标准,因此组织在内部树立起道德诚信和道德价值观,对于企业内部控制环境的建设至关重要。

第六节　人力资源政策与实务

人力资源政策包括人力资源规划、人员招聘与甄选、人员安置与上岗培训、薪酬与员工福利、员工的考核与晋升、员工在职培训与发展。人力资源实务是上述人力资源政策的具体实施及其效果。内部控制过程的参与主体是企业的全体员工。员工的品行、道德价值观、胜任能力、对内部控制的态度直接影响到内部控制的有效性。内部控制运行中人的因素是起积极作用还是消极作用,在很大程度上取决于企业的人力资源政策与实务。企业的人力资源管理必须有明确的政策,并将其作为全体员工应遵循的准绳。企业在人力资源管理中,必须严格按照人力资源政策规范员工管理过程,克服任人唯亲和随意性导致员工丧失公平感而产生的消极影响。

人力资源实务能够向员工传递有关诚信与道德价值观、胜任能力、对内部控制态度等方面的期望的信息,从而使员工感悟到企业实施内部控制过程中对人的高水平要求。例如,制定各岗位的技能要求以及所聘员工的教育背景、工作经历、工作成就、诚信记录等方面的用人标准,并严格按照各岗位用人标准招聘员工,表明企业在员工招聘方面的认真态度;企业严格按照员工的业绩评估结果和更高职位对胜任能力的要求择优提拔员工,体现了用人的公平性,有利于促使员工树立对企业的信心和对自己的信心;严格执行员工的奖惩制度、关键岗位员工的强制休假制度和定期岗位轮换制度,以及掌握重要商业秘密的员工离岗限制规定,体现了企业执行内部控制的坚决态度;认真贯彻员工在职培训制度,并在每次培训中制订和实施有针对性的培训方案,使员工领会到企业对实现高水平控制目标的追求。

本章小结

内部环境是企业实施内部控制的基础,一般情况下包括第二章重点阐释的治理结构以及本章重点论述的机构设置及权责分配、监督体系、发展战略、人力资源政策、员工胜任能力、企业文化、社会责任等内容。机构设置与权责分配为整个内部控制系统的运行提供保障。我国企业当前内部环境中的监督体系大多由监事会、审计委员会、审计部门构成,学习的重点和难点在于厘清三者在履行职责中的关系。清晰的战略定位、战略目标和战略路径为企业内部控制系统的运行提供了明确的指引,战略制定过程中的风险控制同时也是基于风险导向的控制系统的重要内容。内部控制过程的参与主体是企业的全体员工,内部控制运行中人的因素是起积极作用还是消极作用,在很大程度上取决于企业的人力资源政策与实务。内部控制要求每个岗位的员工都能恰如其分地胜任本职工作,从而使内部控制过程最大限度地服务于控制目标的实现,并有效地降低和控制成本。企业文化、社会责任等内部环境虽然无法在短期内得到明显改善,却是内部环境评估和优化的重要考量内容。

思考题

1. 我国企业内部环境各要素和西方企业相比具有哪些特点?
2. 党组织参与公司治理对内部环境产生怎样的影响?对企业内部控制整体产生怎样的影响?
3. 内部环境和控制活动是什么关系?内部环境中的每一部分如何影响具体的控制活动?
4. 本章节的知识框架和COSO框架中的内部环境有何异同?
5. 作为内部环境要素,企业文化和社会责任对企业内部控制建设的重要性体现在哪些方面?

案例分析题

R公司拥有20多种产品,这些产品全部通过网站销售。公司的营销口号是"如果你能享受,为什么推迟?"公司为客户提供灵活的信贷安排,在营销中不十分重视付款风险,却非常看重销售本身。公司的销售和发货是在邮购部门完成的,支付结算是在管理和信用部门完成的。公司的组织架构如下:

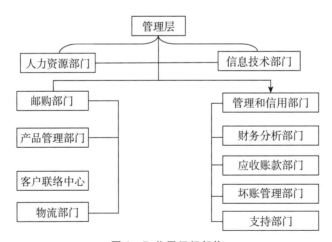

图1 R公司组织架构

马先生于1952创立了R公司,该公司一直盈利且保持健康的增长率。20世纪80年代初期,R公司因不太好的公众形象而濒临倒闭。然而,由于互联网的出现,马小明(马先生的儿子)把公司变成一个网络商店,售卖各种产品。公司最终得以成功,甚至被多次评为"最佳网络商店"。员工被视为公司最有价值的资产,留任率非常高,工资高于行业平均水平。虽然没有正式的员工奖金计划,但是公司经常给优秀员工一些小礼物,比如晚餐票和葡萄酒券。

马先生和儿子马小明和马小刚共同组成公司的执行委员会,并取得终身职位,86岁的马先生并不打算退休,"只要我能走路就还能继续工作。"他说道。监事会(非执行董事委员会)由6名其他家庭成员组成。所有家族成员都持有公司的一小部分股份,都有物流或商业方面的教育背景,公司没有设立其他委员会。其中一个成员,马冬梅,生活在厦门,一年只参加一次月会。每年的最后一次会议,委员会成员主要基于他们对董事会成员做得好坏的主观评价决定董事会成员的奖金。

2010年,马家族决定把公司卖给一家名为"新货币"的投资公司。马先生、马小刚和马小明被要求辞去董事会成员的职务,所有的非执行董事都被解雇。同时,R公司和M事务所解约,聘用安永作为新的外部审计师。

"新货币"决定将高层结构转换为一层董事会,任命4名执行董事和6名非执行董事。为了扩大销售量,董事会引入新的管理层激励计划:"增长或出局"。这个计划包含与销售增长和整个组织效率相关的远大目标。所有部门的经理在销售增长或降低成本方面都有一个延伸的目标。如果目标实现,他们就有资格获得相当于一年工资的奖金。董事会还明确指出,不成功的管理者应该反思自己是不是还能留在合适的岗位上。

此外,由于"新货币"在纽约证券交易所上市,因此制订了一个SOX兼容计划。该计划在2011年推出。2011年年底,高层管理人员首次签署与SOX相关的报表。

并购前后一些部门的基本情况如下:

人力资源部门 并购前,公司的人力资源政策不是很有条理。在多数情况下,新员工都是由马先生雇用的。管理者对这一方法存在质疑,因为这对部门人员的素质没有多大影响。从2010年起,公司开始实施详尽的人力资源评估测试,员工只有在评估合格后才能被雇用。

产品管理部门 产品管理部门负责产品线和产品定价。整个产品线都在网站上展示。每天平均有20种产品被添加或移除,超过100个价格被调整。产品管理部门负责人决定价格调整幅度并录入系统。2008年,该公司因定价错误而面临几项诉讼。其中一项是,一台售价2 799元的电脑录入系统中的售价仅为27.99元,数以百计的购买者按此价格下单,最终公司不得不按这个错误价格交付电脑。

客户联络中心 客户联络中心负责定期与客户联系,以及订单处理和客户要求的信用调整。通过互联网购物的客户都有一个电子帐户,可以用来查询付款历史和订单、预约交付和销售退回、调整各自的信用类型。

物流部门 物流部门负责仓库和物流的交付与销售退回。2011年,公司推出了"上午11点前下单,第二天交付"的政策,导致物流部门发生一些实质性变化。过去,只有在客户联络中心和信息技术部门的员工是上午7点上班,下午7点下班;现在,由于政策的调整,至少50%的物流活动必须在夜间进行。这种转变导致了非自愿裁员、员工骚乱和员工患病率从4%提高到超过12%。

应收账款部门和坏账管理部门 应收账款部门负责记账、按月计息和及时监控客户的付款。如果客户逾期付款超过两个月,他们的未付款信息就会被转移到坏账管理部门。坏账管理部门可以使用一切必要的手段收取未付款项,有时会启动法律诉讼程序。自2010年以来,坏账管理部门处理的客户数量每年增长一倍。

思考:请结合本章所学知识,分析R公司在并购前后的内部控制环境,以及这些控制环境变化对提升公司竞争力的作用。

第四章　风险评估

[学习目标]

通过学习本章,您应该:

1. 了解目标设定、风险识别、风险分析和风险应对的概念以及四者的关系;

2. 掌握五个内部控制目标的含义和各目标在企业不同层级的分解与应用;

3. 区分由企业内外部不同因素引发的风险,分析不同的风险因素以识别各类风险;

4. 学会运用共性风险目录、风险分析会、调查、损失事件数据库、流程分析等技术工具识别风险;

5. 掌握风险坐标图法、蒙特卡罗法、关键风险指标管理法和压力测试法等风险分析方法;

6. 了解风险规避、风险降低、风险分担和风险承受四种不同的风险应对策略的内涵。

[引导案例]

"别了,我的小伙伴们。"2018年7月6日,在中兴通讯供职18年的执行副总裁张振辉发布离职信。对于此番离开,他称实非所愿,深感屈辱。但是,为了中兴通讯下一步的发展和更好的未来,像张振辉这样的高管坚决履行与公司签订的和解协议,全部选择离开。

7月13日,多位知情人士透露,中兴通讯尚未恢复生产,需要等待美国商务部拒绝令解除方能恢复。进驻中国移动、中国联通等运营商的中兴通讯人员预计8月初重返工作岗位。

来自美国的制裁,已经令中兴通讯栽了多次跟头。

如果不是美国商务部方面突然的"4·16"激活拒绝令,中兴通讯或将在2017年盈利45.68亿元的基础上再进一步。如今,却因拒绝令陷入"休克"状态,并因停工和罚款而导致史上最大的半年度亏损。7月13日晚间,中兴通讯发布2018年半年度业绩预告,公司上半年预亏70亿—90亿元,上年同期盈利22.9亿元,同比下降405.29%—492.52%。而2017年年报数据显示,2017年度中兴通讯实现营业收入约1 088.15亿元,同比增长7.49%;归属于上市公司普通股股东的净利润约45.68亿元,同比2016年大幅扭亏。

中兴通讯在公告中提到,本报告期业绩与上年同期相比下降幅度较大的主要原因有二:第一,中兴通讯于2018年5月9日发布《关于重大事项进展公告》,公司主要经营活动无法进行导致的经营损失、预提损失;第二,公司于2018年6月12日发布的《关于重大事项进展及复牌公告》所述的10亿美元罚金。

据统计,成立于1985年的中兴通讯分别于1997年和2004年在深圳交易所主板和香港联交所主板上市。中兴通讯在上市后仅出现两次亏损,分别出现在2012年度和2016年度。

2012年度,中兴通讯遭遇上市15年来的首次亏损,亏损额达28.4亿元,营业收入同比下降2.4%,为842.2亿元。当时,公司将亏损原因归结为经营战略失误。主要是由于快速突破部分重点运营商及市场而采取的较为激进的市场策略,同时对于行业竞争格局的变化未能在管理效率提升、风险控制等方面做出快速调整。

2016年度,中兴通讯全年营业收入1 012亿元,同比微增1.04%,但净利润-23.57亿元,同比下降173.49%。业绩亏损的原因,同样是中兴通讯同意支付美国方面合计8.9亿美元的罚金。

根据中兴通讯与美国商务部工业与安全局(BIS)、美国司法部、美国财政部海外资产管理办公室达成的和解协议,将设置三年观察期,BIS将做出为期七年的拒绝令,包括限制及禁止中兴通讯申请、使用任何许可证,或购买、出售美国出口的受美国出口管制条例约束的任何物品等事项,但在中兴通讯遵循协议要求事项的前提下,上述拒绝令将被暂缓执行,并在七年暂缓期届满后予以解除。2018年4月16日被激活的拒绝令即2016年中兴通讯与美方达成的协议内容之一,中兴通讯再次因支付美方罚金而陷入巨亏。

在海外业务高速扩张阶段,中兴通讯并未就跨国经营的合法合规性风险进行有效控制,使得美方的贸易制裁对其造成毁灭性的打击。可见,设立合法的经营目标并进行风险的识别、管控及应对,对于企业的经营与发展具有重要意义。

资料来源:凤凰科技网,http://tech.ifeng.com/a/20180713/45063221_0.shtml,访问日期2019年1月21日。

风险与收益之间存在内在的对应关系,高风险业务往往可能产生高收益,低风险业务只能带来低收益。因此,企业管理者必须明白一个基本的道理:必须承担一定的风险为股东创造最大化的财富,最大限度地提升企业价值。经营损失或失败可能是由于风险导致的,也可能是由于错误导致的。但是,风险与错误有着本质的区分:风险是不确定因素产生的负面影响达到一定程度所导致的经营损失或失败;错误是不正确思想诱导而采取了不正确的行为,从而导致企业经营损失甚至失败。例如,某企业通过风险组合投资10个创新项目,最终成功7个、失败3个,这3个失败的项目在投资过程中已考虑风险因素,整个风险投资组合是成功的。再如,某企业通过违法、隐瞒的方式逃避国家的环保监管,最终受到法律的制裁,导致企业倒闭,这就是错误行为所引发的失败。为杜绝企业错误的经营决策,并承担可承受的风险以谋求最大化效益,我们必须在风险评估的基础上做出战略决策和选择执行手段。

第一节 风险评估的四个环节

企业在实现内部控制目标的进程中必然会遇到许多不确定的因素,这些不确定因素有的有利于控制目标的实现,有的不利于控制目标的实现。有利于控制目标实现的不确定因素是机会,不利于控制目标实现的不确定性因素就是风险。风险评估就是在既定的控制目标下,识别出不确定事项发生产生负面影响的可能性,根据风险承受度评价风险、制定风险应对策略。COSO 发布的《企业风险管理——整合框架》(2004)将目标设定、风险确认、风险分析、风险应对作为四个要素,《内部控制——整合框架》(1992)和《内部控制——整合框架》(2013)将目标制定、事项识别、风险分析、风险应对作为风险评估的四个步骤。尽管表述上存在差别,但不难看出,风险评估包括四个不可缺少的环节:目标设定、风险识别、风险分析、风险应对。四者的关系如图 4-1 所示。

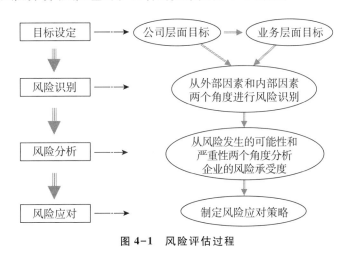

图 4-1 风险评估过程

第二节 目 标 设 定

风险是目标实现过程中不利的不确定因素,没有目标就无所谓风险。例如,基于合法合规、资产安全和财务报告目标,货币资金业务的风险是货币资金收支过程中的差错、有关货币资金的日记账或总账记录错误、未经授权或未经合理授权付出货币资金、货币资金管理中的舞弊;如果将货币资金管理的效率和效果纳入货币资金内部控制的目标,货币资金管理业务还面临资金预算和调控手段不合理导致货币资金使用中的浪费或货币资金流转与业务流转不匹配的风险。设定目标是进行风险识别、风险分析和风险应对的前提。内部控制目标是由不同类别、不同层次、相互交叉、相互关联、内在一致的目标构成的目标体系。

一、内部控制目标的类别

《企业内部控制基本规范》确立了内部控制的五个目标:合理保证企业经营管理合法合规,资产安全,财务报告及相关信息真实完整,提高经营效率和效果,促进企业实现发展战略。在构建内部控制系统的过程中,各企业应根据自身的使命与愿景、经营规模、组织形式、行业特征等情况将上述五类目标具体化为企业五个方面的目标。

(一) 经营管理合法合规

经营管理合法合规目标是指内部控制系统要保证企业经营符合法律和规章制度的要求,避免违法乱纪行为的发生。合法合规目标要求企业确保国家有关法律法规、企业内部规章制度、经营方针和政策在企业内部各层次、各部门、各环节得到不折不扣的贯彻实施。判断是否合法合规的标准既可能来自企业外部(如法律和政策管理部门的规章),也可能来自企业内部(如《公司章程》)。外部法律环境应关注三个方面:①不同国家或地区法律的差异性。例如,不同国家或地区的税法存在显著的差异,企业或分支机构应注意经营管理符合所在国家或地区的法律规定。②法律法规对不同企业组织形式的要求。例如,公开发行证券的公司必须严格按照证监会和证券交易所的规定披露信息。③企业的行业特征。例如,医药行业的企业与房地产行业的企业所遵循的行业管理规章存在明显差别。

(二) 资产安全

资产安全目标是指内部控制系统要防止未经授权的取得、使用、调拨和处置资产,从而有效地保护资产的安全。企业资产归属于出资者和债权人,保护资产安全是管理者承担的最基本的受托责任。为资产安全提供合理保证的内部控制目标要求管理者根据企业经营所面临的资产安全风险建立风险控制体系。企业经营中不仅要保护存货、设备等有形资产的安全,还要保护商标权、专利权、专有技术、客户关系等无形资产不受侵犯;资产安全不仅指资产的实物安全,做到不被偷、不被盗、不被贪污、不被挪用,还要保护资产价值免遭不应有的损失,例如因以过低的价格出售产品而造成销售收入损失,因不合理的信用管理而产生坏账损失;资产安全不仅要保护财务资源的安全,还要避免不合理的人力资源政策和实务造成的人力资源损失。

在中国和日本的内部控制框架中,资产安全是作为一个独立的目标;在美国等一些国家中,资产安全不是作为一个独立的内部控制目标,而是体现在其他目标中。例如,在美国的 COSO 框架中,将防止资产盗窃、浪费和不恰当使用作为经营目标;将定期盘点检查实物、及时发现和处理资产损失纳入财务报告目标。

(三) 财务报告及相关信息真实完整

财务报告目标要求内部控制应保证企业对外披露的财务报告及相关信息的真实与完整。财务报告是指企业按法定义务定期(一年、半年)对外披露的财务报表、附表及报表附注;相关信息是指有助于投资者和债权人做出决策与判断所需的、与财务状况和盈利能力有关的信息,如上市公告书、招股说明书、盈利预测公告等。财务报告目标包含以下子目标:①进入财务系统的原始数据以真实的交易或事项为依据,并保证数据不存在重大遗漏;②会计确认、计量与报告过程遵循会计准则和对信息披露内容及格式的要求,会计政策和会计估计的运用恰当地体现了会计准则的意图,对所有交易和事项均采用公允的会计处理方法;③按法规和监管机构的规定及时披露财务信息,以及对财务状况和投资决策有重大影响的信息。

(四)提高经营效率和效果

经营效果是指企业经营活动实现经营目标的程度;经营效率是指企业在实现经营目标的过程中,对人力、物力、财力等资源合理利用的程度。企业管理层除根据企业的总体经营目标控制各项资源的使用外,还应按各经营层次、经营单元的职能与责任确定相应层次和单元的经营目标,并落实相应的责任人组织和控制可供各层次、单元使用的资源,使各经营层、经营单元为实现企业整体目标步调一致地运行。

(五)实现企业发展战略

企业发展战略体现了企业的使命和愿景。战略目标是较高层次的目标,它对经营目标具有统驭作用。内部控制系统要有助于企业实现发展战略,保证企业战略路径的选择能体现战略目标的要求,并将战略路径落实在日常经营活动中。

在上述五个目标中,前三个目标更多地体现了法律和法规对企业的要求。尽管不同行业、不同组织形式的企业在前三个目标的具体表现上有所不同,但主要取决于外部强制性是相同的。经营效率和效果、企业发展战略这两个目标更多地取决于管理层的风险偏好、经营哲学和管理理念,因此企业间的差异性很大,即使是同一行业、同一组织形式的企业,它们的经营效率和效果、企业发展战略这两个目标也存在较大的差别。例如,同一行业的两个上市公司,由于它们的风险观和经营理念存在差别,一个公司仅专注于主营业务,另一个公司可能还将注意力投入相关的辅营业务和风险程度较高的理财活动。

二、内部控制目标的层级

企业不仅要根据《企业内部控制基本规范》的要求确定公司层面目标,还必须将公司层面目标分解落实到业务层面的各业务单元。因为公司层面目标只有管理层能够透彻理解并将其转化为行动的指南,公司层面目标尽管能帮助全体员工领悟公司的使命和愿景、鼓舞全体员工的士气,但很可能无法指导业务层面的员工具体该干什么,如何控制自身的业务活动。例如,国资委给某一企业下达了净利润10亿元、经济增加值9亿元、净资产收益率12%的经营目标,董事会和经理层有能力据此制定出下年度的生产经营战略和预算,但该企业下属的某一生产车间主任无法根据企业的净利润、经济增加值和净资产收益率指标对本车间的经营效率与效果实施控制,只有将企业的经营目标通过生产部门落实到该车间(如该车间各种产品的生产量、次品率、单位产品材料消耗降低率等指标),才能为该车间的生产经营控制提供直接的依据。公司层面目标用以建立公司层面的控制目标,分解后的业务层面目标服务于构建业务层面的控制流程。

建立层次化的内部控制目标应注意做好以下两点:

（1）在公司层面将五方面的目标具体化,为公司层面内部控制系统建立或完善提供直接的指引。企业应将《企业内部控制基本规范》中确定的五类目标依据本企业的实际情况赋予具体的内容。仍以经营目标为例,尽管基本规范指出经营目标是内部控制五大目标之一,但具体到某一企业,经营目标应该包含哪些子目标、各子目标的数值是多少都未确定。再如,对于非上市国有企业来说,财务报告目标体现为按照会计准则和国资委的要求提交财务报告,而对于上市的国有控股公司而言,还应按照证监会规定的年度报告和中期报告的内容及格式要求披露财务信息。有的企业直接将五类目标作为构建内部控制系统的五个目标,实践证明这一做法无法获得应有的效果。

（2）分解公司层面目标,构建各业务层面、业务单元控制目标。目标分解过程中应该遵循以下原则:第一,做到纵向一致与横向一致。纵向一致是指公司层面目标必须贯穿于企业经营管理的各个层次,上下级之间不能出现相互矛盾的目标。例如,公司层面采取品牌领先战略,而业务层面却按成本领先的模式建立内部控制系统,那么公司的品牌领先战略目标将无法圆满实现。横向一致是指同一层次各业务单元的目标要相互协调,不得因单元间目标的矛盾而对公司层面目标的实现产生负面影响。第二,提高参与度,增强认同感。企业内部控制目标的分解过程需要各层次、业务单元有关员工的参与,通过提高各层次员工的参与度,使目标的分解更能体现企业目标对各业务层面目标的约束,更能做到准确定位各层次目标。另外,提高各层次员工的参与度,还能使全体员工深刻理解由公司层面目标和各层次、单元目标构成的目标体系,使员工认同本业务单元的目标,从而提高全体员工执行内部控制活动的积极性。

下面是从事高档消费品生产的某公众公司根据法律法规要求、产品定位、自身生产经营特点和管理要求确定的公司层面目标以及公司层面目标在各职能部门的分解(业务层面以战略目标和经营目标的分解为例),如图 4-2 所示。

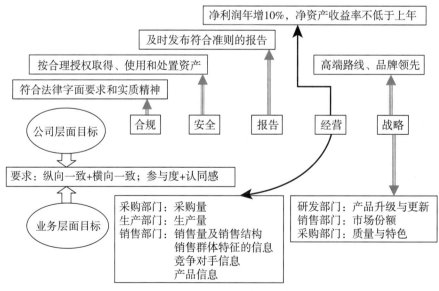

图 4-2 公司层面目标及分解

为了清晰地反映各类目标之间的关系以及公司层面目标与业务层面目标的关系,公司可以采用表4-1的格式反映所确定的各类目标和各层次目标。

表4-1 公司目标体系的关系

目标类别		合规性目标	资产安全目标	财务报告目标	经营目标	战略目标
公司层面目标定位		符合法律字面要求和实质精神	按合理授权取得、使用和处置资产	及时发布符合准则的报告	净利润年增10%,净资产收益率不低于上年	高端路线、品牌领先
业务层面目标定位	财务部门					
	生产部门					
	销售部门					
	研发部门					
	人力资源管理部门					
	采购部门					

第三节 风险识别

风险识别是指识别出与实现内部控制目标有关的风险。风险识别是风险分析和寻求风险应对策略的基础。有些风险是显而易见的,有些风险可能是隐含的。各种风险发生的可能性和对企业的影响程度存在很大的区别。风险识别要求识别出所有对目标实现可能产生负面影响的风险,不能因主观认为某一风险发生的可能性小或者负面影响小而忽略该风险。在控制目标既定的情况下,无论是公司层面还是业务层面,风险均来自两个方面:外部因素和内部因素。企业需采取相应的技术,识别来自外部因素引发的风险和来自内部因素引发的风险。

一、外部因素引发的风险

引发风险的外部因素有政治与政策因素、经济因素、自然灾害、社会环境因素和技术因素等。

(一)政治与政策因素

引发风险的政治与政策因素包括:企业所在地政治体制的变更、政府官员的更替;与某一贸易国因政策关系冷淡而导致贸易额下滑;新法律的颁布以及新监管措施的推出。处于经济转型期的国家或地区以及政治意识十分浓厚的国家或地区,政治和政策的波动性会更大。即使在政治体制稳定的国家,政府宏观调控政策和经济管理与考核方式的变化也会产生新的风险。例如,国务院国资委从2010年起对中央企业的业绩考核增加了EVA(经济增加值)指标,以往的以净利润和净资产收益率为经济目标的预算控制方式就面临无法为EVA目标的实现提供合理保证的风险。

(二)经济因素

经济因素的影响是十分广泛的。经济因素包括经济周期、汇率、价格与采购力水平、资本市场所能提供的融资渠道和投资渠道、金融证券市场的发育状况以及所能提供的理财空间等。对经济环境的判断不仅要分析其对企业的直接影响,还要分析其连锁反应对企业的冲击。有些经济因素的变化看起来与企业的关系不大,似乎不会对企业造成不利影响,但一旦对企业造成现实危害,企业就会失去事前防范和控制的最佳机会。例如,美国2006年出现的次贷危机,相继引发金融危机和经济危机。面对美国的次贷危机和金融危机,国内有些人并未意识到其影响,待金融危机引发实体经济危机并波及中国时,才意识到危机对本企业的冲击。其实,金融危机总是与经济危机相伴而生的,中国以投资和出口拉动经济的模式以及美国为中国第一贸易大国的事实决定了中国企业不可能独善其身。能够事前意识到经济因素的连锁反应并采取事前风险控制的中国企业,必然能够减弱危机的负面影响。

(三)自然灾害

企业应根据生产经营的特点考虑自然灾害的风险。风险识别考虑的不是所有的自然灾害形态。例如,某一农产品生产企业考虑不同的干旱程度对企业的影响并据此建立风险控制程序是必要的,但将八级地震这种极端灾害纳入常规性的控制流程则是不符合成本效益原则的;当然,对于处于地震带的企业,针对地震制定应急措施是必要的。

(四)社会环境因素

社会环境因素包括就业与社会稳定状况、社会风气与社会风俗、家庭结构、人们对待储蓄和消费的观念、客户需求等。社会环境因素变化有些是潜移默化的,如社会风俗、消费与储蓄理念,有些可能是快速变化的,如社会就业状况既存在逐渐变化的可能,也存在短期劳动力快速变化的可能。

(五)技术因素

技术因素变化既会对企业的采购、生产、销售产生深刻的影响,也会对研究开发提出更高的要求。信息技术与物流技术的发展迫使企业创新采购和销售方式。例如,企业有一套较完善的销售和客户服务系统,由于竞争对手采用了更先进的销售与售后服务系统,该企业如果不对销售和客户服务系统进行相应的技术更新与升级,就会面临被淘汰的风险。

二、内部因素引发的风险

引发风险的内部因素有人员因素、管理流程、财务状况等。

(一)人员因素

人员因素是内部因素中最重要的。任何企业都是在错综复杂的外部环境中经营的,对外部环境变化趋势的正确判断以及企业内部自我学习和自我适应能力的提高都离不开人员因素。人员因素包括员工掌握岗位所需知识和技能的程度、知识更新与技能更新的能力、行为的价值取向、员工违规及人员流失的影响等。

（二）管理流程

企业应该建立管理流程的持续跟踪、分析与优化制度，保证流程的适用性和先进性：做到对所有的关键风险点都实施有效的控制，具备应有的技术含量，克服因程序烦琐而影响管理效率和经营效果等问题。

（三）财务状况

当外部因素将企业推入危机境地时，企业能否转危为安，不仅要看企业是否能快速采取摆脱危机的措施，还要看企业是否有较为充裕的财务储备、财务状况是否良好。因此，改善企业的资产负债率、资产流动性、盈利能力、资金运作水平对企业抗风险能力是十分必要的。

表 4-2 是 A 银行针对住房按揭贷款业务从外部因素和内部因素两个角度进行风险识别的风险清单简化模板。

表 4-2　A 银行风险清单简化模板

外部因素	内部因素
1. 经济 ● 房价超出普通购房者的支付能力，按揭比例提高 ● 房价下降，降低了还款意愿	1. 资产与财务 ● 较高的资产负债率导致流动性下降
2. 政治与政策 ● 房地产政策限制导致开发商资金紧张 ● 监管不力导致少数开发商假按揭 ● 对中介评估机构监管不力导致评估环节产生虚假行为	2. 人员 ● 片面追求放贷利息收入指标，风险意识不强 ● 未严格执行审查制度和审批流程
3. 社会 ● 银行缺乏共享的借款人信息，如遵纪守法、诚信、纳税等信息 ● 失业及减薪导致还款能力下降	3. 技术 ● 银行间缺乏共享借款人资料及信贷情况的信息平台

三、风险识别技术

企业对风险的识别既可以在总结本企业及同行业以往教训的基础上进行，也可以根据现有知识和经验对未来进行判断。风险识别就是以设定的公司层面目标和业务层面目标为导向，在综合分析外部因素和内部因素的基础上，识别出公司层面和业务层面所面临的风险，并列出风险清单。企业在掌握共性风险的基础上，通过共性风险目录、风险分析会、调查、损失事件数据库、流程分析等手段建立和完善风险清单。

(一) 共性风险目录

企业内部控制或风险管理部门列出同行业企业面临的共性风险和不同行业企业之间的共性风险的风险目录。例如,对于财务报告目标而言,所有企业都面临的共性风险通常包括企业发生的交易和事项未全部进入会计信息系统,进入会计信息系统的数据未经过合理授权,会计核算中错误地运用会计科目,会计信息系统记录的资产数量未与实物资产核对,财务报告编制前期准备工作不充分导致结账前未能发现会计差错,合并报表的合并范围不正确等;而对于房地产行业的企业来说,基于财务报告目标的风险除了上述几条,还包括房地产销售收入确认错误(如将不具备销售收入确认条件的预收房款计入收入或者未将实现的收入从预收账款及时转为销售收入),开发成本核算中的差错甚至舞弊等。

(二) 风险分析会

围绕某一控制目标邀请相关人员召开风险分析会,提出基于某一目标的公司层面风险和业务层面风险。邀请的参会者必须是对该类业务相当了解的人员。为了提高风险分析会的效果,会议组织者应将研讨提纲以书面的形式事先发给参会者,这样既能保证会议严格围绕主题进行,又能使参会者在充分考虑的基础上发表见解。为了便于归类和汇总风险,会议组织者除了做好会议记录,还可要求参会者留下事先发给他们的研讨提纲。提纲的最后一栏是交回提纲的人员签名、所属部门及联系方式,便于会后联系。研讨提纲主要包括会议议题以及考虑问题的角度,基本格式如表4-3所示。

表4-3 风险分析会研讨提纲

会议时间:

会议地点:

参加人员:

议题:

  公司层面目标

  业务层面目标

请围绕以下因素进行分析:

外部因素:

  政治与政策因素

  经济因素

  自然灾害

  社会环境因素

  技术因素

内部因素:

  人员因素

(续表)

| 管理流程 | |
| 财务状况 | |

提交人员： 　　　　　　所在部门： 　　　　　　联系方式：

（三）调查

调查可以采用调查问卷的方式进行，也可以采用走访调查或核查的方式进行。调查问卷的设计应围绕特定目标的风险识别展开，可以请被调查者采取文字叙述的方式回答，也可以采取选择被选答案的方式回答。走访调查或核查同样是围绕特定目标下的风险进行的。表4-4列示了某集团下属销售公司的某一业务代表处在审批新的赊销客户过程中进行细节调查所用的调查表。

表4-4　客户细节调查表（参考格式）

代表处：　　　申请序号：　　　代表处业务员：　　　填表日期：　　年　月　日

客户基本情况	名称						
	地址						
	开户行名称		户名		账号		
	联系人		电话		传真或电子邮件		
	类别	零售店□　连锁超市□　专业店□　批发公司□　其他□					
	所属区域		区域市场级别		对本公司开拓当地市场的重要程度		
本公司产品上年度销售额							
注册资金			流动资金		商业信用评估		优□　良□　中□　差□
同类产品上年度前三名品牌		销售量（台）		销售百分比（按台计算）	本年度预算销售量（万元）		本年度赊销额（万元）
1.							
2.							
3.							
本公司近五年的信用记录							

（四）损失事件数据库

有关过去某一事件发生和损失的数据库是识别风险的重要信息来源。损失事件数据库的事项无论已查明确切原因还是未查明原因，对风险识别都是极有帮助的。例如，我们在公路上行驶时遇到的"前方事故多发地,请小心驾驶"的提示牌,所指的事故多发地段主要是依据以往的事故统计得出的、已进入事故数据库的路段。这样的事故多发地段可能已被准确分析出事故的原因,也有可能至今未准确查明事故的原因。损失事件数据库可以是企业自行开发和维护的,也可以是由企业预定而由第三方服务商开发和维护的。

（五）流程分析

流程分析是指依据控制目标从技术上分析某一控制流程是否存在阻碍目标实现的风险。例如,某公司货币资金内部控制制度在"钱、账分管和对账"一节中做了如下规定:"现金支票及银行存款统一由出纳员保管,并按每天收支情况逐笔登记现金日记账和银行存款日记账,每日结清;银行存款每月同银行对账,做到账款相符。"通过对这一制度进行流程分析,我们不难发现其中存在的重大漏洞:没有明确规定银行存款对账单和银行存款日记账核对的人员,如果由出纳自己核对银行存款对账单和银行存款日记账,则为出纳贪污、挪用货币资金提供了可能。

第四节　风险分析

企业识别出公司层面风险和业务层面风险后,下一步工作是进行风险分析。风险分析是对识别出的风险及其特征进行明确的描述,并分析和描述风险发生可能性的高低以及风险发生后对企业造成的影响。风险分析是选择风险应对策略的前提。

一、基于固有风险和剩余风险进行风险分析

固有风险是指管理层未采取任何措施的情况下所面临的风险。剩余风险是指管理层采取应对措施后所残余的风险。风险分析不是一次性的活动,而是一个持续性的活动,企业在外部或内部环境发生重大变化时,或者在内部控制年度评价中都要通过风险分析来修正和完善内部控制系统。因此,相当一部分企业将环境发生重大变化情况下未采取完善措施的内部控制系统所面临的风险作为固有风险,而将采取完善措施后仍然存在的风险作为剩余风险。实践证明,这不失为一种可行的做法。

固有风险和剩余风险在风险分析中的作用在于:如果固有风险发生后产生的损失和负面影响是企业可承受的,而改善现有的控制系统需要付出高昂的成本,企业就无须改善现有的控制系统;如果固有风险发生的可能性和发生后所造成的损失或负面影响超出了企业的风险承受度,企业就应该采取措施完善现有的内部控制系统,并针对完善后的控制系统进行剩余风险评价,直至将剩余风险控制在企业可承受的范围内。基于固有风险和剩余风险进行风险分析的程序如图4-3所示。

表4-5列示了A银行针对表4-2所列的风险因素进行固有风险评价和采取降低风险策略后进行剩余风险评价的结果。

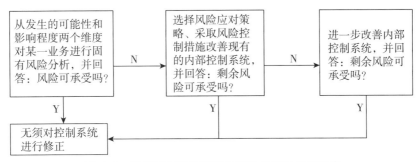

图 4-3 基于固有风险和剩余风险的风险分析程序

表 4-5 A 银行住房按揭贷款业务固有风险评价和剩余风险评价

目标	贷款存量 200 亿元,利息收入 8.25 亿元				
风险容限	5%以内				
风险	固有风险		风险应对	剩余风险	
	可能性	影响		可能性	影响
房价下降,客户降低了还款意愿	15%	有问题贷款 1 亿元	采取降低风险的应对策略	2%	有问题贷款 1 800 万元
中介评估机构虚增房产价值	10%	有问题贷款 2 亿元		1%	有问题贷款 1 000 万元
开发商假按揭以及开发商资金紧张导致无力履约还款	8%	有问题贷款 2 亿元		1.5%	有问题贷款 7 000 万元
对贷款人审查不严	12%	高风险贷款 1.7 亿元		1.6%	高风险贷款 900 万元

二、风险分析的方法

风险分析常用的技术方法有风险坐标图法、蒙特卡罗法、关键风险指标管理法和压力测试法。风险坐标图是企业风险分析的重要工具,它对不同风险属性进行定量和定性描述,直观地展示各类风险对企业实现目标的影响程度;蒙特卡罗法为企业在难以提供可靠而精确的数学预测模型的情况下,提供分析和评价风险发生概率、潜在风险损失等变量的实用工具;关键风险指标管理法是一种操作风险定量分析方法,帮助企业抓住关键风险动因,高效管理单个风险或风险组合;压力测试法用于检验和分析内部控制系统所承担压力的能力,判断在极端情境下内部控制系统的有效性,从而发现问题,制定改进内部控制系统的措施。其中,关键风险指标管理法有助于企业内部控制部门将抽象、复杂的操作风险转变为直观、简单的数值,对风险进行量化控制。

(一)风险坐标图法

风险坐标图法是在统计分析和经验判断的基础上把风险发生可能性的高低、风险发生后对目标影响程度的大小作为两个维度绘制在同一个平面上,即绘制成直角坐标系。运用风险坐标图法进行分析,首先应对发生风险的可能性以及该风险发生后对目标的影响程度进行定性或定量分析,在此基础上绘出坐标图;然后依据坐标图上事项的分布区域,选择相应的风险应对策略。

1. 风险发生可能性及其对目标的影响程度的定性分析

定性计量方法是直接用文字描述风险发生的可能性和风险对目标的影响程度,如对风险发生可能性的描述可以分为"极低""低""中等""高""极高"或"极不可能""不太可能""可能""较大可能""极有可能";对目标的影响程度的描述可以分为"基本不受影响""轻度影响""中度影响""严重影响""重大影响"或"极轻微影响""轻微影响""中等影响""严重影响""灾难性影响"等。定性方法可采用问卷调查、集体讨论、专家咨询、情景分析、政策分析、行业标杆比较、管理层访谈、由专人主持的工作访谈和其他调查研究方法。在不要求对风险进行定量化分析,或者在定量评估所需的充分、可靠数据实际上无法取得,或者获取和分析数据不具有成本效益性时,管理层通常采用定性的分析技术。

表 4-6 列出某公司对风险发生的可能性和风险发生后对目标的影响程度的定性评价标准及相互的对应关系,供实际操作中参考。

表 4-6 某公司对风险发生的可能性和对目标的影响程度的定性评价及相互的对应关系

风险发生的可能性		文字描述一	极不可能	不太可能	可能	较大可能	极有可能
		文字描述二	一般情况下不会发生	极少情况下才发生	某些情况下发生	较多情况下发生	常常发生
		文字描述三	今后 10 年内发生的可能少于 1 次	今后 5~10 年内可能发生 1 次	今后 2~5 年内可能发生 1 次	今后 1 年内可能发生 1 次	今后 1 年内至少发生 1 次
对目标的影响程度		文字描述一	极轻微	轻微	中等	严重	灾难性
		文字描述二	极低	低	中等	高	极高
	文字描述三	安全运营	基本不受影响	轻度影响(造成轻微的人身伤害,情况立刻得到控制)	中度影响(造成一定的人身伤害,需要医疗救援,情况需要外部支持才能得到控制)	严重影响(会造成严重的人身伤害,事故企业被迫短期停产,但无致命影响)	重大影响(重大安全事故,造成重大人身伤亡,情况失控,给企业造成致命影响)
		财务损失	较低的财务损失	轻微的财务损失	中等的财务损失	重大的财务损失	极大的财务损失
		企业声誉	负面消息在企业内部流传,企业声誉没有受损	负面消息在当地局部流传,对企业声誉造成轻微损害,有望在短期内消除	负面消息在某区域流传,对企业声誉造成中等损害,声誉的恢复需要 1~2 年的时间	负面消息在全国各地流传,对企业声誉造成重大损害,声誉的恢复需要 2 年甚至更长的时间	负面消息流传至世界各地,政府或监管机构进行调查,引起公众广泛关注,对企业声誉造成无法弥补的损害

对风险发生的可能性的高低和风险对目标的影响程度进行定性评价后,依据评价结果绘制风险坐标图。例如,某公司对七项风险事项进行了定性评价,评价结果和风险坐标图分别如表 4-7 和图 4-4 所示。

表 4-7 某公司风险定性评估结果

风险事项编号	①	②	③	④	⑤	⑥	⑦
风险发生的可能性	极低	高	中等	低	中等	极高	高
风险对目标的影响	极低	低	中等	极高	低	高	极高

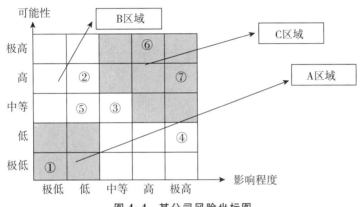

图 4-4 某公司风险坐标图

从图 4-4 可以看出,该公司七项风险事项分别处于 A 区域、B 区域和 C 区域。公司决定承担 A 区域中的各项风险且不再增加控制措施;严格控制 B 区域中的各项风险且补充制定各项专门的控制措施,将风险控制在风险承受度内;确保规避和转移 C 区域中的各项风险且优先安排实施各项防范措施。

2. 风险发生的可能性及其对目标影响的定量分析

定量方法是指对风险发生可能性的高低、风险对目标影响程度的大小用数量进行描述,如对风险发生可能性的高低用概率表示,对目标影响程度的大小用损失金额表示。

定量技术能带来更高的精确度,通常应用在更加复杂和深奥的活动中,以便对定性技术予以补充。定量技术一般需要更高程度的严密性。定量技术高度依赖于支持性数据和假设的质量,并且与已知历史数据和允许做可靠预测的风险暴露程度相关。在风险控制中,管理部门希望对风险进行量化,将抽象、复杂的风险转变为直观、简单的数字。通过量化的手段和方法,可以直观地反映各层面风险的现状,便于观察风险变化情况。风险定量计量的质量主要取决于判断者的知识和判断能力、他们对潜在事项的了解以及相关背景和动态的变化。

表 4-8 列出某公司对风险发生可能性和风险发生后对目标影响程度的定量评价标准及其相互的对应关系,供实际操作中参考。

表4-8　某公司风险发生可能性及其对目标影响程度的定量评价及对应关系

风险发生的可能性	定量方法一	5分制打分	1	2	3	4	5
	定量方法二	按一定时期发生的概率打分	10%以下	10%～30%	30%～70%	70%～90%	90%以上
风险对目标的影响程度	定量方法一	5分制打分	1	2	3	4	5
	定量方法二	企业财务损失占税前利润的百分比	1%以下	1%～5%	6%～10%	11%～20%	20%以上

上述公司对七项风险事项进行定量评估,评价结果如表4-9所示。

表4-9　某公司风险定量评价结果

风险事项编号	①	②	③	④	⑤	⑥	⑦
风险发生的概率	83%	40%	62%	62%	86%	17%	55%～62%
可能造成的财务损失(亿元)	0.21	0.38	0.41	0.18	0.52	0.71	0.75～0.91

根据表4-9绘出风险坐标图,如图4-5所示。

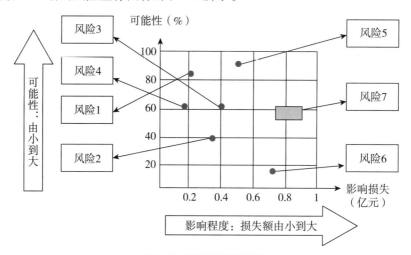

图4-5　某公司风险坐标

图4-5直观地反映了七项风险事项的综合比较,便于企业确定对各项风险事项进行管理的优先顺序和策略。

(二)蒙特卡罗法

蒙特卡罗法是一种随机模拟数学方法,又称随机抽样技巧或统计试验方法,用来分析评估风险发生的可能性、风险的成因、风险造成的损失或带来的机会等变量在未来变化的概率分布。具体操作步骤如下:

（1）量化风险。将需要分析评估的风险进行量化，明确其度量单位，得到风险变量，并收集历史相关数据。

（2）根据对历史数据的分析，借鉴常用的建模方法，建立能描述该风险变量在未来变化的概率模型。建立概率模型的方法很多，如差分和微分方程法、插值和拟合法等。这些方法大致分为两类：一类是对风险变量之间的关系及其未来的情况做出假设，直接描述该风险变量在未来的分布类型（如正态分布），并确定其分布参数；另一类是对风险变量的变化过程做出假设，描述该风险变量在未来的分布类型。

（3）计算概率分布的初步结果。利用随机数字发生器，将生成的随机数字代入上述概率模型，生成风险变量的概率分布初步结果。

（4）修正完善概率模型。对生成的概率分布初步结果进行分析，用实验数据验证模型的正确性，并在实践中不断修正和完善模型。

（5）利用该模型分析评估风险情况。

正态分布是蒙特卡罗法中使用最广泛的一类模型。通常情况下，如果一个变量受很多相互独立的随机因素的影响，且其中每一个因素的影响都很小，则该变量服从正态分布。自然界和社会中的大量变量都满足正态分布。描述正态分布需要两个特征值：均值和标准差。密度函数和分布函数的一般形式如下：

密度函数：

$$\varphi(x) = \frac{1}{\sigma\sqrt{2\pi}} e^{-\frac{(x-\mu)^2}{2\sigma^2}}, \quad -\infty < x < +\infty$$

分布函数：

$$\Phi(x) = P(X \leq x) = \int_{-\infty}^{x} \frac{1}{\sigma\sqrt{2\pi}} e^{-\frac{(t-\mu)^2}{2\sigma^2}} dt, \quad -\infty < x < +\infty$$

其中，μ 为均值，σ 为标准差。

由于蒙特卡罗法依赖于模型的选择，因此模型本身的选择对于蒙特卡罗法计算结果的精度的影响甚大。蒙特卡罗法计算量很大，通常要借助计算机完成。该方法在银行业等金融行业有着广泛的应用。

（三）关键风险指标管理法

关键风险指标是反映某一领域风险变化情况并可定期监控的早期预警指标。一项风险事件的发生可能有多种成因，但关键成因往往只有一种或几种。关键风险指标管理法是对引发风险事件的关键成因指标进行管理的方法。例如，零售商场的销货款难免会出现长款（实收销货款大于销货收入）和短款（实收销货款小于销货收入）现象，原因大致有收银员工作差错、营私舞弊、收款时未鉴别出假钞等。根据行业统计数据和本商场的历史经验数据得出，差错率为销货款的±0.15‰。那么±0.15‰就是销货款风险控制的一项关键风险指标。超过±0.15‰的差错就被视为异常现象，应启动异常差错排查措施。关键风险指标管理法的具体操作步骤如下：

（1）分析风险形成的原因，从中找出关键成因。

（2）将关键成因量化，分析确定导致风险事件发生时该成因的具体数值。

（3）以该具体数值为基础，以发出风险预警信息为目的，加上或减去一定数值后形成新的数值，该数值即为关键风险指标。

（4）建立风险预警系统，当关键成因数值达到关键风险指标时，发出风险预警信息。

（5）制定出现风险预警信息时应采取的风险控制措施。

（6）跟踪监测关键成因数值的变化，一旦出现预警就立即实施风险控制措施。

关键风险指标管理法既可以管理单项风险的多个关键成因指标，也可以管理影响企业主要目标的多个主要风险。使用该方法，要求风险关键成因分析准确，且易量化、易统计、易跟踪监测。表4-10列示了关键风险指标管理法在资金链风险评估中的运用。

表4-10 资金链关键风险指标管理

资金控制目标	风险控制关键风险指标		管理要求	控制措施	应急预案
总量匹配合理	利息保障倍数	安全	大于3	保持监控		
		警戒	1~3	逐步降低负债率	降低企业负债总额，改善资本结构（包括股权增资、引入战略投资者）	股东注资
		高危	小于1	迅速降低负债率		
	营运资金周转率	安全	略高于或保持历史水平	保持监控		
		警戒	明显低于历史水平或异常增大	提高营运效率，警惕规模和盈利能力的大幅下滑	加快经营资金占用周转；严格控制囤积原材料、产成品等存货的过度投机行为	抛售投机类存货
结构匹配合理	速动比率	安全	大于1	保持监控		
		警戒	0.6~1	改善负债结构	增加持有现金和其他变现性好的资产；降低流动负债成本和偿付风险；调整融资品种结构	债务结构重组；资产变现
		高危	小于0.6	迅速降低流动性风险	及时扩大融资来源，拓展融资品种；控制新增债务，改善现有流动负债偿付期限	
过程匹配合理	经营杠杆系数	安全	保持在合理水平范围内	保持监控		
		警戒	明显偏离合理水平	向合理杠杆水平回归	在产业、经济上行周期可适当控制在较高水平；在产业、经济下行周期需要降低到合理水平	淘汰落后产能

(续表)

资金控制目标	风险控制关键风险指标		管理要求	控制措施	应急预案
过程匹配合理	信用杠杆系数	安全	保持在合理水平范围内	保持监控	
		警戒	明显偏离合理水平	向合理杠杆水平回归	在产品价格上行周期可适当控制在较高水平,增加经营性无息负债;在产品价格下行周期需要降低到合理水平,减少经营性无息负债;严格控制经营性负债资金的长期挪用	资产变现
	财务杠杆系数	安全	保持在合理水平范围内	保持监控	
		警戒	明显偏离合理水平	向合理杠杆水平回归	在经济上行、利率较低和产业上行周期内可适当控制在较高水平;在经济下行、利率较高和产业下行周期内需要降低到合理水平	降低企业负债总额;股权增资;引入战略投资者
	价格杠杆指标	安全	保持在合理水平范围内	保持监控	
		警戒	明显偏离合理水平	向合理杠杆水平回归	降低投机类资产比例,以满足经营需要为目的,严格控制在套期保值等对冲风险行为范围内	及时止损

资料来源:根据国务院国有资产监督管理委员会规划发展局和中国五矿集团公司的课题研究报告《中央企业投资活动与企业经济可承受能力合理范围》整理而成。

(四)压力测试法

压力测试法是指在极端情境下,分析评价控制系统的有效性、发现问题、制定改进措施的方法,目的是防止出现重大损失事件。压力测试法能帮助企业充分了解潜在风险因素与企业财务状况之间的关系,深入分析企业抵御风险的能力,以此为基础实施的应对措施能够合理地预防极端事件可能给企业带来的冲击。压力测试法包括敏感性测试和情境测试等具体方法。敏感性测试旨在测量单个重要风险因素或少数几个关系密切的因素由于假设变动对企业风险暴露和企业承受风险能力的影响。情境测试是分析多个风险因素同时发生变化以及某些极端不利事件发生对企业风险暴露和企业承受风险能力的影响。具体操作步骤如下:

（1）针对某一内部控制程序，假设可能会发生哪些极端情境。极端情境是指在非正常情况下发生概率很小，而一旦发生后果就十分严重的情境。在假设极端情境时，不仅要考虑本企业或与本企业类似的其他企业出现过的历史教训，还要考虑历史上不曾出现但将来可能会出现的情境。

（2）评估极端情境发生时该内部控制程序是否有效，并分析对目标可能造成的损失。

（3）权衡极端情境发生的可能性和后果，提出解决方案，进一步完善内部控制系统并制定与内部控制系统相配套的危机预案。

根据假设程度的不同，情境一般分为轻度压力、中度压力及严重压力。我们应该根据风险的重要程度选择不同级别的情境假设。

压力测试在企业内部控制中的运用十分广泛，它能够有效地检验出现有内部控制的有效性边界，有助于提高内部控制系统的抗压性以及处置危机的能力。上海银监局2010年2月发布了2009年上海房地产信贷市场个人住房按揭贷款的压力测试结果以及根据测试结果提出的完善信贷风险控制的措施，基本内容概括在表4-11中。

表 4-11　上海个人住房按揭贷款压力测试及完善信贷风险的措施

压力情境	轻度压力：房价下跌10%、利率上升54个基点、借款人收入不增长	中度压力：房价下跌20%、利率上升108个基点、借款人收入下降5%	严重压力：房价下跌30%、利率上升162个基点、借款人收入下降10%
不良贷款率	1.18%	1.51%	2.08%
信贷风险完善措施	● 密切关注房地产企业尤其是高价圈地的开发商、脱离核心主业进入房地产行业的大型企业集团的杠杆率，加强对开发商、项目公司和母公司的合并报表风险管理，增强逆周期的风险预测能力 ● 禁止对项目资本金不足、"四证"不齐等不合规的房地产企业或项目发放贷款 ● 对调查发现和经相关部门查实的存在囤地、捂房行为的开发企业，不得发放新增贷款，对已有贷款要迅速采取保全措施 ● 控制投机性购房贷款，贷款利率严格按风险定价，加大差别化信贷执行力度 ● 严格执行与借款人的"面谈、面签"制度		

第五节　风险应对

进行风险分析以后，管理层应在充分了解风险发生的可能性和影响并考虑成本效益原则的基础上，确定风险应对策略。风险应对包括确定风险承受度和选择风险应对策略两方面内容。另外，无论是进行风险承受度分析，还是选择风险应对策略，都必须考虑成本效益观和风险组合观的要求。

一、确定风险承受度

风险承受度是企业承担风险的能力和能够承担的风险程度。无论是企业还是个人,在进行决策和选择行为时,都应考虑风险承受度,从而将风险控制在可接受范围内。对于一对拥有 300 万元积蓄的老年夫妇来说,拿出其中的 100 万元投资股票和期货是可行的理财选择;但对于一对仅拥有 100 万元积蓄的老年夫妇来说,将 100 万元全部投入股票和期货就超出了家庭的风险承受度。一旦股票和期货投资血本无归,对于拥有 300 万元积蓄的夫妇来说,不是致命的打击;但仅有 100 万元积蓄的夫妇则无法承受这一理财后果。

风险承受度是一个较笼统的概念,企业在实际操作中应将其细化。企业的使命及企业承担社会责任的方式决定企业风险承受度最终都要以财务风险承受度来衡量。为股东创造最大化的财富是企业永恒的主题,盈利能力支撑着企业的可持续发展。企业成功的标志在于财务成功,企业失败最终表现为财务失败。当然,导致财务失败的原因是多方面的,导致财务风险的因素也是多方面的。导致财务风险的因素,既可能来自财务本身,也可能来自战略、营销、生产、研发、信用管理、法律。例如,研发水平低下或者不具有商业价值的产品研发致使企业陷入财务绝境,违反环保法律招致巨额赔偿导致企业财务危机等。因此,企业在确定风险承受度时,不仅要考虑财务风险承受度,还应从战略、营销、生产、研发、信用管理、法律等方面确定企业的可承受风险水平。

二、选择风险应对策略

风险应对策略包括风险规避、风险降低、风险分担和风险承受。

(一)风险规避

风险规避是指放弃或者停止与该风险相关的业务活动,以避免和减轻该业务对企业造成的损失。风险规避是企业对超出风险承受度的风险所采用的应对策略。采取风险规避策略意味着企业选择其他类型的风险应对方案均无法将剩余风险降至可接受的水平。对于需要采取风险规避的业务,有些比较容易判断,如企业对明显违反法律规定的业务必须采取规避的策略;但有些业务是否采取风险规避策略则需要经过充分的评估,如是否拒绝进入某一新的经营领域,在现有的人才储备状况下是否规避通过股指期货进行理财等。

(二)风险降低

风险降低是指企业在权衡成本效益之后,准备采取适当的控制措施以降低风险发生的可能性或者减轻风险所造成的影响,将剩余风险控制在风险承受度之内。风险降低与风险规避的区别在于:风险规避是规避风险业务;风险降低是在从事某一风险业务的前提下,想方设法降低该业务的不利影响。企业在经营中采取风险降低策略十分普遍。例如,对自有车队采用严格的驾驶员管理和安全意识教育、加强车辆维护等措施;证券投资中采取投资组合及止损措施等。

表 4-5 用 A 银行的例子说明固有风险和剩余风险在风险分析中的作用,表 4-12 是对表 4-5 中风险降低策略具体措施的详细说明。从表 4-12 不难看出,A 银行在选择风险降低策略后,执行相应的控制活动(七项降低风险的措施)将固有风险降至可接受的剩余风险。

表 4-12 A 银行住房按揭贷款业务风险分析与风险降低策略

目标	贷款存量 200 亿元,利息收入 8.25 亿元				
风险容限	5%以内				
风险	固有风险		风险应对	剩余风险	
	可能性	影响		可能性	影响
房价下降,客户降低了还款意愿	15%	有问题贷款 1 亿元	采取降低风险的应对策略	2%	有问题贷款 1 800 万元
中介评估机构虚增房产价值	10%	有问题贷款 2 亿元		1%	有问题贷款 1 000 万元
开发商假按揭以及开发商资金紧张导致无力履约还款	8%	有问题贷款 2 亿元		1.5%	有问题贷款 7 000 万元
对贷款人审查不严	12%	高风险贷款 1.7 亿元		1.6%	高风险贷款 900 万元
控制活动	• 指定优质评估机构,并持续跟踪分析评估机构评估的价值与市场价值 • 严格执行首付标准,在贷款发放前稽核每一笔贷款的首付标准 • 在发放贷款前与购房者直接沟通(面谈、面签)并采用与购房者单位核对、与税务机关核对等方法判断贷款者的真实性与还款能力 • 对逾期未支付月供者采取跟踪追款等措施 • 取消房贷业务返点 • 密切关注房地产企业尤其是高价圈地的开发商、脱离核心主业进入房地产行业的大型企业集团的杠杆率,加强对开发商、项目公司和母公司的合并报表风险管理 • 对调查发现和经相关部门查实的存在囤地、捂房行为的开发企业,不得发放新增贷款,对已有贷款要迅速采取保全措施				

(三) 风险分担

风险分担是指企业采取与他人共担风险的方式将剩余风险控制在可承受范围内。与风险降低的不同点在于,风险降低是企业在企业内部寻求控制措施将风险控制在可接受水平,而风险分担是寻求企业外部合作的方式分散风险。风险分担的主要措施有:①采购保险;②联营、合资或合作经营某一项目;③外包业务流程;④通过资本市场防范风险,如在期货市场上进行套期保值以对冲现货市场价格下降的风险。

(四) 风险承受

风险承受是指企业对风险承受度之内的风险，在权衡成本效益之后，不准备采取控制措施降低风险发生的可能性或者风险发生后对企业的影响。

表 4-13 以乘飞机出行这一事项说明风险规避、风险降低、风险分担和风险承受四种应对策略的运用及其相互关系。某人在充分了解对飞机与其他交通工具相比出事故的概率和损失、天气对飞行安全的影响、不同机型事故统计、航空公司管理能力及安全措施等的基础上，可以选择四种应对策略中的一种解决乘飞机出行的安全问题。

表 4-13　风险应对在乘飞机出行中的运用及其相互关系

事项		是否选择飞机作为出行工具
风险应对	风险规避	放弃乘飞机出行，改为其他交通工具
	风险降低	选择乘飞机出行，但对机型、天气、航空公司有严格的要求，在乘飞机出行时选择良好的天气、最安全的机型和最优秀的航空公司
	风险分担	选择乘飞机出行，并每次购买航空意外保险
	风险承受	选择乘飞机出行，对机型、天气、航空公司没有要求，不购买航空意外保险

三、风险应对中的成本效益观和风险组合观

成本效益观要求企业在风险承受度内选择的风险应对策略所产生的效益不能低于实施该风险应对策略所发生的成本。以风险为导向的内部控制并不是追求理论的完善，它必须服务于企业价值创造的目标。

风险组合观要求公司层面和各业务层面的管理者及员工从企业整体的角度考虑风险应对。从某一部门、某一业务单元的角度看是最优的风险应对策略，站在企业整体角度看却未必是最优的。从企业整体角度看问题首先需要从整体的高度考察某一风险应对策略所产生的效益，还必须从业务层面风险应对策略组合所产生的整体效益把握风险应对策略的选择以及应对策略之间的协调。例如，从销售部门的角度来看，放宽信用条件的策略能够有效地扩大销售；而从财务部门的角度来看，进一步严格信用条件、缩短应收账款的收账期能够有效地减少坏账损失、加速流动资金周转；从企业风险组合的角度来看，必须做好两者的协调，以企业整体可接受的风险谋求整体利益的最优化。

本章小结

风险评估是在既定的控制目标下，识别出不确定事项，根据风险承受度来评价风险、制定风险应对策略。风险评估包括目标设定、风险识别、风险分析、风险应对四个环节。设定目标是进行风险识别、风险分析和风险应对的前提。《企业内部控制基本规范》确定了内部控制目标是由合规、安全、报告、经营、战略五个方面构成的相互交叉、相互关联、内在一致的体系。在控制目标既定的情况下，风险来自外部因素和内部因素两个方面。风险识别是指识别出与实现内部控制目标有关的风险，是进行风险分析和寻求风险应对

策略的基础。企业采用共性风险目录、风险分析会、调查、损失事件数据库、流程分析等技术进行风险识别;采用风险坐标图法、蒙特卡罗法、关键风险指标管理法和压力测试法等进行风险分析;最终采取风险规避、风险降低、风险分担和风险承受四种不同的策略应对风险。

思考题

1. 不同行业的内部控制目标是否相同?
2. 企业风险评估的目标设定、风险识别、风险分析、风险应对四个环节之间存在怎样的逻辑联系?
3. 公司治理水平和风险评估有怎样的关系?
4. 企业战略如何影响风险评估?
5. 是否存在最优的风险应对策略?

案例分析题

案例素材同第三章案例分析题。

思考: 假设你是 R 公司董事会雇用的风险管理咨询师,运用本章所学风险评估和风险应对的知识,阐述你在提供风险咨询服务时应遵循哪些原则。

第五章　控制活动——基本控制措施

[学习目标]

通过学习本章,您应该:

1. 了解控制活动中的基本控制措施;
2. 掌握基本控制措施实施要点;
3. 熟悉最常见的五类不相容职务及其相互间的制约关系;
4. 熟悉财产保全控制的主要实现手段。

[引导案例]

2017年民生银行北京航天桥支行发生一起轰动的理财造假案,究其原因是该支行内部控制漏洞所致。2017年4月12日,银监会办公厅下发了《关于开展银行业"违法、违规、违章"行为专项治理工作的通知》。正是在此次治理行动中,民生银行北京航天桥支行根据客户信息进行排查发现,该支行行长多年来采用伪造理财合同和银行印章等方式,指使员工为其非法募集资金,金额高达16.5亿元。涉案人员之所以能如此轻易地将客户钱款挪为私用,是因为银行内部控制存在巨大漏洞。在内部控制设计方面,该支行并未关注到柜台开立账户、转账过程中可能出现的违规代理风险,同时并未针对该风险制定防范措施,导致柜员能在客户本人未到场的情况下私自开办网银和转账等业务。在内部控制执行方面,该支行并未贯彻不相容职务分离控制的原则,一人办理多项不兼容业务,合同、印章等重要物件管理不合规,导致违规行为不能被及时发现并得到正确处理。

资料来源:上百私银客户买了"假"理财 民生航天桥子行行长涉案,《21世纪经济报道》,2017年4月18日。

控制活动是旨在确保管理层的风险应对策略得以实施的政策和程序。控制活动包括两个要素:政策和程序。政策解决的是应该做什么,而程序解决的是如何贯彻政策。例如,在分级授权这一控制活动中,政策是分级授权,程序是如何具体实施分级授权。第四章阐述了风险评估的四个环节(目标设定、风险识别、风险分析、风险应对)及其相互间的内在逻辑关系。第四章和第五章的关系在于:风险分析是设计控制活动的前提,控制活动是风险应对措施的具体化,即通过政策和程序来具体落实风险应对策略。第四章表4-12简要阐述了A银行住房按揭贷款业务的控制目标、风险识别、风险分析、应对措施和控制活动五者间的关系,不难看出降低住房按揭贷款风险的应对策略是通过七条具体控制措施来实现的。本章主要阐述基本控制措施以及基本业务的内部控制。

控制活动可以分为两大类:基本控制措施和主要业务内部控制。基本控制措施是指内部控制活动中通常所采用的基本控制方法;主要业务内部控制是指基本控制方法在企业不同业务领域的应用,即对于企业采购、销售、资金运用、资产管理等业务领域,按基本控制措施的要求建立具体的控制政策和程序。本章阐述的是基本控制措施,第六章将阐述企业主要业务领域的内部控制政策和程序。

企业应当结合风险评估结果,通过人工控制与自动控制、预防性控制与发现性控制相结合的方法,运用相应的控制措施,将风险控制在可承受度之内。基本控制措施通常包括不相容职务分离控制、授权审批控制、会计系统控制、信息系统控制、资产保全控制、营运分析控制、全面预算控制等。企业执行上述基本控制措施以及控制措施的组合,可以实现对企业经济活动的有效控制,为控制目标的达成提供合理保证。

第一节 不相容职务分离控制

不相容职务分离控制是指将不相容的职务分开或隔离,以降低出现差错或舞弊的概率。不相容职务是指那些由一个人担任既可能发生错误和弊端又可能掩盖其错误和弊端的职务。例如,同一家会计师事务所既为某一企业设计内部控制制度,又为其提供内部控制审计服务,这会影响审计结果的客观性。再如,会计与出纳是不相容职务,如果会计兼任出纳,集管钱、管账、稽核于一身,则容易发生差错并产生舞弊机会。按照不相容职务分离的要求,出纳经办货币资金收付业务、记载现金日记账和银行存款日记账,但不得核对银行对账单。

在企业中,因员工行为而产生的错误通常由以下两个原因所致:无意识出错和有意犯罪。执行不相容职务分离控制后,将原来集中在一人身上的权责分散给两人或多人,既大大减小了无意识出错的可能性,也大大减少了犯罪的机会。道理很简单:两人或多人无意识犯同一错误的可能性极小;两人或多人合谋犯罪的难度远远大于个人单独犯罪。

无论是在政治生活中还是在经济生活中,产生违规违纪行为的重要原因都在于权力过分集中,未通过职务分离来实现相互制衡。不相容职务分离控制要求企业在基于特定目标、针对特定活动建立内部控制政策和程序时,找出所有不相容的职务并分配给不同的人员担任,从而产生制衡的效果。在任何一个企业,每一个员工只担任某一单一职务是不必要的也是不现实的。一人身兼数职是普遍现象,但不相容职务不得由一人兼任。例如,出纳可以兼任考勤记录员,但不得兼任有关债权债务、收入费用及现金和银行存款账户的记账员。

企业中的不相容职务很多,无法一一列举。最常见的五类不相容职务包括:授权批准、业务经办、财产保管、会计记录和审核监督。这五类职务之间应实行如下分离:①授权批准与业务经办相分离;②业务经办与审核监督相分离;③业务经办与会计记录相分离;④财产保管与会计记录相分离;⑤业务经办与财产保管相分离。

五类不相容职务之间的制约关系如图 5-1 所示。

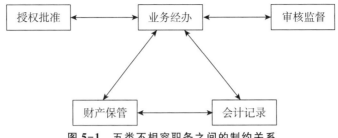

图 5-1　五类不相容职务之间的制约关系

第二节　授权审批控制

授权审批是指在职务分工的基础上,对企业经济业务的处理必须经过适当的授权批准。授权审批控制是保证公司层面内部控制目标在各业务层面得到贯彻落实的重要手段。授权审批按形式可分为一般授权和特殊授权。一般授权是指与办理常规业务有关的权力、条件和责任的规定,授权时效性一般较长;而特殊授权是指与办理例外业务有关的权力、条件和责任的规定,时效性一般较短。例如,原材料采购资金使用的授权批准属于一般授权,企业可以根据生产用料进度和资金数额大小分别规定采购部经理、主管副总经理、总会计师和总经理的审批权限;而对地震灾区的大额捐款则属于特殊授权,因为这属于突发性例外事件。

不论采用哪一种授权审批方式,企业都必须建立授权审批体系。这一体系至少应该包括授权审批的范围、授权审批的层次、授权审批的责任和授权审批的程序。

一、授权审批的范围

企业必须划分一般授权和特殊授权的界限:企业已纳入计划、预算和在管理制度中明确规定的所有日常经营活动都应纳入一般授权的范围;只有未纳入计划、预算的重大事项,或者超过计划、预算中一般授权最高授权限额的例外事项才可作为特殊授权事件。一般授权和特殊授权的划分应考虑以下两点:

1. 企业的规模

一般授权和特殊授权的划分要基于企业规模考虑事项的风险及其对经营成果的影响,并力求降低企业的运行和控制成本。例如,100 万元的捐款对于一个税后经营净利润在 20 亿元以上的大型企业而言,对经营成果不构成重大影响,适合作为一般授权事项纳入年度预算,采取特殊授权方式还会加大企业控制成本;而对于一个税后经营净利润只有 2 000 万元的中小型企业而言,则应作为特殊授权事项。

2. 事项的性质及法律法规的监管要求

为了维护利益相关者的利益和公平对待所有股东,法律法规对不同类型的公司有不同的监管要求,这些监管要求是划分一般授权和特殊授权所必须考虑的。例如,对于上市公司而言,尽管一般授权的事项范围很广,但公司与大股东之间的关联交易属于特殊授权,需要通过股东大会决议并采取关联股东回避制度。

二、授权审批的层次

经济活动涉及的金额越大或者性质越重要,说明企业所承担的风险越大。经济活动的性质和规模大小决定了其对企业的整体影响和企业为此承担风险的大小。企业应根据经济活动的金额大小和事项重要性确定不同的授权审批层次,例外事项必须由企业最高管理层审批,属于一般授权范围的日常经济业务也必须采取分级授权审批的做法,从而保证各管理层权责对应、有效控制风险。例如,某部门年业务招待费预算额为20万元,但同时规定:预算额度内单笔金额在2 000元以下的由部门经理审批,单笔金额在2 000元和5 000元之间的除经部门经理审批外还须由主管副总审批,单笔金额在5 000元以上的除经部门经理和主管副总审批外,还须经总经理审批方可入账。

三、授权审批的责任

管理者行使审批权的过程也是承担责任的过程。经济业务必须在合理的授权下经办,但由于审批疏忽造成恶劣后果的,必须追究审批人员的责任。企业应当明确被授权者在履行权力时应承担哪些责任,从而避免授权责任不清、一旦出现问题难辞其咎的情况发生。

企业中有些业务的审批权是由某一层级的管理者独自担任,有些则是由某一管理层集体审批。通常而言,对于因不合理审批而产生严重后果的事项,如果属于个人审批的,追究责任相对容易,但对集体审批事项追究责任的难度相对较大。我国的企业管理实务中存在一种惯性思维:集体审批无人负责。也就是说,当集体决策审批的事项出现重大错误时,由于该事项是管理层共同决定而非来自某一个人的授权,因此每一个参与决策的个人不必对此承担责任。

因此,在授权审批责任的规范方面应该强调一点:无论是由领导者个人审批的事项还是经管理层集体审批的事项,授权批准者都必须承担相应的责任。例如,企业对外披露的年度报告和中期报告必须经全体董事签名审批,如果报告存在严重虚假陈述,全体董事都必须为此承担相应的责任。在落实授权审批责任方面,既需要公司治理机制的完善和管理者理念的更新,又需要通过外界监管来推动。我国上市公司在落实授权审批责任方面走在其他非上市公司前面就是一个明显的佐证。

四、授权审批的程序

企业在根据所涉及的业务金额和重要性确定审批层次的基础上,制定审批流程和顺序。由于业务是经营或管理一线的人员办理,而对此承担责任的是上一级授权审批的管理者,且金额越大、性质越重要,需要对此审批的上级管理层越多,而信息的对称性会随着管理层级的提高而减弱,因此授权审批程序的设计应把握以下三点:①必须采用自下而上的原则;②做好上下级的信息沟通,下级必须向上一级决策者提供审批所需的全部信息;③需要同一层级不同部门共同审批的业务必须按照与业务流程相一致的原则确定审批程序。企业应规定每一类经济业务的审批程序,以便按照程序办理审批,避免越级审批、违规审批的情况发生。

> **典型案例**
> **某企业"资产减值准备内部控制制度"节选**
>
> 在月度、季度、年度结账和决算前,由计划财务部门协同证券、资产管理、项目策划等相关部门,就列入计提减值范围内的资产按照会计准则的规定进行减值测试,对确定减值的资产按照项目编制计提资产减值准备表,经资产管理部门审核报总经理批准后入账。
>
> 上述内部控制制度既违背了不相容职务相分离的原则,也背离了分级授权审批的要求。资产管理部门直接参与决策测试,不应同时审核资产减值准备表,而应由内部审计部门承担审核之责;资产减值的审批要按数额大小建立分级审批制度。
>
> 资料来源:武汉长江通信集团,《"八项资产"减值准备和损失处理的内部控制制度》。

第三节 会计系统控制

会计系统控制是通过会计核算和会计监督系统实施对企业经济活动的控制,主要内容包括会计机构设置与会计人员配备、企业会计制度设计、内部会计管理制度等。

一、会计机构设置与会计人员配备

会计机构是各企业办理会计事务的职能部门,会计人员是直接从事会计工作的人员。建立健全会计机构,配备一定数量的与本企业工作要求相适应、具备相应素质的会计人员,是做好会计工作、充分发挥会计工作职能的重要保证。《中华人民共和国会计法》第五章以及《会计基础工作规范》第二章都对会计机构设置与会计人员配备做了明确规定:各单位应当根据会计业务的需要,设置会计机构并配备会计人员;不具备单独设置会计机构条件的单位应在有关机构中设置会计人员并指定会计主管人员;不具备上述条件的,应当委托经批准设立从事会计代理记账业务的中介机构代理记账。企业会计机构设置与会计人员配置的基本职责包括:依法进行会计核算;依法实行会计监督;拟定本企业办理会计事务的具体办法;参与拟订经济计划、业务计划,考核、分析预算和财务计划的执行情况;办理其他会计事务。

1. 会计机构设置

企业应当根据自身规模的大小以及经济业务和财务收支的繁简决定是否单独设置会计机构。具有一定规模、财务收支数额较大、会计业务较多的企业都应单独设置会计机构；企业规模虽然不大，但经济业务多、财务收支量大的企业，也有必要单独设置会计机构。企业会计机构通常要设置以下会计岗位：会计机构负责人或者会计主管人员、出纳、财产物资核算、工资核算、成本费用核算、财务成果核算、资金核算、往来结算、总账报表、稽核、档案管理等。开展会计电算化和管理会计的单位，可以根据需要设置相应的工作岗位，也可以与其他工作岗位相结合。在各会计岗位的人员分工上，可以一人一岗、一人多岗或者一岗多人，但各岗位人员的配备必须遵循不相容职务分离的原则。例如，出纳人员不得兼管稽核、会计档案保管，以及收入、费用、债权债务账目的登记工作。

2. 会计人员配备

企业应该配备一定数量的符合会计从业资格条件的会计人员。会计人员的从业资格条件包括：①具备与工作岗位相称的专业知识和专业技能，熟悉国家有关法律、法规、规章和国家统一会计制度，并取得会计从业资格证书；②遵守职业道德。会计工作不仅具有很强的专业性，还要求从业人员具有较高的职业道德水平。会计职业道德可以归纳为二十四个字：爱岗敬业，熟悉法规，依法办事，客观公正，搞好服务，保守秘密。

为了使会计岗位的每一位员工都能在业务能力和职业道德方面胜任本职工作，企业在对会计人员的选拔和管理上必须做到：①严格按照会计从业资格和职业道德的要求选拔、考察、提拔会计人员；②根据回避制要求任用会计人员，企业领导人的直系亲属不得担任本单位会计机构的负责人、会计主管人员，会计机构负责人、会计主管人员的直系亲属不得在本单位会计机构中担任出纳工作；③会计人员的工作岗位应当有计划地进行轮换，从而有利于各岗位人员了解企业会计工作整体需求与各岗位工作要求的关系，培养会计人员的整体利益观和整体效益观，避免具有相互牵制关系的岗位人员长期搭档而可能产生的无意识差错和有意共谋；④按照国家有关部门对会计从业人员业务培训的规定进行会计人员年度培训，帮助他们熟悉新的财会法规和会计准则，不断提高从事本职工作的执行力和适应力。

二、企业会计制度设计

企业会计准则以及准则应用指南和讲解对会计确认、计量、记录与报告做了系统的规定、说明和解释。但是，企业会计准则体系所规范的会计确认、计量、记录与报告和企业对交易和事项进行的会计确认、计量、记录与报告之间是一般和特殊的关系。会计准则体系只对交易和事项的会计确认、计量、记录与报告做出一般性规范。例如，对于发出存货的计价，准则规定可以采取先进先出法、加权平均法、个别计价法，并对上述方法的适用条件做了原则性规定，而企业则是在会计制度设计过程中根据自身生产经营特点和存货流转特点规定应采用的发出存货的具体计价方法及具体的运用流程。企业会计制度应包括以下内容：

1. 总体要求

总体要求是指企业会计核算工作的一般性规范,包括本企业会计制度设计的依据、适用范围、会计核算基础、会计信息质量要求、会计确认与计量的原则等。

2. 会计核算组织程序

会计核算组织程序是指会计凭证、会计账簿、记账程序和记账方法四者有机结合的方式。会计核算组织程序设计包括企业及下属单位会计核算方式的选择、从原始凭证取得至会计报表编制的具体流程、各财务流程的衔接与各岗位的分工等。

3. 会计政策与会计估计

会计政策是指企业在会计核算时应遵循的原则、基础,以及企业所采纳的具体会计处理方法。企业会计政策的确定过程实际上是依据会计准则及企业具体情况对具体会计原则、基础和会计处理方法的选择过程。原则指企业按照统一会计制度和准则选用的、适合本企业的会计原则;基础指为了将会计原则运用于交易与事项而采纳的基础(例如,会计核算应当以权责发生制为基础,有些交易或事项的计量可以以成本为计量基础,也可以以公允价值为计量基础);具体会计处理方法指企业按照统一会计准则选用的适合本企业生产经营及管理特点的会计处理方法(例如,企业根据对被投资单位的影响程度选择成本法或权益法核算长期股权投资,企业根据自身特点选择投资性房地产的计量模式)。企业在设计会计制度的过程中,对会计政策的选择不得超出会计法规和准则允许的范围。例如,坏账的核算只能选用备抵法,不得采用直接转销法;再如,企业的投资性房地产可以选择以成本或公允价值进行后续计量,但不得随意在成本计量模式和公允价值计量模式间转换。企业应当对(但不限于)以下交易和事项做出明确的会计政策选择,并明确规定会计政策变更的条件以及会计政策变更的处理方法:发出存货的计价方法,长期股权投资的核算方法,投资性房地产的计量模式,固定资产的初始计量,无形资产的确认,非货币性资产交换的计量,借款费用的处理,收入的确认,合并政策。

会计估计是指企业对结果不确定的交易或事项以最近可利用的信息为基础所做的判断。会计估计通常包括(但不限于)以下方面:存货可变现净值的确定,金融资产公允价值的确定,采用公允价值模式计量的投资性房地产公允价值的确定,固定资产预计使用寿命、预计净残值及折旧方法的确定,生物资产预计使用寿命、预计净残值及各类生产性生物资产折旧方法的确定,合同完工进度的确定,权益工具公允价值的确定,债务重组中非现金资产以及其他偿债条件公允价值的确定,预计负债初始计量时最佳估计数的确定。企业会计制度应当规定本企业会计估计涉及的内容、具体做法,以及会计估计变更的理由和处理方法。

4. 会计科目及其使用说明

会计科目是按照经济业务的内容和经济管理的要求,对会计要素的具体内容进行分类核算的科目。《企业会计准则——应用指南》对企业会计核算中经常涉及的会计科目及其使用说明都做了系统、简明的阐述。企业会计制度设计中应根据会计准则的规定和企业经营管理特点,对会计科目的设置与使用从以下方面做出具有可操作性的规定:会计科目编号、名称和核算内容,各层次明细科目的设置和核算内容的界定,每一科目借方和贷方的确认与终止确认的标准,每一科目涉及的主要经济业务的账务处理说明,每一科目余额的方向及其经济含义。

5. 会计报表编制

会计报表是企业对外提供的反映企业某一特定日期财务状况和某一会计期间经营成果、现金流量的表式报告,由资产负债表、利润表、现金流量表、所有者权益(股东权益)变动表及其附注构成。企业会计制度应当从以下方面规范会计报表的编制:各级各类企业会计报表的种类与格式,会计报表编制基础和编制要求,个别报表的编制流程,合并报表的范围,编制合并报表的基本条件;合并报表编制程序,报表报送程序。

三、内部会计管理制度

内部会计管理制度建设应从以下三方面着手:内部会计管理体系、会计人员岗位责任制度、会计档案管理制度。

1. 内部会计管理体系

内部会计管理体系应规范:企业领导人、总会计师对会计工作的领导职责,会计部门及其会计机构负责人、会计主管人员的职责与权限,会计部门与其他职能部门的关系。

2. 会计人员岗位责任制度

会计人员岗位责任制度包括:各会计工作岗位的职责与权限,各会计工作岗位要求与标准,各会计工作岗位之间的工作协调,各会计工作岗位的考核办法。

3. 会计档案管理制度

会计档案是指会计凭证、会计账簿和财务报告等会计核算材料,是记录和反映单位经济业务的重要史料和证据。会计档案管理必须做到:①企业会计机构按照归档要求将会计档案整理立卷、装订成册,并编制会计档案保管清册。②企业保存的会计档案不得借出,如有特殊需要,经企业负责人批准并办理登记手续后可供查阅或者复印;查阅或者复印会计档案的人员,严禁在会计档案上涂画、拆封和抽换。③会计档案的保管期限分为永久、定期两类,有保管期限的会计档案到期时应按规定程序销毁。

第四节　信息系统控制

企业信息系统的信息化和网络化,使得传统的、基于权力制约和岗位分置的内部控制逐步发展成为基于信息技术的、以信息流为基础的信息系统内部控制。企业中信息技术的应用可以给组织的内部控制带来潜在的收益,如提高信息的有效性、可获得性和准确性,便于对信息进行额外的分析,增强组织监督活动的能力,促进有效的职责分离等;同时,企业中信息技术的应用也给组织的内部控制带来了特殊的风险,如未经授权地修改数据、不能对系统或项目进行有效修改、不适当的人工干预、数据丢失等,这些与内部控制相关的风险的范围和性质是由信息系统不同的性质及特征所决定的。由于内部控制活动的实施依赖于信息系统,因此需要控制企业所有的信息系统,包括手工信息系统和电算化信息系统。对于严格采用手工的信息系统，应采用与电算化信息系统不同的控制技术方法。这里所规范的信息系统控制主要是指对电算化信息系统的控制。

一、信息系统控制概述

（一）企业进行信息系统控制的必要性

企业组织的所有层面都需要信息来辨别、评估风险，并对风险采取一定的应对措施。例如，财务信息可用于编制对外呈报的财务报表，也可用于经营决策，如监控业绩、配置资源等。同样，经营信息是编制财务报告必不可少的要素，如采购、销售和其他业务经营状况的信息。企业的信息来源有许多渠道，有企业内部和外部的、财务和非财务的经营信息，这些信息均可能与企业的财务报告目标相关。管理层面临的挑战是如何处理并提炼这些数据，使之成为可应用的信息。这个挑战可以通过建立一个信息系统来解决有关采集、处理、分析和报告的信息问题。

信息系统能够提供涵盖经营、财务和遵循性信息的报告，有利于管理层制定经营和战略方针。信息系统不仅包括内部产生的信息，还包括与企业经营决策及对外报告相关的外部事件、行为和条件等，即信息系统所处理的信息包括企业内部信息和外部信息。内部信息资料包括采购资料、销售交易资料、内部营运活动资料和内部生产过程资料；外部信息资料包括显示本企业产品的需求发生变动时某特定市场或行业的经济资料，用于企业生产的产品资料，显示顾客偏好的市场情报，竞争对手产品开发活动的信息，立法机关与行政机关所发布的信息。因此，信息系统收集、处理、生成数据的能力对企业发展至关重要。企业在建立良好的信息系统的过程中必须做到：①建立良好的信息系统支持策略；②将信息系统与企业运营有效地结合起来；③选择更新信息系统的最佳时间；④有良好的信息品质。

（二）信息系统的概念

信息系统是指信息内部传递和信息对外报告的技术手段，是由计算机硬件、网络和通信设备、计算机软件、信息资源、信息用户和规章制度组成的以处理信息流为目的的人机一体化系统。简单地说，信息系统就是输入数据或信息，经加工处理产生信息的系统。企业利用计算机和通信技术，对内部控制进行集成、转化和提升形成信息化管理平台，以此强化内部控制，减少人为差错，提高控制的效率和效果。

（三）信息系统的结构

信息系统是为管理决策服务的，而管理是分层的，因此信息系统也可以分解为若干个子系统，如销售与市场子系统、生产子系统、财务子系统和其他子系统等。每个子系统又分别支持从业务处理到高层战略计划的不同层次的管理需求。从信息用户的角度来看，信息系统应该支持整个组织在不同层次上的各种功能。这些具有不同功能的各个组成部分是一个有机的整体，构成了系统的功能结构。例如，美国 IBM 公司于 20 世纪 70 年代末研制出的 COPICS 系统，是一种适用于制造型工厂的信息系统，它能归纳出标准的管理流程，设计出恰当的模型，然后采用数据库技术和计算机网络技术实现系统功能。

COPICS系统将终端设置在企业的各个科室,实地收集各类信息,同时依据各类信息实施对生产、管理的控制。

(四)信息系统控制的主要内容

对信息系统的控制可以分为信息系统一般控制和应用控制两大类,它们之间相互依赖和相互支持:应用控制功能的发挥依赖于一般控制的有效性,一般控制因应用控制的存在而对企业具有实际意义,两者只有共同发挥作用才能使信息技术在加强企业管理和实现控制方面发挥独特的优势。信息系统一般控制也称为总体控制,包括数据中心操作控制、系统软件控制、接触安全控制和应用信息系统开发和维护控制,其基本目标是保证数据安全、保护计算机应用程序、防止系统被非法侵入、保证在意外中断情况下的继续运行等。有效的一般控制是保证应用控制有效的一个重要因素,它提供应用系统运行和实施的环境。如果一般控制薄弱,就会严重地削弱相关的具体应用控制的可靠性。信息系统应用控制是对具体应用信息系统的控制,应用控制直接关注数据的获取和处理的完整性、准确性与有效性。应用控制有助于保证在需要时能够获取或按要求生成数据,以反映交易或事项的完成情况,核对交易或事项的准确性、完整性和授权的合理合法性。计算机对内部控制最重要的贡献之一是具有防止误差进入内部控制系统的能力,以及只要存在误差就能追踪和及时矫正的能力,而能否发挥这些优点则取决于在开发和设置信息系统时有无将相应的功能嵌入。

二、信息系统开发控制

关于信息技术对企业管理的影响,COSO认识到必须将信息系统的规划、设计和实施与企业的整体战略整合在一起,因此在COSO框架中提到应建立战略一体化的信息系统。战略性地使用信息系统要求突破单纯的财务信息系统而扩展到经营活动一体化的信息系统,这样才有利于控制和实时跟踪业务流程。要构建与战略、经营活动一体化的信息系统必须有信息技术的支持,但对如何构建这样的系统,COSO框架没有做进一步的探讨,只是提出应确保信息系统所提供信息的质量及沟通渠道的恰当和畅通。信息质量是指信息内容是否适当、准确,是否需要时就能获得所需信息等,其在很大程度上又取决于控制职能的发挥。

信息系统开发控制是一种预防性控制,目的是确保信息系统开发过程及其内容符合内部控制的要求,保证信息系统开发过程中各项活动的合法性和有效性,确保为企业提供高质量的信息。它贯穿于系统规划、系统分析、系统设计、系统实施和系统运行测试与维护的各个阶段。因此,企业在信息系统开发过程中应当结合组织架构、业务范围、地域分布、技术能力等因素,制定信息系统建设整体规划,加大投入力度,有序组织信息系统开发、运行与维护,优化管理流程,以实现对信息系统的有效控制。

(一)信息系统开发的指导原则

1. 系统观

开发企业信息系统,必须从系统的总体观念来进行。在信息系统的总目标下,设置各个子系统。企业在开发子系统时,必须首先搞清楚系统与其子系统的关系,子系统与子系统之间的相互关系,也就是某个子系统与其他子系统之间的信息输入、输出关系。孤立地开发一个个小项目只能是事倍功半,从形式上看可能见效快,但从总体上看效率低、进度慢。

2. 全过程跟踪管理

企业开发信息系统,应当将生产经营管理的业务流程、关键控制点和处理规则嵌入系统程序,实现手工环境下难以实现的控制功能。企业应当加强信息系统开发全过程的跟踪管理,组织开发单位与内部各单位的日常沟通和协调,督促开发单位按时保质完成编程工作,对配备的硬件设备和系统软件进行检查验收,组织系统上线运行等。企业还应当组织独立于开发单位的专业人员对开发完成的信息系统进行验收测试,并做好信息系统上线的各项准备工作。

3. 一把手原则

开发信息系统是一个周期长、耗资大、涉及面广的任务。它需要专业技术人员、管理人员和相关职能科室业务管理人员的协同配合。它的开发影响到管理方式、规章制度及职责范围,甚至会涉及管理机构的变化。这种影响面大的开发工作,没有最高层特别是企业一把手的参与和具体领导,协调各部门的需求与步调,开发工作就不可能顺利进行。因此,系统开发的成功在一定程度上取决于领导层的参与和支持。

(二)信息系统开发的步骤

信息系统的开发建设是信息系统生命周期中技术难度最大的环节。在开发建设环节,企业的业务流程、内部控制措施、权限配置、预警指标、核算方法等应固化到信息系统中,因此开发建设的好坏直接影响到信息系统的成败。从系统观出发,将"三维结构"体系用于信息系统开发过程中,可将系统开发分为如下六个阶段进行:

1. 可行性分析阶段

这一阶段的主要内容是分析经济效益。信息系统开发是一项耗资多、耗时长、风险大的工程项目。企业在进行大规模信息系统开发之前,要从收益性、可能性和必要性三个方面进行初步分析,避免盲目投资,减少不必要的损失。这一阶段的总结性成果是可行性报告,报告中所阐述的可行性分析内容要经过充分论证后方可进行下一阶段的工作。

2. 信息系统规划阶段

在企业或组织中,来自企业或组织内外的信息源很多,如何从大量的信息源中收集、整理、加工、使用这些信息,发挥信息的整体效益,以满足各类管理不同层次的需要,必须经过来自高层的、统一的、全局的规划。

3. 信息系统分析阶段

这一阶段的目的是明确信息系统需要实现哪些功能。该项工作是系统分析人员和用户单位的管理人员、业务人员在深入调查的基础上,详细描述业务活动涉及的各项工作以及用户的各种需求,从而建立未来目标系统的逻辑模型。

4. 信息系统设计阶段

这一阶段的任务是根据系统分析的结果，结合计算机的具体功能，设计各个组成部分在计算机系统上的结构，即采用一定的标准，对信息系统的总体架构和模块之间的联系进行设计，对信息系统中信息的分类编码及输入/输出方式进行设计等。

5. 信息系统开发实施及测试阶段

这一阶段是将详细设计方案转换为某种计算机编程语言的过程。开发阶段完成之后，首先需要对信息系统进行完整性测试。该测试主要有以下目的：一是发现系统开发过程中的错误，分析错误的性质，确定错误的位置并予以纠正；二是了解系统的响应时间、事务处理的吞吐量、载荷能力、失效恢复能力以及系统实用性等指标，以便对整个系统做出综合评价。测试环节在系统开发中具有举足轻重的地位。

信息系统的测试由系统开发人员、使用者和稽核人员共同参与，技术人员负责执行系统的测试工作。在检测过程中，系统开发人员检验整个系统的完整性，并对非法数据的容错能力、系统的抗干扰能力、发生突发事件的应变能力以及系统遭破坏后的恢复能力进行重点测试。在完成这些工作后，管理人员、使用者、系统开发人员做最后的验收工作，在确保系统无误的情况下，做好人员和设备等资源的整合配置以及初始数据的安全导入，保证新旧系统的转换有序进行。

6. 信息系统试运行阶段

系统调试结束便可进入试运行阶段。信息系统运行是将所开发的信息系统（包括可执行的程序和关联的数据）部署到实际运行的计算机环境中，使信息系统按照既定的用户需求运转，切实发挥信息系统的作用。一般来说，信息系统在正式运行之前要经过一段时间的试运行。因为信息系统是整个企业或组织的协调系统，未经过一段时间的实际检验就将系统投入运行，一旦出现问题就可能导致整个系统瘫痪，所以需将新系统与旧系统并行运转一段时间，对系统进行全方位的检验。

（三）信息系统开发过程中存在的主要风险

1. 缺乏战略规划或规划不合理，造成信息孤岛或重复建设

信息孤岛现象是不少企业在信息系统建设中存在的问题，其根源在于这些企业往往忽视了战略规划的重要性，缺乏整体观念和整合意识，没有将信息化与企业业务需求相结合，降低了信息系统的应用价值，导致企业出现财务管理信息系统、销售管理信息系统、生产管理信息系统、人力资源管理系统和办公自动化系统等各自为政、孤立存在的现象，削弱了信息系统的协同效用，甚至引发系统冲突。

2. 信息系统开发人员对需求的理解出现偏差

系统开发人员是在理解用户需求的基础上开展工作的，能否真正理解用户的需求在很大程度上取决于开发人员的基本技能和工作经验；系统和程序设计的工作也是在理解系统分析结果的基础上进行的。可见，理解需求、理解前一阶段的工作成果是各个阶段开发人员工作的基础，但是这种理解往往因开发人员对知识的掌握程度、开发经验、头脑反应灵敏度等的限制而出现偏差，进而产生最后所开发的信息系统与用户的需求相差甚远的问题，最终导致系统开发失败。

3. 需求本身不合理

对信息系统提出的功能、性能、安全性等方面的要求不符合业务处理和控制的需求，或技术上不可行、经济上成本效益倒挂，或与国家有关法规制度存在冲突。

4. 测试不充分

信息系统可能存在单个模块正常运行但多个模块集成运行时出错、开发环境下测试正常而生产环境下运行出错、开发人员自测正常而业务部门用户使用时出错等问题，若未经过充分测试便正式运行，可能导致系统上线后出现严重问题。

（四）应对信息系统开发过程中风险的主要控制措施

1. 开发规划阶段

第一，企业必须制订信息系统开发的战略规划和中长期发展计划，并在每年制订经营计划的同时制订年度信息系统建设计划，促进信息系统与经营管理活动的协调统一；第二，企业在制定信息化战略的过程中，要充分调动和发挥信息系统归口管理部门与业务部门的积极性，使各部门广泛参与、充分沟通，提高战略规划的科学性、前瞻性和适应性；第三，信息系统战略规划要与企业的组织架构、业务范围、地域分布、技术能力等匹配，避免相互脱节。

2. 系统设计阶段

第一，系统设计的责任部门应当就总体设计方案与业务部门进行沟通和讨论，说明该方案对用户需求的覆盖情况；存在备选方案的，应当详细说明各方案在成本、建设时间和用户需求响应上的差异；信息系统归口管理部门和业务部门应当对选定的设计方案予以书面确认。第二，企业应当充分考虑信息系统建成后的控制环境，将生产经营管理业务流程、关键控制点和处理流程嵌入系统程序，以实现手工环境下难以实现的控制功能。第三，企业应当充分考虑信息系统环境下新的控制风险。比如，通过信息系统中的权限管理功能控制用户的操作权限，避免将不相容职务的处理权限授予同一用户。第四，企业应当针对不同的数据输入方式，强化对进入系统数据的检查和校验功能。第五，企业应当考虑在信息系统中设置操作日志功能，确保操作的可审计性；对异常的或者违背内部控制要求的交易和数据，应当设计系统自动报告模块并设置跟踪处理机制。第六，企业应预留必要的后台操作通道，对于必需的后台操作，应当加强管理，建立规范的操作流程，确保足够的日志记录，保证对后台操作的可监控性。

3. 需求分析阶段

第一，信息系统归口管理部门应当组织企业内部各有关部门提出开发需求，加强系统开发人员和有关部门的管理人员、业务人员的交流，经综合分析提炼后形成合理的需求。第二，企业应编制表述清晰、表达准确的需求文档。需求文档是业务人员和技术人员共同理解信息系统的桥梁，必须准确表述系统建设的目标、功能和要求。企业应采用标准建模语言，综合运用多种建模工具和表现手段，参照相关标准，提高系统需求说明书的编写质量。第三，企业应建立健全需求评审和需求变更控制流程。在依据需求文档进行设计前，应当评审其可行性，由需求提出人和编制人签字确认，并经业务部门与信息系统归口管理部门负责人审批。

4. 系统测试阶段

第一，应区分单元测试、组装测试（集成测试）、系统测试、验收测试等不同测试类型。第二，建立严格的测试工作流程，提高最终用户在测试工作中的参与程度，改进测试程序的编写质量，加强测试分析，尽量采用自动测试工具提高测试工作的质量和效率。第三，具备条件的企业，应当组织独立于开发建设项目组的专业机构对开发完成的信息系统进行验收测试，确保信息系统在功能、性能、控制要求和安全性等方面符合开发要求。

5. 系统试运行阶段

第一，企业应当制订信息系统上线计划，并经归口管理部门和用户部门审核批准。上线计划一般包括人员培训、数据准备、进度安排、应急预案等内容。第二，系统上线涉及新旧系统切换的，企业应当在上线计划中明确应急预案，保证在新系统失效时能够顺利切换回旧系统。第三，系统上线涉及数据迁移的，企业应当制订详细的数据迁移计划，并对迁移结果进行测试。用户部门应当参与数据迁移过程，对迁移前后的数据予以书面确认。

三、信息系统运行与维护控制

企业应当加强对信息系统运行与维护的管理，制定完备的信息系统运行与维护的管理制度、工作流程和操作规范。同时，企业应当重视信息系统运行中的安全保密工作，确定信息系统的安全等级，建立不同等级信息的授权使用制度、用户管理制度和网络安全制度，并定期对数据进行备份，避免丢失。对于服务器等关键信息设备，未经授权，任何人不得接触。

信息系统的运行与维护主要包含日常运行维护和系统变更管理。

（一）日常运行维护中存在的主要风险和主要控制措施

日常运行维护的目标是保证系统正常运转，主要工作内容包括系统的日常操作、系统的日常巡检和维修、系统运行状态监控、异常事件的报告和处理等。

1. 日常运行维护中存在的主要风险

（1）没有建立规范的信息系统日常运行管理制度，计算机软硬件的内在隐患易于暴发，可能导致企业信息系统出错。

（2）没有执行例行检查，导致一些人为恶意攻击的隐患长期隐藏在系统中，一旦暴发就可能造成严重损失。

（3）企业信息系统数据未能定期备份，可能导致损坏后无法恢复，从而造成重大损失。

2. 主要控制措施

（1）企业应制定信息系统使用操作程序、信息管理制度以及各模块子系统的具体操作规范，及时跟踪、发现和解决系统运行中存在的问题，确保信息系统按照规定的程序、制度和操作规范持续稳定运行。

（2）企业应切实做好系统运行记录，尤其是对于系统运行不正常或无法运行的情况,应将异常现象、发生时间和可能的原因进行详细记录。

(3)企业应重视系统运行的日常维护。在硬件方面,日常维护主要包括各种设备的保养与安全管理、故障的诊断与排除、易耗品的更换与安装等,这些工作应由专人负责。

(二)系统变更管理存在的主要风险和主要控制措施

系统变更主要包括硬件的升级扩容、软件的修改与升级等。系统变更是为了更好地满足企业需求,企业应加强对变更申请、变更成本与变更进度的控制。

1. 系统变更管理存在的主要风险

企业没有建立严格的变更申请、审批、执行和测试流程,随意变更系统,最终导致系统变更后的效果达不到预期目标。

2. 主要控制措施

(1)企业应建立标准流程来实施和记录系统变更,保证变更过程得到适当的授权与批准,并对变更进行测试。信息系统变更应当严格遵照管理流程进行操作。信息系统操作人员不得擅自进行软件的删除、修改等操作;不得擅自升级、改变软件版本;不得擅自改变软件系统的环境配置。

(2)系统变更程序(如软件升级)需要遵循与新系统开发项目同样的验证和测试程序,必要时还应当进行额外的测试。

(3)企业应加强对将系统变更移植到生产环境中的控制管理,包括系统访问授权控制、数据转换控制、用户培训等,并加强紧急变更的控制管理。

四、信息系统安全控制

信息系统本身存在来自人文环境、技术环境和物理环境的安全风险,对其安全的威胁无时无处不在。对于企业信息系统的安全问题,不可能单凭一些集成了信息安全技术的产品来解决,必须考虑技术、管理和制度的因素,全方位地解决系统安全问题,建立企业的信息系统安全保障体系。

(一)信息系统安全管理中存在的主要风险

(1)硬件设备物理分布范围广,设备种类繁多,安全管理难度大,可能导致设备生命周期缩短。

(2)业务部门信息安全意识薄弱,对系统和信息安全缺乏有效的监管手段。少数员工可能恶意或非恶意滥用系统资源,造成系统运行效率低下。

(3)对系统程序的缺陷或漏洞的安全防护不够,容易遭受黑客攻击,造成信息泄露。

(4)对各种计算机病毒的防范清理不力,导致系统运行不稳定甚至瘫痪。

(5)缺乏对信息系统操作人员的严密监控,可能导致人员舞弊或利用计算机犯罪。

(二)主要控制措施

(1)建立信息系统相关的资产管理制度,保证电子设备的安全。硬件和网络设备不仅是信息系统运行的基础载体,也是价值高昂的固定资产。企业应在健全资产管理制度的基础上,建立专门的电子设备管控制度,对于关键的信息设备,未经授权,不得接触。

（2）企业应成立专门的信息系统安全管理机构，由企业主要领导者负总责，对企业的信息安全做出总体规划和实行全方位严格管理，而具体实施工作则由企业的信息主管部门负责。企业应强化全体员工的安全保密意识，特别要对重要岗位员工进行信息系统安全保密培训并签署安全保密协议，同时还应建立信息系统安全保密制度和泄密责任追究制度，确保信息系统安全、有效地运行。

（3）企业应按照国家相关法律法规以及信息安全技术标准，制定信息系统安全实施细则。根据业务性质、重要程度、涉密情况等确定信息系统的安全等级，建立不同等级的信息授权使用制度，采用相应的技术手段保证信息系统安全有序运行。对于信息系统使用者和不同安全等级信息之间的授权关系，应在系统开发建设阶段就形成方案，在软件系统中预留这种对应关系的设置功能，以便根据使用者岗位职务的变动进行调整。

（4）企业应有效地利用信息技术手段，严格控制硬件配置的调整、软件参数的修改。例如，企业可利用操作系统、数据库系统、应用系统提供安全机制，设置安全参数，保证系统访问的安全；对于重要的计算机设备，企业应利用技术手段防止员工擅自安装、卸载软件或者改变软件的系统配置，并定期检查上述情况。

（5）企业应采取安装安全软件等措施防范信息系统遭受病毒或恶意软件的感染和破坏。企业应特别注重加强对服务器等关键设备的防护；对于存在网络应用的企业，应综合利用防火墙、路由器等网络设备，采用内容过滤、漏洞扫描、入侵检测等软件技术加强网络安全，严密防范来自互联网的黑客攻击和非法侵入。对于通过互联网传输的涉密信息或者关键业务数据，企业应采取必要的技术手段确保信息传递的保密性、准确性、完整性。

（6）企业应建立系统数据定期备份制度，明确备份范围、频率、方法、责任人、存放地点、有效性检查等内容。系统首次上线运行时应当完全备份，然后根据业务情况和数据重要性程度，定期做好增量备份。数据正本与备份应分别存放于不同地点，防止因火灾、水灾、地震等事故产生不利影响。企业可综合采用磁盘、磁带、光盘等备份存储介质。同时，企业还应积极开展信息系统风险评估工作，定期对信息系统进行安全评估，及时发现系统存在的安全问题并加以整改。

第五节 资产保全控制

财产物资是企业从事生产经营活动的物质基础。资产保全是指控制主体对它所经管的房屋、设备、存货、现金、证券等资产通过实物保管制度来保证其安全。资产保全控制是指为了确保企业财产物资的安全和完整所进行的控制，它是保证企业生产经营业务正常开展的一项重要的内部控制措施。财产只有安全，才能进一步实现保值增值，并为企业创造更多的利润。资产保全控制主要是指对实物资产的直接保护，主要包括限制接近、定期盘点、财产记录保护、财产保险和财产记录监控五个方面。

一、限制接近

限制接近是单位实行内部控制的一条重要原则,也是防范违法行为的一条重要途径。限制接近包括限制对资产本身的直接接触和通过文件批准的方式对资产使用或分配的间接接触,即严格限制无关人员接触资产,包括对直接接触实物的限制、对接近实物的使用或支配的批准文件的限制、对接近计划资料及有关经济核算资料的限制等。可见,限制接近指尽可能地严格限制人员的接近,未经批准或未经授权的,不允许其接近。其目的是划清责任,减少资产及其记录被盗、丢失、篡改和毁损的机会。

（一）限制接近货币资金

一般情况下,现金、银行存款、其他货币资金等变现能力较强的资产必须限制无关人员直接接触,间接接触可通过保管、记录及不相容职务分离和授权审批控制来达到。

具体可设立单独封闭的出纳室或带锁抽屉的收银机以保护现金的安全。零星现金的支出可以通过指定人员管理小额备用金的方法加以控制。应设置专职出纳、专用保险箱,货币资金的收支管理只能限于特定的出纳员,支票等重要票据必须由单位指定的负责人签发,并与同时控制现金余额的会计记录人员分离,定期盘点现金,进行账实核对,定期取得银行对账单,严格管理印章,对现金实行收支两条线,等等。银行印鉴应分别保管,其中的财务专用章可由会计保管,出纳的印章由本人保管,单位负责人的印章最好由本人保管,每一次银行付款都由负责人亲自盖章,大型单位可将单位负责人的印章委托给财务主管保管,但财务主管不能再层层委托。

（二）限制接近其他易变现资产

其他易变现资产,如应收票据和有价证券,一般应采用确保两个人同时接近资产的方式加以控制。

（三）限制接近存货

存货的实物保护可由专职的仓库保管员控制、设置分离或封闭的仓库区域以及工作时间之内和工作时间之后控制进入厂区等方式实现。在零售企业,存货的实物保护可以通过在营业时间中和营业时间后控制接近库房的方式(如使用夜盗警铃、发放有限的钥匙)来实现。另外,对贵重商品使用带锁的营业柜,聘用专人日常巡视和采用某些监控设备等也是控制存货的可选措施。

另外,会计记录在未存档之前,保管财产物资和批准经济业务发生以及执行业务的人员,都不能随意接近和查看账册、记录,出纳人员不能随意翻阅会计账册,负责记录明细账的人员不能随意查阅总账,各明细账人员之间也不能随意查看别人的账册记录;在会计记录存档之后,任何未经批准的人员都不允许查阅会计记录。

二、定期盘点

定期盘点是指定期对实物资产进行盘点清查,即仓库的全面盘点,是在一定时间内(一般是每季度、每半年或年终财务结算前)进行一次全面的盘点。对于不同资产的清查,应采取不同方法。企业可以根据资产形态确定盘点频率,显然,动产较之不动产、消费品较之生产用品、货币性资产较之非货币性资产的盘点频率要高得多。

在具体盘点中通常采用先盘点实物再核对账册的方法来降低盘盈资产流失的可能性,如果盘点结果与会计记录不一致,则可能说明资产管理上出现了错误、浪费、损失或其他不正常的现象。会计部门应及时对差异进行调查,查找原因并处理,超出处理权限的问题应报请单位负责人处理。对盘亏资产应分析原因、查明责任、完善相关制度。实物资产盘点并与会计记录核对一致在很大程度上保证了资产的安全,尽管我们并不排除实物资产和会计记录存在相同错误的可能。实物资产的定期盘点有利于及时纠正错误、制止浪费、揭露舞弊行为,从而更好地保护企业的资产。

(一)资产盘点的基本步骤

资产盘点又称财产清查,是一项复杂而又细致的工作,涉及面广,政策性强,工作量大。因此,为了保证财产清查工作的顺利进行,在财产清查之前,应做好相关的准备工作,主要包括:

1. 成立清查小组

企业应根据清查性质、种类和范围成立清查小组,确定清查小组的成员。该小组应在企业主管负责人和总会计师的领导下,由会计、生产、设备、技术、保管、行政等部门的相关人员组成。清查小组的主要职责是:制订财产清查计划,确定清查范围,安排清查工作程序,配备清查工作人员;检查清查工作进度,监督清查工作过程,解决清查工作中的问题;总结清查工作的经验教训,撰写清查工作总结,提出清查结果的处理意见。

2. 清查前准备

财产清查不仅是会计部门的工作,还涉及诸多相关部门。因此,各相关部门应密切配合、通力协作,尤其是会计部门与生产部门、仓储部门等务必做好相关账簿的核对工作。布置准备工作由清查小组负责,主要包括:会计部门提供完整、正确的会计记录;财产管理部门将各种手续办理齐全,将实物整理整齐;调查小组准备有关的衡量器具及清查所需的登记表。具体工作如下:

(1)账簿记录准备。财产清查是为了检查账实相符情况,所以清查前要把有关账目应记录的经济业务登记齐全,并核对总账与明细账、账簿记录与凭证记录,账证核对大多在日常编制凭证和登账过程中进行。如果在进行账账核对时发现不符,则应重点核对不符的账簿记录与会计凭证,包括所记载的经济业务内容、记账金额、会计科目等,直到查出错误原因为止,最终做到账账相符、账证相符。只有做到账证相符、账账相符,才可进行账面结存与实物结存的核对工作。

(2)实物整理准备。对于准备清查的财产物资,财产物资保管部门在清查前要将各项财产物资的收发凭证手续办妥,并结出保管账簿的余额,同时要将各种实物财产排列整齐,加注标签,以便进行清查。

(3)度量衡的盘点准备。有些财产物资需要称量,事前应准备和校正各种需要的度量衡器具,以备使用。清查小组人员要准备好必要的清查工具、器具、表格等。

3. 实施财产清查

清查人员按清查小组的计划和要求进行清查。在清查财产物资时,应有财产物资保管员在场,并登记盘点表;在清查现金时,应有出纳人员在场,并登记"库存现金盘点报告表";在清查银行存款时,应核对银行存款日记账和银行对账单,并记录"未达账项登记表",必要时还可以到银行查证;在清查债权债务时,可通过询证、函证进行核实,并登记"结算款项核对登记表"。

4. 财产清查结果的处理

企业应严格遵守会计准则和相关法规关于财产物资溢余短缺的规定。对于正常范围的溢余短缺,经批准后做正常的损溢处理;对于超出正常范围的溢余短缺,应在查明原因后确定处理办法。对于责任事故造成的损失,应追究相关人员的赔偿责任。

(二) 资产盘点的基本方法

各项财产的存在形态不同,具体清查方法也各异。目前企业运用的主要方法有:

1. 实地盘点法

实地盘点法指逐一清点各项实物或用计量器具确定实存数量的方法。这种方法适用范围较广泛,大部分财产物资都采用这种方法,如存货、现金等。

2. 核对法

核对法指将两种或两种以上的书面资料相互对照,以验证其内容是否一致的方法。银行存款的清查即可用此方法。

3. 查询法

查询法指采用调查征询的方式,取得必要资料,以查明其实际情况的方法。具体又有函询法和面询法两种。函询法就是发给有关单位或个人,让对方通过函件说明经济业务的实际情况,作为判断问题的依据。往来账项的清查,一般采用函询法。面询法是直接找有关个人面谈。

(三) 资产盘点的主要内容

企业盘点的资产主要有货币资金、往来款项、存货及固定资产。

1. 货币资金的清查

(1) 现金的清查。现金的清查是通过实地盘点的方法,确定库存现金的实存数,再与现金日记账的账面余额核对,以查明盈亏情况。在进行现金清查时,为了明确经济责任,出纳人员必须在场,在清查过程中不能用白条抵库,即不能用不具法律效力的借条、收据等抵充库存现金。盘点结束后,应根据盘点结果填制"库存现金盘点报告表",并由检查人员和出纳人员签名或盖章。此表具有双重性质,既是盘存单,又是账存实存对比表;既是反映现金实存数、调整账簿记录的重要原始凭证,又是分析账实发生差异原因、明确经济责任的依据。

(2) 银行存款的清查。银行存款的清查采用核对法,即将开户银行定期送来的对账单与本单位的银行存款日记账逐笔核对,以查明银行存款收、付及余额是否正确。

在与银行对账之前,企业应先检查本单位的银行存款日记账的正确性与完整性。通过核对,往往会发现双方账目不相符。其主要原因有二:一是双方记账可能有差错,如错账、漏账等,这是不正常的,应及时查明更正;二是存在未达账项,这是正常的。为了消除未达账项的影响,企业应根据核对后发现的未达账项编制银行存款余额调节表。

值得注意的是,由于未达账项不是错账、漏账,因此不需根据银行存款余额调节表做任何账务处理,双方账面仍保持原有的余额,待收到有关凭证(即由未达账项变成已达账项)之后再进行处理。

2. 往来款项的清查

各种往来款项一般采取函询法进行清查。清查单位按每一个经济往来单位编制"往来款项对账单"(一式两份,其中一份作为回联单)并送往各经济往来单位,对方经核对确认相符后,在回联单上加盖公章退回,表示已核对;如果经核对确认数字不相符,对方应在回联单上注明情况,或另抄对账单退回。清查单位进一步查明原因后再行核对,直到相符为止。

3. 存货的清查

存货的清查是指对各类材料、商品、在产品、半成品、产成品、低值易耗品、包装物等的清查。由于存货的实物形态不同,体积重量、码放方式各异,需要采用不同的方法进行清查。一般而言,存货清查方法有实地盘点法和技术推算法两种,但大多采用实地盘点法。清查时,既要从数量上核实,又要对质量进行鉴定。

在清查过程中,首先必须以各项存货目录规定的名称、规格为标准,查明各项存货的名称、规格,然后盘点数量和检查质量。为了明确经济责任和便于查询,各项存货的保管人必须在场,并参加盘点工作。

清查盘点结束时,应及时把盘点的数量和质量情况如实填在盘存单上,并由盘点人和存货保管人签名或盖章。盘存单是记录存货盘点结果、反映存货实有数的原始凭证。为了进一步查明账实是否相符,确定盘盈盘亏,企业还应根据盘存单和有关账簿记录编制盘点盈亏报告单。该报告单是调整账簿记录的重要原始凭证,也是分析差异原因、明确经济责任的依据。

4. 固定资产的清查

由于固定资产的种类和数量较多、使用情况变动频繁以及产权情况可能较复杂,因此企业在进行固定资产清查时,应组织相关领导、资产管理人员、财务人员、资产使用人员及其他知情人员,召开资产清查准备会,充分了解固定资产的购建、分布、占用及使用、产权及其变动、抵押及担保、未入账资产等情况,并形成会议纪要,建议固定资产所属的各部门先行对其占用和使用的固定资产进行自查,编制固定资产部门自查表并上报固定资产清查小组,为实地核查做准备。

固定资产的盘点应分类进行,在盘点账面记载的固定资产时以账查物,并要求查明固定资产的基本情况,仔细核对固定资产编号及名称、结构或规格型号、坐落位置或使用部门、购建日期(投入使用日期)、使用方向(单位自用、后勤使用、出租、出借、闲置、其他)、使用状况(正常使用、毁损、报废、封存、部分拆除、技术淘汰等)、产权归属(包括权属性质、权属证书及其牌照等)、变动情况、数量、原值,等等。

涉及出租、出借固定资产情况的,还应对有关证明资料以发函方式核实,证明资料包括批准机构和批准文号、对方单位名称、出租合同或出借证明、出租资产本年应收及实收金额等情况。对已盘点的固定资产应及时贴上已盘资产条码标签,以防止重复盘点。

（四）资产盘点结果的处理

资产盘点结果有三种情况:①实存数大于账存数,即盘盈;②实存数小于账存数,即盘亏;③实存数等于账存数,即账实相符。

盘点结果的处理一般是指对账实不符——盘盈、盘亏情况的处理,但账实相符中如财产物资发生变质、霉烂及毁损,也是其处理的对象。

实物盘点结果与有关会计记录之间的差异应由独立于保管和记录职务的人员开展调查。为防止差异再次发生,应通过详细调查查明原因、查明责任,并根据资产性质、现行的制度以及差异数额、原因,采取加强保护控制、惩罚不称职员工等措施。

三、财产记录保护

财产记录保护指妥善保管企业各种文件资料,避免记录受损、被盗、被毁。

（一）财产记录保护的主要内容

首先,应该严格限制接近会计记录的人员,以保持保管、审批和记录职务相分离的有效性;其次,应妥善保管会计记录,尽可能减少记录受损、被盗或被毁的机会;最后,某些重要资料(如定期的财务报告)应留有后备记录,以便在遭受意外损失或毁坏时重新恢复,这一点在当前计算机处理的条件下尤为重要。

（二）信息化环境下的财产记录保护

当前企业的信息化建设,使得企业业务流程中产生的各种书面凭证都被电子凭证代替;另外,通过网络数据库实现的双向数据信息交流、商品交易资金的电子化支付和结算,也使得会计活动中的大部分数据和信息的处理逐步电子化。因此,在信息化环境下,企业需要建立有效的系统内部控制体制,如在会计操作系统中建立数据保护机制,健全日志机制。会计信息系统需要自动识别有效的终端入口,防止非法用户登录和错误口令超限额使用的情况发生。为了增强网络安全防范能力,企业可以采用防火墙技术、网络防毒、信息加密存储通信、身份认证、授权等技术方法,加强信息化环境下财产记录的安全管理。具体包括以下几点:

（1）会计信息系统档案的操作授权管理。档案权限管理主要是指明哪些人能进行维护操作,何种情况下可以进行维护操作,主要包括:①维护操作一般由系统维护员或指定专人负责,借阅人员、系统操作员等其他人员不得进行维护操作,档案管理员可进行操作维护,但不能执行程序维护;②不符合维护规定手续的人员不允许进行档案维护操作;③不得进行任何未做登记记录的维护操作。

（2）加强档案的借阅修改手续管理。会计信息系统档案的特点使其删改、复制不留痕迹,难以被发现,为了避免数据档案受到破坏,必须制定严格的借阅、修改手续:①确定借阅人员的范围,完善借阅手续;②会计信息系统档案的修改应由档案管理员提出修改申请,经有关领导审批后进行,并对原数据或原程序存档;③修改后形成新的文档资料,做新的备份,并同定稿的文档资料一同存档;④对非法借阅和复制加以严惩,杜绝与商业秘密相关的资产信息的泄露。

（3）建立健全会计信息系统档案的操作日志。通过操作日志管理,档案管理员可以掌握借阅人员对档案的使用情况,监督、控制非法操作,而且能够跟踪错误的发生,以便修复受破坏的数据。

（4）采取必要的物理保护措施,确保信息化环境下资产档案记录的完整性。根据信息系统档案载体的物理特性,在形成这些档案时应采用"AB备份法"进行数据备份,对于每一备份要注明档案形成时间与操作员姓名,最好异地存放,存放地点还应远离磁场,注意防尘、防潮、防静电、防高温。对于这些采用磁性介质保存的文档,还要定期检查、定期复制,以便在再利用或发生意外时能及时恢复数据,保证数据的完整性。

（5）对于传输、存档的信息系统档案要提供保密功能,做好对历史数据的维护工作。一般地,软件开发商提交给用户的系统软件,源程序代码是经过编译加密的,而对产生的会计数据却没有提供相应的加密措施,这就给会计信息系统档案的修改提供了可能性。为此,所存档的数据应当进行必要的加密,以非常规或不易识别的格式存放,要利用这些文档时再进行还原,以保证其安全性。

四、财产保险

财产保险即对资产投保(如火灾险、盗窃险、责任险或一切险),增加实物受损后的补偿机会,从而保护实物的安全。

企业财产保险是我国财产保险的主要险种,是以各类企业及其他经济组织存放在相对固定地点,且处于相对静止状态的固定资产、流动资产和其他与企业经济利益有关的财产为主要保险对象的一种保险。它是在过去火灾保险的基础上,不断扩大保险责任、充实保险内容而逐渐发展起来的,使投保企业及其他经济组织在遭受保险责任范围内的自然灾害或意外事故时,能够及时得到经济补偿,保障企业正常生产和经营,同时保险公司还配合企业开展防灾防损工作,保护社会财产安全。

企业财产保险的具体作用主要是为企业分担风险、提供经济补偿。企业的经营环境往往变幻莫测,各种自然灾害和意外事故(如火灾、爆炸、洪水、雷击、风灾等)常常是不可避免的,如果某个企业遇到了灾害事故,轻则影响生产,重则中断生产经营,甚至破产。因此,灾害事故就成了企业管理中一种不可预料的风险。保险是分担风险的一种方法,进行财产保险就是缴付一定的保险费用,把风险转嫁给保险公司,一旦发生灾害事故就能及时得到经济补偿,从而保证企业生产、经营的正常进行和经济效益的实现。

五、财产记录监控

通过建立资产个体档案(如固定资产卡片),对各项资产的增减变动进行及时、全面的记录,同时加强对财产所有权证的管理,改进现有低值易耗品等核销模式,如企业可考虑改进低值易耗品一次摊销方式,保留部分价值于账面(如1元),减少备查簿的形式,使其价值纳入财务报表体系,保证资产的安全。财产记录监控的基本要求是,凡属于企业的资产,在因出售、报废等退出企业之前都必须有账簿记录,以此形成资产账面记录与财产实物之间的牵制,避免资产脱离记录系统而流失。

第六节 营运分析控制

营运分析是对企业内部各项业务、各类机构的运行情况进行独立分析或综合分析,进而掌握企业运营的效率和效果,为持续的优化调整奠定基础。营运分析控制要求企业建立营运情况分析制度,综合运用生产、购销、投资、筹资、财务等方面的信息,采用因素分析、对比分析、趋势分析等方法,定期开展营运情况分析,发现问题后及时查明原因并加以改进。

企业主要根据财务报表数据及相关经营数据进行营运情况分析,并结合实地调查以及其他信息资料补充财务记录,提出分析研究报告,以确定企业经营中可能存在的问题。通过分析资产负债表、利润表、现金流量表及其他有关生产经营方面的数据资料,并将这些财务数据及经营数据与财务预测、预算相结合,识别企业当前经营中存在的潜在问题及风险,便于企业及时采取措施进行整改,防患于未然。

一、企业营运分析的依据、程序及原则

(一)营运分析的依据

企业进行营运分析,需要真实、完整和系统的数据资料,具体分为内部资料和外部资料。内部资料是企业内部的生产经营数据及财务数据,最主要的是企业财务会计报告以及以前年度的财务报告。财务报告是反映企业财务状况和经营成果的书面文件,包括会计报表主表(资产负债表、利润表、现金流量表)、附表、报表附注等。外部资料是从企业外部获得的资料,包括:同行业或同类型企业的有关资料;国内外先进企业的资料;国家统一规范的评价标准资料;其他资料,如与分析有关的宏观数据资料。

(二)营运分析的程序

第一,明确分析的目的、内容、范围和重点,并据以制订分析工作方案。

第二,收集相关信息,整理和核实资料(基础性程序)。

第三,选取适宜的分析方法,开展分析工作。

第四,解释分析结果,提供决策有用的信息,撰写分析报告。

(三)营运分析的原则

第一,要从实际出发,坚持实事求是,反对主观臆断、结论先行和搞数字游戏。

第二,要全面地看问题,坚持一分为二,反对片面地看问题;要兼顾成功经验与失败教训、有利因素与不利因素、主观因素与客观因素、经济问题与技术问题、外部问题与内

部问题。

第三,要注重各事物之间的联系,坚持以相互联系的观点看问题,反对孤立地看问题;要注意局部与全局的关系、偿债能力与盈利能力的关系、报酬与风险的关系。

第四,要发展地看问题,反对静止地看问题;要注意过去、现在和将来的关系。

第五,要定量分析与定性分析相结合,坚持以定量为主;定性分析是基础和前提,没有定性分析就理不清本质、趋势和与其他事物的联系;定量分析是工具和手段,没有定量分析就理不清数量关系,结论没有数据支持。

二、营运分析采用的主要技术方法

营运分析报告的形成过程是一种"综合",它把企业各个部分、各个方面、各种因素变化产生的大量的经济业务数据,按照一定的规则加以分类、汇总,最终形成分析报告,从整体上反映出企业的经营成果及财务状况。企业营运分析把企业这个整体分解成各个部分来研究,并从中揭示企业经营的内在联系,使信息需要者更深刻地认识和把握企业的经营成果和财务状况。通过分析,包括对相关数据做进一步加工,求出一些新的数据,可以说明某些方面的具体问题,从而对企业的财务状况是否健全、经营管理是否妥善、企业前景是否光明等问题得出有事实根据的结论。

企业营运分析由于分析目标不同,在实际分析时必然要适应不同目标的要求,采用多种多样的分析方法。下面介绍几种常用的分析方法。

(一) 比较分析法

1. 比较分析法的含义

比较分析法是营运分析中最常用的一种方法,也是一种基本方法,通常比较两个或多个相互联系的指标数值,从数量上展示和说明研究对象规模的大小、水平的高低、速度的快慢以及各种关系是否协调。比较分析法将指标实际达到的数值同各种特定的标准相比较,从数量上确定差异,通过差异揭示成绩或差距,做出评价,并找出产生差异的原因及其对差异的影响程度,为今后改进企业的经营管理指引方向。通过比较分析,可以确定企业生产经营活动的收益性和资金投向的安全性。

比较分析法相互比较不同的数据资料(如经营数据与财务数据),分析它们之间的关系与差异,再进行调查与纠正。以存货为例,其绩效指标包括购货价差、订单中"紧急订货"的比例、总订单中退货的比例。管理层要调查超出计划的结果或者不正常的趋势,辨认采购作业的目标无法达成的原因,观察它们在组织结构、资源配置上有什么不同。各种现象的对比是千差万别的,最重要的是透过现象分析背后的管理学本质。所以说,只有表面现象的对比是远远不够的,更要有理论分析。

2. 比较分析法的形式

比较分析法有绝对数比较和相对数比较两种形式。

绝对数比较是利用两个或两个以上的绝对数进行比较,揭示其数量差异。通过绝对数比较,可以分析出报告期与基期各指标的绝对变化。例如,某企业上年的资产总额为

1 400万元,本年的资产总额为1 700万元,则本年与上年的差异额为300万元。

相对数比较是对比各指标之间的比例关系及其在整体中所占的相对比重,揭示企业的财务状况和经营情况。这种分析方法是将某一关键指标的金额作为比较标准,将其余指标与标准指标进行计算得出百分比,然后比较几年的百分比,分析其未来的发展趋势。例如,对比企业上年和本年的总资产收益率,可以揭示企业总资产所取得的利润水平和能力的变化。

3. 比较分析法的分类

比较分析法的理论基础是客观事物的发展变化,是统一性与多样性的辩证结合。共同性使它们具有可比的基础,差异性使它们具有不同的特征。在实际分析时,这两方面的比较往往要结合使用。

(1) 按比较的参照标准分类。比较分析法的主要作用在于揭示客观存在的差距以及形成这种差距的原因,帮助人们发现问题、挖掘潜力、改进工作。比较分析法是各种分析方法的基础,不仅报表中的绝对数要通过比较才能说明问题,计算出来的财务比率和结构百分数也要与有关资料(比较标准)进行对比才能得出有意义的结论。

趋势分析(与历史比)　最常用的是与上年同期比较即"同比",也可以与前一时期比较,还可以与达到历史最好水平的时期或历史上一些关键时期进行比较。通过比较,分析其变化的差异及原因。

趋势分析是将实际达到的结果与不同时期同类指标的历史数据进行比较,从而确定财务及经营状况的变化趋势和变化规律。通过分析本期与前期(上季、上年同期)有关项目金额的对比,可以从差异中及时发现问题、查找原因、改进工作。连续数期的同一项目的比较,能够反映企业的发展动态,以揭示当期财务状况和经营情况的增减变化,判断引起变动的主要项目是什么,这种变化的性质是有利还是不利的,发现问题并评价企业的经营管理水平,同时也可以预测企业未来的发展趋势。

这种对项目纵向比较分析的方法是一种动态的分析。它既可用于同一企业、不同时期财务状况的纵向比较,又可用于不同企业之间的横向比较。同时,这种方法还能消除不同时期(不同企业)之间业务规模差异的影响,有利于分析企业的耗费和盈利水平。

同业分析　将企业的主要财务指标与同行业的平均指标或同行业中先进企业的指标进行对比,可以全面评价企业的经营业绩。与行业平均指标对比,可以分析判断该企业在同行业中所处的位置;与先进企业指标对比,有利于吸取先进经验,克服本企业的缺点。

预算差异分析　将分析期的预算数值作为比较的标准,实际数与预算数的差距就能反映预算完成程度,为进一步分析和寻找企业潜力提供方向。

(2) 按比较的指标分类。

总量指标　总量是指财务报表某个项目的金额总量,如净利润、应收账款、存货等。由于不同企业的会计报表项目金额之间不具有可比性,因此总量比较主要用于历史和预算比较。有时,总量指标也用于不同企业之间的比较。

财务比率　财务比率是用倍数或比例表示的分数式,它反映了各会计要素的相互关系和内在联系,代表了企业某一方面的特征、属性或能力。财务比率的比较是最重要的。它们是相对数,排除了规模的影响,在不同比较对象之间建立起可比性,因此广泛应用于历史比较、同业比较和预算比较。

结构百分比　结构百分比是用百分率表示某一报表项目的内部结构。它反映了该项目内各组成部分的比例关系,代表了企业某一方面的特征、属性或能力。结构百分比实际上是一种特殊形式的财务比率。它们同样排除了规模的影响,在不同比较对象之间建立起可比性,用于与本企业历史比较、与其他企业比较和与预算比较。

4. 评价标准

在比较分析中,选择合适的对比标准十分关键。只有标准选择合适,才能做出客观的评价;标准选择不合适,就可能得出错误的结论。常用的指标评价标准有如下四类:

（1）反映各类企业不同时期内都普遍适用的公认指标评价标准。例如,2∶1的流动比率和1∶1的速动比率是典型的公认标准,利用这些标准能揭示企业短期偿债能力及财务风险的一般状况。

（2）反映某行业水平的行业指标评价标准。与行业指标评价标准进行比较,有利于揭示本企业在同行业中所处的地位及存在的差距。

（3）反映本企业目标水平的目标指标评价标准。

（4）反映本企业历史水平的历史指标评价标准。在营运分析中,可以运用历史标准,将期末与期初对比、本期与历史同期对比以及本期与历史最好水平对比,揭示企业财务状况、经营成果的变化趋势及存在的差距。

5. 采用比较分析法应注意的问题

在运用比较分析法时应注意相关指标的可比性。具体来说有以下六点:

（1）指标内容、范围和计算方法的一致性。例如,在运用比较分析法时,必须大量运用资产负债表、利润表、现金流量表等财务报表项目中的数值。必须注意这些项目的内容、范围以及使用这些项目数值计算出来的经济指标的内容、范围和计算方法的一致性,只有这样才具有可比性。

（2）会计计量标准、会计政策和会计处理方法的一致性。财务报表中的数值来自账簿记录,而在会计核算中,会计计量标准、会计政策和会计处理方法都有变动的可能,若有变动,则必然会影响数值的可比性。因此,在运用比较分析法时,对于因会计计量标准、会计政策和会计处理方法的变动而不具可比性的会计数值,必须进行调整,使之具有可比性,才可以进行比较。

（3）时间单位和长度的一致性。在采用比较分析法时,无论是实际与实际的对比、实际与预定目标(或计划)的对比,还是本企业与先进企业的对比,都必须注意所使用数值的时间及其长度的一致性,包括月、季度、年度的对比,不同年度的同期对比,以保证通过比较分析所做出的判断和评价具有可靠性和准确性。

（4）企业类型、经营规模、财务规模及目标大体一致。这主要是在本企业与其他企业对比时应当注意之处。只有大体一致,企业之间的数据才具有可比性,比较的结果也才具有实用性。

（5）企业在进行趋势分析时，必须剔除偶发性项目的影响，使作为分析依据的数值能反映正常的经营状况。

（6）应用例外原则。对某项有显著变动的指标做重点分析，研究其产生的原因，以便采取对策，趋利避害。

（二）因素分析法

1. 因素分析法的含义

因素分析法是指确定分析指标的影响因素、测量其影响程度并查明指标变动原因的一种分析方法。因素分析法分析影响某一事物的因素有哪些、影响的方向和程度如何、各因素之间的相互作用以及怎样改变这些因素，从而改变这一状况的分析和解决问题的一种方法。运用因素分析法测定各项因素的变化对某项综合性经济指标的影响程度，有利于企业进行事前计划、事中控制和事后监督，促进企业进行目标管理，提高企业经营管理水平。

2. 影响因素的分类

影响某一指标的因素是多种多样的。对于这么多的因素，首先必须对它们进行分类，才能对它们进行更好的把握。按照分类标准的不同，因素可以分为不同的类型。按照因素的来源，可以分为内部因素和外部因素；按照影响的方向，可以分为阻碍因素和促进因素；按照影响的程度，可以分为重要因素、比较重要因素和次要因素；按照影响的途径，可以分为直接因素和间接因素；按照可改变因素的程度，可以分为可以改变的因素、可以部分改变的因素和无法改变的因素。

3. 运用因素分析法的一般程序

（1）确定需要分析的指标；

（2）确定影响该指标的各个因素及其与该指标的关系；

（3）计算确定各个因素对该指标的影响程度。

4. 因素分析法的具体应用

因素分析法的分析思路是：当有若干因素对分析指标产生影响时，在假设其他各因素都不变的情况下，依次确定每个因素单独变化对分析指标产生的影响。具体而言，因素分析法有以下两种：

（1）连环替代法。连环替代法是将分析指标分解为各个可以计量的因素，并根据各个因素之间的依存关系，顺次用各因素的比较值（通常为实际值）替代基准值（通常为标准值或计划值），据以测定各因素对分析指标的影响。

例如，某一个分析指标及有关因素的关系如下：实际指标 $P_o = A_o \times B_o \times C_o$；标准指标 $P_s = A_s \times B_s \times C_s$。实际与标准的总差异（$P_o - P_s$）同时受到 A、B、C 三个因素的影响，它们各自的影响程度可分别由下式计算求得：

A 因素变动的影响：$A_o \times B_s \times C_s - A_s \times B_s \times C_s$

B 因素变动的影响：$A_o \times B_o \times C_s - A_o \times B_s \times C_s$

C 因素变动的影响：$A_o \times B_o \times C_o - A_o \times B_o \times C_s$

最后，将以上三大因素各自的影响数相加就等于总差异（$P_o - P_s$）。

例 5-1 某企业 2018 年 9 月某种材料费用的实际值是 9 240 元,计划值是 8 000 元,实际比计划增加 1 240 元。由于材料费用是由产品产量、单位产品材料消耗量和材料单价三个因素的乘积构成的,因此可以将材料费用这一总指标分解为三个因素,然后逐个分析它们对材料费用总额的影响方向和程度。现假定这三个因素的数值如表 5-1 所示。

表 5-1　材料费用的影响因素及数值情况

项目	计划值	实际值
产品产量(件)	100	110
单位产品材料消耗量(千克)	8	7
材料单价(元/千克)	10	12
材料费用总额(元)	8 000	9 240

解:根据表 5-1 资料计算,材料费用总额实际值较计划值增加了 1 240 元。运用连环替代法,可以计算各因素变动对材料费用总额的影响方向和程度如下:

计划值　100×8×10=8 000(元)　　　　　　　　　　　　　　　　(1)
第一次替代(产品产量因素)　110×8×10=8 800(元)　　　　　　　(2)
第二次替代(单位产品材料消耗量因素)　110×7×10=7 700(元)　　(3)
第三次替代(材料单价因素)　110×7×12=9 240(元)　　　　　　　(4)

产品产量增加对材料费用的影响为:

$$(2)-(1)=8\ 800-8\ 000=800(元)$$

单位产品材料消耗量节约对材料费用的影响为:

$$(3)-(2)=7\ 700-8\ 800=-1\ 100(元)$$

材料单价提高对材料费用的影响为:

$$(4)-(3)=9\ 240-7\ 700=1\ 540(元)$$

综合以上三个因素对材料费用总额的影响为:

$$800-1\ 100+1\ 540=1\ 240(元)$$

连环替代法是在确定某项经济指标差异的基础上,分解影响该项经济指标的有关因素,利用各个因素的顺序"替代",连续进行比较,从数量上测定各个因素对该项经济指标差异的影响程度。

(2)差额分析法。差额分析法是连环替代法的一种简化形式,它是利用各个因素的比较值与基准值之间的差额,计算各因素对分析指标的影响。这种方法与连环替代法的原理及运用要求相同,只是在计算上简化一些,两种方法的计算结果也完全相同。

例如,企业利润总额由以下三个因素构成,表达式为:利润总额=营业利润+投资损益±营业外收支净额。在分析上年和本年的利润变化时可以算出本年利润总额的变化,以及三个影响因素与上年比较的变化,这样就可以了解本年利润增加或减少主要是由三个因素中的哪个因素引起的。

5. 采用因素分析法应注意的问题

因素分析法的使用要注意以下四个问题:①因素分解的关联性。②因素替代的顺序性。③顺序替代的连环性。计算每一个因素的变化,都是在前一次计算的基础上进行,并采用连环比较的方法确定因素变化的影响结果。④计算结果的假定性。连环替代法计算的各因素变化的影响数,会因替代计算顺序的不同而有差别,即计算结果只是在某种假定前提下的结果。因此,分析人员在具体运用因素分析法时,应力求使这种假定合乎逻辑,是具有实际经济意义的假定,这样才不会影响分析的有效性。

三、财务比率分析法

运用财务比率进行分析是企业进行营运分析的主要内容。根据分析目的的不同,财务比率分析具体可分为四个方面:收益性分析、安全性分析、效益性分析及成长性分析。其基本方法是:首先确定分析目标,然后基于报表的实际数据计算相应比率数值,并与过去的业绩或同行业的标准数值进行比较,最终得出结论。

(一) 收益性分析

收益性就是企业赚取利润的能力。从利润表中只能了解到盈亏额,分析不出因果关系,也评价不出好坏程度。因此,我们需要借助财务报表中有关项目之间的联系评价企业的收益性。企业收益性水平高,意味着企业可获取的回报高,同时说明企业的资产与资本结构合理,并在经营活动中得到有效的运用,为企业的安全性打下牢固的基础。

反映企业收益性的指标很多,通常使用的主要有:

1. 销售净利率

销售净利率是指净利润占销售收入的百分比,其计算公式为:

$$销售净利率 = \frac{净利润}{销售收入} \times 100\%$$

该指标反映每一元销售收入带来的净利润有多少,也是反映投资者从销售收入中获得收益的比率。销售净利率低说明企业未能创造足够的销售收入或未能控制好成本、费用,或者两者皆有。

2. 毛利率

毛利率是销售收入扣减销售成本后的余额(毛利润)占销售收入的百分比,反映的是企业生产效率的高低,是企业利润的源泉。其计算公式为:

$$毛利率 = \frac{销售收入 - 销售成本}{销售收入} \times 100\%$$

与此相关的是销售成本率,其计算公式为:

$$销售成本率 = \frac{销售成本}{销售收入} \times 100\%$$

毛利率的变化与多种因素有关,是销售收入与销售成本变动的综合结果。当经济形势发生变化、产品成本上升时,产品售价往往难以及时随之调整,从而表现为毛利率下降;若企业通过改善经营管理、加强技术改造等措施降低了产品成本,则相应地表现为毛利率上升。企业产品结构的变化也会对毛利率产生很大的影响。当企业由生产微利产品转向生产高利产品时,毛利率将显著上升,从而增加净利润,提高投资者的收益率。

3. 资产净利率

资产净利率是企业净利润占平均资产总额的百分比。该指标表明企业资产的利用效果,指标越高,表明资产的利用效果越好,说明企业在增收节支和加速资金周转方面取得了良好的效果。资产净利率是一个综合指标,其计算公式为:

$$资产净利率 = 资产周转率 \times 销售净利率$$

又可分解为:

$$资产净利率 = \frac{销售收入}{平均资产总额} \times \frac{净利润}{销售收入}$$

从上式可知,资产净利率的高低由资产周转率和销售净利率决定。资产周转率越高,资产净利率越高,同时收益性提高。但资产周转率过高,会导致资金不足,降低安全性(流动性)。从以上指标分析中还可知,要提高企业效益就必须增加销售收入,降低产品成本,加快资产周转率。

企业在进行收益分析时,还应分析销售退回和折让比率(即销售退回和折让除以销售收入)与销售折扣比率(即销售折扣除以销售收入)。销售退回和折让比率高,说明生产或销售部门存在问题。通过分析销售折扣比率,可以了解竞争对手的销售策略,从而调整自己的销售策略以增加销售收入,提高净利润。

(二) 安全性分析

企业安全性主要是指保证能收回本金和取得固定性收益。影响企业安全性的主要因素是企业的资本流动性和资本结构合理性。安全性可通过资产负债表有关项目之间的相互比较来分析。反映企业安全性的主要指标有:短期偿债能力、资金和资源利用效率、资本结构合理性。

1. 短期偿债能力分析

分析企业能否维持一定的短期偿债能力,对企业财务报表使用者而言非常重要。如果某一企业无法维持短期偿债能力,也无法维持长期偿债能力,并且满足不了股东对股利的要求,就会陷入资金周转困境,甚至可能难逃破产的厄运。短期偿债能力薄弱,不但维持日常交易活动艰难,而且根本谈不上计划未来。分析短期偿债能力的主要指标有:

流动比率 流动比率是指流动资产与流动负债的比例关系,表示每一元流动负债有多少流动资产作为还款的保证。一般来说,企业的流动比率越大,说明企业的短期偿债能力越强。因流动比率受到若干因素的影响,实际上无法为各种行业确定一个共同标准。一般来说,凡营业周期较短的企业,其流动比率也较小。因为营业周期较短,意味着较高的应收账款周转率,而且无须储存大量存货,所以其流动比率可以相对降低;反之,如果营业周期较长,则其流动比率会相应提高。因此,企业投资者在分析流动比率时,应与行业平均比率或以前各期比率相比,判断流动比率是偏高还是偏低。流动比率的计算公式为:

$$流动比率 = \frac{流动资产}{流动负债}$$

流动资产 = 现金及现金等价物 + 应收账款 + 存货 + 预付费用

由上列各项因素得知，流动比率表示企业在特定时点可使用的处于静止状态的资源，是一种存量观念。因为流动比率的分子分母都取自时点报表——资产负债表，不能代表全年平均的一般状况，而这种静止状态的资金偿付概念显然与未来真正的资金流动情形无必然的因果关系，流动比率仅显示在未来短期内资金流入与流出的可能途径。事实上，此项资金流量与销售、利润及经营情况等因素都具有密切的关联性，而这些因素在计算流动比率时均未予以考虑。

总而言之，企业在采用流动比率分析企业的短期偿债能力时，尚需配合其他各项分析工具，才能做出最后的判断。

速动比率 速动比率也是检验企业短期偿债能力的一个有效工具，反映的是企业速动资产与流动负债的比率。所谓速动资产，是指现金、有价证券及应收账款等各项可迅速偿付流动负债的资产。在流动资产中，预付费用是变现能力最差的项目，一般很难收回并转化为现金。例如，预付租金、预付保险费等，因合同中订有不可退回的条款，故其变现能力为零。存货项目中作为安全库存的那一部分资产，几乎是一项长期资产。而原材料、在产品等存货的变现能力较差，部分存货可能已被抵押给特殊债权人，并且企业在因偿债和清算而被迫出售库存品时，其价格也往往受到不利的影响。速动比率，就是将这些变现能力较差的流动资产扣除，由剩下的现金及等价物和应收账款等能迅速变现的流动资产与流动负债相除后得到的。

报表分析者一般认为，企业的速动比率至少要维持在 1.0 以上才算具有良好的财务状况。通常情况下，速动比率的变化趋势与流动比率是密切相关的，也就是说，通过分析两者中的任何一项，都可以得到关于短期流动性改善或恶化情况的相同信息。影响流动比率变化的因素，通常情况下也会影响速动比率的变化。一般而言，流动性不断恶化的财务状况会导致企业风险增大。

2. 资金和资源利用效率分析

合理地筹措资金、有效地运用资金，是企业科学经营管理的条件，是分析企业安全性的重要依据。具体指标有：

应收账款周转率 应收账款周转率是指企业赊销收入净额与平均应收账款余额的比率，用以反映企业应收账款的流动程度，是用来分析应收账款的合理性与收账效率的指标。流动比率和速动比率只是静态地说明了企业偿还短期债务的能力；而应收账款周转率与存货周转率则动态地补充说明了企业流动资产的流动性，进而说明企业的短期偿债能力。应收账款周转率的计算公式为：

$$应收账款周转率 = \frac{赊销收入净额}{平均应收账款余额}$$

应收账款周转率反映了企业资金的周转和利用情况。周转率高，说明企业在短期内收回货款、利用经营业务产生的资金支付短期债务的能力强，在一定程度上可弥补流动比率低的不利影响，保障资金流动安全。企业存在因应收账款收不回来而形成的呆账。因此，企业在分析应收账款周转率时，还应结合应收账款坏账备抵率来分析。应收账款坏账备抵率（即坏账备抵与应收账款总额之比），该比率若逐年增加，则企业应注意应收账款的有效性问题,因为它必定会连带影响应收账款周转率,从而影响资金的安全性。

存货周转率　存货周转率是某一特定期间的存货余额与期间销售成本的比率关系,用以衡量企业存货通过销售实现周转的速度。企业流动资产中,存货往往占有相当的分量。因为大多数企业为了销售都要维持相当数量的存货,如果存货不足,不能及时供货,销售就会减少从而导致净利润降低,进而影响偿债能力,降低资金流动的安全性。

$$存货周转率 = \frac{销售成本}{平均库存额}$$

或

$$存货周转天数 = \frac{360}{存货周转率}$$

上式反映了与销售量相比,存货利用效率的高低。存货周转率高,表明存货的使用效率高,存货积压风险相对下降,资金流动的安全有保障。但存货周转率过高也有问题,如库存水平太低、未设置应有的安全库存、经常性缺货、采购次数过于频繁、批量太小,会造成采购成本过高。存货周转率过低,通常是企业库存管理不良、产供销配合不好的结果,会导致库存成本上升,降低资金流动的安全性。

在企业实际工作中,如果存货中存在劣质积压品,就会影响存货周转率的真实性,不能真实反映企业资金流动的安全性,因而应及时改善。

长期资产与所有者权益比率　从这个比率可以看出自有资金的动向,可通过企业的资源配置结构反映企业资金流动的安全性。一般而言,该比率较低,资金流动安全性较高;但是该比率低,所有者权益收益率就会降低。在美国通常以 1.0 作为标准比率,如果该比率小于 1.0,说明企业固定资产全部由自有资金支撑,剩余部分用于流动资产;如果该比率大于 1.0,则说明自有资金不足,不足部分由长期债务解决。企业如果以长期举债的方式过多地购置固定资产,企业将处于危险边缘。因此,企业往往利用该指标考核资金和资源的利用效率。

长期资产与长期资金比率　一般而言,企业的长期资产如长期投资、固定资产、无形资产等,一般用自有资金和长期负债等能长期使用的资金来支持。因此,长期资产与长期资金的比率以低于 1.0 为好;如果该比率高于 1.0,则说明企业长期资产的一部分是由流动负债支持的,这样会降低企业资金和资源的利用效率。

3. 资本结构合理性分析

企业保持较好的资金流动性、资本结构的合理性,提高资金收益率,是维护企业投资安全性的重要保障。进行资本结构合理性分析,目的在于衡量企业的长期偿债能力。评价企业的长期偿债能力,不仅要分析企业偿还本金的能力,还要分析其支付利息的能力。具体指标有:

资产负债率　资产负债率是企业负债总额与资产总额的比率,其计算公式为:

$$资产负债率 = \frac{负债总额}{资产总额} \times 100\%$$

资产负债率反映企业全部资产中有多大比重是通过借贷获取的。对于投资者而言,负债对总资产的比率越小,表明所有者权益的比率越大,则企业资金力量越强,资金收益率越低。股权投资者希望以较高的负债比率扩大企业的获利基础,并以较少的投资额控制整个企业。若负债比率过高而企业状况良好,则当然可通过财务杠杆作用使投资者获得较高的报酬率;但若企业状况不佳,则利息费用会使企业不堪重负,有时甚至会陷入破产的境地。

所有者权益比率　　所有者权益比率是企业所有者权益与资产总额的比率,其计算公式为:

$$所有者权益比率 = \frac{所有者权益}{资产总额}$$

负债与所有者权益比率　　负债与所有者权益比率反映了两者的比例关系。其计算公式为:

$$负债与所有者权益比率(产权比率) = \frac{负债总额}{所有者权益}$$

负债与所有者权益比率,与前两个比率的意义基本一致,分别从不同角度表达同一事实。这一比率还表明投资者对企业乃至债权人所承担的义务的大小。该比率越低,表明投资者对债权人承担的责任越大,企业长期偿债能力越强。

此外,由于某些资产(如无形资产、递延资产及一些递延借项)的价值不稳定,因此这些资产对企业偿债能力的意义不大,应从企业资产中扣除,在据以计算负债与有形资产比率时应保守一些,特别是当企业陷入财务危机并有倒闭的危险时,有形资产是偿债的主要来源,该比率越低,表明企业有形资产对负债的保障程度越高。

(三)效益性分析

企业不仅关心投资的报酬,更关心高报酬率的持续性。因此,企业获取高利润的持续性成为被关注的另一重点。企业在产品成本、宏观经济条件、各种政策规定等竞争环境相同时,要在竞争中取胜,只有提高效益以赚取更多的利润。

企业效益是指在企业的生产经营中投入的劳动力、资源、设备、材料等各种经营要素,经过经营者和员工的有效运用,产出更高的经济价值和社会贡献。它可以用来衡量劳动力与资产的有效利用程度。具体指标有:

1. 附加价值率

投资者在选择投资项目时,最关心的是能否产生高附加价值。附加价值是企业生产活动过程中创造的新增价值。用公式表示为:

$$附加价值 = 税前净利 + 人工费 + 资本化利息 + 租金 + 费用税金$$

附加价值可通过查找利润表、管理费用明细表、制造费用明细表来计算。附加价值率是附加价值与销售收入的比值。它反映每一元销售收入带来的附加价值。一般来说,资本密集程度越高的行业,产品附加价值越高,净利润也越高;反之,资本密集程度越低的行业,产品附加价值越低,净利润也越低。

2. 劳动生产效率

劳动生产效率是附加价值与总人数之比,反映一人所创造的附加价值。其计算公式为:

$$劳动生产效率 = \frac{附加价值}{总人数}$$

该指标越高,说明劳动利用效率越高,一个人创造的附加价值越多,是衡量同行业间竞争力的重要指标。

3. 附加价值与总资本的比值(总资本投资效益)

该指标反映投资总资本在一年内创造的附加价值。该指标高说明资本的有效利用程度高,创造的附加价值多,创造的净利润多。

(四)成长性分析

企业的成长性也称企业的发展能力,它是企业通过自身的生产经营活动,不断扩大积累而形成的发展潜能。企业能否健康发展取决于多种因素,包括外部经营环境、企业内在素质及资源条件等。企业的发展能力关系到企业的持续生存问题,也关系到投资者未来收益和债权人长期债权的风险程度。分析企业成长能力状况的指标主要有:

1. 销售增长率

销售增长率是指企业本年销售增长额与上年销售额的比率,反映销售的增减变动情况,是评价企业成长状况和发展能力的重要指标。其计算公式为:

$$销售增长率 = \frac{本年销售增长额}{上年销售额} = \frac{本年销售额 - 上年销售额}{上年销售额}$$

销售增长率是衡量企业经营状况和市场占有能力、预测企业经营业务拓展趋势的重要指标,也是企业扩张增量资本和存量资本的重要前提。该指标越大,表明企业增长速度越快,企业市场前景越好。

2. 资本保值增值率

资本保值增值率是企业扣除客观因素后的本年年末所有者权益总额与年初所有者权益总额的比率,反映企业当年资本在企业自身努力下实际增减变动的情况。其计算公式为:

$$资本保值增值率 = \frac{扣除客观因素后的本年年末所有者权益总额}{年初所有者权益总额} \times 100\%$$

一般认为,资本保值增值率越高,表明企业的资本保全状况越好,所有者权益增长越快,债权人债权越有保障。该指标通常应当大于100%。

3. 资本积累率

资本积累率是企业本年所有者权益增长额与年初所有者权益的比率,反映企业当年的资本积累能力。其计算公式为:

$$资本积累率 = \frac{本年所有者权益增长额}{年初所有者权益} \times 100\%$$

资本积累率越高,表明企业的资本积累越多,应对风险和持续发展的能力越强。

4. 总资产增长率

总资产增长率是企业本年总资产增长额与年初资产总额的比率,反映企业本期资产规模的增长情况。其计算公式为:

$$总资产增长率 = \frac{本年总资产增长额}{年初资产总额} \times 100\%$$

本年总资产增长额 = 年末资产总额 - 年初资产总额

总资产增长率越高,表明企业一定时期内资产经营规模的扩张速度越快。但在分析时,需要关注资产规模扩张的质和量的关系以及企业的后续发展能力,避免盲目扩大投资。

5. 营业利润增长率

营业利润增长率是企业本年营业利润增长额与上年营业利润总额的比率,反映企业营业利润的增减变动情况。其计算公式为:

$$营业利润增长率 = \frac{本年营业利润增长额}{上年营业利润总额} \times 100\%$$

本年营业利润增长额 = 本年营业利润总额 - 上年营业利润总额

6. 技术投入比率

技术投入比率是企业本年科技支出合计(包括用于研究开发、技术改造、科技创新等方面的支出)与本年营业收入的比率,反映企业在科技进步方面的投入,在一定程度上可以体现企业的发展潜力。其计算公式为:

$$技术投入比率 = \frac{本年科技支出合计}{本年营业收入} \times 100\%$$

7. 营业收入三年平均增长率

营业收入三年平均增长率表明企业营业收入连续三年的增长情况,反映企业的持续发展态势和市场扩张能力。其计算公式为:

$$营业收入三年平均增长率 = \sqrt[3]{\frac{第三年营业收入}{第一年营业收入}} - 1 \times 100\%$$

一般认为,营业收入三年平均增长率越高,表明企业营业持续增长势头越好,市场扩张能力越强。

8. 资本三年平均增长率

资本三年平均增长率表示企业资本连续三年的积累情况,在一定程度上反映企业的持续发展水平和发展趋势。

对企业发展能力进行分析时应注意以下两个问题:

第一,判断企业在销售方面是否具有良好的成长性,必须分析销售增长是否有效益性。一个企业的销售增长率只有高于资产增长率,才说明其在销售方面具有良好的成长性。

第二,全面、正确地分析与判断一个企业营业收入的增长趋势和水平,必须将企业不同时期的销售增长率加以比较和分析。

第七节　全面预算控制

全面预算是企业利用与战略相匹配的计划对财务资源及非财务资源进行分配、控制以及利用效果进行考核,以便有效地组织和协调企业的经营活动,推动企业完成既定的战略目标。全面预算产生于人们依据企业战略目标和战略路径管理企业经营的需要,计划、指标是预算管理的形式,这一控制手段的价值就在于其准确地体现了企业战略目标和实施目标的路径。全面预算将控制目标和实施目标的路径、责任、授权等以指标的形式确定下来,是提高管理效率和经营效果、促使企业实现发展战略的重要手段。《企业内部控制应用指引第15号——全面预算》对全面预算控制系统提出了以下要求:

一、预算控制组织体系

企业必须健全预算控制组织体系,为实施全方位、全过程的预算控制提供组织保障。明确本企业全面预算中的机构设置、人员配备、职责分工和议事规则,为落实企业战略、确定预算目标、分解预算目标、编制预算,以及建立预算报告体系、预算监控体系和预算考评体系提供组织保证。完善全面预算组织机构,关键在于界定董事会、预算管理委员会、预算管理办公室在预算管理中的职责界限。

（一）董事会的权责

在预算管理方面,董事会应履行以下权责:①根据企业整体经营战略,确定企业总体预算目标及下属企业的预算目标;②审核、批准企业预算管理基本制度;③审核、批准企业预算管理委员会上报的年度预算方案;④重大预算项目的调整以及预算执行中重大事项的裁决;⑤审核、批准企业年度预算考核方案及考核结果。

（二）预算管理委员会的权责

预算管理委员会应履行以下权责:①负责设计企业全面预算管理的基本制度,并逐年跟踪修订完善;②根据董事会确定的企业预算总目标及下属企业的预算目标,组织企业预算的编制;③在董事会的授权范围内,对企业的预算管理工作行使日常决策权;④在预算执行中与各预算责任主体保持密切沟通并适时监控,根据授权审议审批预算责任主体的预算调整方案;⑤制订企业年度预算考核方案;⑥定期召开例行会议,分析预算执行情况和预算管理工作情况,对重大事项提请董事会解决;⑦组织与召集董事会预算管理方面的会议,列出需提请董事会审议的事项,并就有关事项提出初步解决方案。

（三）预算管理办公室的权责

预算管理办公室应履行以下权责:①具体负责预算指标的分解、汇总与落实;②审核与汇总各预算责任主体编制的预算报告,并就预算执行中发生的重大事项及时向预算管理委员会报告;③为预算管理委员会的季度例会提供资料;④组织企业的预算培训工作,并对下属企业的预算工作给予指导。

二、预算指标的确定与分解体系

全面预算必须从经营活动、投资活动、筹资活动等方面对企业做出系统的预算安排,且这种安排不能仅停留在企业层面,还需植根于企业各层次、各业务单元。从预算指标确定与分解的过程来看,应建立以财务指标为龙头、财务指标与非财务指标密切结合的指标体系;从预算控制的过程来看,应建立预算业绩指标、预算控制指标和预算考评指标三位一体的指标体系。

(一)以财务指标为龙头、财务指标与非财务指标密切结合的指标体系

企业的性质决定了企业以营利为目的,企业的成功表现为财务的成功,企业的失败最终表现为财务的失败。不管企业破产倒闭的具体原因是什么(如技术创新滞后、营销手段不当等),最终都表现为严重亏损、资不抵债或资产缺乏流动性。因此,作为实现战略手段的预算指标体现为财务指标是不容置疑的。事实上,企业各层级、各单元的员工都在为良好的净利润、经济增加值、净资产收益率等财务指标而奋斗。但是,从预算本身的角度来看,将预算指标停留在财务指标上是远远不够的。预算指标分为结果指标和动因指标,出资者对企业经营者提出的预算指标属于结果指标(如国务院对中央企业提出的净利润、经济增加值、净资产收益率等财务指标),企业层面依据上述指标确定的收入、成本、费用指标属于动因指标。企业层面的动因指标对下一级预算单位而言则表现为结果指标,下级各单元要根据上级下达的指标通过编制本级预算的办法确定动因指标。整个企业的预算实质上就是"结果指标—动因指标—动因指标"组成的指标体系。在企业的层级结构中,自上而下是财务指标向非财务指标过渡的过程。最高层级的预算指标均为财务指标,往下呈现出财务指标与非财务指标并举,最基层各单元的预算指标则主要体现为非财务指标。企业各层级指标的类型及关系如图 5-2 所示。

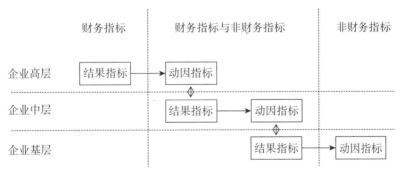

图 5-2 企业各层次指标类型及关系

(二)预算业绩指标、预算控制指标和预算考评指标三位一体的全过程预算管理指标体系

预算业绩指标反映的是企业欲达到的业绩目标,如营业收入、利润总额、净利润、净资产收益率、经济增加值等。预算业绩指标实际上是企业战略目标在预算中的体现。企业层面业绩指标的设计必须体现企业业务模式、企业生命周期。例如,在初创期,为了拓

展市场份额,大部分企业将营业收入、营业收入增长率作为核心业绩指标;而在成熟期,大部分企业将净利润、净资产收益率、经济增加值等作为核心业绩指标。

企业在运营中不仅要通过预算管理来实现企业战略对业绩目标的要求,还要求各个层级按照战略规划的要求实现既定的业绩,并在经营中严格控制风险。预算控制指标是企业为保证各层级步调一致地按照战略规划的要求从事生产经营、在预算执行过程中保证预算业绩指标顺利实现而设定的风险控制指标,例如为控制子公司过度负债经营的风险而设定的资产负债率指标就属于预算控制指标。

预算考评指标是指对年度批准的预算执行情况和执行结果进行考核的指标,如营业收入完成率、目标利润完成率、目标净资产收益率完成率等。

三、预算编制体系

预算业绩指标的分解、下达和具体落实需要通过预算编制体系来实现。预算编制过程实际上是业绩指标的分解过程。通过业绩指标的层层分解和落实,企业内部各单位才能围绕企业目标齐心协力地奋斗。例如,企业层面的利润总额指标要分解为营业收入、成本、费用等指标并落实到各责任单位,为内部各单位明确它们在完成企业利润过程中应承担的责任,只有这样,企业的盈利目标才有可能实现。

预算编制体系不仅要落实各单位在完成企业总体目标中所承担的责任,还要根据各单位在企业战略规划中的作用以及风险控制的要求,确定各责任单位的预算控制指标,并将它们纳入预算考评体系。企业建立预算编制体系,明晰预算编制的主体及各主体编制预算的依据、内容、程序和方法,才能实现与下属单位之间全面预算流程的有序对接。

四、预算报告体系

企业建立预算报告体系,明确预算报告的主体、报告对象、报告内容、报告形式、报告频率、报告流程,就能有效实施对预算执行过程和结果的监控,为及时就重大情况进行沟通协商提供依据。预算报告的内容必须围绕各预算责任单位在企业预算体系中的职责以及对应的业绩指标、控制指标和考评指标来确定。

五、预算监控体系

企业建立预算监控体系,能有效维护预算管理的权威性,保障预算高效、秩序化运行。预算监控体系包括预算执行审批、预算调整审批、关键环节监控及内部审计监控。预算执行审批是指建立预算执行过程中的分级审批制度,以监督和控制资金使用等问题对企业全局的影响;预算调整审批是指由于企业内外部环境或战略重点等发生变化,在原有预算出现重大偏差时,审批原有预算指标调增或调减等行为;关键环节监控是指企业应根据具体情况对预算执行中的财务风险、预算分析例会、重大偏差纠偏措施等关键环节进行监控;内部审计监控是指实施预算跟踪审计,以保证数据准确,并按预算要求提出改善管理的合理化建议。

六、预算考评体系

企业建立预算考评体系,分析预算执行情况与执行结果,查找偏差的原因,为修正战略目标实施路径、提高管理的效率和效果、完善全面预算控制系统提供参考依据。建立预算考评体系应该明确规定考评指标体系、考评结果运用范围、财务数据所依据的会计政策和会计估计、预算数据审计要求,使考评结果能够为修正下年度预算指标、兑现激励方案提供准确的数据基础。

本章小结

企业根据风险评估结果,采用相应控制措施,目的是将风险控制在可承受的范围之内,而控制活动即旨在确保管理层的风险应对策略得以实施的政策和程序。控制活动可以分为两大类:基本控制措施和主要业务内部控制。本章主要介绍不相容职务分离控制、授权审批控制、会计系统控制、信息系统控制、资产保全控制、营运分析控制、全面预算控制七类基本控制措施。企业执行上述基本控制措施以及控制措施的组合,可以实现对企业经济活动风险的有效控制,有助于实现控制目标。

思考题

1. 控制活动的基本控制措施有哪些?
2. 企业内哪些职务互不相容?
3. 一般授权和特殊授权的划分应考虑什么因素?
4. 会计系统控制的主要内容有哪些?
5. 如何进行信息系统开发控制?
6. 资产保全控制主要有哪些措施?
7. 营运分析采用的主要技术方法有哪些?
8. 企业各层次预算指标类型有哪些?关系如何?

案例分析题

某企业年会正在进行,大家都对现场十个大小不一的 LED 显示屏印象深刻,清晰立体的舞台效果给年会大添异彩。这十个 LED 显示屏由史总亲自组织货源,最终从一家国外显示屏生产厂家高价购回。然而让大家意想不到的是,第二年再使用这些显示屏的时候其中五块已无法显示,难道高价购回的显示屏竟然是"一次性"产品?通过调查发现,原来价格高昂的显示屏根本不是从国外进口的,而是史总从 L 公司代购的仿制品,质量根本没有保证,这笔交易从签订合同、验收入库到支付货款都是史总一个人把控,之所以进行这样没有把握的交易是因为 L 公司给了史总"好处费"。

思考:出现显示屏采购问题的原因有哪些?如何通过完善内部控制措施杜绝此类问题的发生?

第六章 控制活动——主要业务内部控制

[学习目标]

通过学习本章,您应该:

1. 了解基本控制措施在企业不同业务领域的应用;
2. 掌握各业务内部控制环节的目标;
3. 熟悉各业务内部控制环节的流程和风险点;
4. 熟悉各业务环节的内部控制措施。

[引导案例]

2018年5月14日早上,四川航空3U8633执行重庆至拉萨航班,在飞行中突发驾驶舱右侧风挡玻璃脱落状况,驾驶舱瞬间失压,气温降到零下四十摄氏度,在意外发生后的万米高空中,机组副驾驶徐瑞辰半个身子被"吸"了出去。机长刘传健在自动化设备失灵的情况下临危不惧,冷静地按照操作规程进行手动操纵,成功地让飞机备降在成都双流机场,挽救了119位乘客和9名机组人员的生命。整个备降过程前后仅仅20分钟。这次迫降堪称世界民航界的一个奇迹。习近平总书记在接见该机组全体成员时说:"处置险情时,你们所做的每一个判断、每一个决定、每一个动作都是正确的,都是严格按照程序操作的。危急关头表现出来的沉着冷静和勇敢精神,来自你们平时养成的强烈责任意识、严谨工作作风、精湛专业技能。"

无论是从事技术工作,还是开展管理工作,在准确判断的基础上严格按照规定和设定的程序操作,是控制风险、防止错误、完成既定目标的重要保障。

资料来源:"习近平会见四川航空'中国民航英雄机组'全体成员",新华网,访问日期2018年9月30日。

主要业务内部控制是基本控制方法在企业不同业务领域的应用,即在企业资金运用、采购、销售、资产管理等业务领域,按基本控制措施的要求出台与建立具体的控制政策和程序。第五章阐述了基本控制措施,本章将阐述企业主要业务领域的内部控制政策和程序。

第一节 资金活动内部控制

资金是企业经营活动的基础。资金活动包括资金的筹集和资金的运用。资金筹集的规模应与生产经营规模以及企业战略目标对资金量的要求相适应,资金形态分布与生产经营特征相匹配是企业生产经营有效运行的基本保证。对资金活动内部控制而言,应在做到资金活动合法合规、保证资金安全的基础上,追求资金管控的科学性,实现资金的增值目标。

一、资金筹集活动内部控制

资金筹集活动指企业为满足生产经营、对外投资及调整资本结构等需要,通过各种筹资渠道,采用相应的筹资方式筹集所需资金的活动。筹资中首先应确定筹资渠道和筹资方式。前者指筹集资金的方向与通道,包括国家资金、银行信贷资金、非银行金融机构资金、个人资金等;后者指企业筹措资金所采用的具体形式和工具,包括股权筹资(如吸收直接投资、发行股票)和债务筹资(如发行公司债券、银行贷款)等。股权筹资形成企业的权益资本,是企业依法筹集并长期拥有的资金;债务筹资形成企业的负债,是企业依法筹措并依约使用、按约定偿还本息的资金。

(一)筹资业务的基本特点

1. 筹资业务金额较大,对企业的生产经营情况及财务状况和经营成果产生重大影响

企业生产经营活动得以进行的前提是拥有所需的资金,筹资业务对保证生产经营活动的正常进行具有重要意义。筹资规模、筹资渠道与筹资方式对企业的资金成本、资本结构、财务风险、财务成果都会产生重大影响。企业应基于现有资本结构和财务状况,对项目前景以及与项目有关的现金流入与流出的金额、时间和不确定性进行科学判断,从保持风险、成本、效益三者平衡的角度制订筹资方案。

2. 筹资业务必须符合法律法规的规定

企业资金的筹集是在资本市场上实现的,需要遵循相关的法律法规的要求,这一方面是为了维护市场秩序,另一方面是为了保护作为企业资金提供者的股东和债权人的利益。为了避免不恰当地发行股票,企业在发行股票前,必须按照《公司法》《证券法》《股票发行和交易暂行条例》等相关法律法规的规定,向证券监督管理机构提交申请报告、股东大会同意公开发行股票的决议、公司章程、发起人协议、招股说明书等文件,经批准后方可发行;公司债券的发行同样必须符合有关法律法规的规定,经过政府有关部门的严格审批和监督,通常资信状况良好、具有偿付能力的企业才有资格发行公司债券。

3. 筹资业务的会计处理较为复杂

筹资业务会计处理的复杂性表现在以下方面:第一,接受股权投资涉及投资额的确定和实收资本(股本)的确定,以及不同情况下的筹资费用的列支。第二,公司债券发行费用的处理,以及溢价或折价发行债券情况下债券利息支出额的确定和利息费用的确定。由于溢价、折价实质上是对利息的调整,因此在会计处理上应该作为对以后各期利息费用的调整,计算比较复杂,易出现记账差错或人为调整问题。第三,长期借款及债券利息处理的政策性较强,会计准则规定必须严格按照所筹资金用途和资金使用对象的进度及状况列支利息费用,严格划分利息资本化和费用化的界限,但在实务中操纵利息费

用列支的事件时有发生。第四,公司发行永续债或优先股筹资,会计处理上必须依据永续债或优先股条款与会计准则要求正确判断债务属性和所有者权益属性,确认错误必将严重扭曲企业的资本结构、偿债能力和盈利能力。

(二) 筹资活动控制的目标

根据筹资业务的上述特点,其内部控制的目标应确定为:

1. 保证筹资活动的合法性和合规性

筹资活动应严格限制在国家法律法规允许的范围内。企业在筹资前,应根据相关法规、政策的要求履行审批手续,向有关机构报送真实、有效的相关文件,并按照有关法律法规的规定披露相关信息;对于筹集的资金,企业必须按照规定和承诺使用,并按照承诺承担各种法定义务;按照会计准则的有关规定进行筹资业务会计核算,确保筹资核算的正确性,无论是股票发行还是借款取得或债券发行,都必须严格遵守收到资金、计息或溢折价摊销等环节的会计核算程序和方法,按照与资金提供者之间的约定或惯例,适当、及时地支付股利或利息,确保股利或利息的支付经过适当授权,运用专门的程序确保股利或利息送达投资者或债权人。

2. 有效控制筹资风险

筹资活动在为企业未来发展奠定资金基础的同时,不可避免地会给企业带来相应的风险。对于债务筹资而言,现金短缺、现金流入的期间结构与债务的期限结构不匹配,资本结构安排不合理可能会导致偿付风险。针对债务筹资,企业应在决策环节和债务资金使用环节做好风险控制,避免因债务规模过大、短期债务资金用于长期资产建设等导致的财务风险。对于股权筹资而言,它虽然具有减少债务风险的好处,但是过低的资产负债率以及过高的股权资金成本是不利于企业价值最大化的,过高的股权资金比例造成的不合理的资本结构也不利于公司治理的完善。

3. 保证筹资活动的效益性

筹资是实现企业盈利目标的手段之一,必须体现企业总体目标的要求——提高效益。为了实现这一目标,在筹资活动控制中,企业需特别注意对筹资规模、筹资结构、筹资方式的选择以及对筹资成本的控制。

筹资规模解决的是筹集多少资金的问题,规模大小在一定程度上反映了企业承担风险的程度。就债务筹资来说,其规模越大,未来还本付息的压力越大;但是,由于相对于股权筹资其筹资成本较低,企业可借助债务筹资满足资金需要,提高企业收益。从企业内部控制的角度看,必须保持筹资量与需求量之间的平衡,保持规模适度,既要防止因筹资不足而影响正常的生产经营活动,也应避免因筹资过剩而降低筹资收益。这就要求企业确定筹资规模时必须基于对资金需要量的合理预测。

筹资结构一般指企业股权资本与债务之间的比例关系,也称资本结构。股权资本与债务之间保持一个什么样的比例,实质上是企业对不同财务风险和收益水平的选择。企业进行债务融资,利用财务杠杆的目的就是提高收益,但收益的提高通常是以风险增加为代价的,这就是风险与收益间的均衡。另外,随着投资者对经济增加值越来越关注,投资者对股权投资回报的要求也较净收益指标下的回报要求高,股权筹资必须充分顾及投资者在考虑股权资金成本前提下的收益预期。确定筹资结构,目的就是找出这样一种筹资组合,即在风险一定的情况下实现股东收益最大化,或在股东收益一定的情况下达到风险最小。也就是说企业在筹资时,必须使股权资本与债务保持合理的比例。"合理"意味着企业既要防止因债务过多而增加财务风险,又要避免因没有充分利用债务筹资而加大筹资成本,降低收益水平。与此相应的一个问题是筹资结构不当,它引发的问题包括:债务风险过高,如果经营风险也很高的话,必然增大企业总风险,容易使企业陷入财务危机;债务率过高,提高了企业再筹资的门槛。

在筹资内部控制中,如何针对客观存在的筹资渠道来选择合理的筹资方式是一个十分关键的问题。企业进行选择时应考虑的因素包括筹资成本、使用期限、风险因素等。筹资成本是指为了取得和使用所筹资金而发生的代价。筹资成本的大小取决于资本市场及所筹资金投资项目的风险程度、企业现有资产状况、企业资本结构等。计算筹资成本的目的在于为选择筹资方式提供依据。在筹资业务中,企业必须综合考虑不同的筹资渠道、筹资方式的难易程度、筹资成本等情况,在权衡成本效益的基础上,分析影响筹资成本的因素,选择成本最低的筹资方式,提高筹资效益。

(三)筹资业务流程设计

根据筹资业务规模和风险的大小,企业应将筹资业务分为重大筹资项目和日常筹资项目,并分别设计业务流程。重大项目和日常项目主要根据筹资行为是否对企业产生重大影响进行区分。企业股票的发行、债券的发行、大额长期借款的取得均属于重大筹资项目;日常筹资项目基本上属于债务融资,且期限较短,金额也不大。重大筹资项目与日常筹资项目的划分应视公司规模、行业特征和公司章程的要求而定。

1. 重大筹资项目业务流程设计

重大筹资项目是指对公司财务状况及公司未来产生重大影响的项目,包括公司新股发行、公司债券发行、对公司经营产生重大影响及数额很大的借款合同等。

第一,董事会提出长期经营方向及投资计划,经理层根据投资计划的需要,向董事会提出相应的筹资方案,包括筹资目的、筹资金额、筹资成本分析、筹资方式、筹资时间要求、筹资协议签订方法、筹资项目对公司资本结构及后续筹资的影响、筹资风险分析及防范措施等内容。

第二,公司董事会就经理层提出的筹资方案进行评议,决定是否可行,是否应向股东大会提出报告并审议。对需要由股东大会做出审议或决议的筹资项目,经股东大会通过后,由董事会形成正式文件下达执行;同时,根据具体的筹资形式的特点,必要时应选择独立的中介机构代理有关发行事宜。

第三,由公司经理层负责,会同财务及其他相关部门,具体落实筹资计划方案,包括准备发行材料、签订承销协议等。

第四,对于筹资方案落实过程中出现的问题,经理层应及时协调处理,并向董事会报告。

重大筹资项目业务流程控制程序如图 6-1 所示。

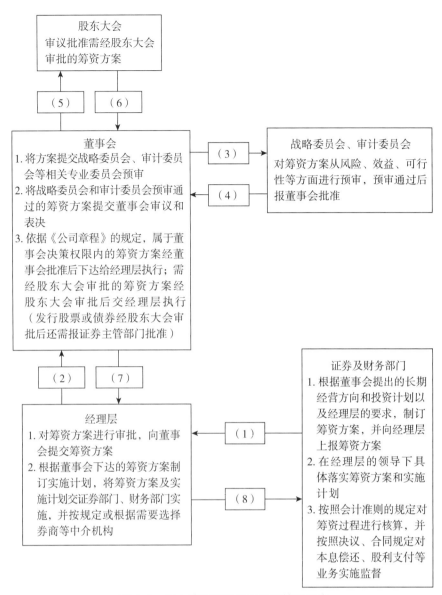

图 6-1 重大筹资项目业务流程控制程序

2. 日常筹资项目业务流程设计

日常筹资项目是指为满足日常经营活动的需要,通常无须通过公司董事会或股东大会决策、数额较小、不会引起公司资本结构发生变动、对财务风险不产生重大影响的项目。

第一,公司财务经理及财务人员根据需要提出筹资计划,并向经理层报告。

第二,经理层审议并做出决策,下达财务部门执行。

此类计划可以采用以年为单位的定期计划与审批制度,也可以采用非定期计划与审批制度。

日常筹资项目业务流程控制程序如图 6-2 所示。

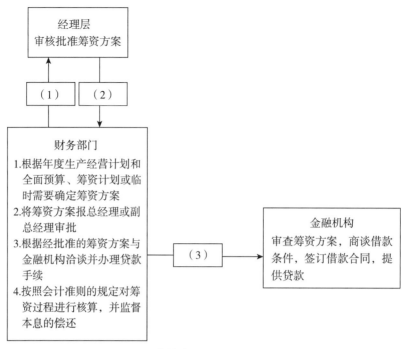

图 6-2 日常筹资项目业务流程控制程序

(四) 筹资业务内部控制措施

1. 筹资计划的编制、审批、执行和记录等不相容职务分离

筹资业务中的不相容职务通常涉及筹资计划的编制、筹资计划的审批、筹资计划的执行,如股票及债券的发行、经办借款、股票及债券的保管、会计记录、利息及股利支付等。上述不相容职务需要进行分离,具体包括:①筹资计划的编制人员与筹资计划的审批人员应进行分离;②筹资计划的执行人员,包括办理股票及债券发行事宜的人员、经办银行借款的人员不得从事会计记录;③负责会计记录的人员应与利息或股利的支付人员分离。

2. 分级授权和审批

企业应根据公司规模、行业特征和公司章程的要求将筹资项目划分为日常筹资项目与重大筹资项目,并在此基础上建立分级授权审批体系。日常筹资项目在董事会的授权额度内由经理层负责审批;重大筹资项目应从筹资性质、筹资规模等角度划分为由董事会审批和需经股东大会审批。为了避免重大筹资项目决策可能导致的企业筹资成本过高或引发债务危机,经理层必须充分论证筹资方案并随方案提交可行性研究报告,全面反映风险评估情况,必要时还需聘请具有相应资质的专业机构进行可行性研究。在董事会审批环节必须充分发挥战略委员会、审计委员会、预算委员会等决策支持机构的作用,重大筹资项目必须经过决策支持机构的专业论证才能提交董事会审议和表决。对需经过证券监管部门审批的项目在付诸实施之前还应履行报批手续。

3. 股票和债券的签发与保管制度

在筹资计划的执行中,股票和债券的签发和保管是两个重要的环节。股票和债券发行前,必须由经董事会授权的高级管理人员会签(两个或两个以上的高级管理人员共同签发),被授权人员必须检查拟发行的股票和债券与董事会核准的是否一致,各种应办理的手续和文件是否齐全等,并在此基础上签发。这是股票和债券正式发行前防止差错的最后环节。由于利用股票或债券筹集的资金额通常较大,因此企业一般委托有良好资信状况的证券经营机构负责承销或包销,在这种情况下,应做好承销协议的签订、发行事项的衔接等工作。

股票和债券在法律上是重要的物权和所有权凭证,其安全性十分重要。为了加强控制,对于已核准但尚未对外发行的股票和债券一般应委托独立的机构代为保管,这种保管方式有利于实现限制性接触,能够有效保证股票或债券的安全、完整;如果自行保管未发行的公司股票和债券,应指定专人将其放置于保险柜中,保管人不能同时负责股票和债券的发行、账簿的记录等工作,同时应由内部审计人员定期或不定期地清点在库股票和债券的情况。

对于到期收回的债券,应于收回时及时加盖作废戳记,在债券全部收回后,由相关人员按顺序清点债券,确认无误后按规定程序销毁。

4. 利息支付及股利(利润)发放控制

企业发行债券后,应在规定的付息时间内及时付息,以维护企业信誉。企业应支付的利息,应在高级管理人员签字确认之后对外偿付,同时应做好相应的记录工作;对于由委托代理机构偿付的利息,应做好账目核对工作。

对于企业股利的发放,董事会应根据公司法、公司章程、公司当年的盈利情况及公司未来的发展战略,确定公司的股利政策以及具体的发放形式、发放时间和发放数额。股利的支付通常有公司自行办理和委托代理机构办理两种形式。当自行办理时,企业应根据发行在外的股份总数和董事会宣布的利润分配方案确定应发放的股利总额,根据股东明细账上记录的股东持股数量,计算每位股东的应得股利并开列股东股利支付清单,核对无误后,按授权批准的范围向股东支付股利;当委托代理机构办理时,企业确定应发放的股利总额并支付给代理机构,代理机构编制详细的股利支付清单,公司对清单进行审核,并对会计记录进行控制。

5. 会计记录控制

企业对筹资业务全过程都应进行会计记录,并通过会计记录进行有效的控制。具体而言,公司债券的会计记录控制重点在三个环节:发行日,期末计息和溢折价摊销,到期日还本付息。在发行日,无论是记名债券还是不记名债券,均应详细记录公司债券的发行日、到期日、面值、票面利率、发行价、发行总额、还本付息方式,对于记名债券,还应记录债券持有者的姓名(或名称)及住所、债券编号等;在期末,应计提债券利息并选用适当的方法分摊债券溢折价,编制债券溢折价摊销表,并进行相应的会计记录,准确反映企业债券的发行对损益和负债额的影响;在债券到期日,随着债券本金和利息的支付,会计上应及时注销公司债务。

对于公司发行的记名股票,应设置股东明细账,详细记录股东姓名、持股份数、股票面值、所持股票编号、股票发行日等;对于公司发行的无记名股票,应记录股票数量、编号及发行日期。股东明细账应定期与总账核对。

对于公司发行的永续债或优先股,除按规定做好相应记载外,会计处理上还必须依据会计准则要求正确判断其债务属性和所有者权益属性,并在此基础上正确地确认和计量。

二、投资活动内部控制

投资活动通常分为以下四种:①短期证券投资。证券投资包括股票投资、债券投资和基金投资等。证券投资的目的多种多样,可能是为了获取短期价差收益,也可能是为了获取中长期投资收益,还可能因没有明确指定投资意图而作为可供出售金融资产管理。短期证券投资的目的在于获取短期价差收益。②衍生金融产品投资。衍生金融产品投资包括以获取投资收益为目的的期货合同、期权合同、利率互换合同和货币互换合同等。③长期对外投资。长期对外投资是投资主体向被投资方投入供其长期使用的权益性资本或债务资本,包括长期股权投资和长期债权投资两类。④企业内部项目投资。企业内部项目投资是指为了扩大生产经营规模或提高生产经营效率而进行的长期资产的购建。

企业应当根据投资的目标和规划,合理安排资金投放结构,科学确定投资项目,拟订投资方案,重点关注投资项目的收益和风险。企业选择投资项目应当突出主业,谨慎从事股票投资或衍生金融产品等高风险投资。境外投资还应考虑政治、经济、法律、市场等因素的影响。企业采用并购方式进行投资的,应当严格控制并购风险,重点关注并购对象的隐性债务、承诺事项、可持续发展能力、员工状况及其与本企业治理层及管理层的关联关系,合理确定支付对价,确保实现并购目标。

(一) 证券投资及衍生金融产品投资

为了发挥自有短期闲置资金的使用效率,基于投机套利而从事的短期证券投资和衍生金融产品投资日趋普遍,为配合生产经营活动而利用衍生金融产品进行套期保值的企业也越来越多。近年来,通过证券投资及衍生金融产品投资获取高额收益的企业不少,但因证券投资及衍生金融产品投资而遭受巨大损失的企业也很多。证券投资及衍生金融产品投资的控制目标是保护金融资产的安全、追求投资的效益。理想的投资效果必须以严格的风险控制为前提条件。

1. 证券投资及衍生金融产品投资所面临的风险

证券投资及衍生金融产品投资的特点是资金的高度流动性、投资的高风险性和收益的高度不确定性。对于证券投资及衍生金融产品投资而言,面临的风险包括未经授权将资金用于证券投资及衍生金融产品投资、用于证券投资及衍生金融产品投资的资金被贪污或挪用、因过度投资于证券或衍生金融产品而导致企业缺乏用于生产经营的流动资金、出现不可接受的重大投资损失等。

2. 证券投资及衍生金融产品投资的关键控制点

证券投资及衍生金融产品投资的关键控制点通常包括额度分级授权,部门间相互牵制,投资组合与止损手段,逐日报告、审核与监督及会计记录。由于各企业规模和组织结构不同,关键控制点在不同企业的落实存在较大的差别。表6-1列示了某上市公司在风险评估的基础上依据关键控制点建立的具体控制措施。

表6-1 证券投资及衍生金融产品投资控制目标、风险和控制措施

目标	证券投资及衍生金融产品投资的安全、投资的效益性			
风险容限	损失额在初始投资额的10%以内			
风险	固有风险		风险应对	剩余风险	
	可能性	影响		可能性	影响
未经合理授权进行证券投资及衍生金融产品投资	高	重大资产损失或流失,导致财务危机	采取降低风险的应对策略	极低	能被事前制止或及时发现,财务损失极小
用于投资的金融资产被贪污或挪用	高			低	损失控制在投资额的20%以下
不可接受的重大投资损失,如股票或期货蒙受巨大损失、巨额委托贷款无法收回等	中等			极低	影响经营性款项的按时支付
严重影响资金流动性	高	影响企业信誉,产生不良法律后果			
关键控制点	1. 额度分级授权:建立由股东大会、董事会分别授予经理层用于证券投资及衍生金融产品投资额度的管理制度 2. 部门间相互牵制:按照不相容职务分离的要求在财务部门、投资管理部门、证券期货部门之间建立相互牵制、相互制约的制度 3. 投资组合与止损手段:明确规定投资组合要求、每种投资品种不同金额的审批级次、每一投资品种的最高投资额等 4. 逐日报告、审核与监督:证券期货部门向财务部门、投资管理部门、审计部门提交日交易及盈亏报告和定时报告,接受各部门对证券投资及衍生金融产品投资的管理与监督 5. 会计记录:按会计准则规定建立证券投资及衍生金融产品投资的会计制度,核算和监督各类投资品种的投资情况、浮动盈亏、已实现盈亏,并合理计提减值准备、确认减值损失				

3.证券投资及衍生金融产品投资的控制流程

证券投资及衍生金融产品投资的控制流程如图 6-3 所示。

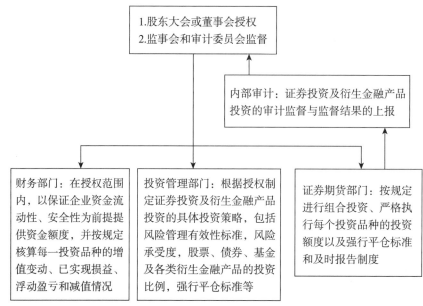

图 6-3　证券投资及衍生金融产品投资的控制流程

（二）长期对外投资

长期对外投资包括长期股权投资和长期债权投资两类。长期股权投资又具体包括长期股票投资和其他长期股权投资。长期股票投资是通过购买股票的方式向被投资企业投入的长期资本,企业作为长期股票投资而购入的股票,不是为了在短期内获取股票买卖价差取得投资收益,而是为了在较长时期内取得股利收益或对被投资企业实施控制,使被投资企业作为一个独立的经济实体为实现本企业的总体经营目标服务;其他长期股权投资是企业在联营、合资或者取得控股权的过程中,以现金、固定资产等实物进行的投资或以无形资产进行的投资。无论是长期股票投资还是其他长期股权投资,投资企业与被投资企业之间都存在所有权关系,投资企业有权参与被投资企业的经营管理并按投资比例分享被投资企业的收益,承担被投资企业的经营损失。长期债权投资是向被投资企业提供可长期使用的债务资本。

1. 投资业务的特点

（1）投资业务的风险性。无论是长期股票投资、其他长期股权投资,还是长期债权投资,都存在投资风险。例如,来自被投资企业的经营风险和违约风险,来自对被投资企业或被投资资产管理不当而产生的法律风险,来自证券市场的利率风险,来自投资者自身的投资决策失误等产生的风险等。投资业务的风险性决定了企业必须建立一套有效的投资决策系统和投资监管系统。

（2）投资业务的合法性。鉴于企业的投资行为具有一定的风险性和投机性,国家通常会制定法律法规对企业的投资活动进行比较严格的控制。例如,《证券法》对上市公司收购的规定,证监会制定的《上市公司收购管理办法》,国家有关部门对国家股、法人股处置的规定,等等。企业必须在法律法规的范围内进行投资决策,从而使投资活动在合法的程序下进行。

(3) 投资性资产的流动性。企业对外投资形成的投资性资产中,证券投资的流动性比较强,各种证券可以在证券市场上自由转让;随着我国资本市场的不断发展完善,其他股权性投资的转让也越来越便利。这种投资性资产流动性强的特点决定了它们往往成为舞弊行为的焦点。其他长期股权投资形成的资产(如外地子公司资产、海外经营资产等)流动性也较强,且存在监管难度。因此,企业必须加强对投资性资产的管理和控制。

(4) 投资性资产的价值变动性。在企业的对外投资中,无论是证券投资还是其他投资,其共同特点是受多种因素(如市场的变化、企业间竞争的加剧、政治局势的动荡、宏观经济政策的调整等)的影响,特别是在世界经济一体化的趋势下,任何国家或地区、行业的重大事件的发生都会导致证券市场的波动,甚至影响世界经济的发展,从而导致企业投资性资产的价值发生变动。因此,从真实反映投资性资产价值的角度来看,企业应当建立严密的控制机制,以合理的方法保证投资性资产的价值变动能够得到正确揭示,避免人为歪曲投资性资产价值的情况。

(5) 投资程序的复杂性和多样性。企业对外投资可以通过企业内部的投资支持系统和投资决策系统来实现,但在具体操作过程中,投资程序具有复杂性和多样性。复杂性表现为相对于其他资产的取得较为复杂,如对外投资通常需要借助银行、咨询公司、证券交易商等第三方的帮助,经过方案咨询、中介机构的选择、并购条件磋商、协议签订、协议履行等若干环节;多样性表现为企业对外投资中的投资类型不同(如股票投资与其他股权性投资),投资程序也有所不同。投资程序的复杂性和多样性决定了企业必须重视对中介机构的选择,建立严格的投资环节内部控制制度,保护投资企业的合法利益。

2. 对外投资业务内部控制的目标

对外投资业务内部控制的目标包括:

(1) 保证对外投资的合法性。当前,国家颁布了一系列有关投资的法律、法规,其目的在于规范投资市场,对各种投资活动进行有效的控制,使之符合国家宏观经济发展的需要。企业对外投资必须首先符合这些法律法规的要求,这是保障投资企业利益、降低投资风险的根本保证。企业通过对投资决策过程、执行过程的控制,保证投资业务的合法性。例如,我国《公司法》第十五条规定:公司可以向其他企业投资;但是,除法律另有规定外,不得成为对所投资企业的债务承担连带责任的出资人。第十六条规定:公司章程对投资或者担保的总额及单项投资或者担保的数额有限额规定的,不得超过规定的限额。这些控制投资风险和限制投资规模的规定,是企业做出投资决策时首先应予以考虑的。另外,企业必须按照相关会计准则和会计制度的规定进行投资业务的核算,保证投资资产及投资收益的正确反映,选择合理的会计处理方法,对投资资产的计价、投资收益的确认以及相关的信息披露进行有效的控制。

最近几年,海外投资和海外上市公司不断增加,由于政治环境、法律环境和市场环境的不同,各国对公司管制的方式有很大的不同,而且西方国家的资本市场监管要求在许多方面比我国高,因此海外投资和海外上市公司在构建内部控制系统时必须达到所在国的合规性要求。

(2) 保证投资性资产的安全性。企业对外投资中,有价证券的流动性仅次于货币资金,且存在收取利息或股利的问题,如果没有严格的控制制度,其安全性将受到影响;其他长期股权投资形成的控股、联营、参股企业的股权管理与被投资企业资产管理和经营管理存在许多因无法直接干预而形成的风险。因此,企业应当将保护投资性资产的安全性作为内部控制的目标之一,制定控制程序,完善控制制度,堵塞一切可能存在的漏洞,保护资产的安全、完整。

(3) 保证投资活动的效益性。企业对外投资的目的在于直接获取投资收益或者促使被投资企业配合本企业经营而获取整体投资效益。任何投资都会面临一定的投资风险;与此相应,投资业务内部控制的目标之一就是保证投资活动的效益性,即在可接受的风险范围内确保投资收益最大化。

为了实现上述目标,企业应当建立一套科学的投资决策组织体系和风险控制系统,制定投资战略、投资政策,形成完善的决策制度。具体而言,投资战略是企业为了长期的发展,在充分估计影响企业发展的内外环境等相关因素的基础上,对长期投资行为做出的整体筹划和部署。投资政策是基于企业投资战略发展的需要所确定的对外投资基本规则,包括投资领域和投资方式。前者是对企业对外投资方向和范围的限定(如投资的行业限制等),它是企业投资战略的具体体现,在这一限定条件下,任何偏离战略发展核心的投资计划均不予考虑,以保证企业获取长期利益。后者是企业贯彻投资战略、实现资源配置的具体形式,如对外股权投资中是采用绝对控股还是采用相对控股、是控股还是参股等。决策制度安排体现为投资决策的层级结构,是企业投资决策、权利分配的制度安排。投资内部控制就是要保证企业投资战略的制定符合客观环境和企业实际情况,投资方式的选择合理、恰当,对外投资的决策程序和过程科学、合理,特别是建立一套重大投资集体决策制度,从而保证投资的质量。

3. 长期对外投资业务流程控制

鉴于长期对外投资业务的高价值性和高流通性,企业必须建立科学、严密的业务流程,以便对投资业务进行有效控制,防止舞弊行为,确保投资资产的安全性、效益性和相关会计资料的真实性和完整性。投资业务流程控制包括投资项目取得、初步分析与筛选、项目评估、项目审批、项目实施、项目管理六个阶段。其中,投资项目取得、初步分析与筛选、项目评估、项目审批属于投资决策流程,项目实施、项目管理属于投资执行流程。长期对外投资业务控制流程如图6-4所示。

(1) 投资项目取得。投资项目的取得路径有两条:企业内部分析和外部推荐(包括中介机构推荐和被投资企业自荐)。对于企业内部分析获取的投资项目,投资管理部门应向经理层提供被投资企业概况和投资项目概况方面的基本资料,以便经理层对项目进行初评和筛选。

(2) 初步分析与筛选。经理层初步分析与筛选项目的重点在于对项目质量进行初

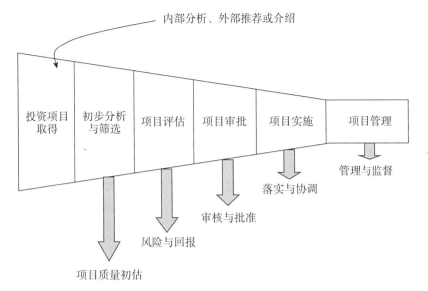

图 6-4 长期对外投资业务控制流程

步评价。初步评价的内容包括项目是否与公司发展战略相吻合、国家产业政策与宏观经济环境对此项目的影响、项目和公司目前经营的匹配与协同。只有通过初步分析与筛选的项目才能进入下一步的评估程序。

(3) 项目评估。项目评估是由战略委员会、审计委员会等相关专业委员会分别进行的,必要时还需借助外部专家的力量。对于已经通过初步分析与筛选的投资项目,经理层需向战略委员会、审计委员会等提交详细的项目论证报告,对投资项目是否符合国家产业政策及相关法律法规的规定、是否符合企业的投资战略目标和规划、是否具备相应的资金实力,以及项目的技术先进性、市场前景及产品或服务的市场竞争力、财务可行性、股权结构安排、项目的管理方式和运营模式进行论证,相关专业委员会依据论证报告对项目进行评估和质询,必要时进行实地调研。只有经过专业委员会评估的投资项目才可提交董事会。

(4) 项目审批。投资项目经过专业委员会评估后提交董事会审批,形成投资决议,若属于重大投资则应提交股东大会审批。提交董事会和股东大会审批的投资项目,不仅要有论证方案,还必须有详细的投资计划。需政府有关部门审批的合资合作项目以及关系国计民生的重大项目,必须经有关政府机构审批后方可进入实施阶段。投资项目通过审批后,应与被投资方或合作方签订投资合同或协议,明确规定出资时间和进度、金额、方式、双方权利义务和违约责任等内容,作为投资项目实施和管理的依据。

(5) 项目实施。获批准的投资方案和签订的投资合同或协议应在经理层的领导下由投资管理部门会同财务、法律、工程等部门共同实施。项目实施过程控制的重点在于落实获批准的投资方案,处理好项目实施中投资方与被投资方的关系、被投资方内部各部门之间的关系,严格按照投资方案的进度和资金用途使用资金,就重大事项与例外事项及时与投资方沟通。

(6) 项目管理。投资项目管理是按照投资计划及协议对已形成的投资项目进行日常管理和监督、控制项目运行风险,从而保证投资项目达到预期的经济效益。项目管理过程中,企业应当指定专门机构或人员对投资项目进行跟踪管理,及时收集被投资方经审计的财务报告等相关资料,定期组织投资效益分析,关注被投资方的财务状况、经营成果、现金流量以及投资合同的履行情况,发现异常情况,应当及时报告并妥善处理;企业应当加强对投资项目的会计系统控制,根据对被投资方的影响程度,合理确定投资会计政策,建立投资管理台账,详细记录投资对象、金额、持股比例、期限、收益等事项,妥善保管投资合同或协议、出资证明等资料;对于采用权益法核算的对外投资,在完整反映投资方在被投资方权益的基础上,应正确区分所拥有权益的类型以及权益对损益的影响,对于具备控制关系而采用成本法核算的对外投资,应在做好日常核算的基础上,特别关注内部交易、投资方与被投资方会计政策和会计估计等方面的差异,保证合并报表的真实可靠性;企业财务部门对于被投资方出现财务状况恶化、市价当期大幅下跌等情形,应当合理计提减值准备、确认减值损失;在投资监管过程中,投资管理部门应与财务等部门密切配合,在持续做好投资项目跟踪分析的基础上将分析结果反馈给决策层,及时调整投资决策或者制定投资退出决策。

三、生产经营过程中资金营运内部控制

企业在经营过程中的资金营运始于货币资金,最终又回到货币资金,从而完成一次资金循环。资金营运过程实质上是资金增值过程。在正常的生产经营情况下,资金营运中初始投入的货币资金与最终收回的货币资金在量上是不同的,最终收回的货币资金在量上应大于初始投入的货币资金。但是,资金营运过程中的资金增值并非必然,是否实现资金增值以及增值金额的大小取决于对资金营运过程的控制水平以及以资金营运为主线的生产经营管理水平。

(一)生产经营过程中的资金营运环节

尽管在企业经营过程中的资金营运始于货币资金、终于货币资金,但对于不同性质的企业,资金循环系统中的营运环节存在明显不同。

制造型企业的资金循环经历货币资金、结算资金、储备资金、生产资金、储备资金、结算资金环节,最后回到货币资金。其营运过程如图6-5所示。

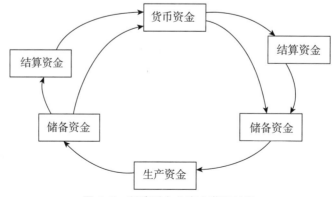

图6-5 制造型企业资金营运过程

流通型企业的资金循环经历货币资金、结算资金、储备资金、结算资金环节,最后回到货币资金。其营运过程如图6-6所示。

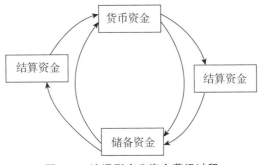

图6-6 流通型企业资金营运过程

(二) 资金营运内部控制的基本要求

从资金营运与生产经营过程的关系来看,资金营运是企业生产经营过程的反映,但它并不是被动地反映企业生产经营过程。实际上,对企业生产经营过程的控制是通过对生产经营资金投入总规模、各环节资金量和资金停留时间的控制来实现的。资金营运内部控制应体现以下基本要求:

1. 综合平衡

资金营运具有时间上的继起性和空间上的并存性。就制造型企业而言,资金营运在时间上依次经过"货币资金—结算资金—储备资金—生产资金—储备资金—结算资金"环节,最后回到货币资金,但从空间上看,资金营运同时存在于货币资金、结算资金、储备资金、生产资金环节;就流通型企业而言,资金营运在时间上依次经过"货币资金—结算资金—储备资金—结算资金"环节,最后回到货币资金,但从空间上看,资金营运同时存在于货币资金、结算资金、储备资金环节。按照综合平衡的要求,企业应注意资金在采购、生产、销售、结算等环节的综合平衡,做到资金数量和时间在各环节的合理配置,避免资金在某一环节积压或短缺,保证资金循环的安全与流畅。

2. 总体效益

企业应站在谋求资金总体运营效益最大化、保持效益可持续性的战略高度管控资金。按照企业战略发展规划做好资金在长期资产购置与流动资产配置之间的分配。对于生产经营中的资金营运,既要考虑各经营环节对资金的需求,也要充分考虑服务于整个企业经营的各项支出对资金的需求。在生产经营各环节的资金安排上,要基于产品和服务的竞争优势进行各环节的资金配置和整合,不能只谋求某一环节资金占用量的多少和资金周转速度的快慢。例如,放宽对经销商的应收账款收账期虽然增加了结算中的债权,但提高了经销商经销本企业产品的积极性,达到了扩大销售额的作用,有利于生产经营资金总体效益的提高。对于服务于整个企业经营的各项支出,不能仅考虑如何减少支出,还应该强调在提高企业竞争力的前提下合理安排支出,以效果为导向考核资金的使用。例如,为了提高产品竞争力,企业必须投入足够的经费进行研究开发和产品更新升级;为了提升人员的竞争力,企业必须加大人力资本的投入。

3. 资金预算

企业应按照战略规划和生产经营计划的要求编制资金预算,将生产经营对资金的需求和资金在各方面、各环节的配置全部纳入预算管理,严格按照预算调度资金,保证资金及时收付、流转,实现资金的合理利用和良性循环。

4. 严格管控

企业应健全资金收付的审批、复核和监督制度,杜绝资金体外循环,保证资金使用的合理合法;在资金预算的基础上,建立资金定额控制、差异分析、责任考核制度,通过严格的资金管控来优化生产经营过程管理;完善企业的信息系统,提高资金集中管理水平,通过资金集中管理降低资金成本、提高资金使用效率。

(三)各类资金形态的内部控制

1. 货币资金内部控制

货币资金是以货币形态存在的资金,包括现金、银行存款和其他货币资金。在企业各项业务中,货币资金业务是最普遍、发生最频繁的,也是最容易出现问题的业务。因此,加强货币资金的内部控制尤为必要。在货币资金控制中,根据货币资金的循环过程,应控制的主要内容包括货币资金收入、货币资金支出和货币资金保管。货币资金收入的来源主要有两个:一是通过销售商品、提供劳务向客户收取的现销款和赊销款;二是通过发行股票、债券,借入借款或转让投资、固定资产、无形资产等获取的款项。货币资金的支出包括各种资产的购置、成本费用的支付、债务偿付、缴纳税款等。货币资金的保管包括现金的保管和银行存款的保管。良好的货币资金内部控制制度应当保证上述循环过程的有序进行,并有助于防止货币资金业务中舞弊行为的发生,保证资金的安全性,满足业务经营的需要,提高资金的使用效率。货币资金内部控制应抓住以下几个关键点:

(1)货币资金审批与执行职务分离控制。在货币资金内部控制中,通常应对下列不相容的职务予以分离:第一,货币资金的收付及保管职务(出纳职务)与会计记录职务(会计职务)、会计稽核职务相分离。货币资金的收付及保管由经授权的出纳员负责,但出纳员不得从事收入、费用、债权、债务等账簿记录以及稽核工作;同时,账簿记录人员及稽核人员不得从事货币资金实物的收付和保管工作。第二,货币资金的保管职务与清查职务相分离。为了保证货币资金的安全性,应保证货币资金的保管职务与清查职务相分离,使清查人员不控制相应的资产,保持货币资金保管与清查之间的制衡。第三,应收款项及应付款项记录职务与现金收支记录职务相分离。第四,支票保管职务与现金支出记录、银行存款记录及银行对账单核对职务相分离。第五,货币资金支出审批职务与出纳、支票保管职务相分离。第六,货币资金收支职务与业务经办(开票)职务相分离。

(2)授权审批控制。货币资金控制中的授权审批控制要求企业制定与货币资金收支相关的业务处理权限并明确应承担的责任,使相关人员在该权限范围内直接进行处理,保证工作效率。对货币资金审批人的审批权限、经办人的经办职责等做出明确规定,审批人不得超越审批权限审批,经办人必须在职责范围内按照审批人的审批意见办理货币资金收支业务,对于审批人超越授权范围审批的,经办人有权拒绝并向审批人的上级授权部门报告。

(3) 人员控制。鉴于货币资金风险性大、安全性要求高的特点,企业在货币资金内部控制中应重视对相关人员素质的控制,实行人员准入制度。具体包括三个方面:第一,建立出纳、会计等岗位业务能力、政治素质、资信记录准入标准,符合标准者才能从事货币资金收付及会计记录工作;第二,建立货币资金相关岗位人员业绩追踪考核制度和激励制度,不能胜任人员应及时调离岗位;第三,建立职务轮换制度,一方面提高员工的全面工作能力,另一方面预防职务舞弊行为的发生。

(4) 企业印章控制。在货币资金的支付中,加盖印章是关键环节。因此,企业必须对印章进行严格的控制。第一,加强对企业银行预留印鉴的管理。财务专用章由专人保管,个人名章必须由本人或其授权人员保管,严禁一人保管支付款项所需的全部印章。第二,各类印章应严格按照规定的业务范围和批准程序使用,不得乱用、错用。

(5) 预算控制。企业应按照生产经营预算、投资预算、费用开支预算等测算出预期现金流入量、流出量和净流量,编制货币资金收支预算或预计现金流量表,反映和控制生产经营对货币资金的需求,严格按照预算办理货币资金收付业务。

2. 结算资金内部控制

结算资金是现代企业资金存在的一种基本形态,是货币资金与实物资产相互转化的桥梁和纽带。结算资金控制不力很容易出现欺诈行为导致重大损失。结算资金控制水平不高不仅影响企业的整体资金使用效率,甚至有可能使企业陷入财务危机。结算资金内部控制应抓住以下几个关键点:

(1) 按提升企业竞争力的要求和资金实力安排结算资金占用。结算资金占用表现为企业的债权,结算资金占用过大必然会造成对企业整体资金需求量的增加。但是,为了提升产品的销售竞争力、在产业链上建立良好的互信关系,企业必须在考虑自有资金实力、结算资金占用、结算资金来源等因素的前提下科学安排结算资金占用额度。

(2) 结算资金安全性控制。企业必须建立客户信用评估体系,并将信用授权与销售业务作为不相容职务进行分离,根据客户信用以及在企业生产经营中的地位与作用确定信用额度、信用期限、结算方式和债权保全措施。

(3) 将结算资金控制嵌入经营业务管理。企业应将结算资金管理与销售业务管理、采购业务管理、货币资金管理有机结合,将结算业务引起的资金收付纳入销售预算、采购预算、货币资金收支预算等相关预算体系,实现资金形态转化的良性过渡。

3. 储备资金内部控制

储备资金主要是企业在原材料及辅助材料、燃料、备品备件、半成品、库存商品等存货资产上占用的资金。为了保证生产经营活动的正常进行,企业必须将一定量的资金占用在存货储备方面。在储备资金管理方面,既有可能因储备不足而影响生产、销售或服务,也有可能因储备过量而造成资产积压;储备资金对应的是流动性较强的实物资产,管理不严容易出现毁损、遗失或被盗。储备资金内部控制应抓住以下几个关键点：

（1）建立严密的存货收入、发出和库存物资管理的永续盘存制度，并通过账实核对、定期盘点对存货的数量和质量进行监控，防止因存货毁损、遗失或被盗而导致储备资金损失。

（2）按存货储备要求确定存货经济订购量，合理安排采购资金供应和存货采购进度，保证存货储备量在满足生产进度和销售进度的条件下保持合理的资金占用额。

（3）结合生产预算、销售预算编制存货预算，根据存货预算的要求按类别、品种分季、分月对储备资金占用额实施控制。

4. 生产资金内部控制

生产资金是制造类企业处于生产过程中的资金占用。生产过程除了需要健全原材料领用、生产流程管理、产成品入库手续等制度，还必须保证生产的产品在数量和质量上满足客户或市场需求，以及通过对生产过程进行严格的成本控制来实现生产经营的效率和效果。生产资金内部控制应抓住以下几个关键点：

（1）在原材料领用、生产流程、成品入库环节建立严密的审批、经办、复核、质量监督制度，避免生产资金的违规使用、流失和浪费，保证生产资金的安全。

（2）严格按照生产计划和预算组织产品生产，避免因开工不足而影响销售，或者因盲目生产而造成产品积压。

（3）健全车间生产台账，不断完善成本核算和成本分析考核制度，及时、准确地计算产品成本，为产品成本控制提供可靠数据。

（4）实行目标成本管理。制定产品目标成本和单位产品材料、人工、制造费用消耗定额以及产品的废品率，在提高产品竞争力的前提下控制产品的生产成本。

（5）建立健全产品质量检验制度和产品质量责任追究制度，通过质量检验和责任考核，促使产品质量不断提高。

第二节　采购业务内部控制

采购是指企业采购物资或接受劳务并支付款项等相关活动。采购业务是企业经营活动的首要环节，与生产和销售计划密切相连，是直接导致货币资金支出或负债增加的业务领域。对于采购业务而言，应当严格安排采购和付款环节，在正确编制采购计划的基础上，确保物资采购符合生产经营活动的要求，建立健全相关管理制度和程序，实现规范和完善采购业务流程、确保企业资产安全的目标。

一、采购环节内部控制

采购业务内部控制是指企业为了确保生产经营物资供应规格、质量、数量和品种的合理性和避免业务环节的管理漏洞，针对采购业务中可能存在的风险，设计出规范整个业务流程与关键控制点的规定、方法和措施等,以实现采购业务各环节的标准化,加强风险应对能力。

(一)采购环节内部控制的目标

1. 保证采购活动的真实性、合理性和合法性

采购活动应严格限制在国家法律法规允许的范围内。企业的采购计划应依据生产和营销计划来制订,既不能因采购不足而影响生产经营活动的正常进行,也不能因采购过剩而造成资金在储备环节的积压。各个部门应保证本部门采购业务事项的真实性、合理性,应用牵制原则,采取岗位轮换和分部门办理采购全过程等措施,对传递到本部门的单据进行权限内的审核审批,以防范欺诈和舞弊行为的发生,排除采购计划在源头存在失误的可能性。部门与部门间的协调配合是流程顺利进行的必要保障,部门内部的严格权限管理和部门与部门间的严密分工配合,为整个采购活动打下坚实的组织基础,从组织结构上减少管理漏洞。

2. 有效控制市场风险

为了降低生产成本、提高资金使用效率、避免采购环节发生浪费和损失,采购业务内部控制首先需要控制订购数量;其次,对请购产品数量、种类进行成本影响分析,利用经济批量法测算成本及采购的批次和数量,以确定最优经济订货量,在保证生产供应的同时节约仓储成本;最后,灵活应对市场环境条件的变化,提前预测变化趋势,执行弹性预算方案,防止库存短缺或积压造成的资源浪费。企业还应建立供应商信息系统、科学的招投标和定价机制,避免采购环节可能发生的资金损失。

3. 及时准确提供会计信息

采购业务不仅是为生产经营提供物资保障的过程,还是会计信息流动的过程。采购签批后的请购单等单据需由会计部门专人审核。在正式记录采购业务、支付货款之前,各相关部门应将发票、运费收据、代扣代收税款单、入库单及购销合同、请购单等原始凭证传递至会计部门进行审查、核对;在支付货款时,会计部门应当根据付款凭证登记有关日记账,或者根据借款通知等核对签批后的发货票、验收入库单、请购单确认债务;确定各单据内容一致、手续齐全、责任明确后进行采购业务的会计记录。定期稽核账目,对发现的与采购相关的问题以及退货事项,及时联系供货单位,利用会计信息及时查明原因,确定责任,审批处理或调整应付账款。

(二)采购环节业务流程及其风险

1. 采购环节业务流程

企业的采购环节依据如下业务流程安排:请购、采购、验收、审核。每个流程经由一个或几个部门共同协调完成。部门内或部门间的权责界定和程序设定为实现过程控制和管理优化提供了组织基础。采购业务流程如图6-7所示。

采购部门根据各部门提交的物料使用计划及库存报表制订采购计划,报生产管理部门负责人、物资需求部门负责人、主管经理等管理岗位人员审批确认后,授权采购人员具体执行相关采购计划。采购人员依据质量管理部门下发的物料质量标准及采购计划进

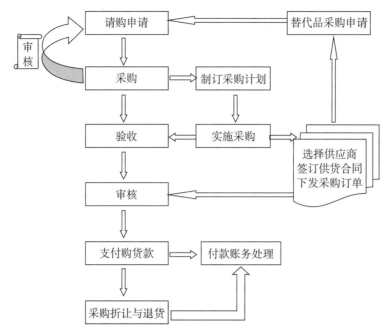

图 6-7 采购业务流程

行询价、比价分析,根据采购对象选择采购方式,确定供应商并签订采购合同。物料到货时,采购人员填写到货通知,到货通知随货物一同送到仓库,由仓库收货人员进行初检,确认验收合格后在到货通知上签字,财务部门交付购货款并进行入账处理;验收不合格时启动退换货管理程序,由采购部门与供应商协商后决定退换货事宜,收到退货款或折让后,由财务部门处理入账。

2. 采购环节风险点

(1) 采购计划管理风险。采购计划管理以各部门预算为起点。财务部门对各部门预算进行汇总、整理,编制年度采购预算表。年度采购预算表经财务总监和总经理等相关人员审核后,财务部门负责组织控制,采购部门负责具体执行,并在采购活动中根据实际情况对采购预算提出调整申请。采购计划管理流程与风险如图 6-8 所示。

采购计划关系到企业的预算平衡、生产计划、销售计划和货币资金需求。正确合理的采购计划有利于企业及时组织生产经营活动、降低库存费用、提高采购质量,从而降低生产成本,提升企业核心竞争力。

采购计划管理风险主要表现在以下三个方面:第一,采购部门根据物资需求部门申请的采购计划和库存仓储情况组织货源,如果对实际情况掌握不够,编制计划不合理、不科学,对市场风险认识不足,就会导致无法合理控制成本以及为企业正常生产经营提供合适条件。第二,采购计划管理过程中人为操纵控制,存在从中获取回扣牟利等舞弊现象,导致企业货币资金损失;请购部门与审核、审批部门不分离,容易产生徇私枉法行为,造成企业资产流失。第三,采购方式选择不合理造成的风险。比如,大宗物资未按照相应程序采购,而以零星物资采购的标准对待,降低了质量安全控制标准;不按照规定流程而采用紧急采购方式等会增大采购风险。

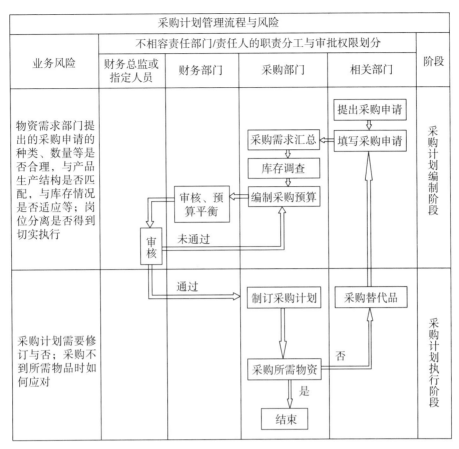

图 6-8 采购计划管理流程与风险

(2) 仓储库存管理风险。仓储库存管理过程中,除合理损耗外,还可能存在以下风险导致采购入库物资减损:第一,采购时间控制不当造成的风险。例如,采购提前,造成库存积压,仓储成本和管理费用增加;采购推迟,导致因原材料供应不足而使生产中断,可能造成违约风险,同时增加恢复生产成本。第二,意外风险(如火灾和偷盗等意外险情)造成的损失。第三,单据不全的物资采购期末入库价格暂估与实际情况相差较大造成损失的风险。

(3) 订立采购合同风险。订立采购合同流程与风险如图 6-9 所示。

订立采购合同的风险主要表现在以下三方面:第一,存在管理漏洞,内外人员串通,订立虚假经济合同,套取或占用资金。第二,市场调研不足,价格过高,合同条款不清或疏漏。第三,合同条款执行不严,责任分配不明晰;合同中规定的违约责任往往无可追究,计划、仓储与验收、生产等部门配合不严密,以致在收到全部货物之前就提前支付全款或在对方尚未履约的情况下放弃追究责任,给企业带来法律风险和经济损失。

(4) 采购价格管理风险。不同类型设备或原材料采购有不同的价格确定程序。一般较大金额的采购应采用招标采购程序,不重要的零星物品采购使用询价、比价采购程序。招标采购流程与风险如图 6-10 所示。

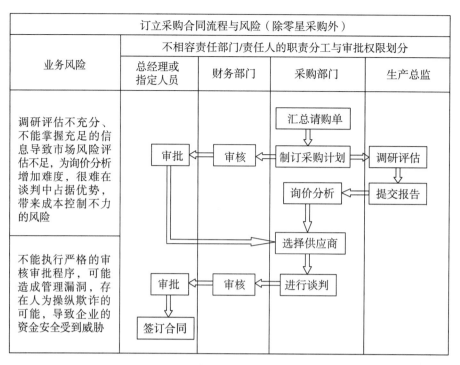

图 6-9　订立采购合同流程与风险

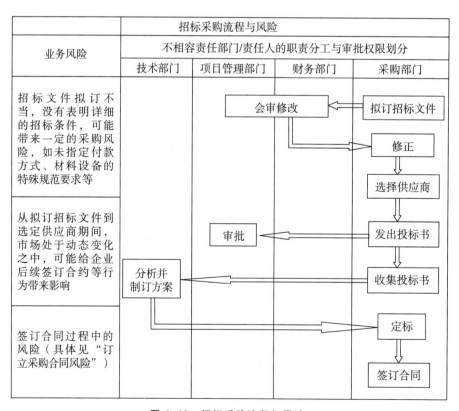

图 6-10　招标采购流程与风险

招标采购流程针对大宗物品采购,其带来的风险如下:第一,由于在招标过程中未妥善协商质量、付款等问题,易产生安全生产风险和信誉风险;第二,暗箱操作,与竞争性招标采购的初衷不一致,导致支付成本上升;第三,合同风险;第四,市场波动带来的行情变动未在招标过程中体现,可能导致招标的价格已经不是企业在现行条件下的最优安排,不能有效分散市场风险。

(5)供应商信息管理风险。供应商选择流程主要体现在确定采购价格及签订采购合同的过程中,风险主要表现在以下方面:第一,对于已经建立合作关系的供应商,能否详细掌握其情况,如供应材料的质量,对运输过程中发生毁损、运输费用等争议事项的处理态度和方式等。企业如果不能对现有供应商进行综合考核评估,就无法为接受其继续服务提供依据。第二,未能充分了解其他供应商的服务质量、价格等情况,可能失去获得优质原材料、设备供应的机会,因此更新供应商资料方面也存在风险。第三,在双方按照合同约定采用预付款方式采购的情况下,由于对供应商的财务状况、生产和供货能力缺乏准确的评估,可能存在信用风险。

(6)到货验收风险。验收涉及实物盘点、质量检测、供应方服务、付款等多项业务,有时还涉及退货管理,对企业的安全生产和后续货款支付影响很大。验收业务分为设备采购验收和物资材料采购验收两类,一般验收流程与风险如图6-11所示。

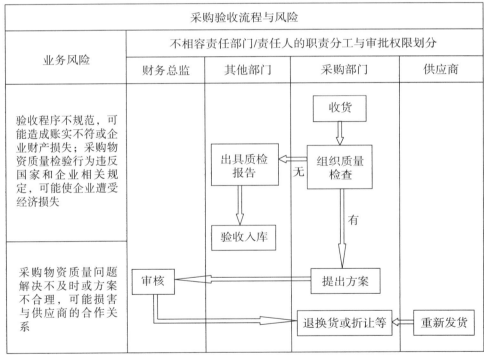

图6-11 采购验收流程与风险

到货验收风险主要表现在以下三方面:第一,物品或服务的数量与质量可能达不到购货订单和相关规定的标准;第二,验收时次序安排不合理导致顺序混乱,可能引起验收管理和结果出现问题;第三,验收质量不达标时没有及时启动退货管理程序(见付款业务中"退货管理风险")。

(三)采购环节内部控制措施

1. 采购计划管理内部控制措施

采购计划管理内部控制内容包括采购预算编制、请购审查和采购计划制订三个部分。年度采购预算根据企业生产经营计划编制,是制订采购计划的前提条件。采购申请(除特殊采购外)应限定在采购计划范围内,审批通过方可予以执行。采购计划管理内部控制措施如表6-2所示。

表6-2 采购计划管理内部控制措施

控制事项		详细描述及说明
阶段控制	采购预算编制	根据企业生产经营计划,各部门编制各自年度采购预算,由财务部门汇总整理编制年度采购预算表,经财务总监审核、总经理审批后,财务部门负责组织、监督、控制预算执行
	请购审查	• 由各物资需求部门参与。用料部门根据生产通知单或自身情况正确填写请购单,由本部门授权人审批。具体情况可分为以下三种: (1) 预算内生产物料、商品和其他物资等所需物品由物资需求部门提交请购单,本部门授权人审核 (2) 预算外临时需求物品由使用者直接提出,在请购单上填列清楚请购目的和用途,交由部门主管审批,并由财务部门资金预算授权人签字;紧急需求的特殊请购物品,需办理特殊审批程序,即先报备采购部门采购,加盖紧急印章,后及时补齐手续;需要由特定供应商提供的材料可以单独请购或在请购单上注明 (3) 特殊原因需要取消请购申请的,原请购部门应通知采购部门停止采购,采购部门应当在原请购单上加盖"撤销"印章,并退回给请购部门 • 经审批汇总的采购清单送往采购部门,采购员汇总物料申请表形成总表后,按采购对象类型选择相应的采购方式,进行下一步询价、比价工作
	采购计划制订	采购部门对汇总采购清单开展库存调查,根据审定后的采购清单进行市场调查,得到采购材料、设备比价信息,根据实际情况提出采购预算表调整申请,提请财务部门重新调整预算,经财务总监审核、总经理审批后,重新发布采购预算方案。采购部门收到审查后的请购单,履行请购手续,执行采购任务
相关规范	应建规范	• 请购审查制度 • 采购预算编制制度 • 订货控制制度

2. 仓储库存管理内部控制措施

仓储部门事先根据以往的使用情况以及物资采购的时间,总结出企业一般情况下的最低订货点和最佳订货量,以方便确定采购时间及采购量。仓储部门除验货时对货物的品名规格、交运日期与验收完工时间、收货数量等进行核对检查外,还负责监督供应商退换货、定期组织盘点和整理整顿仓库、定期处理呆滞料和报废品、根据领料单发放材料等工作,并配合其他部门开展相应工作。仓储库存管理内部控制措施如表6-3所示。

表6-3 仓储库存管理内部控制措施

控制事项		详细描述及说明
阶段控制	采购时间控制	仓储管理部门运用经济订货批量分析最低库存点进行采购时间控制。如果库存足够,则采购部门通知物资设备使用申请部门凭物料申请审批凭证至仓库领料;如果库存不足,则采购部门人员负责订购
	意外风险控制	企业每年定期对仓储库存进行相关保险,做好消防安全工作,以防止意外的发生;同时,加强仓储库存安全管理,防止货物失窃;定期进行实物盘点,与账面物资进行核对
	制作、传递和保管入库单控制	● 库管人员对物资验收确认无误后,根据购货发票填写相关入库单,然后将财务联随购货发票交给采购经办人员,办理审批、财务入账手续。库房记账联作为记录材料明细账的依据,交给库房材料会计 ● 库房材料会计期末对尚未收到发票的入库物资,根据入库单编制暂估入库物资明细表一式两份,一份自己保留作为物资暂估入账依据,一份交给财务作为暂估入账依据,保持存货账面数与实际库存数一致
相关规范	应建规范	● 库存物资保险制度 ● 期末暂估入库制度 ● 库存物资定期盘点制度

3. 订立采购合同内部控制措施

采购部门依据审批后的请购单与供应商签订的购货合同,应当符合我国《合同法》的相关规定。为确保合同真实合理,保证物资验收单、运货单、发票等与合同约定一致,入库产品实物的品种、规格、质量、价格与合同约定相符合,企业可以采取签约审计、结算审计与消耗审计相结合的审计策略。合同相关事项的真实、合理与合法是降低材料采购成本、减少企业经济损失可能性、预防合同纠纷的必要保障,因此合同签订前后的严格审核程序必不可少,对其内部控制措施的要求也甚为严格。订立采购合同内部控制措施如表6-4所示。

表 6-4　订立采购合同内部控制措施

控制事项		详细描述及说明
阶段控制	选择供应商	根据市场调研情况综合分析、选择供应商,包括价格风险分析和供应商管理风险分析
	合同拟定	应由采购部门根据审定的采购计划订立详细、规范的合同文件,内容包含质量要求、材料设备规格、供应商单位名称、付款方式、供货日期和具体价格、相关运输费用等一系列内容;经由财务部门、技术部门和资金预算部门以会议形式会审后,提出修改意见并由采购部门进行修正
	复核签约	领导审批后,根据权限由相关部门复核无误后双方签约。由财务部门进行审核。采购合同正本两份,一份存采购部门,一份交供应商;副本存财务部门
相关规范	应建规范	• 合同管理制度 • 采购管理制度

4. 采购价格管理内部控制措施

控制采购价格的过程就是为具体采购事项挑选供应商的过程。在大宗物资采购招标过程中,如果评审不规范、选择了不合格的供应商或签订的合同不符合国家相关法律法规的规定,就可能给企业带来不必要的损失。因此,企业应当采取相应的控制措施,降低价格风险。采购价格管理内部控制措施如表6-5所示。

表 6-5　采购价格管理内部控制措施

控制事项		详细描述及说明
阶段控制	市场调研询价、比价分析	大宗物资采购在财务部门预算控制下,由采购部门执行,采购部门对采购物资市场进行询价、比价分析后招标采购。采购部门负责招标文件和招标书的编制工作,经审核后发布招标信息,按照我国《招投标法》的相关规定开展招投标工作。其他商品和劳务则由采购员收集市场信息(价格和供应商等)后,依据综合条件进行比较,以品质为优先条件选择提供合适报价的供应商
	审核	完成询价、比价分析后,应由财务总监和总经理等有权限的人员分别审核审批,通过后方能签订合同;在付款过程中,应核对采购订单,确认发票、采购订单等单据稽核无误,然后汇总填写应付账款单
相关规范	应建规范	• 采购控制制度 • 价格监督制度 • 采购管理制度

5. 供应商信息系统管理内部控制措施

在已经建立的供应商关系之外,采购部门应定期拟订新供应商开发计划。对新供应商,采购部门需进行实地考察,制定淘汰机制。对货品质量、价格水平和其他合作条件未能达到公司要求的供应商,采购部门应结合物料使用部门的意见,书面说明详细情况并提出撤销合作关系的请示报告,待相关领导批准后通知供应商撤销合作关系,并及时更新供应商信息系统。供应商信息系统管理内部控制措施如表6-6所示。

表6-6 供应商信息系统管理内部控制措施

控制事项		详细描述及说明
阶段控制	供应商分类管理	• 对已经在册的供应商,应当根据以下几点进行分类管理:①供应材料设备的重要性、质量和金额大小;②供应的稳定性;③双方配合默契程度;④运输采购成本的高低 • 对尚未在册的供应商,应时刻注意其价格等市场动态,选择优质供应商纳入管理范围
	定期考核	采取定期考核的评定方式,内容包括质量的符合性、价格的合理性、适时交货程度、数量的准确性、综合配合程度
	其他事项	• 尽量采用先验货、后付款的采购方式,避免使用预付款方式,以保证货币资金安全 • 保留对供应商违约责任予以追究的权利 • 保留对内部相关责任人予以追究的权利,责任发生时予以行政处分;情节严重、构成犯罪的,依法送交司法部门追究刑事责任
相关规范	应建规范	• 供应商评估和准入制度 • 供应商档案管理制度 • 采购管理制度

6. 到货验收管理内部控制措施

在货物验收环节,企业应当关注采购物资的品种、规格、数量、质量等相关内容与请购单、购货合同等是否相符,以保障企业生产经营所需物资得到合理供应;对于收到不符合合同规定的产品,应视为不合格产品,启动退(换)货程序。到货验收管理内部控制措施如表6-7所示。

表6-7 到货验收管理内部控制措施

控制事项		详细描述及说明
阶段控制	检验物品	验收货物由专门的验收人员进行,根据批准的订单、合同、开箱单等采购文件,采用技术、过磅或测量的方法验明货运单上列示的数量,然后在货运单上签字;实物检验的重点在于检验采购物资的品种、规格、数量、质量等相关内容与请购单、购货合同等是否相符,具有特别技术要求的物品还应送样品进行专门质检,开具验收单或检验报告。出现实物与发票或随货同行单不符的情况时,验收人员应当在拒收的同时报告相关部门并予以记录

(续表)

控制事项		详细描述及说明
阶段控制	单据审核传递	保管人员对已验收物品的发票、请购单和购销合同进行核对,实物检验和单据核对无误后填列入库单并签字。入库单一式三联,一联留存登记仓库台账,一联连同相关凭证送交会计部门进行付款结算,一联退回采购部门备案
相关规范	应建规范	• 采购与验收控制制度 • 会计稽核与对账制度

二、付款环节内部控制

付款环节内部控制是指企业为了确保资金的安全完整、避免信用损失,针对付款环节中可能存在的风险设计出规范整个业务流程和关键控制点的规定、方法与措施等,以实现付款环节流程的标准化和完整性。

(一) 付款环节内部控制目标

1. 保证货款支付或负债增加的真实性、合法性和有效性

付款活动应严格限制在国家法律法规允许的范围内,预防经办人员以权谋私、订立虚假经济合同,导致资金流失和资产信用损失等现象。采购合同应当符合我国《合同法》的规定,采购大宗物资材料应当依照我国《招投标法》的规定,采取货比三家的招标采购方式,落实中标价格和中标品种,保证合同条款和手续合法有效。

2. 有效控制财务风险

支付货款和预付款可能带来资金和信用风险。企业应当按照本企业的货币资金管理制度,针对不同采购类型下的支付手段、后续账款管理方式以及售后事项等,采取流程化控制,在会计系统中建立相应的跟踪管理程序。对于可能出现的合同签订和执行风险,企业应依据供应商信息系统、科学的招投标或定价机制和严格的内部授权审批程序进行账款支付,以降低相应的风险。

3. 及时准确地提供会计信息

付款环节与采购环节具有的前后逻辑顺序,决定了其在提供会计信息上与采购环节具有一脉相承的关系,是采购环节传递会计信息功能的延续。企业在采购环节中通过验收、审核发现以前付款环节存在的漏洞,应及时报告并予以解决。在付款环节中通过过程控制和跟踪管理实现会计系统信息的共享,对付款活动中的预付款和定金进行管理控制,揭示购货折扣与折让的详细信息,综合分析款项的期限和资金成本,建立详细的供应商信息档案,追踪其他往来款项的信息,实现会计系统管控一体化,为企业正常经营、防范财务风险提供及时有效的信息保障。

(二)付款环节业务流程及其风险

1. 付款环节业务流程

企业的付款环节与采购环节中的货物验收、单据审核过程融为一体,付款环节具体业务流程参见图6-7。首先,付款环节需结合采购环节中的验收、审核过程,对采购预算、合同、相关单据凭证和审批程序等进行复核,以确保请购申请、供应商情况、采购合同、验收证明、仓储信息等正确完整。其次,除真实性、合法性确认无误外,企业还需就合同条款内容与验收项目进行核对;最后,选择合理、恰当的付款方式,按照合同规定完成货款交付。

付款方式分为现金交易、验收后付款、预付款等几种方式或其组合,每种方式均存在固有风险,主要表现为资金安全、应付账款管理风险和信用风险。验收过程中可能会因货物与合同不符而进入退换货程序,从而形成退换货管理内部控制。

2. 付款环节风险

(1) 验收后付款风险。付款业务风险前向存在合同订立风险和到货验收风险,后向存在审批应付账款管理风险和信用风险。验收后付款流程与风险如图6-12所示。

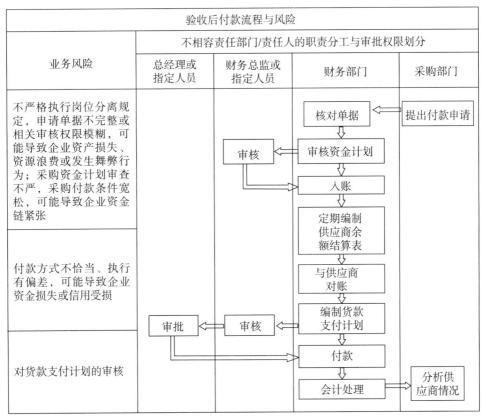

图6-12 验收后付款流程与风险

验收后付款方式的风险主要包括以下方面:第一,对企业货币资金安全制度实行程度的要求,审核审批的严格程度;第二,部门间的协调配合程度,收货部门应当将验收情况及时传递给采购部门,以继续审核付款或进入退换货管理程序;第三,货款支付计划涉及应付账款管理,支付期限、结算凭证、审批权限等不明晰会导致企业面临信用风险。

(2)预付款支付风险。预付款支付流程与风险如图6-13所示。

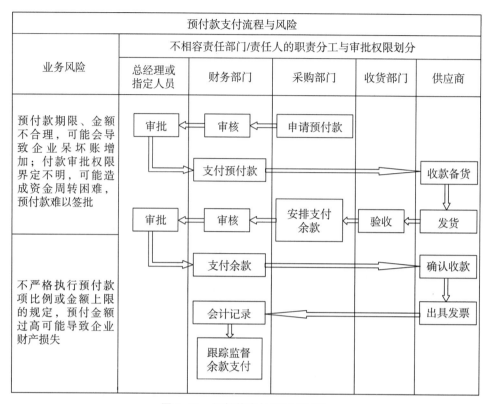

图6-13 预付款支付流程与风险

支付预付款方式的风险主要表现在以下方面:第一,出于资金安全的考虑,一般企业不支持预付款采购,若供应商违约可能造成资金无法收回;第二,不按照申请预付款审核审批、余款支付审核审批流程进行,将会干扰企业资金的正常运转,严重的甚至出现财务危机。

(3)退货风险。退货风险伴随着验收管理而出现。当供应货物出现与合同严重不符的情况时,企业可能会选择退货,进行货物出库、货款回收的工作,因而要从退货的条件、手续、具体行为三方面看待风险问题。退货管理流程与风险如图6-14所示。

退货风险主要表现在以下方面:第一,因验收质检不够严格而没有启动退货管理程序,导致不合格产品物资进入企业。第二,验收人员退货手续不全,无法辨别是否为验收不合格货物,造成库存管理混乱。第三,退货后货款不能按期收回。当供应商存在违约行为不予退货时可能出现货款不能按期收回的情形;采购部门凭借退货单填列退货数量、价格、供应商、金额等时出现疏漏,可能出现退货管理混乱情形,造成财务部门无法判断具体退货款回收情况,大大增加货款回收的工作量。

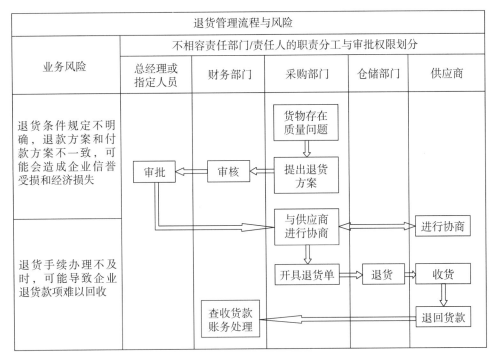

图 6-14 退货管理流程与风险

(三) 付款环节内部控制措施

1. 应付账款管理内部控制措施

采购人员应当定期汇总采购合同及采购订单,办理付款业务。财务部门应对采购合同的付款条件、采购发票、结算凭证、检验报告、计量报告和验收证明等相关凭证的真实性、完整性、合法性及合规性进行严格审核,核对合同执行情况,汇总应付账款。除审核付款外,财务部门还需定期审查应付账款,并取得供应商对账单进行核对,以保证应付账款得到及时清理,避免信用损失。应付账款管理内部控制措施如表 6-8 所示。

表 6-8 应付账款管理内部控制措施

控制事项		详细描述及说明
阶段控制	申请付款	首先由采购部门自审付款条件、采购发票等相关凭证,填写"付款申请单"和"应付账款表",提交财务部门
	审核	财务部门应当严格审核支付期限、采购发票、结算凭证、验收证明、入库明细单、审批权限,判定其真实、合法、合规后,由财务总监或指定人员再次审核,按金额大小及授权批准的规定报经有关领导审批,通过后再办理付款
	付款	涉及现金交易的,出纳付款时不应根据原始凭证支付,而应根据财务部门编制的付款凭证所载扣除折扣的价款净额支付,并由财务部门登记银行存款日记账:一是形成岗位分离控制;二是防止错漏偏差造成多付账款等

第六章 控制活动——主要业务内部控制

(续表)

控制事项		详细描述及说明
阶段控制	入账	采购人员通知供应商查收货款,将取得的所有发票及有关单据交财务部门入账。取得现金折扣的,应当扣除折扣以净额入账;还应注意预付账款的冲抵;及时清偿债务并登记入账,保证会计信息及时准确,保持良好的信用记录
	清理	财务部门负责监控跟踪应付账款清理工作,每月编制应付账款分析表以发现问题
	与供应商往来	定期与供应商核对往来账目,发现问题及时查明原因,上报后根据批准意见进行处理
相关规范	应建规范	• 应付账款控制制度 • 采购与验收控制制度 • 采购管理制度

2. 预付款管理内部控制措施

在采用预付款方式采购的情况下,采购人员与供应商达成一致意向后,需要将有关文件交采购部门经理和财务部门审核、上级领导审批后方可签订采购合同,按照合同预付款项,办理采购和支付余款。预付款管理内部控制措施如表6-9所示。

表6-9 预付款管理内部控制措施

控制事项		详细描述及说明
阶段控制	申请审批	采购部门按合同规定申请预付款,并对预付款的安全性和后续清理工作承担责任;由有权限的特定人员审批后确定支付;对预付款实行比例控制(支付额与总额的比例)、期限控制等控制手段
	跟踪分析	财务部门跟踪分析预付款,月末向采购部门提供未清理明细表等,说明待处理预付款情况
	审核付款	财务部门办理付款业务时,应当严格审核支付期限、审批权限,判定其真实、合法、合规后再予以付款。交付货款之前还包括核对付款凭证,查证供应商是否提供折扣等事项
	入账	采购人员通知供应商查收货款,将取得的所有发票及有关单据交财务部门入账
	清理	财务部门负责监控跟踪预付款清理工作,结合"预付款申请表"和"应付账款表",同时获得采购部门和仓储验收部门的配合,监督物资及时取得,保证预付款结算及时准确
相关规范	应建规范	• 预付款和定金授权审批制度 • 采购与验收控制制度 • 采购管理制度

3. 退货管理内部控制措施

当采购的货物存在质量问题时,采购人员依据企业相关退货规定及具体情况,提出详细的退货方案,上报部门经理和财务部门审核、上级领导审批。有关退货的具体事宜,采购人员应当与供应商进行协商,确定如何开展退货工作或采用其他补偿方式。退货管理内部控制措施如表6-10所示。

表6-10 退货管理内部控制措施

控制事项		详细描述及说明
阶段控制	申请退货	验收应当把好质量关,发现与合同中注明的货物验收标准不相符的视为不合格产品,并启动退货管理程序,申请退货
	出库	验收人员在验收证明上填列退货原因,经审核后采购部门负责编制退货通知单,通知供应商和物资请购部门,仓储部门将货物退回
	货款回收	退货后采购部门独立编制借项凭单,经审查送交财务部门;财务部门根据凭单内容,调整库存记录、应付账款或办理货款回收手续
相关规范	应建规范	• 退货控制制度 • 应付账款控制制度 • 采购管理制度

第三节 销售业务内部控制

销售是指企业出售商品或提供劳务及收取款项等相关活动,是企业经营活动的重要环节。销售业务管理包括销售与款项收回两个方面。一个企业要想生存、发展、壮大,需要不断加大销售力度、拓宽销售渠道、扩大市场占有份额。与此同时,企业的销售货款若不能足额或及时收回,必然会导致企业陷入财务困境。因此,对销售业务内部控制而言,应在促进企业销售额稳定增长、扩大市场份额的基础上,关注销售业务和款项收回的主要风险并采取相应的控制措施。

一、销售环节内部控制

企业生产出来的产品只有通过销售才能实现价值。销售收入是企业利润的主要来源,是企业获利的前提与条件。企业往往通过营销网络建设、广告与促销投入、以市场为导向的产品设计与生产以及设定库存等措施来管理销售业务,以实现企业销售目标。销售作为企业经营活动的重要环节,其内部控制的重要性对整个内部控制系统来说不言而喻。

（一）销售环节内部控制目标

内部控制的总体目标是控制生产经营过程中可能产生的一系列风险。在销售业务的一系列管理活动中,风险随处可见。鉴于销售活动在经营中的重要性,其内部控制的目标可确定为以下三个：

1. 有效保障销售收入的安全性与完整性

销售过程既充满了销售机会,又会出现许多销售风险。销售环境的变化是绝对的、必然的。企业不可能完全规避销售风险,只能掌握控制风险的策略和技巧,积极化险为夷,控制销售风险,使之转变为销售机会。企业应随时收集、分析并研究市场环境变化的资料和信息,判断销售风险发生的可能性,培养并增强企业对销售风险的敏感性。企业可及时有效地预测风险,尽早采取防范措施以规避风险。例如,积极投保便是企业控制风险的手段之一,即通过社会保险来控制、转移销售风险。建立销售业务的授权审批、不相容职务分离制度,可以保证销售收入的安全性与完整性。销售业务内部控制制度只有保证一切销售活动经过恰当的审批程序、符合不相容职务分离制度才能进行。

在销售工作中,客户的信用问题也是企业经常面临的风险之一。企业应当健全客户的信用档案,尽可能谨慎地对待信用管理,最大限度地杜绝信用风险发生,并防止引发其他负面效应和有可能派生出来的消极影响。

2. 确保销售收入的及时性和准确性

企业应加强对销售业务的控制,确保对发生的所有销售收入都及时准确地予以记录。所谓及时性,是指对销售业务应及时开单入账,便于后期的内部审核与控制。审核与控制应关注三个日期——发票开具日期、记账日期、发货日期,从而确保销售业务及时入账,避免因销售业务入账时间的拖延而产生舞弊现象。所谓准确性,是指所有销售交易均已入账。通过对销售发票进行事先编号,检查其编号的连续性和销售记录清单以确定是否存在重号、缺号,防止少记、不记或漏记实现的销售收入或虚增销售收入。

3. 保证销售收入的真实性和合理性

企业通过生产经营所取得的销售收入,是企业未来发展的资金来源。保证企业销售收入的真实性,也为企业未来的发展战略以及扩大企业规模提供了准确的依据。

所谓真实性,是指确保登记入账的销售交易确实已经发生。企业所发生的销售交易是以经批准的客户订单以及审核完毕的发货凭证为依据登记入账的,因此必须首先对合同的订立和履行进行有效的管理。在客户要求赊购的情况下,发货前应检查客户的赊购行为是否经授权审批；检查对账单以及客户的回函档案,避免虚增销售收入,杜绝虚假交易。

所谓合理性,是指销售的产品、提供的劳务要符合企业的经营范围,这是《公司法》中规定的公司登记时的必要记载事项,反映了企业业务活动的内容和生产经营方向。对销售业务合理性进行内部控制的目的是防止违反规定或超越经营范围的销售行为的发生。

（二）销售环节风险评估

1. 销售业务的一般流程

企业的销售活动并不仅仅是想象中那么简单的销售商品或提供劳务的过程,而是指与销售商品或提供劳务相关的一系列活动,主要包括销售计划管理、客户开发与信用管理、销售定价、销售谈判、销售审批与合同订立、组织发货或提供服务、收款、客户服务、销售折让与退回等(其中收款、客户服务、销售折让与退回将在"收款过程内部控制"中详细阐述)。销售业务的一般流程如图6-15所示。

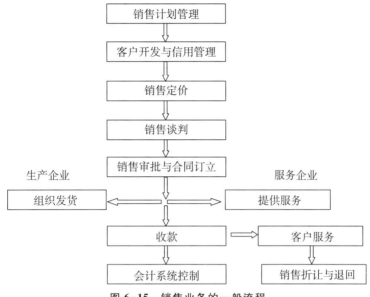

图6-15 销售业务的一般流程

2. 销售业务各环节的风险

(1) 销售计划管理风险。销售计划管理是整个业务活动的起点,其中必须包括详尽的商品销售数量及销售金额。详细的商品销售计划除为企业的经营方案和经营目标提供服务之外,还是其他一系列计划(如未来发展计划、损益计划、资产负债计划等)及其实施的基础。企业在进行销售预测的基础上,结合生产能力,设定总体目标额及不同产品的销售目标额,进而为实现目标设定具体的营销方案和实施计划,以支持未来一定期间内销售额的实现。

销售计划管理环节的主要风险是:第一,销售计划缺乏或不合理、销售政策和策略不当、销售渠道管理不当等问题会导致对市场预测不准确。若企业对产品市场过于悲观,则会错过销售机会,丧失产品的市场份额;反之,若企业对产品市场过于乐观,则会大批量地生产产品,从而导致销售不畅、库存积压、经营难以为继。第二,销售业务未经授权审批,导致产品结构和生产安排不合理,难以实现企业生产经营的良性循环。

(2) 客户开发与信用管理风险。客户开发是销售工作的重要环节,通常来讲是业务人员通过调查初步了解市场和客户情况,对有实力和有意向的客户进行重点沟通,最终完成目标区域的客户开发计划。信用管理是指对企业所有客户信用进行的管理,包括建立客户信用档案、划分不同的信用等级、按信用等级采取不同的销售策略等。在市场经济条件下,赊销是企业普遍采用的销售方式,对促进产品销售的实现具有重要作用。赊销有助于企业积极开拓市场份额,加强对现有客户的维护,在维系原市场的前提下开发潜在目标客户。同时,赊销必然带来信用风险,为了避免或减少赊销带来的风险,在企业内部建立行之有效的信用管理体系至关重要。

客户开发与信用管理环节的主要风险是:第一,现有客户管理力度不足、潜在市场需求开发不够,可能导致客户丢失或市场开拓不利。第二,客户档案不健全、缺乏合理的资信评估,可能导致客户选择不当。在大多数行业,赊销已经成为企业保持市场竞争力和增加销售额的重要条件。然而,对有销售意向的客户资信评估不当,必将加大应收账款变成坏账的风险,因此企业需根据自身的风险承受度确定具体的信用等级。第三,企业不能收回销售款项或遭受欺诈,轻则影响企业的资金周转,重则产生坏账,从而影响企业的资金流转和正常经营。

(3)销售定价风险。销售定价是指产品价格的确定、调整及相应审批。通常,产品的定价程序是:首先确定产品或服务的价值,然后将其与利润目标相结合确定价格。企业要掌握的精髓就是,客户需要的是产品或服务能为其提供的价值,在此价值基础上给产品定价,然后围绕价值打造产品及确定相应的成本。销售定价业务流程与风险如图6-16所示。

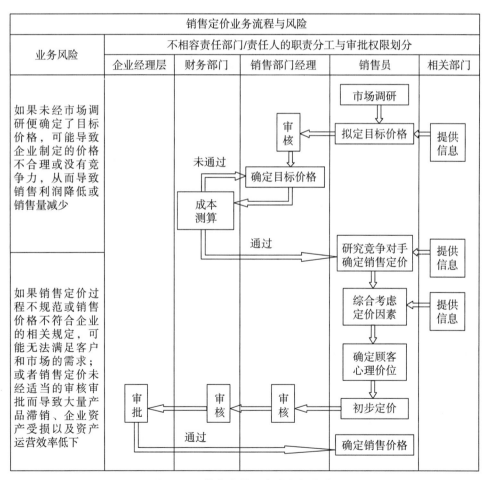

图6-16 销售定价业务流程与风险

销售定价环节的主要风险包括:定价或调价不符合价格政策,未能结合市场供需状况、盈利测算等进行适时调整,造成价格过高或过低、销售受损;商品销售价格未经恰当审批或存在舞弊,可能导致企业经济利益或者企业形象受损。

(4)订立销售合同风险。企业与客户订立销售合同,明确双方的权利和义务,以此作为开展销售活动的基本依据。销售合同是企业实现利润的主要手段,是企业经营、管理的重要工具。销售合同签订流程如图6-17所示。

图6-17　销售合同签订流程

订立销售合同环节的主要风险包括:第一,签约主体风险。合同签订之前,要关注签约方的资质与业绩。对于支付能力较差的签约方,应在合同中增加限制性条款(如款到供货等)以控制风险。第二,合同内容存在重大疏漏和欺诈,或未经授权对外签订销售合同,可能导致企业合法权益受到侵害。企业在签订合同的过程中应核对货物规格。企业在与客户协商时,对于多规格产品,要对各型号的具体规格做出说明,同时详细了解客户的需要,以避免供需之间出现差错。质量条款是根据企业生产工艺水平明确约定合理的质量标准,防止利用质量条款诈骗索赔。第三,收款条款。收款条款是销售合同风险防范的重点内容。合同双方应明确约定付款的时间以及拖延付款的法律后果。销售价格、收款期限等违背企业销售政策,可能导致企业经济利益受损。

(5)发货风险。发货流程如图6-18所示。

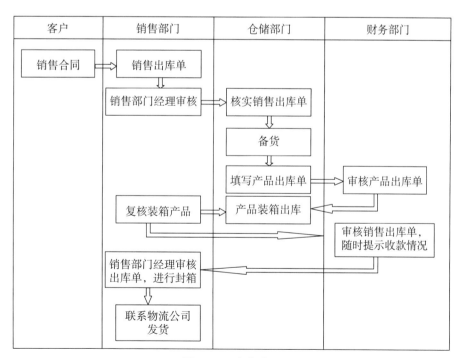

图6-18　发货流程

发货是根据销售合同的约定向客户提供商品的环节,此环节的主要风险是:未经授权发货或发货不符合合同约定。不论是多发还是少发货物,都可能导致货物损失或客户与企业发生销售争议,甚至致使销售款项不能收回。

(三) 销售环节内部控制措施

1. 销售计划管理内部控制措施

为了防范销售计划不合理、销售业务未经审批等风险,企业的主要内部控制措施如下:

第一,制订年度销售计划和月度销售计划,进行有效的销售预算目标管理。企业应根据发展战略和年度生产经营计划,并结合其实际情况,制订年度销售计划。在此基础上,企业应结合客户订单情况,制订月度销售计划,并按规定的权限和程序经审批后执行。销售业务目标预算应根据预计销量和价格,以月、年为时间单位编制相应的销售预算表。

第二,定期分析,必要时调整销售计划。企业应定期对各产品(商品)的区域销售额、进销差价、销售计划与实际销售情况等进行分析,结合生产现状,及时调整销售计划,调整后的销售计划需履行相应的审批程序。

2. 客户开发与信用管理内部控制措施

(1) 客户开发内部控制措施。企业应基于充分的市场调查,合理细分市场并确定目标市场,根据不同目标群体的具体需求,确定定价机制和信用方式,灵活运用销售折扣、销售折让、信用销售、代销与广告宣传等多种策略和营销方式,促进销售目标的实现,不断提高市场占有率。

(2) 信用管理内部控制措施。客户开发阶段信用管理的主要环节是对客户进行有效的信用评估,企业应严格遵守其制定的相关信用政策,包括信用标准、信用条件、收款政策和收款流程等。信用标准是客户获取企业商业信用应具备的最低条件,如果客户达不到这一条件,企业必须要求客户采用现款购货的方式。企业在确定信用标准时必须考虑融资成本、自身经营特点对现金流的要求以及收账成本;在收款政策选择上,首选现货销售,然后依次是银行承兑汇票、商业承兑汇票和应收账款;另外,必须制定逾期账款催收的具体措施以及坏账核销的具体步骤。

3. 销售定价内部控制措施

市场的易变性决定了产品的销售价格并不是一成不变的,企业应结合当时的市场情况,将合同价格与产品目标价格、成本价格进行对比。若销售价格已明显不符合当前产品的市场状况以及企业的目标,则会使企业在市场中处于不利地位。此时,必须对销售价格提出异议并查明原因,对确有疑问的合同应从财务角度予以否决。销售定价业务流程内部控制措施如表6-11所示。

表 6-11 销售定价业务流程内部控制措施

控制事项		详细描述及说明
阶段控制	调研及销售价格分析	• 销售员在市场调研的基础上,以相关价格政策为依据,综合考虑企业财务目标、营销目标、产品成本、市场状况和竞争对手情况等多方面因素,确定产品基准定价、折扣政策及付款政策 • 经销售部门经理审核后,确定销售目标价格,交财务部门审核 • 财务部门对销售价格进行成本测算,若此价格未通过测算,则需要销售部门重新确定目标价格 • 定期评价产品目标价格的合理性,为目标价格适时调整提供依据
	销售价格确定	• 销售员研究企业竞争对手的销售定价,包括竞争对手的品牌知名度、产品性能、产品包装等相关因素 • 销售员初步确定销售定价后,提交销售部门经理和财务部门审核、总经理审批
相关规范	应建规范	• 销售管理制度 • 销售定价制度
责任部门及责任人		• 销售部门、财务部门、仓储部门 • 总经理、销售经理、销售员、财务人员、仓库管理员

4. 订立销售合同内部控制措施

订立销售合同关键控制点及内部控制措施如表 6-12 所示。

表 6-12 订立销售合同关键控制点及内部控制措施

关键控制点	内部控制措施
分工与职责	• 各单位应建立合同管理岗位责任制,权责分配和职责分工应当明确 • 各单位应实行合同归口管理,销售合同由销售部门指定专人管理
合同授权	• 各单位业务员应在规定的授权范围和权限内,与客户约定合同内容 • 当合同内容超出授权规定的权限时,应按规定履行授权审批程序,经批准并办理有关授权后才能订立合同
合同评审	• 订立销售合同前,企业应当指定专门人员与客户进行业务洽谈、磋商或谈判,关注客户信用状况,明确销售定价、结算方式、权利与义务条款等 • 重大的销售业务谈判还应邀请财务、法律等专业人员参加,并形成完整的书面记录,充分了解客户的资信情况 • 对于存在赊销资格的客户,企业应评审其赊销额度与权限,以控制坏账风险;审核、审批应重点关注销售合同草案中提出的销售价格、信用政策、发货及收款方式等;重要的销售合同,应征询法律专业人员的意见
合同订立	• 企业应建立健全销售合同订立与审批管理制度,明确签订合同的范围,规范合同订立程序,确定具体的审核、审批程序和所涉部门人员权责 • 销售合同草案经审批同意后,企业应授权有关人员与客户签订正式的销售合同

5. 发货管理内部控制措施

发货管理内部控制措施如表 6-13 所示。

表 6-13 发货管理内部控制措施

控制事项		详细描述及说明
阶段控制	销售审批	• 销售员开展销售活动,与客户签订销售合同,客户根据合同要求及需要发出订单 • 销售员对订单所列的发货品种和规格、订单数量、金额、发货时间、发货方式以及接货地点等进行初步审核,上报销售部门主管审批 • 销售员根据审批后的订单签发"发货单",交由仓储部门准备发货
	发货	• 仓储部门应落实出库、计量、运输等环节的岗位责任,审核销售通知,严格按照所列的发货品种和规格、发货数量、发货时间、发货方式、接货地点等组织发货,形成相应的发货单据,并连续编号 • 仓库管理员调整账卡,核销存货并复核,复核无误后进行包装、装箱,准备发货 • 财务部门对销售员提交的各项单据进行审核,审核无误后发货 • 应做好发货各环节的记录,填制相应的凭证,设置销售台账,实现全过程的销售登记制度
	运输	• 按照订单约定的时间和发货方式,运输部门负责送货或由客户取货 • 运输部门应以运输合同或条款等形式明确运输方式、商品短缺与毁损或变质的责任、到货验收方式、运输费用承担、保险等内容,货物交接环节应做好装卸和检验工作,确保货物的安全发运,由客户验收确认
相关规范	应建规范	• 销售管理制度 • 销售发货制度
	参照规范	• 《合同法》 • 《企业内部控制应用指引》
责任部门及责任人		• 销售部门、财务部门、运输部门、仓储部门 • 销售主管、销售员、仓库管理员

二、收款环节内部控制

收款是指企业经授权发货后与客户结算、回笼资金的环节。在销售活动中,除预收款方式外,按照销售发货时是否收到货款分为赊销和现销。这一环节涉及的内容主要包括货款收回、现金及银行存款增加与应收账款减少等活动。企业应加强对销售、发货、收款业务的会计系统控制,确保会计记录、销售记录完整,完善销售收入款项管理制度,严格考核,实行奖惩。销售部门负责应收款项的催收,妥善保管催收记录(包括来往函电);财务部门负责办理资金结算;信用管理部门负责监督款项收回。

(一)收款环节业务内容

1. 记录销售业务

财务部门根据销售发票的记账联进行登记(区分赊销和现销),详细记录销售客户、销售合同、销售通知、发运凭证、商业票据、款项收回等情况;编制转账凭证或现金、银行存款凭证,据以登记销售和应收账款明细账或现金、银行存款日记账;根据出库单等随时或定期结转主营业务成本,冲销库存。

2. 处理货款收取业务

货款收取是指对企业销售业务中现销、赊销、分期付款销售等产生的账款的收回。本环节是销售业务的关键环节,只有及时、足额地收回款项,企业的盈利目标才能实现,企业下一步的生产销售计划才能按时进行。企业在收回现销业务货款时,要及时处理客户汇款并存入银行。由于现金和客户支票存在较大的被盗风险,因此采取适当的措施以减少失窃极其重要。赊销业务货款收回时要记录应收账款的减少和现金、银行存款的增加。此外,财务部门应定期编制和寄送应收账款对账单,与客户核对账面记录;如有差异,要及时查明原因并调整。

3. 处理销售退回与折让业务

销售退回与折让是企业的经常性经营行为。销售退回是指企业销售出的商品,由于质量、到货时间、品种等不符合要求而发生的退货行为。销售折让是针对销售业务过程中,因订单金额过大等主观或客观原因导致的企业售出商品质量不合格等而在售价上给予的减让。有时,企业为了促销和尽快回收货款也会给客户一定的现金折扣。对于这类业务,需经过授权部门的审批。财务部门视客户是否已支付货款的实际情况,根据货款通知单正确记录销售退回与折让、折扣明细账及相应的应收账款、银行存款明细账。

(二)收款环节控制目标

1. 保障货款的安全性与完整性

货款的安全性与完整性是企业业务活动健康运行的保障,也是企业规避经营风险的有效手段。因此,作为收款业务的首要目标,保障货款的安全与完整应成为控制过程中关注的焦点。尽管防范收款过程中差错与舞弊的手段发展至今已有几千年的历史,但无论是哪种货款收取方式,现销抑或赊销,货款的安全性均存在受到威胁的可能。现销所收回的现金、银行存款流动性最强,如果没有严格的授权审批、不相容职务分离制度,极容易发生被冒领、挪用或转移等风险。批准客户赊销前,若对客户的资信等级评估不当、未及时对赊销客户的财务状况进行跟踪调研,则极易形成坏账,导致货款无法及时收回。从控制程序看,销售内部控制制度必须保证一切销售活动经过恰当的审批程序、不相容职务分离制度,才能避免舞弊现象的发生。从评价与监督的角度看,内部审计机构只有很好地实现内部审计的监督和评价功能,才能对内部控制框架实施的有效性提供合理的保证。

2. 确保应收账款及时、足额地收回

现金是企业赖以运转的基础,如果销售货款不能及时、足额地收回,就会造成企业现金流短缺或断流,最终影响企业规模的扩大、项目的投资,甚至影响企业正常经营。不论利润表中的销售收入和账面利润有多大,实际的现金流入才是企业真正可以使用的资源。有些企业存在较大数额的应收账款,但实际上这些应收账款基本上已不可能收回,而企业仍将其视为债权,造成虚盈实亏的财务假象。不具有实质形式的利润的存在不仅会加重企业的税收负担,还会影响企业的股利分配政策,对企业的资金周转乃至正常经营产生不利影响。因此,企业应将"没有现金流量的利润不是真正的利润"作为一项原则,在关注利润数额是否上升的同时更应关注利润的质量,严格控制销售收入的变现能力和变现时间,保证经营成果的真实性和可靠性。

3. 通过信用管理扩大销售市场

企业战略管理的重要内容包括保障企业的长期利润,实现可持续发展。企业要实现经营目标、提高市场地位,途径之一就是与客户建立长期友好的合作伙伴关系。只有这样,才能保证企业在已领先的竞争领域和未来扩张的经营环境中始终保持持续的盈利增长。如今,赊销已成为企业扩大销售市场、与客户建立长期友好合作伙伴关系的必要手段,在授权审批赊销之前,企业必须对客户进行资信管理。企业应针对自身的业务流程及其特点,寻找影响客户满意度的主要因素,不断改进、优化业务流程;针对经营情况,对客户进行有效的信用管理,在不影响市场份额的情况下,尽可能地收回应收账款,有效减少坏账;本着诚信互利的原则,与客户及时友好地沟通以达到双赢的效果,保证企业长盛不衰。

(三) 现销业务流程及内部控制措施

所谓现销,是指一手交钱、一手交货的销售业务。现销能使企业应计现金流量与实际现金流量相吻合,既能避免呆账、坏账损失,又能及时将收回的款项投入再增值过程,因而是企业最期望的一种销售结算方式。现销也存在一些风险,通过业务流程设计、采取内部控制措施来防范现销风险是极其必要的。

1. 现销业务风险

现销业务风险集中表现在销售收入核算的准确性以及销售所得货币资金的内部控制中存在的漏洞方面。现金收支业务管理存在的漏洞有以下三方面:一是更改凭证金额,使销售金额与入账金额不符,少计收入;二是无证无账或票据不一致,缺乏有效的销售依据;三是撕毁票据、盗用凭证。银行存款收支业务管理存在的漏洞有以下三方面:一是擅自涂改银行对账单;二是私自提现、支票套现;三是私自背书转让,出借支票。这三个方面成为企业通过银行存款收支业务管理瞒报、漏报销售收入的主要手段。

2. 现销业务流程设计及相关的内部控制措施

为了堵塞现销业务环节货币资金管理中存在的漏洞,有效控制销售漏报、少报的风险,企业必须建立体现本企业销售特点、与货币资金管控体系相衔接的现销业务内部控制措施。相关的业务流程与内部控制措施如表6-14所示。

表 6-14 现销业务流程与内部控制措施

业务流程	内部控制措施	责任部门
订单接收与处理	销售人员将客户发出的订单整理录入系统,开具一式多联的"销货单",注明购货单位、货物名称、规格、数量、单价、金额等,经负责人审核签章后,留一联作为存根,进行业务核算,其余交客户办理货款结算和提货	销售部门
销货单审核与款项收取	客户持"销货单"向财务部门交款。财务部门认真审核"销货单"后,办理收取货款的手续,并加盖财务专用章和有关人员的签章,留一联编制记账凭证,其余退给客户	财务部门
复核销售发票与办理发货	客户持"销货单"中的提货联向仓库提货。仓库保管人员复核"销货单",确认办妥交款手续后予以发货,并将提货联留下登记仓库台账	仓储部门
单据核对与账务处理	查对原始单据及核实相关记账凭证,以此证实记账凭证是否依据原始发票记账、数额是否准确等,从而保证现金、银行存款凭证的合法性;根据审核无误的凭证登记账簿	财务部门
现金、银行存款等管理	出纳管理现金,主管会计保管支票、汇票等银行票据。主管会计负责核实银行对账单的真实性,并与银行存款日记账进行核对,确保资金的安全性与完整性	财务部门

(四)赊销业务流程及内部控制措施

面对日益激烈的市场竞争,企业单纯地依赖现销方式往往是行不通的。企业如果为了抑制风险、赢得充裕的现金流进行增值投资而一味追求现销方式,则必然会丧失许多有利的销售机会,最终导致市场渠道萎缩、市场占有率下降。因此,为了适应市场竞争的需要,企业适时地采取各种有效的赊销方式,可以在一定程度上弥补单纯的现销方式的缺陷。赊销方式在强化企业的市场竞争地位和实力、扩大销售、增加收益、节约存货资金占用以及降低存货管理成本等方面,有着其他任何结算方式都无法比拟的优势。然而,就目前赊销业务状况而言,企业还存在一系列需要关注的风险。

1. 赊销业务风险

(1)企业信用管理不到位。信用管理的主要职能包括识别风险、评估风险、分析风险,在此基础上有效地控制风险,并用经济、合理的方法处理风险。企业在信用交易中所面临的风险因素主要涉及客户拖欠货款、客户赖账和客户破产三个方面。

正如信用交易是普遍存在的交易形式,拖欠货款也是普遍存在的现象。在交易市场上,对于赊销产品的授信方,客户拖欠货款的风险是客观存在、无法避免的。然而,正是这种现象的普遍性,使很多企业对拖欠货款风险的危害性认识不足:认为它是一种正常现象,甚至认为其有利于维护与客户的长期友好合作关系。在众多的企业交易中,不同的企业对于拖欠货款有不同的态度,这也反映了不同企业的经营风格和经营理念。事实上,企业赊销的实践表明,客户拖欠货款对企业造成的损失比坏账损失要大。这就要求企业根据自身的实际状况,采取积极有效的措施控制拖欠货款风险。

客户赖账风险是指有能力还款的客户拒绝还款、恶意拖欠货款的行为。赖账是产生赊销坏账的主要原因之一。从性质上讲,赖账是欺骗行为的前兆,是一种恶劣的商业行为。为了降低客户赖账的风险,信用管理工作的重点在于事前防范,具体的手段是选择与信誉优良的客户进行交易,尽量避免与信用恶劣的客户打交道。

客户破产风险意味着欠账客户很可能被免除其对外负债,而提供信用的企业有可能损失全部的赊销款。这是企业赊销业务中比较严重的风险之一。已破产或已在破产过程中的客户将停止对外付款,赊销企业只能通过清算程序收回欠款。为了防范客户破产风险,企业在信用管理中除了要有事前防范措施,还要有必要的风险分散机制,如抵押或优先还款协议等。

(2) 结算方式选择不当,票据管理不善。银行结算是最主要的货款结算方式,具体来说,结算方式包括转账支票、本票、承兑汇票、委托收款等。通常情况下,选用支票结算的情形较多,其风险主要是支票的使用风险。此外,销售人员收到买方交付的支票,并不一定意味着就收回了货款,要谨防对方提供的支票是空头支票或者加盖的图章与预留银行印鉴不符。委托收款是一种保险程度不高的结算方式,付款人可按自己的意愿决定是否支付所托收的款项,且付款单位开户银行不负责审查拒付理由,因此在签订销售合同时应尽量避免使用该种结算方式。

(3) 账款回收不力或存在舞弊,导致销售款项不能收回,使企业经济利益受损。若企业与客户签订的合同条款让步过多或存在陷阱,则容易出现收款困难甚至遭受欺诈的现象。对信誉差、偿付能力有限的企业未进行充分的风险评估或审批控制不严,却向其提供超额的赊销金额,最终会导致应收账款账龄过长进而变为呆账,甚至成为死账。因此,对客户进行事前的信用评估后,必须严格控制授信额度。若额度过高、欠款金额较大,则会直接导致欠款结算周期过长、货款追讨不力等不良经济后果。这些后果不但使资金周转受到影响,而且存在运营期内出现意外危险无法及时筹足资金予以处理的风险。虽然企业在与客户签订合同之前已对客户进行资信评估,但是经济环境和客户的财务状况并不是一成不变的,若对客户的动态关注不足,则可能导致客户出现危机时企业无法及时察觉与处理,错失处理债务的最佳时机。货款催讨不勤、跟踪不力,货款收回定会滞后,风险不知不觉便产生了。

2. 赊销业务内部控制关键点及相关业务流程设计

赊销业务流程设计主要包括信用评估、应收账款收回、销售折让与退回三个方面。其内部控制目标主要是确保生产销售有序进行,保证收入的真实性与完整性,尽量减少公司损失,准确记录账务,使退货产品及时、足额入库。

(1) 赊销信用评估内部控制关键点及相关业务流程设计。赊销业务要遵循规定的销售政策和信用政策。对符合赊销条件的客户,经信用管理部门(或信用管理岗)审批后,销售部门才可办理赊销业务。在制定销售业务应收项目信用标准时必须考虑以下三个基本因素:①行业竞争状况和企业产品竞争实力;②企业生产能力扩张及资金供应能力;③客户的资信程度和企业承担客户违约风险的能力。许多集团企业采用邓白氏国际信息咨询公司根据调查对象的信用风险指数确定信用等级的方法,建立本企业的信用风险评估管理系统。

赊销信用评估内部控制关键点包括:第一,对新客户通常不提供延期付款的商业信用,对于知名度较高、在市场上有良好信誉的新客户,必须由主管副总经理特别审批,才可提供延期付款的商业信用。在授予新客户延期付款的信用前,至少要对其考察三个月。在考察期间,客户必须通过现款方式采购。第二,信用部门根据客户提出的赊购申请,通知代表处对客户进行细节调查后,对具备赊销标准的客户方可授予信用。信用调查的内容包括实地考察、审核客户营业执照及法人代表身份证并索要复印件、查阅客户的财务状况和购销规模、收集客户在市场上的信誉表现等。第三,采取代表处业务员担保制度的,业务员在提交客户细节调查表的同时还要提交客户信用担保书。第四,对出于特殊考虑需超过信用额度和付款期限而发生的赊销业务,要报主管副总经理审批;金额特大的,要执行集体审批制度。信用审批流程如图6-19所示。

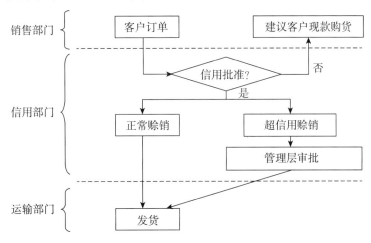

图6-19 信用审批流程

(2)应收账款收回内部控制关键点及相关业务流程设计。应收账款内部控制设计的目标是加快资金周转,提高企业财务管理质量。同时,通过加强欠款追收,尽可能地减少呆账、坏账损失,从而达到提高企业经营利润的目的。应收账款内部控制关键点如下:第一,负责应收款账目的人员不得兼负账单处理或汇款责任;第二,应收账款明细账必须根据经核对的客户账单和汇款予以记录;第三,应收账款明细账至少按月与总分类账核对,如有任何差额应妥善处理,且须经上一级会计主管人员批准;第四,应收账款账龄分析必须由财务部门审查,以查清有无异常或严重的拖欠账款项目,账龄分析必须准确无误,不得歪曲客户债务种类;第五,逾龄账款必须查明原因,如需核销必须经企业管理层审批。

应收账款业务流程如图6-20所示。

(3)销售退回与折让内部控制关键点及相关业务流程设计。销售退回与折让内部控制设计的目标是尽量减少公司损失,准确地记录公司账务,退回的货物及时足额地入库。

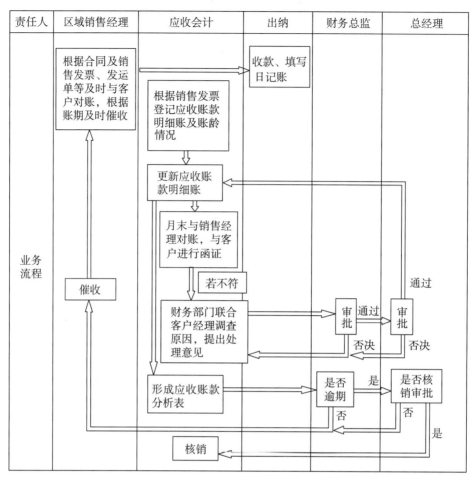

图 6-20 应收账款业务流程

销售退回与折让内部控制关键点如下:①退回货品需经检验合格后才能入库,并及时更新库存记录;②客户投诉单必须经过相应权限的审批;③退货之原发票应及时收回,每笔退货均交由财务部门及仓库入账,对退换的货品应依规定调整内容;④退货必须抵扣应收账款,确保应收账款记录及账龄分析的准确性;⑤销售折让必须经主管领导审批后办理,以避免内部人员利用折让进行舞弊;⑥销售折让应取得客户签章的折让证明单,并办理税务抵扣;⑦所有退货必须先经质检部门出具意见,最终审批权在管理层。

销售退回与折让业务流程如图 6-21 所示。

3. 赊销业务内部控制措施

赊销业务内部控制措施主要包括信用评估、应收账款收回、销售退回与折让三个方面。通过在这三个方面采取有效的内部控制措施,不但能顺利完成价值实现过程,而且能实现价值增值,并且及时收回货款,保证企业拥有充足的现金流。

(1)信用评估的控制。信用评估控制的关键是合理、准确地确定客户的信用等级,并适时调整客户的信用等级。企业在进行信用评估时要注意:①确定各客户的最高欠款限额和超出限额后应采取的措施,建立清晰的客户信用等级;②根据产品的市场行情、

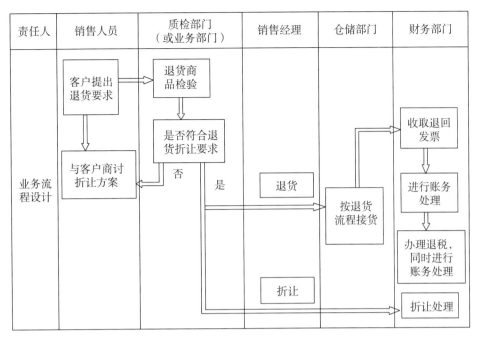

图 6-21 销售退回与折让业务流程

销售价格及生产成本的变化对信用条件做适当的调整;③信用部门或信用岗责任人要对已授予信用的经销商进行追踪调查,根据其信用记录、财务状况、购销规模,对客户的信用额度、付款期限、付款方式进行定期调整。

(2) 应收账款收回的控制。财务部门应做好应收账款的记录和核对工作,严格依据附有效装运凭证和销售通知单的销售发票记录销售,应收账款总账和明细账的记录应由不同的人员负责。独立于应收账款记录的人员应编制对账单,对客户进行定期及不定期的对账,及时核对应收账款数额和了解客户财务状况,并将对账结果报送销售部门和信用部门。坏账的核销与坏账准备的提取是应收账款管理中的难点。企业对不能收回的应收账款应查明原因,追究责任,对有确凿证据表明确实无法收回的应收账款,如债务企业已撤销、破产、资不抵债、现金流量严重不足等,应根据企业自身规模、核销金额大小及核销金额占应收账款总额的比例实行分级授权审批,经股东大会、董事会、总经理或类似机构批准作为坏账损失,冲销提取的坏账准备并减少相应的应收账款。财务部门还应对已注销的应收账款进行记录,设置备查簿等,以防后期收回已核销坏账时出现漏记、错记或被贪污的情况。企业应自行确定提取坏账准备的方法,并制定计提坏账准备的政策,明确提取坏账准备的范围、提取方法、账龄的划分和提取比例,按照法律、行政法规的规定报送有关方备案,并备置于企业所在地。坏账准备提取方法一经确定不得随意变更,一旦变更就应在财务报表附注中予以说明。

应收账款催款控制主要包括账龄分析控制和催收货款控制。账龄分析控制由信用部门执行,该部门应定期编制应收账款账龄分析表和客户还款能力动态追踪表,以分析应收账款坏账的可能性及客户还款的可能性和还款态度。催收货款控制即指定专人对应收账款账龄较长、营销人员已无力收取货款的客户进行货款催收。催收货款控制制度应对难度较大的应收账款催收人员实行奖励,以激励催收人员积极努力地工作,同时也可考虑将营销人员的工资、奖金与产品销售数量及货款收回时间、收回金额挂钩,促使他们既能扩大销售量又能最大限度地收回货款。

(3)销售退回与折让的控制。销售退回与折让必须经过销售部门经理的授权批准,并确保与办理此事有关的部门和人员各司其职,分别控制实物流和进行会计处理。贷项通知单应由销售部门人员在退货和折让得到批准的基础上编制,并加以编号进行控制。填制好的贷项通知单应由其他人员复核后邮寄给客户,同时也作为减少销售收入和应收账款的依据。财务部门应审核仓储部门填制的退回验收报告、入库单及退货单位出具的退货凭证等,之后办理相应的退货事宜并及时进行账务处理。

第四节 工程项目内部控制

工程项目通常又被称为投资项目或建设项目,是指在统一的总体设计或预算范围内,可能由一个或几个互有内在联系的单项工程组成。这些单项工程在项目完工后在经济上具有独立性,在行政管理上具有统一性。工程项目从流程上可以表述为以工程建设为载体的项目,是作为被管理对象的一次性工程建设任务。它以建筑物或构筑物为目标产出物,需要支付一定的费用、按照一定的程序、在一定的时间内完成,并应符合质量要求。工程项目的业务流程包括工程立项、工程招标、工程造价、工程建设、工程验收五部分。工程项目具有其他业务活动所不具备的特点,如一次性、固定性、整体性、不可逆转性、建设周期较长和协作要求较高。因此,对于工程项目内部控制而言,基本的控制目标包括工程质量达标、工程进度合理、工程造价节省等。

一、工程项目的主要特点

(一)工程项目建设周期较长,具有高度不确定性

任何一个工程项目从最初立项到最终验收完成都要经历一个漫长的过程。这主要表现为两个方面:首先,一个工程从项目调查到通过立项要经过漫长而严密的研究过程。企业既要衡量项目的获利能力和投入成本等指标,又要综合考虑所有与工程项目相关的因素(如技术、市场、行业、政策、环境等),经过董事会等权力机构的层层审核才能最终确定是否进行工程立项;其次,从工程立项的确定到投入建设施工直至工程完工后的验收需要很长的周期。企业需要确定施工单位,筹集施工物资,由承包单位进行工程施工,最后由企业组织相关部门进行验收,这些环节至少需要几年的时间,部分项目因其特殊性可能需要几十年的时间才能完成。在瞬息万变的社会大环境下,市场需求和技术水平等因素随时都在发生变化,周期长的工程项目很难应对诸多变化的因素,从而给工程项目的投资带来高度不确定性和风险。

（二）工程项目建设具有不可逆转性

一个工程项目从正式确定立项开始,企业所做的任何工作都是不可逆的。如果项目受到外部环境的变化和项目自身因素的影响而不得不终止,那么任何与工程项目有关的人力和财力的投入都是沉没成本,损失是无法弥补和挽回的。因此,工程项目的确定和建设具有高风险性,从开始立项就要求相关负责人员严格把关、慎重审批。监理人员在施工过程中要严格把关工程质量,一旦发现工程质量隐患就应迅速报告相关主管人员并及时采取措施,力求把不可逆的损失控制在一定范围内。

（三）工程项目涉及多部门协作,具有高度复杂性

工程项目不同于其他业务流程,它需要多部门协作,客观上具有高度复杂性。工程立项、工程招标、工程造价、工程建设、工程验收五大环节会涉及财务等众多部门,各部门的详细分工会在业务流程中介绍,在此不再赘述。各部门的工作不是彼此孤立的,而是相互联系、密切配合的。例如,在工程立项环节,财务部门会根据市场部门、投资部门等提供的数据编写可行性报告。由于可行性报告的复杂性,没有哪一个部门可以单独完成此项工作,财务部门会根据其他部门提供的信息及时调整可行性报告,其他部门也会根据财务部门提供的财务数据对相关事项做出判断。这些工作上的配合贯穿于立项环节的始终,不论其中哪个部门工作上的疏忽都有可能使整个工程项目功亏一篑。

二、工程项目内部控制目标

（一）防范工程项目管理中的差错与舞弊,提高资金使用效率

防范工程项目管理中的差错与舞弊,保证工程质量达标是内部控制的首要目标,因为只有质量达标才能预示着整个工程项目的成功。工程项目的质量问题主要源于两方面:一是项目设计上存在的固有缺陷,二是施工环节施工方的偷工减料。因此,采取适当的内部控制措施,防范工程项目管理中可能出现的差错与舞弊至关重要。此外,提高资金使用效率是在保证工程质量基础上更高层面的目标。在满足工程需要的前提下,企业要减少资本投入,提高产出效率,从而实现其资源价值的最大化。

（二）防范故意拖延或不合理地缩短工期,确保工程按时竣工

建设工期对于企业能否顺利完成工程项目至关重要,因此保证建设工期成为工程质量之外的又一重要目标。企业所面临的社会环境瞬息万变,工程项目的周期越长,企业所面临的变化越多,项目的风险越大。工程项目的建设需要消耗企业大量的资源,建设工期越长,企业供应相应资源的能力越弱,从而加大工程项目顺利完工的风险。如果建设工期被人为地不合理缩短,工程项目的质量就无法得到保证,工程的后续使用就会存在安全隐患。因此,企业应加强施工阶段的监督管理,可以组建专门小组进行工程监理,也可以委托独立的第三方监理机构进行监督管理。工程监理单位应依照国家法律法规及相关技术标准、设计文件和工程承包合同,对承包单位在施工工期、工程进度等方面实施监督。企业应加强与承包单位之间的沟通,针对故意拖延工期或者无合理原因大幅缩短工期的行为及时提出整改意见。企业财务部门应与监理人员保持一致,未经监理人员

签字同意,不得擅自提前付款或者无故拖欠工程款项。

（三）确保工程造价科学合理

工程造价过高是工程项目投资失败的重要原因之一,因此工程造价科学合理也是内部控制的重要目标之一。在投资收益不变的情况下,项目成本核算不准确或者控制不到位都会导致项目收益能力下滑,甚至会导致企业因不能支付高额成本而被迫停止建设。因此,企业应加强工程造价管理,制定科学合理的概预算方法,也可以委托具备相应资质的中介机构开展工程造价咨询工作。工程造价失控的关键点还在于概预算不能得到有效的贯彻实施,实际成本严重脱离预算成本,导致项目投资整体失控。成本失控的部分原因在于成本控制需要多个部门的共同努力,除了负有监督职能的财务部门,还包括施工等多个部门。因此,企业必须调动参加项目建设各部门的积极性,在保质保量的基础上完成工程项目的概预算。

三、工程项目主要风险及业务流程设计

根据业务流程相关性和风险管理控制的要求,工程项目业务流程主要包括工程立项、工程招标、工程造价、工程建设和工程验收五个环节,具体如图6-22所示。

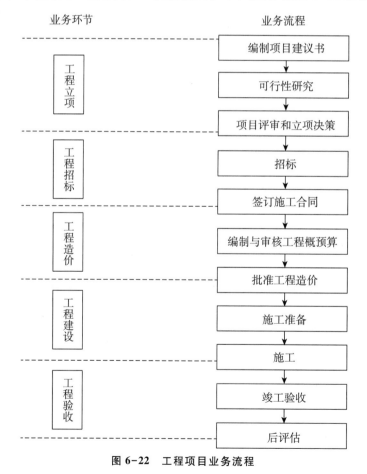

图 6-22 工程项目业务流程

(一)工程立项

工程立项主要包括编制项目建议书、可行性研究、项目评审和立项决策三个环节。

项目建议书是企业(项目建设单位)根据工程投资意向,综合考虑产业政策、发展战略、经营计划等提出的建设某一工程项目的建议文件,是对拟建项目提出的框架性总体设想。项目建议书不是所有工程立项的必需环节,非重大项目可以不编制。其主要风险包括:投资意向与企业的长期发展战略相背离;项目建议书内容不规范、不完整、不明确、可读性差;项目投资估算标准不明确。

可行性研究是工程立项的重要环节,是项目建议书经批准之后的步骤,其成果集中体现为可行性报告。可行性报告和项目建议书一并作为项目立项的主要依据,可行性报告中的投资估算是分析项目投资经济效益的重要依据。该环节的风险包括:缺乏适当的可行性分析,可行性分析流于形式,可行性分析不够专业和谨慎。

项目评审和立项决策是在可行性报告形成后,企业组织有关部门或委托具有相应资质的专业机构,全面审核和评价可行性报告,提出评审意见,作为项目决策的重要依据。该环节的风险包括:项目评审流于形式,误导立项决策;立项决策程序不规范,导致立项决策失误。

根据关键风险点设计的工程立项业务流程如图6-23所示。

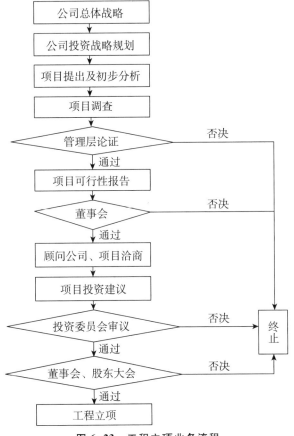

图6-23 工程立项业务流程

（二）工程招标

重大工程项目应采取公开招标的方式确定承包商。工程招标可以细分为四个环节：招标，投标，开标、评标和定标，签订合同。

工程招标环节的主要风险是：招标人人为地分解整体项目致使项目不完整；不公开招标；设置多重不平等的招标条件，招标人恶意泄露标底。投标环节的主要风险是：投标人与招标人串通舞弊，不符合资质的投标人采用挂靠等手段进行投标。开标、评标和定标的主要风险是：开标不公开透明，因评标人因素导致评标流于形式。签订合同的主要风险是双方签订背离招标实质的合同。

根据工程招标各环节的风险点和控制要求，设计如图 6-24 所示的业务流程。

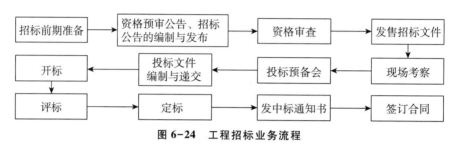

图 6-24 工程招标业务流程

如果需要委托专业代理机构进行招标工作，相应流程就会更加复杂，具体流程如图 6-25 所示。

（三）工程造价

工程造价是控制工程成本的重要环节。企业应根据科学合理的概预算标准，按照规定的权限和程序逐级进行工程成本的概预算。如果企业缺乏相关的专业经验，可以委托具备相应资质的中介机构开展工程造价的咨询工作，但应保证所委托机构的独立性和相关数据材料的保密性。

工程造价环节的主要风险包括：概预算编制的依据不合理，项目内容、工程量的计算和定额套用等不真实、不准确。

（四）工程建设

工程建设即工程施工阶段，是影响工程成本、进度和质量的重要阶段。该阶段主要包括工程质量监管、工程物资采购、工程价款结算、工程变更等。

工程质量监管的主要风险包括：承包商为了赶进度，牺牲工程质量，工程费用超支；监管不力导致的质量隐患。工程物资采购包括采购材料和设备，其主要风险包括：人为因素导致采购的材料和设备质次价高；采购不符合工程要求标准，影响工程进度和质量。工程价款结算是工程建设期间的一项重要内容，包括工程预付款、进度款、竣工结算款等款项的结算，其主要风险包括因建设资金管理混乱而导致款项结算不及时，影响工程进度。工程变更是指在施工期间由于建设单位要求变更等需要工程发生变更的情况，主要包括工程质量的变更、项目内容的变更、进度计划的变更、施工条件的变更等。该环节的主要风险包括工程变更过于频繁导致费用超支和工期延误。

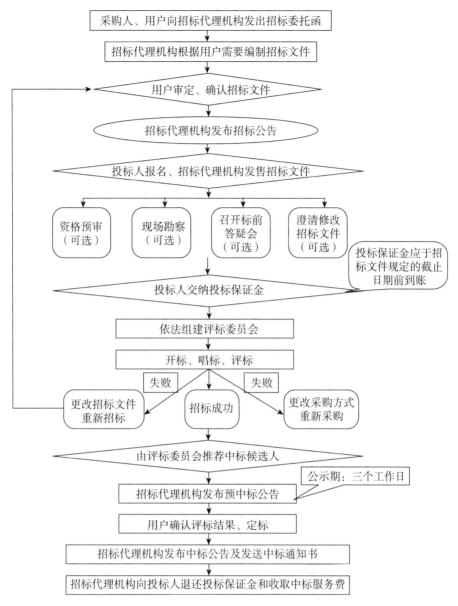

图 6-25 委托专业代理机构的招标业务流程

(五) 工程验收

工程验收是工程项目的最后一个环节,企业在规定的工期结束之前应及时成立竣工验收领导小组,在收到承包单位的工程竣工报告以后,编制竣工决算,适时开展竣工决算审计。企业在进行工程验收时,应组织工程设计、施工、监理等相关部门参加。

工程验收环节存在的主要风险包括:竣工验收不规范,质量检验把关不严,可能导致工程存在重大质量隐患;虚报项目投资完成额,虚列建设成本或者隐匿结余资金,竣工决算失真;固定资产达到预定可使用状态后未及时进行估价、结转。

工程项目后评估是指在建设项目已经完成并运行一段时间后,对项目的目的、执行过程、效益、作用和影响进行系统、客观的分析与总结的一项技术经济活动。工程项目后评估多为效益后评价和过程后评价。工程项目后评估本身就是一项重要的管理控制措施,项目后评估结果应作为绩效考核和责任追究的依据。

工程验收业务流程如图6-26所示。

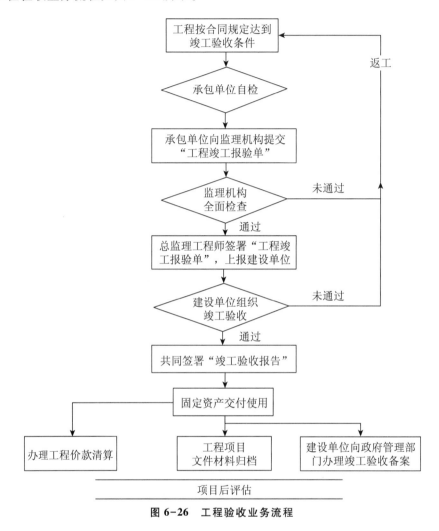

图6-26 工程验收业务流程

四、工程项目内部控制措施

(一)不相容职务分离

要做到不相容职务分离,要求同一个人或者近亲属不能同时担任工作性质不相容的职务。

在立项过程中,企业应当对项目计划制订、项目考察、项目审批等不相容职务进行分离。企业既可以指定专门机构归口管理工程项目,也可以委托具备相应资质的专业机构开展可行性研究,并按照有关要求形成可行性报告。企业还可以委托具备相应资质的专业机构评审可行性报告,出具评审意见。企业负责提出项目的人员/机构与负责审核项目的人员/机构应相互分离,从事项目可行性研究的人员/机构不得同时从事相关报告的评审工作。在招标过程中,具体负责招标工作的组织和个人与最后评标、定标的组织和个人应该相分离。工程竣工结算的验收方不包括工程监理人员,以防止监理人员与施工单位串通,对自己的工作进行再度评价。在项目后评估过程中,负责评估的人员/机构应与负责监理工作的人员/机构分离。

(二)分级授权和审批

企业应建立分级授权体系,根据项目规模和重要性进行分级决策。

在工程立项过程中,企业在立项之前进行投资机会研究,把可行性研究作为投资前期工作的核心内容。可行性报告从提出到最后通过应通过各级组织的层层审核,接受专业机构的咨询和建议,最终要董事会表决,特殊项目还要通过股东大会的表决。只有这样的决策程序才能最大限度地保证工程立项的科学性。此外,对于耗资巨大或技术难度较大的工程项目,企业要分三个层次进行可行性研究:初步可行性研究,辅助研究,详细可行性研究。

在招标过程中,企业应组建评标委员会。评标委员会由企业代表和有关技术、经济方面的专家组成。评标委员会应当按照招标文件确定的标准和方法,对招标文件进行评审和比较,择优选择中标候选人。评标委员会成员和参与评标的有关工作人员要严格遵守信息保密原则,不得随意透露投标人的信息(包括对投标文件的评审和比较、中标候选人的推荐以及与评标有关的其他信息),不得违规私下接触投标人,不得收受投标人的礼品或贿赂。企业应对通过公开招标方式选取的承包商的技术胜任能力、管理能力、资源的可获得性、收费的合理性、业务的熟练性、专业的全面性、社会信誉和从业经历等进行综合考察,保证其具备相关的资质和胜任能力。

(三)项目监督检查

企业应实行严格的工程监理制度,可以委托经过招标确定的监理单位进行监理。企业要考察监理单位的客观性和胜任能力。工程监理单位应依照国家法律法规及相关技术标准、设计文件和工程承包合同,对承包单位在施工质量、工期、进度、安全和资金使用等方面实施监督。监理单位应建立完备的监管体系,建立监督工作备案制度,保留详尽的工作记录,使监管责任具体落实到个人;建立定期核查和抽查机制,安排专人定期抽查监督记录,确保监管工作持续有效。

除工程施工之外,监理人员还要严格把关工程物资的采购工作,对工程物资质量以次充好或采购不及时的情况要及时上报,以免影响工程质量、耽误工期。此外,企业应给予工程监理人员足够的授权,未经工程监理人员签字认可,工程物资不得使用或者安装,承包单位不得进行下一道施工工序,企业不得拨付工程价款,不得进行最后的竣工验收。

监理人员尤其需要关注引起工程变更的特殊事项,包括施工期间工程质量的变更、项目内容的变更、进度计划的变更、施工条件的变更等,一旦发现非正常原因需要发生变更的情况,就应及时上报并在监理记录上详细记录。

(四) 竣工决算控制

企业应组织审核竣工决算,重点审查决算依据是否完备、相关文件资料是否齐全、竣工清理是否完成、决算编制是否正确。企业应加强竣工决算审计,未实施竣工决算审计的工程项目,不得办理竣工验收手续。验收合格的工程项目,应编制交付使用财产清单,及时办理交付使用手续。

在收到承包单位的工程竣工报告后,企业应编制竣工决算,并适时开展竣工决算审计。判断一项工程是否达标的标准主要包括:生产性工程和辅助公用设施是否已按要求建设完成并满足生产要求;主要工艺设备是否已按要求安装,经测试符合试生产条件,能够形成生产力,能够按照工程设计的要求生产既定的产品;工程技术相关资料是否齐备。企业必须严格遵守验收工作的相关规定,认真履行相关工作步骤,从程序上保证能有效地发现工程项目质量存在的漏洞和隐患。

企业还应建立完工项目后评估制度,重点评价工程项目预期目标的实现情况和项目投资收益等,并以此作为绩效考核和责任追究的依据。

第五节 担保业务内部控制

担保是企业作为担保人按照公平、自愿、互利的原则与债权人约定,当债务人不履行偿债义务时,依照法律规定和合同协议承担相应法律责任的行为。担保作为信用经济一种有效的制度安排,在我国市场经济中发挥着越来越重要的作用,但是担保业务所引发的风险不容忽视。因此,企业应依法制定和完善担保业务政策及相关管理制度,加强担保业务管理,防范担保业务风险。

一、担保业务的特征

(一) 担保方式多样化

我国《担保法》规定,担保包括保证、抵押、质押、留置和定金五种方式。第一种主要是对人的担保,指保证人和债权人约定,在债务人不履行偿债义务时,由保证人按照约定履行主合同的义务或承担责任。这种担保风险具有极大的不确定性。后面四种是对物的担保,相对于保证来说,它们能够锁定风险,在实务中以物权担保为主。除此之外,还有一种特殊的重要担保——反担保,即债务人或第三人向担保人做出保证或设定物的担保,在担保人因清偿债务而遭受损失时,向担保人做出清偿。这种担保确保了担保人追偿权的实现,降低了担保人的担保风险,有利于保护担保人的权益。

(二) 担保业务涉及多重法律关系

担保业务的主体主要有担保申请人(债务人)、担保人(第三人)、债权人和其他担保机构。它们之间的法律关系是:债务人和债权人之间的合同为主合同,体现了两者之间的债权债务关系;担保申请人和担保人之间的担保合同是从属于主合同的从合同,主合同的存在是担保合同存在的前提和基础,主合同无效,担保合同也无效,体现了两者之间的担保法律关系;担保人和其他担保机构之间的再担保合同也具有从属性,主要目的是分散担保合同的风险,体现了两者之间的再担保法律关系;担保人和担保申请人的反担保合同则是对担保合同的保障,体现了两者之间的反担保法律关系,有利于保障担保人的权益。诸多法律关系要求企业在提供担保业务时一定要熟悉各方面的法律规定,以及证券业和银行业等行业内部的规定,切实防范担保风险。

(三)担保业务具有风险转移性

担保合同具有从属性,是从属于主合同的从合同。当债务人和债权人签订主合同时,由于债务人的财务指标或经营业绩未达到债权人设定的标准,债权人会要求债务人寻找一个担保人,三方签署一个从属于主合同的担保合同,从而为主合同提供保障。担保合同实际上是将债务人的违约风险转移给担保人。

二、担保业务控制目标

确立担保业务控制目标是担保业务控制的重要一环,它既是担保业务内部控制的前提条件,又是担保业务内部控制系统是否有效的评判标准。根据担保业务的基本特征,担保业务控制目标主要包括:

(一)切实保证担保业务的合法合规

为了保障担保行业健康有序地发展,国家出台了一系列法律法规,如《融资性担保公司管理暂行办法》《担保法》《公司法》《企业内部控制应用指引第12号——担保》等。企业在开展担保业务时应严格遵守国家相关的法律法规。例如,企业在对外提供担保时,应规范自己的决议程序,切实维护公司利益。《公司法》第十六条规定:"公司向其他企业投资或者为他人提供担保,依照公司章程的规定,由董事会或者股东会、股东大会决议;公司章程对投资或者担保的总额及单项投资或者担保的数额有限额规定的,不得超过规定的限额。"根据《公司法》的规定,企业首先应该区分是对内担保还是对外担保,对内担保只能由股东大会决议通过,董事会没有审批权。为了保护投资者的利益,企业应客观、充分地反映企业因担保义务而承担的潜在风险,在财务报告中披露相关信息。

(二)有效降低担保业务的违约风险

办理担保业务,企业往往要承受很大的风险,对企业影响最大的是被担保人的违约风险,即在担保期间,被担保人因市场变化或自身经营问题而无法偿还到期债务时,企业就要承担连带赔偿责任。因此,担保企业应重视被担保人的违约风险,规范担保行为,完善担保控制制度。

(三)提高担保业务的收益性

众所周知,企业的担保业务具有高风险性,所取得的收益却与风险不对等。原因包括:一是很多企业的担保对象是其子公司,为了降低子公司的融资成本、扶持子公司的发展,这些企业的担保收费标准会远远低于市场平均标准;二是很多为中小企业担保的企业响应政府扶持中小企业发展的政策性要求,因此其收费标准要考虑中小企业的实际承受能力。但是根据市场经济中高风险对应高收益的原则,企业在对外提供担保时,必须充分考虑担保业务的风险和收益,在控制风险的同时最大化收益。

(四)积极配合企业的生产经营

企业集团可以通过自己的信用为子公司银行贷款提供担保以解决子公司的燃眉之急,为子公司生产经营注入所需资金;而且由于有大型企业集团作担保,银行贷款安全性有保障,贷款利率会有所降低,因此子公司的筹资成本相应下降,有利于其生产经营。但是,有些子公司经营前景不乐观、经营风险巨大,企业集团在挑选担保对象时,应挑选那些发展前景好但现金流短缺的子公司。

三、担保业务的主要风险

担保风险是风险的一种具体表现形式,是指信用担保机构在运作担保业务的过程中,由于各种不确定性因素的影响而遭受损失的可能性。担保风险贯穿于担保业务事前、事中和事后的整个过程。识别和分析风险是一个持续、反复的过程,它是有效的内部控制系统的关键构成要素。

(一)被担保人的违约风险

在担保业务执行过程中,由于各种不确定因素的影响,企业往往面临各种担保风险,其中最重要的就是被担保人的违约风险。担保申请人往往是那些资产规模不雄厚、信用等级比较低的企业,相对于其他企业而言,这种企业由于投资项目风险较大、抵御风险的能力较弱,因此出现违约风险的可能性较大。一旦被担保人由于经营状况恶化、资金链断裂等到期无法还本付息,担保企业就必须按照担保合同的约定承担连带责任。这将使担保企业背负沉重的债务负担,不但会对其生产经营造成重大影响,而且如果被担保人没有足够的资产偿付担保企业,担保企业还可能陷入严重的财务危机,甚至破产。

(二)法律纠纷与诉讼

担保具有高风险性。例如,企业在办理担保业务的过程中,未对担保申请人的财务状况、经营状况和资信情况进行详细的调查,未对担保的项目做全面的风险评估;企业对外订立合同时没有认真地斟酌合同条款,担保合同内容存在重大遗漏;办理担保业务的负责人未经相关权力机构授权就擅自和被担保人订立合同,且未经授权的担保并未违背担保效力,企业仍要对被担保人的违约风险承担担保责任。上述疏忽和违规都会埋下严重的安全隐患。如果在担保期间,被担保人因经营状况恶化等无法偿还到期债务,企业就必须按照担保协议的约定承担担保连带责任。如果企业拒不履行代为清偿义务,又无法提供合理的理由,就很可能被债权人起诉而成为连带被告,这样必将影响企业正常的生产经营,不仅会耗费企业的人力、物力资源来应对诉讼纠纷,还会使企业信誉受损、市场形象受到冲击。

(三)日常疏于监控

企业往往重视合同的签订,而对合同签订之后的后续管理没有给予足够的重视,这容易导致企业无法及时发现被担保人在履行担保合同过程中出现的异常情况,使企业遭受更大的损失。例如,被担保人没有正当理由连续几个月未按合同约定缴纳担保费用,如果企业未给予足够的重视,很可能就会因处置不及时而加大担保风险。

四、担保业务流程

担保业务流程分为受理担保申请、评估担保项目、审批担保项目、订立担保合同及相关合同、监管担保项目和终结担保项目六个环节。

(一)受理担保申请

公司对外担保分为两种情况:一种是对具有股权联系的关联企业进行担保,例如上市公司对控股子公司提供担保,这种担保容易出现违规担保;另一种是对无关联的企业进行担保,担保企业多为专业的担保公司,担保对象主要是中小企业。无论哪种情况,担保业务部门都应严格遵守企业相关的担保政策,要求被担保企业提供有关担保项目的详细资料。

(二)评估担保项目

企业在受理担保申请后,应对担保申请人所提供的资料进行详细的审查,评估其风险大小和偿债能力,对于重大担保项目应设立担保评估委员会(由财务部门、业务部门以及法律顾问组成),充分保证决策的科学性。这是担保业务中的关键环节,在相当程度上影响担保业务的未来走向。

(三)审批担保项目

担保项目应按照金额大小以及占企业净资产的比例分别由经理层、董事会、股东大会审批。审批机构应参考法律顾问对担保项目相关法律问题的审核、风险部门对风险大小的估测以及担保项目可行性报告对担保申请进行审批。企业应严格遵守国家的法律法规和公司相关的担保政策,避免出现违规担保。例如,公司为股东或实际控制人提供担保的,只能经过股东大会决议,而且由被担保人的股东或实际控制人支配的股东不得参加表决,该表决需经出席会议的其他股东所持表决权的过半数通过。

(四)订立担保合同及相关合同

担保合同是审批机构同意办理担保业务的直接体现,也是约定担保双方权利义务的基础载体。担保项目通过审批后,业务部门就可以按照相关程序订立担保合同。详细明确的合同内容是避免争议以及顺利解决争议的关键。根据担保方式的不同,担保合同分为三种:保证合同、抵押担保合同和质押担保合同。每种合同的内容有所不同,企业在订立合同时应当咨询相关法律顾问,认真斟酌合同内容。为了分散风险,企业还可以要求担保申请人提供反担保,双方订立相关的反担保合同。企业在办妥担保合同、反担保合同等相关手续后,应当妥善保存所有合同和原始资料。

(五)监管担保项目

在担保业务执行过程中,企业应跟踪监控担保项目。企业应保持与被担保人的有效沟通和信息交换,及时准确地了解担保合同的执行情况以及被担保人的财务状况、经营状况和担保项目运行情况,力求最大限度地降低担保风险。

（六）终结担保项目

这一环节包括两种情况:一是被担保人到期偿还债务。如果被担保人未发生违约情况,那么双方终止担保合同并解除担保责任。二是被担保人到期未偿还债务。如果被担保人违约,那么担保企业就必须根据担保合同先行偿付债权人,然后再启动追偿预案,对被担保人进行追偿。

五、担保业务内部控制要点

（一）不相容职务分离

实行担保业务的不相容职务分离是加强担保业务内部控制的关键。担保业务的不相容职务分离主要包括:担保业务的评估与审批相分离;担保业务的审批与执行相分离;担保业务的执行与监督相分离;担保业务的相关财产保管与记录相分离。企业实行不相容职务分离制度,形成相互协作、相互制衡、相互监督的机制,从而避免在担保过程中出现各种漏洞。

（二）充分地调查评估

由于调查评估在担保业务中起着举足轻重的作用,在一定程度上影响甚至决定担保业务的成败,因此企业应对被担保人进行充分、详细的资信调查和风险评估,以免因担保决策的失误而给企业埋下重大隐患。企业可以从表6-15所列的项目对被担保人进行调查评估。

表6-15 担保项目调查评估

重点项目	关注要点
经营情况	企业的发展战略、市场竞争力、行业前景、经营风险
财务指标	企业的短期偿债能力、长期偿债能力、盈利能力、资产管理能力、核心竞争力
资产状况	担保申请人用于担保的资产是否真实可靠,所有权是否属于被担保人,以及用于反担保的资产状况和权利归属
境外担保	特别关注担保申请人所在国家和地区的政治、经济、法律等因素,并评估外汇政策、汇率变动等因素可能对担保业务造成的影响
五类禁止担保	为了规范企业担保行为,《企业内部控制应用指引第12号——担保业务》规定了五类禁止担保的状况,企业在调查时应高度重视:①担保项目不符合国家法律法规和本企业担保政策的;②已进入重组、托管、兼并或破产清算程序的;③财务状况恶化、资不抵债、管理混乱、经营风险较大的;④与其他企业存在较大经济纠纷,面临法律诉讼且可能承担较大赔偿责任的;⑤与本企业已经发生过担保纠纷且仍未妥善解决的,或不能及时足额交纳担保费用的

（三）正确授权审批

企业应建立担保授权制度和审核批准制度,明确审批人员对担保业务的授权批准方式、权限、程序、责任和相关控制措施。规定经办人员办理担保业务的职责范围和工作要求,并按照规定的权限和程序办理担保业务。企业应杜绝两种情况:一是未经授权的机构和人员办理担保业务。例如,企业的内设机构没有权力以企业的名义对外提供担保,对企业股东进行担保必须通过股东大会决议,董事长或总经理个人决议无效。二是担保人员超越审批权限进行违规担保。担保人员超越公司章程规定的审批权限而批准的担保并非全部为无效担保,若企业必须对担保项目承担担保责任,就会使企业陷入严重的财务危机。授权审批制度应与企业的奖惩制度挂钩,对于拥有审批权限的责任人要有一套监督体制,以防止其滥用审批权而使企业承接风险较大的担保项目,从而给企业造成重大损失。

(四)充分利用反担保条款

反担保对于维护担保人的权益具有重要意义。在被担保人清偿期限届满而无法履行清偿义务时,担保人就必须承担代为清偿的责任,再向被担保人行使追偿权。为了避免因被担保人无力偿还而使担保人无法行使追偿权,双方可以约定反担保条款。担保企业应要求被担保人提供有关反担保资产的详细信息,并且派专人调查,查明被担保人用于反担保的财物的所有权是否属于被担保人,是否进行多重抵押,是否需要到公证处进行抵押登记。企业应妥善保管被担保人用于反担保的财产和权利凭证,定期核实财产的存续状况和价值,发现问题及时处理,确保反担保财产的安全、完整。

(五)建立日常跟踪监控制度

为了有效保障担保企业权益的实现,降低担保企业的风险,企业在签订担保合同之后,应委派专门人员进行日常跟踪监控,重点关注三个方面的信息:①有关担保项目的运行情况。担保项目的目前进度,能否按预订计划完成;被担保人偿还贷款利息状况,是否出现不良信用记录。②被担保人的整体状况。通过被担保人提交的各项资料以及企业的财务报表和审计报告,企业应了解被担保人的财务状况、经营状况、现金流量等方面的信息。③担保费用收取。当被担保人无法按照合同规定支付担保费用时,企业应分析造成这种情况的原因。除此之外,还应关注被担保人的异常情况和重大信息。如果被担保人的经营状况严重恶化或者陷入财务危机,应及时向管理人员汇报,以便企业能及时、有效地采取应对措施。

(六)加强会计系统控制

会计系统控制是企业内部控制的重要组成部分,企业应从以下几方面完善担保业务的会计系统控制:①担保会计记录。企业应严格按照国家统一的会计准则制度的规定对担保业务进行会计处理,对于被担保人出现财务状况恶化、资不抵债、破产清算等情形,应合理确认预计负债和损失。②担保信息的搜集、分析和披露。担保企业应与被担保人保持通畅的信息沟通,企业内部财务部门与担保业务办理部门也应进行有效的沟通,从而保证搜集到尽可能多的担保业务相关信息,分析出被担保人的财务状况、经营状况、现金流量状况以及担保合同的履行情况。企业还应按照《证券法》《公司法》的相关要求进行信息披露。例如,为了保障债权人的利益,《公司法》规定企业对外提供的重大担保应当在一定期限内通知债权人并在报纸上做相应公告。③担保合同管理。企业应当妥善保管担保合同、与担保合同相关的主合同、反担保函或反担保合同,以及抵押、质押的权利凭证和有关原始资料,切实做到担保业务档案完整无缺。

（七）代为清偿和权利追索

在担保期间,当被担保人无法偿还到期债务时,债权人会按照担保合同的约定要求负连带责任的担保企业偿还。企业应当遵守合同约定,启动赔付程序,具体如下:企业担保业务办理部门在收到索赔书后,应当比照担保合同的约定核对索赔金额、索赔依据、索赔期限,核对准确之后报董事会审批,经董事会审核批准、签字盖章后转交财务部门支付相应款项。担保企业履行偿付义务之后,应向被担保人主张追索权。担保企业应当就担保项目的追索权和被担保人积极沟通,以保证其能够尽快收回资金。如果被担保人拒绝付款,那么担保企业应当运用法律武器保护自身权利。担保企业还可以依法处置被担保人的反担保财产,以尽可能减少损失。此外,担保企业应当建立担保业务责任追究制度,对在担保办理过程中出现的重大决策失误、未履行集体审批程序或不按规定管理担保业务的部门或人员追究相应的责任,不断完善担保业务内部控制制度,严格控制担保风险,促进企业健康、稳健发展。

第六节　研究与开发内部控制

研究与开发是指企业为了增强核心竞争力,创造性地运用科学技术新知识,或实质性地改进技术、产品和服务而持续进行的具有明确目标的系统活动。最常见的形式包括产品、科技的研究和开发。随着经济全球化进程的不断加快和科学技术水平的飞速发展,现代企业要想在竞争中保持较大的优势,就必须重视研发工作,加快技术创新速度,根据既定的发展战略,结合市场开拓和技术进步的要求,科学制订研发计划,强化研发过程管理,规范研发行为,促进研发成果的转化和有效利用,不断提高企业的自主创新能力,增强企业的核心竞争力。

一、研究与开发的特点

（一）失败风险大

研究与开发的成功率通常不会太高,尤其是高新技术企业的成功率更低,企业每年要投入巨额的研发成本费用,却要承受较大的失败压力和风险。

风险是由于因素复杂性和变动性的影响,使实际结果和预期发生背离而导致利益损失的可能性。研究与开发风险是指企业对新产品或新技术开发的内部环境和外部环境的不确定性估计不足,在新产品或新技术开发过程中难以实施有效控制从而造成开发失败的可能性。

企业的研究与开发至少包括以下类型的风险:论证风险、研发技术风险、研发管理风险、研发系统环境风险等。其中,研发技术风险是研发过程中普遍面临的风险之一,其产生原因主要是提高系统性能水平的目标受到条件约束而未能实现。具体原因包括技术方案不合理、技术不成熟、系统过于复杂、工艺不成熟、产品可靠性差等。研发管理风险也是常见的风险之一,包括因拖延进度而形成的项目进度风险,项目需要中途变更造成的变更风险,各部门沟通不畅、信息不对称带来的沟通风险,项目成员自身问题导致的人力风险等。

(二) 周期较长

从研究立项到最后获取成果要经历一个漫长的过程。根据各阶段的不同特点,研究与开发可以具体区分为研究阶段和开发阶段。研究是指为获取并理解新的科学或技术知识而进行的独创性的有计划调查。研究活动主要有:意欲获取知识而进行的活动,研究成果或其他知识的应用研究、评价和最终选择等。开发是指在进行商业性生产或使用前,将研究成果或其他知识应用于某项计划或设计,以生产出新的或有实质性改进的材料、装置、产品等。开发活动主要有:生产前或使用前的原型和模型的设计、建造和测试,不具有商业性生产经济规模的试生产设施的设计、建造和运营等。因为研究阶段的成果更具有初创性和不确定性,所以大体上研究比开发的周期更长,失败的可能性更大。

(三) 成果难以转化为经济效益

从研究活动的定义可以归纳出研究活动的三个特点:一是为获取新知识;二是只进行初步的探索和调查分析,能否达到预期的效果具有极大的不确定性;三是研究活动一旦成功就会产生一种可利用的知识,值得关注的是它只是初步的智力成果,若不进一步开发应用就难以体现成果的经济价值。有相当部分的企业在研究期间投入大量财力、人力和物力,历经多年后产生部分成果,却因后期的财力不足和短视行为没有进一步开发,使之难以产生经济效益。

二、研究与开发内部控制目标

(一) 规范流程管理,提高研发成功率

研究与开发是促进企业自主创新的重要体现,是企业加快转变经济发展方式的强大推动力。企业通过严格的内部控制制度,对研究项目进行充分论证,层层把关,严格审批,从源头上减少产品或技术创新不足以及资源过度浪费;加强研发过程管理,加强相应监督机制;合理配置研发人力资源,把风险控制在合理范围内,提高研究与开发效率,最大限度地降低发生损失的可能性。

(二) 合理控制研发周期

合理控制研发周期、尽早取得新技术对于以创新为生命力的企业来说至关重要。因此,企业应加强研发阶段的监督管理,组建专门小组进行工程监理,或者委托独立的第三方监理机构进行监督管理。监理机构应依照国家法律法规及相关技术标准,对承包单位的研发进度等方面实施监督。企业应加强与承包单位之间的沟通,对故意拖延周期或者消极怠工的行为及时提出整改意见。

(三) 加强成果转化,提高产品经济效益

企业应把研发成果真正纳入其产业链,将研发成果作为依托,部署完整的产品体系,提升其经济附加值。例如,乔布斯领导下的苹果公司奉行滚动式研发的创新思想,从 iTunes 开始,苹果产品接二连三地进行更新换代,把技术真正转换为使消费者受惠的产品。这样的经营理念不但让苹果 iPhone 系列获得数以万计的用户,而且在乔布斯执掌大权的 10 年间,股价从 7 美元飙升至 74 美元,市场价值达 620 亿美元左右。由此可见,企业应把加强研发成果转化、提高产品经济效益作为研发的终极目标。

三、研究与开发业务流程及主要风险

研究与开发业务流程主要涉及立项、研发过程管理、结题验收、研究成果开发、研究成果保护和研发成果评估等,其业务流程如图 6-27 所示。

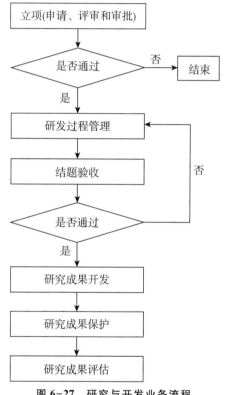

图 6-27 研究与开发业务流程

1. 立项

与工程项目立项类似,研究与开发立项主要包括立项申请、评审和审批。企业通常根据公司发展的实际需要,结合研发计划,提出项目立项申请,开展可行性研究,编制可行性报告。由相关机构和独立于立项审批之外的专业机构进行评估论证,出具评估意见。通过评估的研究项目需要经过规定的程序进行审批,重大立项交由董事会或类似权力机构集体审议。如果出现否决情况,则中止整个项目流程,修改项目建议书、调整可行

性报告或者彻底放弃该立项。

该环节的主要风险是：研发计划与国家（或企业）发展战略不匹配；研发承办单位或项目负责人不具备相应资质；研发项目未经科学论证或论证不充分，评审和审批环节把关不严，可能导致创新不足或资源浪费。

2. 研发过程管理

研发过程是研发的核心环节。实务中，研发通常分为自主研发、委托研发和合作研发三种类型。自主研发是指企业依靠自身的科研力量，独立完成项目，包括原始创新、集成创新和在引进消化基础上的再创新三种类型。委托研发是指企业委托具备相应资质的外部承办单位进行研究和开发。合作研发是指合作双方基于研发协议，就共同的科研项目，以某种合作形式进行研究和开发。对于重大的研发项目，企业应该采取招标的方式确定具备相应资质的受托单位。企业应与受托单位签订外包合同，明确双方的权利义务、研究成果的产权归属、研究进度和质量标准等。与其他单位合作开发的，应在书面合作合同中明确双方投资、权利义务、研究成果的产权归属等。企业应针对研发全过程配备专人进行监督。

自主研发的主要风险包括：第一，研究人员配备不科学，导致研发成本过高、舞弊或研发失败；第二，研发过程管理不善、费用失控或科技收入形成账外资产，影响研发效率，增加研发成本甚至造成资产流失；第三，多个项目同时进行时，相互争夺资源，出现资源的短期局部短缺，可能造成研发效率下降；第四，研发过程中未能及时发现错误，导致弥补成本过高；第五，科研合同管理不善，导致权属不清、知识产权存在争议。委托（合作）研发的主要风险是：委托（合作）单位选择不当，知识产权界定不清。合作研发还包括与合作单位存在沟通障碍、合作方案设计不合理、权责分配不合理、资源整合不当等风险。

3. 结题验收

结题验收是对研究过程形成的交付物进行质量验收。结题验收分检测鉴定、专家评审、专题会议三种方式。

该环节的主要风险包括：由于验收人员的技术、能力、独立性等方面的不足造成验收成果与事实不符；测试与鉴定投入不足，导致测试与鉴定不充分，不能有效降低技术失败的风险。

4. 研究成果开发

此阶段是研究开发的第四个阶段，也是决定企业能否从中获利的关键阶段。企业需要把初步的开发成果进行试生产，充分验证产品性能之后，在确定能满足客户需求的条件下方可进行批量生产。

该环节的主要风险包括：研究成果转化应用不足，导致资源闲置；新产品未经充分测试，导致大批量生产不成熟或成本过高；营销策略与市场需求不符，导致营销失败。

5. 研究成果保护

研究成果保护是研究与开发活动中不可或缺的环节。随着计算机技术的兴起和信息技术的快速发展，信息保密工作日益复杂化，商业机密泄露事件频繁发生。在没有相关保护措施的条件下，研究开发成果一旦被窃取，企业就会遭受巨大损失，且需要承担巨额的补救成本。研究成果的保护措施包括申请专利权,保管各类涉密图纸、程序、资料。

该环节的主要风险是:企业未能有效识别和保护知识产权,知识产权的权属未能得到明确规定,开发出的新技术或产品被限制使用;企业缺少管理激励制度,造成核心研究人员流失,导致形成新的竞争对手或技术秘密外泄。

6. 研发成果评估

研发活动的最后一个环节是全面评估,范围涵盖立项研究、开发与保护等过程。目的在于分析存在的薄弱环节,总结研发管理经验,为下一步改进和提升研发能力提供借鉴经验。

四、研究与开发内部控制

(一) 不相容职务分离

在立项过程中,企业应对项目计划制订、项目考察、项目审批等不相容职务进行分离。企业既可以指定专门机构归口管理研发项目,也可以委托具备相应资质的专业机构开展可行性研究,并按照有关要求形成可行性报告。企业还可以委托具备相应资质的专业机构评审可行性报告,出具评审意见。企业负责提出项目与负责审核项目的人员机构需相互分离,从事项目可行性研究的机构也不得同时从事相关报告的评审工作。企业在研发过程中应建立科技开发费用报销制度,明确费用支付标准及审批权限,遵循不相容岗位牵制原则,完善科技经费入账管理程序,按项目正确划分资本性支出和费用性支出,准确开展会计核算,建立科技收入管理制度。竣工结算的验收方不应包括研发过程中的监理人员,防止监理人员与受托单位串通,对其工作进行自我评价。

(二) 分级授权和审批

企业应建立分级授权体系,根据项目的规模和重要性进行分级决策。在研究开发立项过程中,企业在立项之前进行投资机会研究,把可行性研究作为投资前期工作的核心内容,可行性报告从提出到最后通过要通过各级组织的层层审核,接受专业机构的咨询和建议,最终要董事会表决,特殊项目还要通过股东大会的表决,这样的决策程序能最大限度地保证研发项目立项的科学性。此外,对于耗资巨大或技术难度较大的研发项目,企业应分三个层次进行可行性研究:初步可行性研究、辅助研究、详细可行性研究。

(三) 项目监督检查

对于自主研发,第一,建立研发项目管理制度和技术标准,建立信息反馈制度和研发项目重大事项报告制度,严格落实岗位责任制度;第二,合理设计项目实施进度计划和组织结构,跟踪项目进展,建立良好的工作机制,保证项目顺利实施;第三,精确预计工作量和所需资源,提高资源使用效率;第四,开展项目中期评审,及时纠偏调整,优化研发项目管理的任务分配方式。

对于委托(合作)开发,第一,加强委托(合作)研发单位资信、专业能力等方面的管理;第二,委托研发应采用招标、议标等方式确定受托单位,制定详尽的委托研发合同,明确产权归属、研究进度和质量标准等相关内容;第三,合作研发应对合作单位进行尽职调查,签订书面合作研发合同,明确双方投资、分工、权利义务、研究成果产权归属等;第四,加强项目的管理监督,严格控制项目费用,防止挪用、侵占等;第五,根据项目进展情况、国内外技术最新发展趋势和市场需求变化情况,对项目的目标、内容、进度、资金进行适当调整。

(四)项目验收控制

企业应组织审核竣工决算,重点审查决算依据是否完备、相关文件资料是否齐全、竣工清理是否完成、决算编制是否正确。第一,企业应建立健全技术验收制度,针对研发成果执行测试程序;第二,对验收过程中发现的异常情况应重新进行验收或补充研发,直至研发项目达到研发标准;第三,落实技术主管部门的验收责任,由独立的、具备专业胜任能力的测试人员进行鉴定试验,并按计划进行正式、系统、严格的评审;第四,加大企业在测试和鉴定阶段的投入,重要的研发项目可以组织外部专家参与鉴定。

全面评估是研究与开发内部控制建设的重要环节。企业应建立研发活动评估制度,加强对立项、研究、开发与保护等过程的全面评估,认真总结研发管理经验,分析存在的薄弱环节,完善相关制度和办法,不断改进和提升研发活动的管理水平。

(五)研究成果开发与保护

研究成果开发内部控制措施包括:第一,企业应建立健全研究成果继续开发制度,促进成果及时、有效地转化,提升研究成果的经济效益;第二,鉴定研究成果批量生产的技术可行性,力求用扩大产量的方式降低产品的研发成本;第三,坚持开展以市场为导向的新产品开发,以顾客的需求为导向,开发具有良好市场前景的产品;第四,建立研发项目档案,在保证成果权属安全、有效的前提下,推进有关信息资源的共享和应用,扩大研究成果的受益面。

研究成果保护内部控制措施包括:第一,在获取研究成果之后,尽早进行知识产权评审,及时取得权属,在可行的情况下尽早申请相关专利;第二,研发完成后确定采取专利或技术秘密等不同类型的保护方式;第三,建立研究成果保护制度,加强对专利权、非专利技术、商业秘密,以及研发过程中形成的各类涉密图纸、程序、资料的管理,严格按照制度规定借阅和使用,禁止无关人员接触研究成果;第四,建立严格的核心研究人员管理制度,明确界定核心研究人员的范围和名册清单,并与之签署保密协议;第五,企业在与核心研究人员签订劳动合同时,应当特别约定研究成果归属问题、离职条件、离职移交程序、离职后的保密义务、离职后竞业限制年限及违约责任等内容,杜绝集体成果被非法侵占的可能性;第六,建设合理、有效的研发绩效管理体系,制定科学合理的核心研发人员激励制度,注重长效激励。

第七节 业务外包内部控制

业务外包是企业利用专业化分工优势,将日常经营中的部分业务委托给本企业以外的专业服务机构或其他经济组织(承包商)完成的经营行为。业务外包作为一种新的经营模式,在企业生产经营中发挥着重要作用。目前,业务外包已经广泛应用于电信、金融等行业,为企业降低交易成本、实现规模经济、获取外部稀缺资源、提高经营效率提供了条件。但是,由于企业开展业务外包活动会面临许多不确定因素,给其生产经营带来风险,因此企业应制定和完善业务外包制度,加强业务外包的风险管理,从而有效地规避风险,充分发挥业务外包的优势。

一、业务外包的特点

(一)业务外包往往只涉及辅助业务

企业业务主要包括两种:核心业务和辅助业务。现代企业生存和发展的关键是打造自身核心竞争力,只有不断提高核心竞争力,企业才能在激烈的市场竞争中保持不败。辅助业务往往只是对核心业务起支撑作用,是一些日常基础性的业务。目前企业的外包业务仅仅涉及辅助业务,很少涉及核心业务。

(二)业务外包进一步加深了不同企业之间的内在联系

业务外包将外部企业作为企业生产链条中的一个环节,扩大了企业的生产规模,加强了企业与外部企业之间的业务联系。业务外包将专业化和分工思想从企业内部的机构与个人转移到企业外部,在产品生产链条上,每个企业都发挥了比较优势,从而使整个生产链条的价值最大化,这有利于在新的市场环境中打破传统的行业(业务)界限,与外部企业形成跨业务领域的联合,建立长期的战略合作伙伴关系,增强彼此的竞争力。

(三)业务外包具有灵活性

企业要想在市场竞争中占有一席之地,就必须对市场变化做出迅速的反应,从而及时调整生产经营策略。企业无法保证其每个业务都能具有很强的市场竞争力,因此每个企业都应将资源集中在打造核心竞争力上;而对于其他业务,企业可以选择外包出去。业务外包使企业无须为该业务购置大量固定资产或投入大量人力成本,有利于保持企业的流动性。当企业的供应量或技术无法满足市场需求时,可以选择具有规模经济、专业资质和掌握最新技术的承包商进行快速应对。

二、业务外包内部控制目标

(一)保证业务外包的质量

企业将部分业务外包给规模化生产的专业承包商,有利于其利用外部资源、降低生产成本。然而,如果企业盲目地选择廉价的承包商,对承包商的专业水平、信誉状况等没有进行深入的调查,在业务外包过程中又没有进行积极、有效的沟通,则业务外包的质量可能难以达到企业的标准。因此,企业应在保证业务外包质量的前提下开展业务外包活动。

(二)提升企业整体经营的效率和效果

随着企业业务量的增长,企业内部资源往往无法满足业务的快速扩张,此时业务外包是解决这一矛盾的有效途径。企业将部分业务外包给其他企业,充分利用了外部资源,提高了工作效率,而且解决了业务活动的弹性问题。

企业将辅助业务交给专业、优质的承包商,由于承包商的规模化生产及其专业能力,既降低了辅助业务的生产成本,提高了经营效益,又提高了辅助业务的经营效率。此外,企业可以将更多的人力、财力、物力资源集中在为企业创造更大的利润、更具市场竞争力的核心业务上,而且企业核心业务也会因辅助业务的高效优质完成而得以快速完成。因此,业务外包有利于企业提高核心竞争力,提升企业整体经营效益。

(三)保护企业业务外包资产的安全和完整

在业务外包过程中,企业有时会根据业务的需要将一些固定资产交由承包商使用,然而由于企业与承包商的文化不同,资产管理制度存在差异,可能会因承包商使用不当而使企业的固定资产遭受损失;或者承包商未经企业的允许而将固定资产作其他用途,从而导致固定资产的管理混乱。同时,由于资产在企业外部,企业管理人员很可能会出于惰性而怠于管理,从而使资产管理失控。因此,企业在将资产转交给承包商之后仍应给予持续的关注,定期审查承包商对资产的使用情况,保护企业资产的安全和完整。

三、业务外包的主要风险

业务外包风险存在于企业办理业务外包的全过程,既有在外包决策阶段调查评估不足、承包商选择不当的风险,也有在外包实施过程中缺乏有效监控、服务质量低劣的风险。企业在办理业务外包时,应当识别业务外包的各种风险。

(一)业务范围不明确,将核心业务外包

虽然对于企业的哪些业务可以外包并没有统一的定论,但大多数研究表明,企业的核心业务应保留在企业内部,不宜外包。然而在现实操作中由于决策者的认识有限,对外包业务的范围不明确,可能将企业的核心业务外包,或是将市场前景好的业务外包出去,这将导致企业对核心业务的市场变化关注不足、投入资源有限、自身创新能力下降,甚至在日常生产经营中产生过分依赖外包的现象,失去对核心业务的控制,增大企业正常运营的不确定性。虽然业务外包的低廉成本会让企业获得短期优势,但是企业最终将丧失长期的市场竞争优势。

(二)调查评估不足,承包商选择不当

由于信息不对称,企业在选择承包商时,会面临以下一系列风险:①调查不力,对承包商缺乏了解。例如,承包商不是合法设立的法人主体,缺乏应有的专业资质,从业人员不具备应有的专业技术资格、缺乏从事相关项目的经验,如果企业事先不对承包商所提供的信息做充分的调查,往往会给企业带来严重损失。②承包商遴选程序不合规。在一些企业中,由于决策者权力过大,而且无相应的权力制衡机制,在经济利益的驱使下,可能会出现商业贿赂等舞弊行为。③承包商评价标准不合理。部分企业因挑选的承包商要价过高、业务外包成本较大而丧失了业务外包优势;或者企业为了最大限度地降低成本而忽视了承包商的专业能力与商业信誉,如果承包商无法按时交工或者所交付产品不符合企业的标准,就会影响企业的正常生产经营。

(三)信息保护不当,泄露商业秘密

企业在业务外包过程中会提供给承包商大量的信息,其中会涉及一些关键信息和商业秘密,这些信息对于企业保持市场竞争力至关重要。如果企业没有有效的合同条款约束承包商,或者在外包过程中监控不力,就可能导致承包商泄露商业秘密。一旦这些重要信息被竞争对手掌握,就会使企业丧失竞争优势,从而遭受重大损失。

(四)缺乏有效监控,服务质量低劣

如果开展业务外包之后,企业并未实施有效的监控措施,企业就会承受更大的风险。如果承包商因市场变化或管理不善等无法履行合同义务、延迟交工,企业正常的生产经营就可能中断。承包商出现未按照业务外包合同约定的质量要求持续提供合格的产品或服务等违约行为,会导致企业难以发挥业务外包优势,甚至遭受重大损失。有些运作不规范的承包商在承包业务之后,未经外包企业同意而擅自将业务转包给其他企业,使业务质量难以得到保证和有效监控。

(五)会计处理不当,财务报告失真

业务外包需要各个部门之间进行有效的沟通,尤其是业务部门和财务部门之间的沟通。如果企业缺乏有效的业务外包会计系统控制,未能全面、真实地记录和反映企业业务外包各环节的资金流与实物流情况,可能会导致企业资产流失或贬损;会计人员对业务外包相关会计处理不当,可能会导致财务报告信息失真;结算审核不严格、支付方式不恰当、金额控制不严,可能会导致企业资金损失或信用受损。

四、业务外包流程

虽然不同企业的组织形式有所不同,业务外包方式多种多样,但是主要的业务流程应包括如下八个方面:

1. 制订业务外包实施方案

企业应依据年度生产计划及业务外包管理制度,结合业务外包范围,制订科学的业务外包实施方案。在明确业务外包的范围时,企业首先应对业务外包进行分类,一般分为重大业务外包和一般业务外包。重大业务外包是指对企业生产经营有重大影响的业务外包,是涉及企业核心竞争力的业务外包。

2. 审核批准

业务外包实施方案制订后,需经管理层审核批准方可实施。重大业务往往涉及企业的发展战略和核心竞争力,因此重大业务外包应提交审计委员会审议并经董事会审批;一般业务外包往往仅涉及日常的基础业务,为了提高经营效率和节省成本,可以由董事会授权总经理审核批准。

3. 选择承包商

企业应按照批准的业务外包实施方案,制订承包商遴选方案,选择合格的承包商。

4. 签订业务外包合同

在按照一定标准确定承包商之后,企业应及时与选定的承包商签订业务外包合同,约定业务外包的内容和范围、双方的权利和义务、服务和质量标准、保密事项、费用结算标准和违约责任等事项。

5. 组织实施业务外包

签订业务外包合同之后,企业应积极组织业务部门、财务部门和资产管理部门针对业务外包进行有效沟通与相互协作,确保业务外包能够顺畅进行。

6. 业务外包过程管理

根据业务外包合同的约定,承包商交付产品有两种方式,一是在合同期内分次提供外包成果,二是在合同期满一次性交付产品。由于承包商交付成果的方式不同,业务外包过程也有所不同。前者的业务外包过程是指承包商设计制造的产品过程,后者的业务外包过程是指承包商持续提供服务的整个过程。企业应组织相关部门或人员,针对不同成果交付方式对外包过程进行管理,密切关注承包商履约能力,做到及时监控。

7. 验收

业务外包合同执行完成后需要验收的,企业应组织相关部门或人员对完成的业务外包进行验收。

8. 会计系统控制

会计系统控制是指企业应当根据国家统一的会计准则制度,加强对外包业务的核算与监督,并做好外包费用结算工作。

五、业务外包内部控制措施

在梳理业务外包流程、评估业务外包各个环节所存在的风险的基础上,企业应当根据业务外包内部控制目标实施有针对性的控制措施。

(一)不相容职务分离

企业应梳理业务外包流程,明确不同职务的职责和权限,从而形成相互制约、相互监督的机制,以避免在实施业务外包过程中出现舞弊行为。业务外包不相容职务主要包括以下几项:①业务外包的申请与审批;②业务外包的审批与执行;③外包合同的订立与审核;④业务外包的执行与相关会计记录;⑤付款的申请、审批与执行。

(二)授权审批

企业应建立业务外包授权审批制度,明确授权审批的方式和程序、各部门的审批范围和权限,保证申请、审批、执行和监督等环节按相关管理制度规范操作,禁止出现无权审批或越权审批的情况。在审批业务外包实施方案时,企业应根据自身业务的特点,着重对比分析该项目在自营和外包情况下的风险与收益,确定外包的合理性和可行性。对于涉及企业市场竞争力的重大业务外包,由于其对企业发展影响较大,应提交董事会或类似权力机构审批。

（三）优选承包商

第一，对于候选承包商的调查主要包括两个方面：①合法性。候选承包商是否为依法成立和合法经营的专业服务机构，是否有相应的经营范围和固定的办公场所。②专业资质。承包商是否具备相应的专业资质，从业人员是否符合岗位要求和任职条件，并拥有相应的专业技术资格。企业应委派能胜任的专业人才进行充分的调查，并根据搜集到的信息形成调查评估报告。

第二，引入竞争机制。首先，企业可以采用公开招标的方式，挑选优质承包商；其次，选择多家企业作为承包商，以降低一方服务失败可能给企业带来的严重损失。

第三，按规定程序确定最终承包商。在确定最终承包商的过程中，企业应严格按照规定的程序和权限办理，防止出现徇私舞弊行为。

（四）建立有效的沟通机制

对于通过招标竞争机制挑选出来的优质承包商，企业应加强交流与沟通，一方面承包商能够了解企业的文化，使其提供的服务更符合企业的需求；另一方面，企业也能够对承包商在行业中的地位、所提供服务的质量、生产经营状况等有更为深入的认识。对于资金实力雄厚、服务质量高、规模大、信誉好的承包商，企业应与其建立合作的长效机制，这既有利于企业得到优质、专业、快捷的服务，又能让承包商开拓更多的业务，从而通过战略合作伙伴关系来达到双赢。此外，企业还应建立承包商档案，跟踪记录其经营范围、产品质量、服务质量与效率，从而推进双方未来进一步的合作。

（五）加强业务外包过程监控

业务外包的风险监控应贯穿于整个业务流程，是全过程监控。由于业务外包是一种介于市场交易和纵向一体化之间的中间形式，厂商和外包供应商之间实际上形成了一种委托代理关系，外包供应商比厂商拥有更多关于产品和服务的质量、成本等信息，从而导致信息不对称。另外，合作双方的理念和文化的差异、无效的沟通机制等因素都可能导致外包失败。因此，强化对外包过程的管理非常必要，企业可以建立相应的管理协调机构、构建畅通的沟通渠道以解决业务外包过程中的问题和矛盾，防止意外的发生。此外，企业还可以通过细化外包合同、建立质量保证体系等管理控制手段，强化对外包过程的监督，减少外包过程中因信息不对称而造成的风险。

在业务外包运作过程中，企业应密切关注重大业务外包承包商的履约能力。企业持续评估承包商履约能力，分阶段检查业务完成进度以及资源投入状况，评估其生产规模和能力、财务状况和经营状况、预测其能否按合同期限完成任务。凡事"预则立，不预则废"，对于对企业影响重大的业务外包，企业应充分地预计各种可能出现的意外情况，建立相应的应急机制，制订备选方案，避免业务外包失败致使企业生产经营活动中止。企业应搜集相关信息，如果有确凿证据表明承包商有重大违约行为，导致业务外包合同无法履行，应当及时终止合同，以免给企业造成更大的损失；同时，企业应指派有关部门按照合同约定向承包商就因违约行为而造成的损失给予索赔。

（六）完善业务外包会计系统控制

完善业务外包会计系统控制对于企业来说至关重要。首先，企业财务部门应根据国家统一的会计准则制度，对业务外包过程中交由承包商使用的固定资产和购置的存货以及外包合同等加强监督；其次，根据企业会计准则的规定，结合外包业务的特点和企业管理机制，建立完善外包成本的会计核算方法，进行有关会计处理，并在财务报告中进行必要、充分的披露；最后，在向承包商结算费用时，应依据验收证明，严格按照合同约定的结算条件、方式和标准办理支付。

第八节　资产管理内部控制

资产是企业从事生产经营活动的物质基础，预期能给企业带来经济利益。企业对资产的管理应贯穿于生产经营活动的全过程。企业资产的范围很广，包括金融资产、存货、固定资产、对外投资、无形资产等，基于与其他章节衔接的考虑，本节阐述存货、固定资产、无形资产的内部控制。资产管理内部控制的目的在于：①保证资产管理的合法性，保护资产安全；②提高资产的营运效益；③增强财务报表的可靠性。

一、存货管理内部控制

存货是指企业生产经营过程中为销售或者耗用而储备的物资，主要包括原材料、在产品、产成品、半成品、商品和周转材料，以及代销、代管、代修、受托加工的存货等。通过建立和实施完备的存货控制制度，企业能够有效地保护存货资产安全，在保证生产经营需求的前提下降低企业的平均资金占用水平，提高存货的利用率及流动速度，从而提高企业的经济效益。

（一）存货管理业务流程及主要风险

1. 存货管理业务流程

不同类型的企业有不同的存货管理模式，不同类型的存货也有不同的管理模式。根据企业的不同类型，存货管理业务流程可以分为制造型企业的存货管理业务流程和流通型企业的存货管理业务流程。制造型企业的存货管理业务流程可分为取得、验收入库、仓储保管、生产加工、存货发出、盘点清查、存货处置等阶段。流通型企业的存货管理业务流程要经过取得、验收入库、仓储保管、销售发出、盘点清查、处置等阶段。

2. 存货管理的主要风险

存货管理风险是指企业因缺乏存货管理意识、管理机制而导致的存货积压或短缺、存货占用过多资金、存货资产流失等风险。

（1）存货取得环节的风险。企业的存货可以外购，也可以自制。存货的取得方式多种多样，企业应根据生产经营需要、行业特点等因素，选择适当的存货取得方式。该环节的主要风险有：①存货预算编制不科学，请购依据不充分，相关审批程序不规范。②存货采购批量、时点不合理,可能导致存货积压或短缺。采购人员在进行采购时,有时仅凭使用部门的片面之词,或仅凭经验或出于与供应商的利益关联就随意采购,导致存货大量积压。③存货的质量难以保证。由于供需双方之间信息不对称,合作又具有多变性,有些存货的质量只有在经过一段时间后才能辨别优劣,致使质量控制难度较大。部分供应商为了竞争到供应权,虚报资质,使得供货质量得不到保障。

(2)存货验收环节的风险。不论是外购的存货还是企业自制的存货,都必须经过验收环节才能入库,以保证存货的数量和质量符合有关规定或产品质量要求。该环节的主要风险是:存货验收程序不规范、标准不明确,可能导致存货数量不足、以次充好、账实不符。

(3)存货仓储保管环节的风险。存货仓储是存货管理的中间环节,上承存货采购,下启存货发出,对实物管理起着至关重要的作用。该环节的主要风险有:①仓储管理不科学,管理方法不当,易造成存货流失。存货摆放杂乱,没有标明品名、厂家、生产日期、型号、规格等标识卡片,"修旧改代"物资和新品混放,导致物资的存取和清查难度增大,存货流失严重。②保管环境差,易造成存货损坏、变质等。在潮湿的天气不注重室内除湿,或不经常清理仓库,导致一些物资因锈蚀或氧化而毁损。

(4)存货领用发出环节的风险。制造型企业的存货领用发出是指生产部门领用原材料、燃料和零部件等用于生产加工,流通型企业的领用发出是指存货的对外销售。该环节的主要风险有:①存货的领用没有建立规范的领用制度,各部门在领用物资时完全靠自觉性,既没有人监管实际生产需要量,也没有规定消耗定额,随领随用,多领不办理退库手续,浪费现象严重。②存货领用发出审核不严格、手续不完备,可能导致存货流失。

(5)存货盘点清查环节的风险。对于存货盘点清查,企业既要核对实物的数量,又要关注实物的质量。该环节的主要风险有:存货盘点清查制度不完善、计划不可行、工作不规范,可能导致工作流于形式,无法查清存货的真实状况。

(6)存货处置环节的风险。存货处置是指存货因变质、毁损等而对存货进行的处理。该环节的主要风险是:存货报废处置的责任不明确、审批不到位,可能导致企业利益受损。

(二)存货管理内部控制措施

对存货进行管理控制,目的是要确定最佳存货持有量,最小化存货成本,降低存货占用资金水平。企业应建立和完善存货管理内部控制制度,结合其生产经营特点,针对主要风险点和关键环节制定有效的控制措施。

1. 存货取得环节的内部控制措施

(1)建立存货请购制度,明确请购相关部门或人员的职责权限及相应的请购程序。存货采购业务必须按计划申报程序进行,由采购专管人员根据仓储计划、资金筹措计划、生产计划、销售计划等拟定采购预算,然后根据采购预算提出采购申请。预算外或计划外采购需要经过严格的审批。

(2)建立严格的授权审批制度。明确审批人对存货管理业务的授权审批方式、权限、程序、责任和相关控制措施,规定经办人办理存货管理业务的职责范围和工作要求。审批人应在授权范围内审批,不得超越审批权限,经办人应在职责范围内按照审批人的批准意见办理存货管理业务。

（3）实行存货经济订货量管理。企业在采购存货前,要根据各种材料的采购间隔期和当日材料的库存量,充分利用信息系统,分析确定采购日期和经济采购批量,据此进行存货采购,确保存货处于最佳库存状态。

（4）建立科学的供应商评估和准入制度。通过评估来确定合格供应商清单,并与选定的供应商签订质量保证协议;同时,建立供应商信息系统,对供应商提供物资或劳务的质量、价格、交货及时性、供货条件及其资信、经营状况等进行实时管理和综合评价,根据评价结果对供应商进行合理选择和调整。

2. 存货验收入库环节的内部控制措施

（1）企业要严格遵循验收程序和验收标准,对验收入库存货的质量、数量、技术规格等方面进行检查与验收,保证存货符合采购要求,做到准确、安全入库。质量检验人员应验收材料的品种、数量,填制验收单;仓库保管人员应根据验收单验收存货。保管人员与质量检验人员应相互独立。

（2）对于外购存货,企业应重点关注合同、发票等原始单据与存货的数量、质量、规格等是否一致。对于自制存货,企业应重点关注产品质量,只有验收合格的半成品、产成品才能办理入库手续,对于不合格的产品应及时查明原因、落实责任、报告处理。对于通过其他方式取得的存货,企业应重点关注存货来源、质量状况、实际价值是否符合有关合同或协议的约定。

3. 仓储保管环节的内部控制措施

制造型企业为了保证生产过程的连续性,需要对存货进行仓储保管;流通型企业的存货从购入到销往客户之前也存在仓储保管环节。该环节的主要内部控制措施有:

（1）企业应建立存货保管制度,采用恰当的仓储保管方法。不同批次、用途和型号的存货要分类存放;因业务需要分设仓库的,对不同仓库之间的存货流动办理出入库手续;按照仓储物资所要求的储存条件贮存,并建立和健全防火、防盗、防潮等措施。

（2）结合企业实际情况,加强存货的保险投保,保证存货安全,合理降低存货意外损失风险。

4. 存货领用发出环节的内部控制措施

企业应根据自身的业务特点,确定适用的存货发出管理模式,制定严格的存货准出制度,明确存货发出和领用的审批权限,健全存货出库手续,做好存货领用发出记录。该环节的主要内部控制措施有:

（1）对制造型企业来说,存货领用应制定定额标准,领用部门根据计划、定额标准填制限额领料单向库房领用材料;超出存货领料单限额的,应当经过特别授权。存货领用需经部门负责人审批签字,仓库保管员应审核领料单,双方要检查存货的数量和质量,并签字或盖章。

（2）对流通型企业来说,存货发出也要经过相关部门的批准,大批商品、贵重商品或危险物品的发出应得到特别授权。仓库应根据经审批的销售通知单发出货物,并定期将发货记录与销售部门和财务部门核对。

5. 盘点清查环节的内部控制措施

企业应建立存货盘点清查制度,对存货进行盘点清查,以确定账实是否相符,为企业的存货管理提供真实、可靠的信息,为下阶段的销售、生产计划及财务成本核算提供依据。企业应根据自身的实际情况确定盘点周期、盘点流程、盘点方法等相关内容,制订详细的盘点计划,采用定期盘点和临时盘点相结合、全面盘点和抽查盘点相结合等方法,合理安排人员进行存货的盘点工作,核查存货数量,及时发现存货减值迹象。企业至少应当于每年年度终了时开展全面盘点清查工作,盘点结束后要及时编制盘点表,形成书面报告。盘点清查中发现的存货盘盈、盘亏、毁损、闲置以及需要报废的存货,应当查明原因、落实并追究责任,按照规定权限批准后予以处置。

6. 存货处置环节的内部控制措施

企业应定期对存货进行检查,及时了解存货的存储状态,对于存货变质、毁损、报废等的处理要分清责任、分析原因、及时处理。该环节的主要内部控制措施有:

(1) 仓储部门应通过盘点、清查、检查等方式全面掌握存货的状况,及时发现存货的残、次等状况。对残、次等状况的处理,仓储部门要选择有效的处理方式,并经相关部门批准后做出相应的处置。

(2) 存货的会计处理应当符合国家统一的会计准则、制度的规定。企业应根据存货的特点及内部存货流转的管理方式,确定存货计价方法,防止通过人为调节存货计价方法操纵当期损益。计价方法一经确定,未经批准不得随意变更。

(3) 仓储部门与财务部门应结合盘点结果对存货进行库龄分析,确定是否需要计提存货跌价准备。经相关部门批准后,方可进行会计处理,并附上有关的书面记录材料。

二、固定资产管理内部控制

固定资产是企业赖以生存的物质基础,是企业产生效益的源泉,关系到企业的运营与发展。企业的固定资产包括房屋、建筑物、机器、机械、运输工具,以及其他与生产经营活动有关的设备、器具、工具等。企业加强对固定资产的利用和管理,维护其安全和完整,有利于降低成本、提高资产使用效率,为企业的生产经营发挥更大的作用,并最终为企业增强市场竞争力、扩大盈利空间创造条件。

(一) 固定资产管理业务的风险

企业的固定资产具有数量大、种类多、价值高、使用周期长、使用地点分散等特点,所以固定资产管理是一项工序复杂、管理内容较多的系统性工作,几乎与企业的每一个部门、每一名员工都有着密切的关系。企业固定资产管理并不是某一个部门或者某几个人的责任,而是需要企业内部所有人员的全力支持、通力协作。

固定资产管理应重点关注以下风险:①固定资产采购、建造决策失误,可能导致资产损失或资源浪费。②新增固定资产的验收程序不规范,可能导致资产质量不符合要求,进而影响资产运行;固定资产投保制度不健全,可能导致应投保的资产未投保、索赔不力,不能有效防范资产损失风险;固定资产登记内容不完整,可能导致资产流失、资产信息失真、账实不符。③固定资产操作不当、失修或维护过剩,可能造成资产使用效率低下、产品残次率高或资源浪费,甚至发生生产事故。④固定资产更新改造不够,可能造成企业产品线老化,缺乏市场竞争力。⑤固定资产丢失、毁损等造成账实不符或资产贬值严重。⑥固定资产抵押制度不完善,可能导致抵押资产价值低估和资产流失。⑦固定资产处置方式不合理,可能造成企业经济损失。

（二）固定资产管理业务流程

固定资产管理业务流程,通常可以分为取得、验收、日常维护、更新改造、盘点清查和处置六个环节。

（1）固定资产的取得。固定资产的取得方式主要有外购、自行建造、非货币性资产交换换入、接受投资者投入等。企业应根据自身情况取得所需的固定资产。

（2）固定资产的验收。对于新增固定资产,要经过验收才能登记造册。固定资产交付使用的验收工作由固定资产管理部门、使用部门和其他相关部门共同实施。不同类型的固定资产对验收工作有不同的要求,企业要建立严格、规范的验收制度。

（3）固定资产的日常维护。企业的固定资产若是操作不当、失修等,可能会造成资产使用效率低下、资源浪费,甚至发生生产事故,企业要加强固定资产的日常维护工作。

（4）固定资产的更新改造。企业需要对固定资产进行定期或不定期的更新改造,这样才能不断提高产品质量,降低能源资源消耗,保证生产的安全效益。

（5）固定资产的盘点清查。企业应建立固定资产清查制度,至少每年进行一次全面清查,保证固定资产账实相符,了解资产的盈利能力和市场价值。通过盘点清查,查明固定资产的实有数与账面结存数是否相符,固定资产的使用、维护保养等情况是否正常,对已出现的各种问题要查明原因并妥善处理,保证固定资产的安全、完整。

（6）固定资产的处置。企业应建立固定资产处置的相关制度,区分固定资产的不同处置方式,采取相应的控制措施,确定固定资产处置的范围、标准、程序和审批权限,保证固定资产处置的科学性,使企业资源得到有效的运用。

（三）固定资产管理业务内部控制措施

企业应根据固定资产的特点,分析、归纳、设计合理的业务流程,查找管理的薄弱环节,健全全面风险管理控制措施,保证固定资产安全、完整、高效运行。固定资产管理业务内部控制措施主要有:

1. 建立不相容职务分离制度

企业应当建立资产管理业务的岗位责任制,明确相关部门和岗位的职责、权限,确保办理固定资产业务的不相容职务相分离。固定资产业务的不相容职务相分离主要有:①固定资产投资预算的编制人员与审批人员、预算的审批人员与执行人员相分离;②固定资产的采购人员、验收人员与付款人员相分离;③固定资产投保的申请人员与审批人员相分离;④固定资产处置的审批人员与执行人员相分离;⑤固定资产取得与处置业务的执行人员不得进行相关会计记录。

2. 建立授权审批制度

企业应根据固定资产投资额的大小以及单项投资占净资产的比重,针对购建、处置固定资产建立严格的分级授权审批制度,并根据减值额的大小以及减值额占资产价值的比重建立固定资产减值处理的授权审批制度,明确授权审批的方式、权限、程序等内容。审批人员在固定资产业务授权审批制度规定的范围内进行审批,不得超越审批权限;经办人员在职责范围内按照审批人员的批准意见办理固定资产业务。对于审批人员超越授权审批权限审批的固定资产业务,经办人员有权拒绝办理,并及时向上级部门报告。

3. 建立固定资产各环节的内部控制措施

企业应建立固定资产管理业务流程,明确固定资产的取得、验收、使用与维护、更新改造、盘点清查、处置各个环节的内部控制措施。固定资产管理各环节的内部控制措施如表 6-16 所示。

表 6-16　固定资产管理各环节的内部控制措施

关键控制点	内部控制措施
取得	• 建立固定资产预算管理制度。企业应根据固定资产的使用情况、生产经营发展目标等因素拟定固定资产投资项目,对项目可行性进行研究、分析,编制固定资产投资预算,并按规定程序审批,确保固定资产投资决策科学合理 • 对于外购的固定资产应建立请购与审批制度,明确请购部门和审批部门的职责权限及相应的请购与审批程序
验收	企业应建立严格的固定资产交付使用验收制度,确保固定资产数量、质量等符合使用要求。对于外购的固定资产,应根据合同的规定对所购固定资产的品种、规格、数量、质量、技术要求及其他内容进行验收,出具验收单,编制验收报告;对于企业自行建造的固定资产,应由建造部门、固定资产管理部门、使用部门共同填制固定资产移交使用验收单,验收合格后移交使用部门投入使用
使用与维护	• 企业应建立固定资产的维修、保养制度,以保证固定资产的正常运行。固定资产使用部门会同资产管理部门主要负责固定资产的日常维修、保养工作,将资产日常维护流程体制化、程序化、标准化,定期检查固定资产的使用情况,及时消除风险;固定资产使用部门及管理部门要建立固定资产运行管理档案,并据以制订合理的日常维修和大修理计划,并经主管领导审批 • 企业应根据固定资产的性质和特点,确定固定资产投保范围和政策。企业要严格执行固定资产投保范围和政策,对应投保的固定资产项目按规定程序进行审批,办理投保手续;对重大固定资产项目的投保,应考虑采取招标方式确定保险公司。已投保的固定资产发生损失的,应及时办理相关索赔手续
更新改造	固定资产更新分为部分更新与整体更新两种情形。部分更新的目的通常包括局部技术改造、更换高性能部件、增加新功能等,需在权衡更新活动的成本与效益后综合决策;整体更新主要指对陈旧设备的淘汰与全面升级,更侧重于资产技术的先进性,需符合企业的整体发展战略

(续表)

关键控制点	内部控制措施
盘点清查	盘点前,由固定资产使用部门、管理部门和财务部门进行固定资产账簿记录的核对,保证账账相符;然后,企业成立盘点小组对固定资产进行盘点,将盘点结果填入固定资产盘点表,并与账簿记录进行核对;对于账实不符的,发生固定资产盘亏、盘盈的,要编制固定资产盘亏、盘盈表,固定资产使用部门和管理部门还应查明原因,共同给出处理意见
处置	• 对使用期满、正常报废的固定资产,应由固定资产使用部门或管理部门填制固定资产报废单,经企业授权部门或人员批准后报废清理该固定资产 • 对使用期限未满、非正常报废的固定资产,应由固定资产使用部门提出报废申请,注明报废理由、估计清理费用和可回收残值、预计处置价格等。企业应组织有关部门进行技术鉴定,按规定程序审批后报废清理 • 对拟出售或投资转出及非货币性交换的固定资产,应由有关部门或人员提出处置申请,评估固定资产价值并出具资产评估报告,报经企业授权部门或人员批准后予以出售或转让 • 对出租的固定资产,由相关管理部门提出出租或出借的申请,写明申请的理由,并由相关授权人员和部门审核。审核通过后应签订出租或出借合同,合同内容包括合同双方的具体情况、出租的原因和期限等

典型案例
某集团生产设备购置的内部控制

某集团是集通信、多媒体、房地产、制冷设备制造、商贸流通为一体的综合性集团。集团将下属子公司按资产额和销售额划分为两类公司:重点公司和非重点公司。少数资产额和销售额在一定规模以上的子公司即重点公司,由集团直接管理控制;其他的非重点公司由事业本部管理控制,采取集团—事业本部—子公司的管理模式。

（一）固定资产投资战略规划的基本思路

以集团价值最大化为导向实施固定资产投资战略规划。固定资产投资必须经过必要的决策程序,决策后纳入年度预算。未纳入年度预算的项目,需纳入调整预算内,否则不得进行投资。固定资产投资战略规划的基本思路如图6-28所示。

（二）生产设备购置的分级授权控制

集团对重点子公司和非重点子公司采取不同的分级授权控制体系。重点子公司的生产设备购置按投资额由小到大实行"子公司—集团"两级授权控制;非重点子公司的生产设备购置按投资额由小到大实行"子公司—事业本部—集团"三级授权控制。

1. 重点子公司的生产设备购置分级授权控制体系

集团对重点子公司的生产设备购置按单项投资额是否超过8 000万元,采取集团和

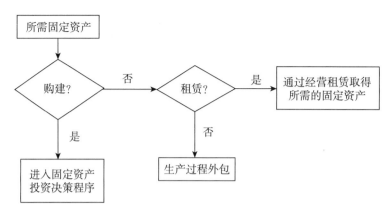

图 6-28　固定资产投资与战略规划的基本思路

子公司分别授权：

（1）单项投资额在 8 000 万元以下的生产设备购置由子公司董事会审批；

（2）单项投资额在 8 000 万元及以上的生产设备购置由集团董事会预审，集团董事会预审通过后再由子公司董事会审批。

2. 非重点子公司的生产设备购置分级授权控制体系

非重点子公司的生产设备购置的三级授权控制体系如下：

（1）2 000 万元以下的，由子公司董事会审批；

（2）2 000 万元（含 2 000 万元）至 8 000 万元的，报事业本部预审，预审通过后交由子公司董事会审批；

（3）8 000 万元及以上的，先报事业本部预审，预审通过后报集团董事会确认，然后交由子公司董事会审批。

三、无形资产管理内部控制

无形资产是指企业拥有或控制的没有实物形态的可辨认非货币性资产，主要包括专利权、非专利技术、商标权、著作权、土地使用权等。在知识经济时代，无形资产已成为企业重要的经济资源，是企业获取持续竞争优势的关键。无形资产管理旨在保护无形资产的安全、提高无形资产的使用效率、充分发挥无形资产在提升企业综合竞争力和创新能力方面的作用。

（一）无形资产管理的主要风险

无形资产管理应重点关注的风险如下：①取得的无形资产不具有先进性或权属不清，可能导致企业资源浪费或引发法律诉讼。②无形资产使用效率低下，效能发挥不到位；缺乏严格的保密制度，致使体现在无形资产中的商业机密泄露；由于商标等无形资产疏于管理，导致其他企业侵权，严重损害企业利益。③无形资产内含的技术未能及时升级换代，导致技术落后或存在重大技术安全隐患。④无形资产长期闲置或低效使用，逐渐失去使用价值;无形资产处置不当,造成企业资产流失。

(二)无形资产管理业务流程及内部控制措施

无形资产管理的基本业务流程主要包括无形资产的取得与验收、使用与保全、技术升级与更新换代、处置环节。

基于上述业务流程的无形资产管理内部控制措施如下:

1. 取得与验收

无形资产的取得方式主要有外购无形资产和自创无形资产两种。不管企业以何种方式取得无形资产,都可能会因取得的无形资产不具先进性或权属不清而导致资源浪费或引发法律诉讼。为了保证取得无形资产的合理性,企业应建立无形资产预算管理制度,根据无形资产的使用情况、生产经营发展目标等拟定无形资产投资预算,并按规定程序审批,确保无形资产投资决策科学、合理。

对于取得的无形资产,企业应建立严格的无形资产交付使用验收制度,明确无形资产的权属关系,及时办理产权登记手续。对于外购的无形资产,企业应关注无形资产是否与合同等规定相符,及时取得无形资产所有权的有效证明文件,同时特别注意所购无形资产的技术先进性;对于企业自创的无形资产,在由研发部门、无形资产管理部门、使用部门共同填制无形资产移交使用验收单后,方可移交使用部门使用;企业购入或者以支付土地出让金方式取得的土地使用权,必须取得土地使用权的有效证明文件。当无形资产权属关系发生变动时,企业应按照规定及时办理权证转移手续。

2. 使用与保全

企业应加强无形资产的日常管理工作,授权具体部门或人员负责无形资产的日常使用与保全管理,确保无形资产的安全与完整;应根据国家有关规定,并结合自身实际情况,确定无形资产的摊销范围、摊销年限、摊销方法和残值等,摊销方法一经确定不得随意更改;建立健全无形资产核心技术保密制度,严格限制未经授权人员直接接触技术资料等无形资产,对技术资料等无形资产的保管及接触应保有记录,对重要的无形资产应及时申请法律保护。

3. 技术升级与更新换代

企业应定期对专利、专有技术等无形资产的先进性进行评估。当发现某项无形资产给企业带来经济利益的能力受到重大不利影响时,应考虑淘汰落后技术,同时加大研发投入,不断推动企业自主创新与技术升级,确保企业在市场竞争中始终处于优势地位。

4. 处置

企业应建立相关的无形资产处置管理制度,明确无形资产处置的范围、标准、程序和审批权限等。对于不同类型的处置方式,应采取不同的控制措施。对于使用期限未满、非正常报废的无形资产,应由无形资产使用部门提出报废申请,注明报废理由、估计清理费等,按规定程序审批后进行报废清理。对拟出售或投资转出的无形资产,应由有关部门提出申请,列明该无形资产的原价、摊销等,报经相关部门批准后予以出售或转让。无形资产的出租、出借,应由无形资产管理部门会同财务部门按规定报经批准后予以办理。

第九节　财务报告内部控制

财务报告反映了企业某一特定时点的财务状况和某一会计期间的经营成果、现金流动情况,它对企业投资者、债权人和其他利益相关者了解企业并做出各种决策具有重要作用。财务报告包括财务报表及解释、进一步说明财务报表中相关数据的报表附注以及企业经营状况描述、重要职务人员履职情况等文件。因此,财务报告综合反映了企业的整体状况,尤其是企业的经营效果和效率,财务报告信息质量高低是企业内部控制是否有效运行的综合体现。《企业内部控制应用指引第 14 号——财务报告》指出,财务报告内部控制的目的是确保报告合法合规、真实完整和有效利用。从流程上来看,财务报告内部控制主要包括财务报告编制阶段内部控制、财务报告披露阶段内部控制和财务报告分析阶段内部控制。

一、财务报告编制阶段内部控制

按照 COSO 内部控制的过程观,财务报告内部控制不仅是对财务报告结果的控制,还与财务报告的生成过程整合在一起,并对该过程进行监控。财务报告编制阶段是财务报告信息形成的最主要阶段。财务报告编制业务主要包括财务报告信息的生成、传递、记录、核算等过程。财务报告编制阶段是财务报告披露阶段及分析阶段的基础,其内部控制的效果直接决定了后期业务信息的有效程度。因此,加强财务报告编制阶段的内部控制是财务报告内部控制的核心。

（一）财务报告编制内部控制目标

加强财务报告编制阶段的内部控制不仅要注意在报告编制时相关操作的合法性、合理性,更要注意在报告编制前期及信息形成过程中的内部控制。财务报告编制内部控制的主要目标包括:

1. 保护企业各项资产的安全、完整及有效利用,防止企业资产遭受可避免的损失

《企业内部控制基本规范》指出,内部控制的目标包括合理保证企业各项资产安全、提高企业的经济效益等。财务报告是企业在年度经营活动结束后对年度经营结果的综合反映。基于委托代理观,财务报告的编制是受托者(经理人)为了解除受托责任而向委托人提供的受托期间其职责履行情况的过程。作为受托者,经理人对于委托人交付的初始资本要实现保值和增值两方面的目标。保值就是保护资产价值不减损,其中自然包括资产的安全、完整。当然,资产的安全、完整并不代表资产价值没有减值,物理上的完整并不代表经济价值的完整,因此在保护资产价值方面包括资产价值的有效转移。另外,要实现资产的增值就必须保证资产的有效利用,资产是企业盈利的重要来源,其实现资产增值的能力很强,但能否有效地利用资产在很大程度上取决于经理人的能力和努力程度等。财务报告的编制过程本身就包含了资产的清查,即通过人为盘点和对账来核实企

业资产是否安全、完整。对于企业资产的增值情况,我们可以通过企业年度实现的利润情况予以反映,对于增加价值的质量还可以通过现金流量表予以反映。因此,财务报告编制阶段内部控制的重要目标之一就是合理规划财务报表编制流程,控制报表编制流程中可能存在的风险,从而合理保证企业各项资产的安全、完整和有效利用,防止企业资产遭受可避免的损失。

2. 规范会计信息的生成过程,保证会计信息及其他各种管理信息的真实、可靠并及时提供

从公司治理的角度来看,公司经理层处于双重委托代理之下,经理人受全体股东的委托经营企业,企业内部各部门人员受经理人的委托执行各项业务。会计信息是在企业各部门合作的基础上产生的,企业任何一项经济事项的发生都伴随着会计信息的传递。财务报告编制过程所需的信息来自各部门,信息形成过程的规范性会影响信息的质量。因此,在财务报告编制阶段要实现信息的真实、有效就必须规范信息的生成过程,保证会计信息和各种管理信息的真实、可靠并及时提供,这不仅是解决企业内部人员和经理人之间委托代理关系的重要方式之一,更是解决经理层和股东之间委托代理关系的基础。

3. 强化流程管理,落实授权审批制度,从而保证企业战略及经营方针、管理制度等得到有效执行

流程管理是内部控制理论的精髓,也是内部控制效果得以实现的工具。企业内部控制就是规范流程、流程中各节点的授权审批等,保证各项控制目标的实现。财务报告是企业战略及经营方针的执行结果,执行结果的好坏反映了经理人的能力、努力程度和管理制度的执行情况。要通过财务报告编制阶段的内部控制,实现企业流程管理优化,企业就必须在各项经济业务中严格执行授权审批制度,从而保证企业战略及经营方针和各项管理制度得到有效执行。

4. 控制成本费用,提高企业盈利能力

企业内部控制制度实施的终极目标是实现企业价值的提升。企业价值提升必然要求企业在内部控制过程中遵循成本效益原则,控制成本费用就成为内部控制的基本目标之一。在财务报告编制阶段,企业对各项费用进行审核,可以实现对各项成本费用的控制,但对财务报告编制阶段的控制仍属于事后控制,更需要事前在制度上防范成本费用的过度增长。当然,在财务报告编制阶段,企业对各项成本费用进行审查也是控制成本费用的有效方式之一,严格审查企业成本的执行情况及期间费用的使用情况有助于提高企业的盈利能力。

5. 及时发现各种错误和弊端并采取正确的措施,减少企业的风险和损失

财务报告编制阶段本身就包含了企业内部审计工作,报表编制前需要进行账证核对、账账核对、账实核对,借助财产清查等方式发现各种错误和弊端并采取正确的措施,在报告报出前纠正错误,减少企业的风险和损失。财务报告编制阶段的内部控制就是要保证报告编制阶段的这种功能得到有效发挥,在报告编制过程中注意梳理流程、审查关键控制点,以达到查错防弊的目的。另外,在实务中,企业在运营阶段很难发现潜在的风险,因为运营中的各项工作具有连贯性,人们却是各司其职,整个作业链条的审查和风险

管理容易遭到忽视。财务报告编制阶段的内部控制就是从整条作业链条的角度去梳理链条、发现问题。有效实施财务报告编制阶段的内部控制需要发现企业财务信息形成过程及企业管理中的各种错误和弊端,及时纠正错误,减少企业潜在的风险,防止损失的发生。

(二) 财务报告编制业务风险

识别财务报告编制业务中的风险是保证内部控制目标得以实现的有效途径。企业财务报告编制阶段的风险主要包括编制前期准备工作中的风险和编制过程中的风险。其中,准备工作中的风险会影响编制过程的有效执行,编制过程中的风险会影响最终形成的财务报告信息,同时不利于发现企业管理中的问题,反而有助于隐藏风险。

1. 编制前期准备工作中的风险

企业编制财务报告前需要进行一系列的准备工作,包括财务报告编制任务的下达、编制方案的制订及相关编制基础工作的完成等。财务报告编制任务的下达时间要求企业在权衡人力、物力、财务信息量及复杂程度的基础上确定,不能在企业年度经营未结束时提前结账、编制年度报表。企业财务报告编制工作量的大小与企业的规模及业务类型有关,因此要根据企业的具体情况确定财务报告编制任务的起始时间和结束时间。

在财务报告编制任务下达后,企业财务部门应在编制财务报告前制订出详细的财务报告编制方案,并由财务部门负责人审核。财务报告编制方案是财务报告编制工作的指导性文件,是确定财务报告编制中的重要信息和业务处理方式的原则性文件,因此财务报告编制方案应明确财务报告的编制方法(包括企业遵循的会计政策和会计估计,合并业务的处理方法、范围与原则等)、财务报告编制流程、编制过程中的职责分工(包括主要负责部门和其他需要配合的相关部门的职责分工)、编制时间安排等相关内容。

根据报告编制准备阶段的工作内容,财务报告编制准备工作中的主要风险一般包括以下几方面:①财务报告编制任务下达不及时导致财务报告编制期间任务过重,以及相关人员在工作中忽视很多重要环节和信息,影响财务报告的质量。②财务报告编制方案不合理。企业在确定财务报告编制方案时要注意更新企业前期制定的相关会计政策,保证报告编制时符合最新的相关法律法规的要求,否则将会导致报告编制中出现违法违规现象;对重要会计政策、会计估计的变更如果未经审批,将导致会计政策使用不当;另外,确定财务报告编制方案时如果没有明确编制责任、时间安排等,将导致相关会计政策未能得到有效贯彻执行及报告编制工作的延后等。

2. 编制过程中的风险

财务报告编制过程是财务报告内部控制的核心环节,财务报告编制过程中的风险主要存在于以下几个阶段:清查财产核实债务,重大事项的会计处理,结账,个别财务报表编制,合并财务报表编制。

清查财产核实债务是财务报告编制前必须完成的工作,是保证账实相符的唯一且最有效的方式;同时,财产清查是发现企业管理问题和潜在风险的重要渠道。企业在编制年度财务报告前应组织财务部门及其他相关部门进行财产清查,对相关资产进行减值测试,核实企业的债权债务。清查财产核实债务过程的主要风险有:清查人员选择不恰当,导致相关人员相互勾结,瞒报或错报清查过程中发现的问题;资产负债账实不符,且未能进一步分析相关原因,包括账务处理和业务流程等问题;相关资产折旧、摊销、减值准备计提不足或过度计提,资产计价方法随意变更,导致资产价值虚增或虚减等。

重大事项是指对财务报表数据具有重大影响的事项,包括企业重组、债务、质押、担保等。在编制财务报告前,企业应确认对当期有重大影响的主要事项,并确定重大事项的会计处理。该环节的主要风险包括:对于重大事项的估计不足,导致忽略相关重大事项,即企业对于重大事项的判断失误;对于重大事项如债务重组、非货币性资产交易、衍生工具的价值计量、企业并购、资产减值等业务处理不合理,导致会计信息扭曲,无法如实反映企业的实际情况;未在财务报告中披露相关重大事项或披露时并未充分披露重大事项的定义、处理及其给企业带来的影响,导致报告使用者无法全面了解企业的经营情况及潜在风险。

结账是企业编制财务报表前的一项重要工作,是指在全部经济业务登记入账的基础上,结转相关账户、计算并记录本期发生额和期末余额。企业在编制年度财务报告前,应在日常定期核对信息的基础上完成对账、调账、差错更正等工作,然后进行结账。该环节的主要风险包括:日常账务处理错误导致账证、账账不符,影响企业顺利结账;结转相关收入费用类账户、计算利润时虚列或隐瞒收入,推迟或提前确认收入,随意改变费用、成本的确认标准或计量方法,虚列、不列或者少列费用、成本从而操纵利润;结账的时间、程序不符合会计操作规范的规定等。

财务报告的编制是在前述工作完成的基础上编制财务报表及其附注,并撰写完整的财务报告。财务报表的编制应遵循相关法律法规,真实、准确、完整地披露相关经济事项。另外,重大项目及应该向利益相关者披露的信息应在报表附注中详细说明。财务报表编制是财务报告编制阶段的最后工作,也是财务报告编制阶段内部控制的关键点。财务报告编制阶段的主要风险包括:错误或虚假填列财务报表数据,人为操纵报表利润,导致财务报表严重失实;提供的报表种类不全,不符合相关法律法规的要求;附注内容不完整,导致投资者无法准确理解财务报表中的项目等。

对于企业集团,合并报表是反映集团整体状况的重要材料,从企业集团管理的角度来看,集团合并财务报表能反映集团的资产负债、盈利及现金流量状况,这对于集团战略的制定及集团资源的优化配置具有重要作用。企业集团应编制合并财务报告,分级收集合并范围内分公司及内部核算单位的财务报告并予以审核,进而合并全资及控股公司的财务报告,如实反映企业集团的财务状况、经营成果和现金流量。该环节的主要风险包括:合并前母公司、子公司政策不统一,导致合并基础不相同;合并基础不一致,导致合并后的报表没有信息含量;合并范围不完整,未将具实质性控制的所有下属公司纳入集团的合并范围;下属公司提供的信息不完整,导致内部交易与事项的调整和抵销不全面、金额不准确;对于同一控制下的企业合并和非同一控制下的企业合并,方法选择不恰当,导致合并报表严重失实。

(三)财务报告编制业务流程设计

财务报告编制业务流程设计是在财务报告编制内部控制目标的指导下,规避报告编制中可能存在的风险,设计出相对合理的报告编制流程。

1. 个别财务报告编制的整体流程设计

财务报告编制整体流程设计是编制财务报告时的指导性流程,是报告编制过程的演绎,也是具体财务报表编制流程的指导。不同规模和组织结构的企业财务报告编制流程有所不同,财务报告编制的一般流程如图 6-29 所示。

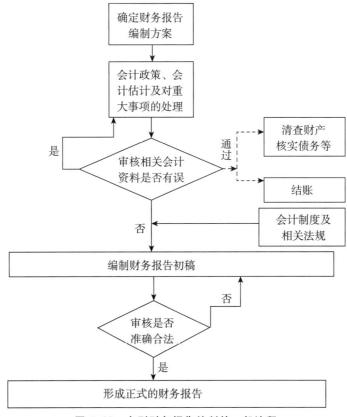

图 6-29　个别财务报告编制的一般流程

2. 合并财务报告编制的一般流程设计

母公司在确定合并范围和合并方法的基础上,依据母公司的个别财务报告和下属子公司的财务报告编制合并财务报告。合并财务报告编制的一般流程如图 6-30 所示。

(四) 财务报告编制业务关键控制点及控制措施

在确定财务报告编制阶段的内部控制目标并了解控制中的相关风险后,企业应当在流程设计的基础上找出影响内部控制效果的关键控制点,针对关键控制点采取相关的控制措施,防范主要风险,兼顾次要风险,从而保证内部控制目标的实现。

财务报告编制阶段的关键控制点主要是根据财务报告编制阶段的主要目标确定实现目标需要注意的一些关键业务是否已按要求进行。在实务中,关键控制点是企业财务报告内部控制评估机构评价企业内部控制有效性的重要测试点,通过对关键控制点的评价,统计分析企业内部控制的执行情况。表 6-17 列出了财务报告编制阶段的任务、目标及对应的关键控制点。

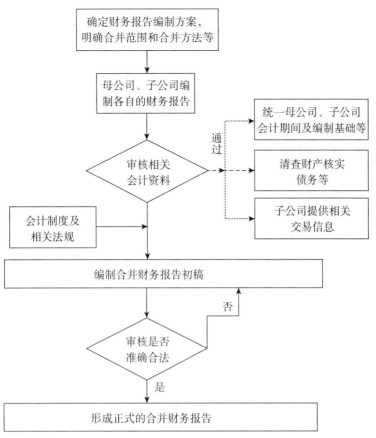

图 6-30 合并财务报告编制的一般流程

表 6-17 财务报告编制阶段的任务、目标及对应的关键控制点

任务与目标	关键控制点
财务报告编制前的充足准备	1. 财务部门由经授权的专人负责制订年度财务报告编制方案，方案经各部门讨论确定
	2. 对报表中可能产生重大影响的交易或事项的判断标准要经主管人员审批，明确相应的报批程序
	3. 明确编制流程及任务分配并进行合理授权
所有发生的交易或事项要按照会计政策以恰当的会计分录在会计账簿中反映	1. 会计分录均由被明确授权的会计人员编制
	2. 会计分录均经过被明确授权的人员复核，并且编制会计分录的人员与复核人员不同
	3. 重大或异常交易的会计分录均经过特别的审批
	4. 会计分录连续编号且编号唯一
	5. 由独立的人员定期抽查会计分录与原始支持文件是否相符

第六章 控制活动——主要业务内部控制 ▶ 219

(续表)

任务与目标	关键控制点
所有的会计分录均被准确过入相应的明细账、总账	1. 由独立的人员对会计分录的数量和明细账记录的数量进行核对
	2. 由独立的人员对会计分录借贷方发生额总数额与总账借贷方发生额总数额进行核对
	3. 由独立的人员检查明细账和总账是否一致
	4. 由独立的人员检查现金日记账、银行存款日记账与总账是否一致
	5. 由独立的人员检查试算平衡表与总账、明细账是否一致
	6. 由独立的人员定期选取一定的明细账记录追查至会计分录,核对是否一致
	7. 采用电算化账务处理系统,系统设计有效
为编制单独财务报表而进行的各项调整均有适当、充分的依据,并且对所有应调整的事项均准确调整	1. 为编制财务报表而进行的调整由被特别授权的人员编制,调整事项经过审批
	2. 由独立的人员对财务报表进行复核,并对异常余额或发生额予以分析
单独财务报表根据总账、明细账以及调整事项准确编制	1. 财务报表按照确定的程序编制
	2. 由独立的人员对财务报表进行复核,并对异常余额或发生额予以分析
	3. 由独立的人员对财务报表与总账、明细账的关系进行检查
个别财务报表的报表附注根据各项列报要求准确编制,并且与财务报表数据、总账、明细账一致	1. 财务报表附注按照确定的程序编制
	2. 财务报表附注格式经审批确定,改变财务报表格式需经过适当的审批程序
	3. 财务报表附注由特别授权的人员编制
	4. 由独立的人员对财务报表与附注数据的钩稽关系进行检查
	5. 由独立的人员对财务报表与附注进行分析,核对报表数据与总账及明细账,报告并解决异常的财务报表数据和列报
合并财务报表及其附注根据各项列报要求准确编制	1. 合并报表的合并范围由专门人员分析、核实并报批
	2. 合并财务报表及其附注按照确定的程序编制
	3. 合并财务报表及其附注由经授权的人员编制
	4. 由独立的人员对合并财务报表及其附注的数据和列报进行分析,报告并解决异常的财务报表数据和列报
	5. 合并财务报表及其附注依据经审批的单独财务报表及其附注编制
	6. 调整事项或抵销事项需经过审批

二、财务报告披露阶段内部控制

财务报告披露主要是指在财务报告形成之后,企业根据相关法律法规的要求公开披露(上市公司)或向有关部门及时提供财务报告信息(非上市公司)的过程。财务报告披露主要包括披露前的准备工作、披露授权审批过程及披露行为发生。对于上市公司而言,财务报告信息对市场的影响很大,因此信息披露对上市公司来说十分重要。对于非上市公司而言,财务报告信息是企业所有者和管理者了解企业经营情况及管理决策的重要依据。

(一)财务报告披露内部控制目标

1. 保证披露前财务报告信息的安全性

财务报告信息的安全性是指在财务报告正式披露之前,企业相关知情人员应保守财务报告中的各项信息秘密,防止报告信息提前泄露给企业带来损失。对于上市公司而言,法律要求上市公司必须确保所有财务报告使用者同时、同质、公平地获取财务报告信息;对于非上市公司而言,财务报告信息是企业经营成果的反映,是企业重要的信息,确保信息披露前的安全性是保证企业经济信息安全的重要方面。因此,财务报告披露阶段的内部控制要确保披露前财务报告信息的安全性。

2. 保证财务报告披露的及时性

财务报告信息是决策者进行决策的重要依据,及时性是保证财务报告信息质量的基本原则之一,因此,企业应及时披露财务报告信息。《证券法》规定,上市公司应当在每个会计年度上半年结束之日起两个月内向国务院证券监督管理委员会和证券交易所报送中期财务报告并予以公告,在每个会计年度结束之日起四个月内向国务院证券监督管理委员会和证券交易所报送年度财务报告并予以公告。对于非上市公司而言,及时披露财务报告信息有助于管理层及时了解企业的财务和经营状况,更好地制定战略和做出各项决策。

3. 保证财务报告披露内容的合法合规性和完整性

合法合规是财务报告信息质量的基本要求,企业在披露财务报告信息时应依照《证券法》等相关法律法规的要求正确披露,不可以瞒报、错报。财务报告信息的完整性有助于投资者全面地了解企业,并依此做出科学的决策。财务报告披露阶段的内部控制就是要确保企业按照相关法律法规的要求完整地披露各项应披露的信息。

(二)财务报告披露的主要风险

财务报告披露的主要风险包括财务报告披露前信息泄露、信息的过度披露或披露不足、信息披露不及时。

财务报告信息安全是上市公司财务报告披露阶段首要关注的问题,由于上市公司财务报告信息对市场的影响较大,信息的提前泄露将导致投资者不能公平地接收到信息,而提前接收到信息的投资者将会买卖股票进行投机而给其他投资者带来损失。信息泄露主要有以下两种情况:内部人员有意泄露,即内部人员有意向相关人员提供财务报告信息,暗示对方进行市场操作;内部人员无意泄露,主要是企业内部人员无意透露了企业财务报告信息或因材料保管疏忽而导致其他人员提前获得财务报告信息。

信息过度披露主要表现为企业在信息披露过程中,披露了不便披露的、涉及重要商业秘密的信息。信息的过度披露将使企业的市场竞争力面临威胁,影响企业的长期发展。信息披露不足主要表现为企业未按相关法律法规的要求披露,有意隐瞒相关信息或漏报相关信息,导致投资者无法全面了解企业的情况。

信息披露的不及时主要表现为未在相关部门法律法规要求的期限内披露信息。披露不及时主要有两种情况:一是报告编制任务过重等导致的到期无法及时对外披露,二是企业故意延迟披露。

(三) 财务报告披露业务流程

财务报告披露业务流程相对简单,但对关键环节的控制是披露阶段内部控制工作的核心。财务报告披露业务流程如图6-31所示。

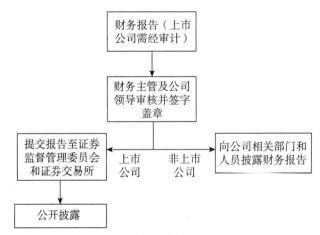

图6-31 财务报告披露业务流程

(四) 财务报告披露关键控制点和控制措施

财务报告披露业务流程相对简单,但披露阶段的风险却是不容忽视的。财务报告披露阶段的关键控制点是:财务报告编制完成后需经公司负责人、总会计师或分管会计工作的负责人、财务部门负责人签名并盖章;上市公司财务报告在披露前应加强报告信息管理,严防信息泄露;按照相关法律法规的要求及时、完整地披露财务报告。

针对财务报告披露阶段的流程和风险,企业加强财务报告披露阶段内部控制可以从以下两个方面入手:一是建立责任体系,加大渎职人员的渎职成本;二是建立完善的信息系统并加强信息安全管理。

三、财务报告分析阶段内部控制

财务报告分析与利用是财务报告服务于企业管理的重要途径。财务报告反映了企业在一定会计期间的经营情况、现金流量情况和某一时点上企业的资产数量及其结构,是企业的体检表。财务报告信息是企业分析过去经营中的问题、识别企业风险和考核相关部门人员的重要资料。因此,加强财务报告分析阶段的内部控制,是保证企业有效利用财务报告信息、提高经营管理水平的重要措施。

(一)财务报告分析内部控制目标

1. 有效利用财务报告信息,使其真正服务于企业管理

财务报告信息是企业过去阶段经营过程的记录与反映,对其有效利用是企业自我认识和自我诊断的重要方式。通过分析财务报告,企业能够了解目前资产负债状况、风险水平、经营效率、管理效率等,发现过去经营中的问题及识别企业相关的风险,最终服务于企业的管理。

2. 加强企业内部各部门的沟通

财务报告反映的是企业整体的状况,财务部门作为一个专业部门只是财务信息的归口管理部门,报告中反映的问题更多地与企业其他部门相关。因此,财务报告分析应该由企业各部门的负责人员共同参加,增进部门间的交流,从而能清楚、全面地了解和解决企业管理中存在的问题。

(二)财务报告分析阶段的风险

财务报告分析是一项专业化的工作,财务报告信息的利用程度和分析结果与分析人员的专业知识水平及实务工作经验密切相关。因此,企业财务报告分析工作的主要风险体现在报告分析人员能力不足导致的分析结果不全或出现错误上。另外,财务报告分析工作需要各相关部门共同参与,因此各相关部门在分析讨论过程中容易出现争功推责的现象,即分析人员在分析过程中会有意或无意地受各自部门的影响,没有从企业整体角度客观地分析与评价财务报告信息,从而导致分析不够透彻,对决策的帮助不大。

(三)财务报告分析业务流程

财务报告分析业务流程包括财务报告具体分析流程和财务分析报告编制流程两方面。具体流程如图6-32所示。

(四)财务报告分析关键控制点与控制措施

根据财务报告分析业务的风险及流程,财务报告分析过程中应注意的关键控制点包括:增强信息的流通性,保证各部门及时获取财务报告信息;对于专业方面的分析,要求由专业人员承担,从而保证分析人员有足够的分析能力;注意从公司整体角度分析,客观评价;分析结果应及时传达给各相关部门,充分发挥财务报告信息在企业生产经营管理中的重要作用。

在控制措施方面,企业应将财务报告分析作为企业的一项常规工作,建立健全财务报告分析管理制度,明确财务报告分析工作的重要性及各部门的职责。另外,注重提高财务分析人员的专业技能,在有条件的情况下可以聘请外部专家对财务报告进行分析和诊断,从而提高财务报告分析结果的质量,使财务报告信息切实为企业管理服务。

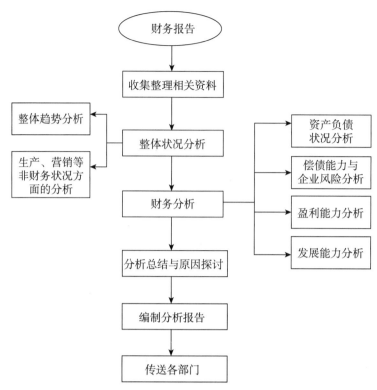

图6-32 财务报告分析业务流程

本章小结

主要业务内部控制是基本控制方法在企业不同业务领域的应用,例如在企业资金运用、采购、销售、工程建设、研究与开发、资产管理等业务领域。本章主要从各业务活动的基本特点、控制目标、业务流程、风险点、控制措施等方面进行详细介绍,在第五章的基础上进一步完善内部控制活动。

思考题

1. 筹资业务内部控制措施有哪些?
2. 采购活动风险点体现在哪几方面?
3. 销售环节内部控制的目标是什么?
4. 工程项目的主要特点是什么?
5. 业务外包的主要风险有哪些?
6. 不同资产管理业务内部控制措施有哪些?
7. 财务报告内部控制主要包含哪些阶段?如何实施?

案例分析题

2017年,杭州某学校发生一起金额高达3 000余万元的出纳贪污案,作案人黄某利用出纳之职窃取学校资金,将资金划拨到私人账户从事期货买卖活动。在这起案件里,作案人可谓是集齐了"天时、地利、人和"。首先,黄某担任学校出纳的时间点正是学校内部控制制度不健全之时,财务管理混乱,教育局专项资金划拨缺少依据;其次,黄某自学校改制前便出任出纳一职,算是学校的"老人",对学校财务流程漏洞颇为熟悉;最后,两任校长的玩忽职守使得凭证审批环节形同虚设,导致黄某顺利作案,挪用巨额教育专款。其实,黄某在任职和离任后都曾受到举报、审查,这一情况也反馈到两任校长层面,但两任校长在发现内部控制风险的情况下均采取不作为态度,任由内部控制漏洞愈演愈烈,最终致使国家财产流失。

资料来源:杭州一学校出纳吞3 000余万公款 两任校长均未发现,央广网,访问日期2017年6月26日。

思考:该案件发生的原因是什么?是制度设计上的问题,还是制度执行中的问题?请列出具体原因。

第七章　信息与沟通

[学习目标]

通过学习本章,您应该:

1. 了解组织结构与信息的关系;
2. 掌握信息收集的目标需求、信息识别的结果和信息处理的流程;
3. 熟悉信息系统管理的目标和风险;
4. 掌握沟通部门及层级、实现有效沟通的渠道。

[引导案例]

美国沃尔玛公司总裁萨姆·沃尔顿说过:"如果你必须将沃尔玛管理体制浓缩成一种思想,那可能就是沟通。因为它是我们成功的真正关键之一。"

沃尔玛公司的总部设在美国阿肯色州本顿维尔市,公司行政管理人员每周花费大部分时间飞往各地的商店,通报公司所有业务情况,让所有员工知晓沃尔玛公司的业务指标。在任何一个沃尔玛商店里,都定时公布该店的利润、进货、销售和减价的情况,并且不只向经理及其助理们公布,也向每个员工、计时工和兼职雇员公布各种信息,鼓励他们争取更好的成绩。

沃尔玛公司的成功经验给我们哪些启示?信息和沟通本身对一个企业的生存与发展起到哪些作用?

资料来源:http://www.hrsee.com/? id=99,访问日期 2018 年 8 月 15 日。

在现实的商业社会和企业管理中,信息被视作一种很有价值的资源,是追求竞争优势的关键工具。企业的信息是复杂的、多方面的,有政策法规、经济形势、监管要求等方面的外部信息,也有会计信息、生产经营和财务等方面的内部信息。为了提高信息的有用性,实现其价值,企业必须对收集到的各种内部信息和外部信息进行合理筛选、核对、整合,建立信息的沟通制度,明确内部控制相关信息的收集、识别、处理和传递程序。

信息与沟通是及时、准确、完整地收集与公司经营管理相关的各种信息,并使这些信息以适当的方式在公司有关层级之间及时传递、有效沟通和正确应用的过程,是实施内部控制的重要条件。有效的沟通应当随着信息在组织中的纵向和横向流动而进行。信息与沟通主要包括信息的收集机制,以及在公司内部和与公司外部有关方面的沟通机制等。因此,除内部沟通外,管理层应当确保有足够多的方式与外部利益相关者进行沟通,并从他们那里获得信息,因为他们可能对实现组织目标有着重要的影响。此外,有效的信息技术管理对实现令人满意的、可靠的、持续的信息记录和信息交流至关重要。

第一节　组织结构与信息处理

任何企业都在努力解决如何进行组织这个问题。当外部环境、技术、规模或竞争战略发生变化时,组织结构也必须做出相应的调整。例如,施乐公司重新调整了自身组织结构,从层级制转化为九个独立的产品事业部,新的组织结构鼓励事业部内部的合作,这有助于针对市场需求及时将技术转化为产品。管理者面临的挑战是如何设计组织结构以实现公司目标。而组织结构设计的核心问题就是如何设计横向和纵向的联系,以提供所需的信息。

一、组织结构和企业战略

组织结构反映在组织图上。组织图是对一个企业的一整套基本活动和过程的可视化描述。组织结构定义的三个关键要素是:①组织结构决定了正式的报告关系,包括层级数和管理者的管理跨度;②如何由个体组合成部门,再由部门到企业,这也是由组织结构确定的;③组织结构包含一套系统,以保证跨部门的有效沟通、合作与整合。组织结构的三个要素包含于组织过程的横纵两个方面。例如,前两个要素是企业的结构性框架,属于组织图中的纵向层级内容;第三个要素则是关于企业成员之间相互作用的类型。一个理想的组织结构应该鼓励企业成员在必要时提供横向信息、进行横向协调。

组织结构设计受企业环境、目标、技术和规模的影响。其中,环境可以是稳定的,也可以是不稳定的;管理目标和战略强调内部的效率、对外部市场的适应;生产技术可以是例行的,也可以是非例行的;企业规模可大可小。每个变量都影响企业的正确结构设计,而且环境、目标、技术和规模也相互影响。此外,企业的人力资源管理(比如领导和文化)也影响组织结构。一旦一家企业确立了一项战略以期在市场上获得优势,其领导者便开始设计或重新设计组织结构,从而协调组织行为,以最优的方式获得该优势。例如,一家企业采取只向有限市场提供一种或少数几种产品或服务的战略,集中的职能式结构通常能使公司经营良好;此时,企业目标强调内部效率和技术质量。

通常,一家企业的战略会自然而然地趋于多元化,提供多种产品并扩展到新的市场。组织结构在不断变化,可能会向一种分权的、事业部式的结构模式发展,以鼓励灵活性和快速决策;此时,企业目标强调对外部环境的适应。有时,一个组织结构同时面临提高内部效率和增强外部适应性两方面的需要,而这两者又分别是职能式和事业部式结构的优势。这种情况下的战略就要求企业发展成矩阵式组织结构。

二、组织结构的信息处理观

前面提到的环境、技术、规模,强调企业对不同信息处理的需求。例如,不稳定的环境或非例行的技术,要求员工处理更多的信息,以理解和应对意外事件。事实上部门之间的相互依存较之集合性依存,需要更多的沟通与合作。因此,组织结构设计必须能鼓励纵横两个方向的信息流,这些信息流是实现企业整体任务所必需的。组织结构应适应企业的信息需求,若不能适应,则经营者几乎得不到信息,或者耗费大量的时间去处理一些对任务并不重要的信息,从而大大降低工作效率。

1. 纵向信息联系

组织结构设计应该有助于部门和雇员之间的沟通,这对实现企业的整体任务是必需的。这种联系被定义为组织要素之间的沟通和协调。纵向联系用来协调企业上层和下层间的活动。下层的雇员应该依据上层的目标开展工作,上层的管理者应该了解下层的工作活动和工作完成情况。企业可以运用以下结构策略实现纵向的联系:

(1) 层级的处理。第一个纵向的策略是层级,或者称为命令链。如果一个问题出现且雇员无法解决,可以向上一层级反映。问题得到解决后,其解决方案再传回下一层级。组织图中的直线结构就是这样一种沟通渠道。

(2) 规则与程序、计划。第二个联系策略是运用规则和计划。对于经常出现的问题或决策,可以建立规则或程序,使雇员知道在与管理者无法直接沟通时该如何应对。规则提供一种标准的信息资源,使雇员能够协调工作而不须对每项工作都进行实际沟通;计划也可以给雇员提供稳定的信息。应用最广的计划是预算,有了周密的预算方案,较低层级的雇员便可以运用其享有的资源独立地开展工作。

(3) 增加层级的职位。当许多问题出现时,仅仅运用计划和层级处理,管理者仍难以应付。在成长或变化的企业中,可能需要附加纵向的联系,在纵向层级上增加职位便是一种方法。在某些情况下,安排一个助手有助于一个"超负荷"的管理者;在另一些情况下,可以在权力直线上增加一些职位,从而缩小管理跨度,有助于进一步的沟通与控制。

(4) 纵向信息系统。纵向信息系统是针对不断增长的纵向信息容量的一项战略。纵向信息系统包括分送给管理者的定期报告、书面信息和以计算机为基础的沟通。信息系统使层级之间的沟通更为有效。例如,微软公司 CEO 比尔·盖茨通过公司电子邮件系统与下属进行定期的沟通,他每天要处理大量的个人信息;施乐公司每月要对大约40 000名顾客进行民意调查,所得数据经过汇总、概括后传递给上层管理者。

2. 横向信息联系

横向沟通包括消除部门间障碍、为员工提供合作机会,以便共同努力,实现企业目标。横向联系指部门间的横向沟通和协调。当面临的不确定性增大时,企业就要求进行更多的横向联系。这种不确定性包括:当外界环境变化时,技术是非例行性并相互依存的,企业目标更强调创新和灵活性。横向联系机制经常不画在组织图上,但确是组织结构的一部分。下面的一些结构策略可以改善企业的横向合作和信息流通,帮助企业进行信息交流:

(1) 信息系统。现代企业实现横向联系的一个重要手段是运用跨职能的信息系统。计算机信息系统可以使遍布企业的每一个管理者和一线工人就问题、机会、活动和决策等进行例行信息交流。例如,Bow Valley Energy(一家探测和制造公司)重新设计了计算机信息系统,以促进公司在世界范围内的地理学家、地质学家、生产工程师和正式管理人员之间的跨职能信息沟通。

（2）直接联系。一种在某种意义上更高级别的横向联系,是因出现问题而产生的管理者或员工之间的直接联系。进行直接联系的一个重要方式是设立联络员。联络员位于一个部门之内,但他负责和其他部门进行沟通协调。在工程部门和生产部门之间经常要有联络员,因为工程部门要改进和测试产品以适应有限的生产设备条件。

（3）任务组。直接联系和联络员通常只联系两个部门。当这种联系扩展到多个部门时,就需要一种更为复杂的手段——任务组。任务组是由一个问题所产生的由不同部门的代表共同组成的临时委员会。每个成员代表一个部门的利益并将任务组内的会议信息传回部门。对于临时任务,任务组是一种有效的横向联系方式。任务组通过直接的横向协调来解决问题,减少了纵向层级的信息负载。特别是,一旦任务结束,任务组就会自动解散。

（4）专职整合员。单纯为了协调而设立一个专门的职位或部门,是一种强有力的横向联系的手段。正如生产经理、项目经理、工程经理和品牌经理一样,专职整合员通常也有一个头衔。与联络员不同,专职整合员不需要向参与合作的某个职能部门负责,而是独立于各个部门之外,负责多个部门之间的协调。例如,某企业的品牌经理要为某种产品协调销售、分销和广告等活动;而某企业设立产品线经理进行跨国间的协调。专职整合员也可以负责创新或改造项目,例如一种新产品的设计开发、筹资和营销活动。专职整合员需要出色的人际关系能力,在大多数企业,他们往往责任很多而权力很少,不得不通过专门的知识和游说实现协作。他们横跨于部门之间,必须有能力把人们组织起来,获得其信任,正确面对问题,并从企业利益出发解决冲突和分歧。

（5）团队。项目团队正日趋成为一种最强的横向联系机制。团队是一种长期的任务组,经常和专职整合员一起使用。当在一段较长时间内需要部门间的协调活动时,企业往往会设立跨职能的团队予以解决。当企业进行大的项目、重大的革新时,可能会使用一种特殊的项目团队。

以上概括了企业为实现横向联系可供管理者选择的策略。较高级别的策略会提供更多的横向信息容量,如果沟通不足,部门就会发现它们无法做到同步,因而不能促成企业整体目标的实现。

三、信息技术与组织控制

今天,面对全球竞争的加速和消费者不断增加的对速度、质量、价值的需求,所有企业都在借助信息技术改善组织控制和决策以保持竞争优势。信息技术给予雇员做好工作所需的完全信息和尝试以新形式完成工作的机会。信息技术能够使企业提供优质的产品和卓越的客户服务。

信息是企业的命脉,原因一是信息在结构、技术、创新等方面能辅助决策制定,二是信息是企业连接供应商和客户的生命线,企业应被合理地设计以向管理者提供数量适当的信息。

信息技术的发展导致新的组织结构的产生。组织结构的一个重要方面是企业内各部分、企业间相互沟通和协调的方式。正如前面讨论过的，纵向联系被用来协调企业高层和基层的活动，而横向联系被用来协调部门间的活动。信息技术的发展能减少企业对中层管理人员的需求，从而产生更少层级的企业。在一些企业（如微软公司和安德森咨询公司）中，一线雇员通过电子邮件直接与高层管理者沟通。信息技术也有助于建立更为紧密的部门间联系，在企业向横向组织变迁的过程中发挥重要的作用。新技术使更复杂信息的电子化沟通成为可能，缩减了传统上规划组织结构的时间，消除了地理障碍。一种特殊形式的团队——虚拟团队，能运用计算机技术把地理上分散的团队成员连接起来以达到共同的目标。一家公司也可以利用虚拟团队的形式与供应商甚至竞争者合作以汇集多方的好主意，完成共同的项目或加速向市场推出新产品。把虚拟团队的形式向前推进一步的组织结构是新型的网络组织。在网络组织中，关键活动由总部进行，其他活动则外包给用电子沟通方式与总部联系的独立公司或个人。电子沟通的速度和便捷使网络组织成为公司寻求在保持低成本的同时扩张业务或提高市场地位的可行选择。今天，几乎每一个企业都运用某种形式的信息技术，以支持它的活动并增进横向和纵向的协调。

第二节　信息的获取、识别与处理

一、企业信息的分类

企业的信息可以按正式程度、信息来源、信息性质、常规性进行分类。

（一）正式信息和非正式信息

根据信息的正式程度，组织中的信息可分为正式信息和非正式信息。正式信息是指通过正常的报告获得的信息，如下级向上级传递的经营状况、财务报告等。非正式信息是指来自信息与沟通系统中的非正式沟通得到的信息，例如从客户、供应商、其他第三方以及雇员的交谈中获得的识别风险和机遇的重要信息，参加专业或行业的研讨会或贸易展销会及其他活动获得的有价值信息等。

（二）内部信息与外部信息

根据信息来源，信息可分为内部信息和外部信息。内部信息是指来自企业内部，由各项经营管理活动产生的信息，主要包括企业经营目标、工作计划、人力资源政策、规章制度、生产信息、经营信息、财务信息、员工反馈信息，以及信息系统产生的信息等。外部信息是指由企业外部产生的，对企业的生产经营管理具有一定影响的信息，具体包括宏观经济形势、行业信息、技术进步趋势、竞争对手状况、法律法规信息，以及来自政府监管部门的信息等。

（三）财务信息与非财务信息

根据信息的性质,信息可分为财务信息和非财务信息。财务信息是指用于编制公开财务报表、制定财务决策、监控业绩和资源分配的信息,可靠的财务信息对于计划、预算、定价、评估供应商业绩等活动至关重要。非财务信息是指以非财务资料形式出现的、与企业生产经营活动有直接或间接联系的各种信息资料。一般而言,不在财务报表上反映的信息大都可被认定为非财务信息,它客观存在于经济系统的信息传递过程中。

（四）常规信息与非常规信息

根据信息是否经常发生,信息可分为常规信息和非常规信息。企业的信息系统不能只限于获取反复出现的常规交易和事项,还包括识别、获取和沟通正常业务之外的信息。举例来说,公司可能组建一个可变利益单位来考虑一次性事件。形成这样一个单位会产生重要的会计后果,公司应当有一个机制以识别恰当处理这类事件所需的信息,并与适当人员沟通,以便做出决策。

二、信息的获取

（一）信息需求

来自企业内部和外部的信息庞大且不成体系,信息只有按使用者的需求进行传递才能实现其价值。信息的传递需要经历一个收集、识别和处理的过程,而且是有目的和方向的。企业收集信息,主要是为了对所收集的信息进行分析以形成相应的报告,以评估企业的各项活动是否满足企业战略目标、经营目标、合规目标。因此,信息的收集要针对相应的目标需要。表7-1列示了战略目标、经营目标和合规目标等的考核要求与所收集信息的关系。

表7-1 企业目标与信息收集

目标	信息类别	信息要点	需收集信息
战略目标	外部环境分析	宏观环境、行业环境、经营环境和竞争优势环境等分析	国内外宏观经济政策及经济运行情况、本行业状况、国家产业政策;科技进步、技术创新的有关内容;市场对本企业产品或服务的需求;与企业战略合作伙伴的关系,未来寻求战略合作伙伴的可能性;本企业主要客户、供应商及竞争对手的情况
	内部资源、能力、核心竞争力分析	有形资源、无形资源、组织资源、研发能力、营销能力、财务能力、生产管理能力、核心竞争力等分析	企业发展战略和规划、投融资计划、年度经营目标和经营战略以及制定这些战略、规划、计划、目标的有关依据

(续表)

目标	信息类别	信息要点	需搜集信息
经营目标	采购管理	生产需求计划、采购预算、采购计划、供应商的选择、材料验收和入库信息等分析	产品或服务的价格及供需变化;能源、原材料、配件等物资供应的充足性、稳定性和价格变化;主要供应商的信用情况;各种请购单、合同、验收单、入库单等记录的信息
	营销管理	销售策略、销售渠道、主要客户情况、信用政策、销售情况、营销费用预算和控制等分析	主要客户的分布、信用等情况;潜在竞争者、竞争者及其主要产品、替代品情况;退货、收款、利润、收益率、市场份额、营销费用预算和控制等情况;营销费用相关信息
	生产运营管理	生产计划、生产能力、生产质量、成本费用、销售计划、投资项目等分析	投资项目的目标、规模、投资方式、投资风险与收益等信息;资金预算与资金安排、预测资金使用信息;相关金融机构的借款或融资业务手续,借款合同或融资合同信息
	研究与开发管理	研发方案评估、产品客户需求分析、研发规划、产品生产计划等分析	产品结构、新产品研发;新市场开发,市场营销策略,包括产品或服务定价与销售渠道、市场营销环境状况等
	人力资源管理	人力资源需求、招聘、员工培训、员工技能评估、薪酬与绩效考核和发放、员工岗位变动等分析	涉及企业战略决策和经营环境的信息;员工实际供求情况,员工技能、结构方面的信息;人员和职位需求信息;员工业绩考核信息;企业薪酬奖金标准信息
报告目标	外部报告编制	有助于投资者与债权人做出决策和判断所需的、与财务状况和盈利能力有关的信息	负债、或有负债、负债率、偿债能力;现金流、应收账款及其占销售收入的比重、资金周转率;产品存货及其占销售成本的比重、应付账款及其占购货额的比重;制造成本和管理费用、财务费用、营业费用;盈利能力
	内部报告编制	财务报表、附表及报表附注	企业资产、负债、所有者权益、收入、费用、利润等要素的相关信息;与本企业相关的行业会计政策、会计估计、与国际会计制度的差异与调节(如退休金、递延税项等)等信息

（续表）

目标	信息类别	信息要点	需搜集信息
安全目标	资产管理需要	有形资产和无形资产保管情况、保值增值信息	资产的盘盈盘亏信息；资产减值信息；资产保管信息；资产购入发出信息
合规目标	相关法律法规的遵循情况	公司法、知识产权法、税法、环保法、国际贸易法等	影响企业的新法律法规和政策；员工道德操守的遵从性；本企业签订的重大协议和有关贸易合同；本企业发生重大法律纠纷案件的情况；企业和竞争对手的知识产权情况

（二）信息获取渠道

信息的来源、形式、内容不相同，信息的获取渠道也是多种多样的。企业常用的内部信息获取渠道有财务会计资料、经营管理资料、调研报告、专项信息、内部刊物、办公网络等。外部信息可以通过行业协会组织、社会中介机构、业务往来单位、市场调查、来信来访、网络媒体等途径获得。例如，财务部门可以依据相关财务会计资料编制财务报表及财务分析报告，并在规定时间报送报表；运营部门可以依据成本费用方面的资料制定标准，进行成本控制；研究开发部门可以依据市场调研部门的客户需求调研报告，进行研发规划；采购部门及销售部门可以采取采购谈判、签订合同等形式收集产品信息、市场需求信息、竞争对手信息；销售部门可以采取定期走访、调查的形式获取客户满意度和产品质量方面的信息；员工可以通过内部刊物获得公司使命、战略目标、文化和经营目标方面的信息；企业可以通过报纸杂志、互联网、专业法律顾问等媒介获得相关法律法规信息，并通过内部网络予以发布；等等。

三、信息的识别

企业的内部信息有来自业务一线人员根据市场或业务工作整理的信息，也有来自管理人员根据相关内部信息对所负责部门形成的指示或情况通报，这就要求信息使用者识别所获得的信息。信息识别的过程就是对所获得的内外部信息进行筛选、核对、整合，针对使用者需求形成内部报告的过程。

（一）信息识别的要求

为了提高信息的用途和价值，我们首先必须识别信息的质量。高质量的信息具有以下基本特征：

1. 真实可靠性

真实可靠性是高质量会计信息的重要基础和关键所在，是信息使用者做出正确决策的重要依据和保障。如果信息不能真实反映企业的实际情况，则信息传递不仅没有价值，还会误导信息使用者，使得他们做出错误的决策，导致经济利益受损。

2. 相关性

信息是否有用、是否具有价值,关键在于是否符合使用者的需求,是否有助于决策或者提高决策水平。例如,研究开发部门在研究生产一种新产品之前,需要获得市场需求、发展前景、投资报酬等方面的信息;项目部门在决定是否投资一项工程时,需要获得有关工程的投资收益率方面的信息;人力资源部门在进行人员调动或提升之前,需要知道员工的胜任能力和工作业绩等方面的信息;等等。

3. 及时性

信息的及时性要求是指信息能及时地传递给信息使用者。信息的价值在于帮助使用者做出经济决策,如果信息提供不及时,则可能导致企业决策延误,甚至做出错误决策,增大经营风险。在会计确认、计量和报告的过程中贯彻及时性,一是要求及时收集会计信息,即在经济交易或者事项发生后,及时收集整理各种原始单据或者凭证;二是要求及时处理会计信息,即按照会计准则的规定,及时对经济交易或事项进行确认或者计量,并编制财务报告;三是要求及时传递会计信息,即按照国家规定的有关时限,及时地将所编制的财务报告传递给财务报告使用者。

4. 安全保密性

企业内部的运营情况、技术水平、财务状况以及有关重大事项等通常涉及商业秘密,内部信息知情者(包括董事会成员、监事会成员、高级管理人员及其他与信息披露部门有关的涉密人员)都有保密义务。这些信息一旦泄露,极有可能导致企业的商业秘密被竞争对手获知,使企业处于被动的境地,甚至造成重大损失。因此,对于只针对内部使用者使用的信息,必须采取必要的授权访问措施以保证信息安全。

(二) 信息识别的结果——内部报告的形成

信息的价值需要从信息使用者那里得以实现,信息使用者包括两大类:内部使用者和外部使用者。内部使用者主要包括董事会、监事会、审计委员会、经理层及其他员工,他们对信息的需求取决于其在组织中的地位和职能。外部使用者广义上包括股东、投资者、债权人、政府部门、供应商、分销商以及社会工作部门,他们根据企业的各种信息调整自己的决策和行动。这里主要讲述内部使用者对信息的识别。企业内部使用者的信息识别要与服务目标相联系,管理者首先要明白自己需要什么形式、哪一方面的信息、所获信息有何用处,这样才能理解手中信息的有效性,才能实现信息的价值。

1. 内部报告的种类

(1) 按报告的方式,内部报告可以分为定期报告和非定期报告。定期报告的频数设计应与所需反映的信息有关,有些信息需要一两个月报告一次(如获利情况),有些信息则需要每日报告一次(如商店的销售情况)。非定期报告一般用在突发事件或特殊事项的信息传递上,企业应规定突发事件或特殊事项对非定期报告内容和报送时间的要求。

(2) 按传递信息的种类,内部报告可以分为完成计划情况报告和调查分析报告。完成计划情况报告包括综合类报告和单项经济指标报告。综合类报告的内容有获利能力、收入、费用、应收账款、存货、现金流量等;单项经济指标报告的内容较多,如银行存款、产量、日销量等。调查分析报告一般是指专业人员根据管理层的要求,对管理政策执行过程中出现的异常(如存货增加、应收账款增多等)进行调查、分析,给出的描述异常情况及原因等内容的报告。企业应充分利用信息技术,采集、汇总、生成内部报告信息,构建科学的内部报告网络体系。企业内部各层级均应指定专人负责内部报告工作,规定不同层级报告的时点,确保在同一时点上形成分级和汇总信息。

2. 内部报告的形式

内部报告的形式有多种,如书面报告、口头介绍、电视电话会议、音像制品、计算机多媒体展示和集上述形式为一体的信息中心。

书面报告因成本低,能提供正式的数字、文本和图表,易于复制、携带、传发等,成为最常见的内部报告形式,但它只能单向传递信息,在报告制作者和使用者之间缺乏必要的交流。口头介绍通常是书面报告的补充形式,常用于一些紧急状况。电视电话会议由于需要贵重的设备和价格不菲的使用费,只在一些大型企业中使用。音像制品因只能单向传递信息,一般只用于提供一般信息(如培训、指导等)。计算机多媒体及信息中心由于具有强大的数据处理功能和快捷的服务方式,其应用将更为普及。

3. 内部报告体系

企业管理中无论是管理决策(如战略决策、财务决策、经营决策),还是管理控制(如预算控制、报告控制、评价控制和激励控制),都离不开相应的财务分析信息。现代企业制度下,企业的经营决策与控制可分资本经营、资产经营、商品经营和生产经营四个层次。这四个层次相应形成四种经营责任中心,内部报告体系的建立可以以此为理论依据,形成资本经营、资产经营、商品经营和生产经营四大内部报告系统。[①]

(1) 资本经营报告系统。资本经营是指企业以资本为基础、通过优化配置来提高资本经营效益的经营活动,其活动领域包括资本流动、收购、重组、参股和控股等能实现资本增值的领域,从而使企业以一定的资本投入取得尽可能多的资本收益。反映资本经营核心目标的指标是净资产收益率。要实现资本经营目标,一方面要提高总资产收益率,另一方面要搞好资本运作,降低资本成本特别是负债成本,优化资本结构,利用税收政策合理避税。资本经营报告系统应包括资产经营报告、资本成本报告、资本结构报告、所得税报告、EVA 报告等。

(2) 资产经营报告系统。资产经营是指企业以资产为基础,通过合理配置与使用,以一定的投入取得尽可能多的收益。反映资产经营核心目标的指标是总资产收益率。企业要搞好资产经营,一方面要提高销售利润率或商品盈利能力;另一方面要搞好资产配置与重组,提高资产使用效率,加速资产周转。要加快总资产周转速度,关键在于优化资产结构,使全部资产都充分发挥作用,避免资产闲置及损失浪费。因此,资产经营报告系统主要包括商品经营报告、资产结构报告、资产利用程度报告、对外投资报告、资产损失及不良资产报告、资产利用效果报告、资产重组报告等。

(3) 商品经营报告系统。商品经营是指企业以市场为导向组织供产销活动,以一定的人力、物力消耗,生产与销售尽可能多的社会需要的商品,追求利润最大化。反映商品

---

① 张先治,"基于管理者决策与控制的财务分析——企业内部报告的财务分析应用",《财会月刊》,2008(3)。

经营核心目标的指标是营业利润率。企业从商品经营角度追求利润最大化的直接目标,一要提高营业利润率,二要扩大销售规模。另外,要实现商品经营利润最大化,增加产量、降低生产成本是基础;同时,要注重产销平衡、提高商品销售价格、降低采购价格及相关费用。因此,商品经营报告系统主要包括产品经营报告、营业收入报告、商品销售价格报告、市场占有率报告、采购价格报告、管理费用报告、营业费用报告、财务费用报告、营业外收支报告等。

(4) 生产经营报告系统。生产经营是指企业在统一战略计划的指导下组织产品生产,以一定的人力、物力消耗,按时、保质、保量生产出一定的产品。反映生产经营核心目标的指标是产值(或收入)成本率。生产经营报告系统主要包括产品成本报告、单位成本报告、材料成本报告、人工成本报告、制造费用报告、各产品产值成本率报告、技术经济指标对成本影响报告、废品情况报告等。

四、信息的处理

企业的信息经过收集、识别形成内部报告后,就要对以内部报告为载体的信息进行处理。这里所指的信息处理包括内部报告的传递、内部报告的使用和保密、内部报告的保管以及内部报告的评估。

1. 内部报告的传递

内部报告形成后,需要在有权使用的部门间进行传递。企业应制定严密的内部报告传递流程,充分利用信息技术,将内部报告纳入企业统一的信息平台,构建科学的内部报告网络体系。内部各管理层均应指定专人负责内部报告工作。一般而言,内部报告应按照职责分工和权限指引中规定的报告关系传递信息,但为了保证信息传递的及时性,重要信息应及时传递给董事会、监事会和经理层。同时,企业应拓宽内部报告渠道,采取落实奖励措施等多种方式,广泛收集合理的建议。在此阶段,企业要规范内部报告传递流程,因内部报告可能会涉及企业的商业秘密。企业各管理层对内部报告的流转应做好记录,对于未按操作流程执行的事件,应进行调查并做出相应处理。

2. 内部报告的使用和保密

接到报告后,报告使用者需要充分利用报告信息进行有效决策,指导和管理企业的日常生产经营活动,及时反映全面预算执行情况,协调企业内部相关部门和各单位的运营进度,严格绩效考核和责任追究,确保企业实现战略目标和经营目标。企业应将预算控制与内部报告接轨,通过内部报告及时反映全面预算的执行情况;尽可能利用内部报告的信息对生产、购售、投资、筹资等业务进行因素分析、对比分析和趋势分析等,发现问题及时查明原因并加以改进;将绩效考评和责任追究制度与内部报告联系起来,依据及时、准确、按规范流程提供的信息进行透明、客观的定期业绩考核,并追究相关责任人。企业管理层应通过内部报告提供的信息对企业生产经营活动中存在的风险进行评估,准确识别和系统分析企业生产经营活动中存在的内外部风险,涉及突出问题和重大风险的,应当启动应急预案。在安全保密方面,企业应从内部信息传递的时间、空间、节点、流程等方面建立内部控制制度,通过职责分离、授权接触、监督和检查等手段防止商业秘密泄露。

3. 内部报告的保管

企业应指定专人保管相应的内部报告,明确保密内容、保密措施、保密等级和传递范围,防止商业秘密泄露。有关企业商业秘密的重要文件要由企业较高级别的管理人员负责,至少由两人共同管理,放置在专用保险箱内。查阅保密文件必须经该高层管理人员同意,由两人分别开启相应的锁具方可打开。企业应按类别保管内部报告,以便查阅、对比分析,对影响较大、金额较高的一般要严格保管,如企业重大重组方案、企业债券发行方案等。不同类别的报告,应按其影响程度规定保管年限,只有超过保管年限的内部报告方可销毁。对影响重大的内部报告应当永久保管,如公司章程及相应的修改、公司股东登记表等。有条件的企业应建立电子内部报告保管库,按照性质、类别、时间、保管年限、影响程序及保密要求等分门别类地储存电子内部报告,并制定严格的内部报告保密制度。

4. 内部报告的评估

由于内部报告传递对企业具有重要影响,企业应建立内部报告评价制度。企业应对内部报告是否全面、完整,内部信息传递是否及时、有效,内部报告的利用是否符合预期有所了解,这就要求企业建立内部报告评估制度,全面回顾与评价一段时间内内部报告的编制和利用情况,掌握内部信息的真实状况。企业对内部报告的评估应当定期进行,具体由企业根据自身的管理要求做出规定,至少每年度对内部报告进行一次评估。企业应重点关注内部报告的及时性、内部信息传递的有效性和安全性。经评估发现内部报告存在缺陷的,企业应及时进行修订和完善,确保内部报告提供的信息及时、有效。

第三节 信息系统

随着信息技术的发展,大多数企业都引进、建立和运用了现代化的信息系统。现代化的信息系统不仅提高了企业的工作效率,还改变了企业的经营方式和方法,甚至影响了企业的战略规划。企业需要不同类型的信息系统来为一定范围内的不同职能领域提供不同层次的信息。《企业内部控制基本规范》第四十一条要求:企业应当利用信息技术促进信息的集成与共享,充分发挥信息技术在信息与沟通中的作用。企业应当加强对信息系统开发与维护、访问与变更、数据输入与输出、文件储存与保管、网络安全等方面的控制,保证信息系统安全稳定运行。

企业信息系统的实质,是收集和存储、按照特定的规则和方式加工处理有关资料,并通过反馈机制对资料的获取及处理过程加以修正,以获得满足特定目的的信息。该过程可用图 7-1 表示。

要使信息系统有效,系统传递的信息除具备高质量信息的关键特征(可靠、及时、相关)外,还要具备经济适用、安全、可访问等特征。为了提高信息的真实可靠性、安全完整性,降低人为因素导致信息失真的可能性,企业应当对信息系统的安全、稳定做一些管理控制。

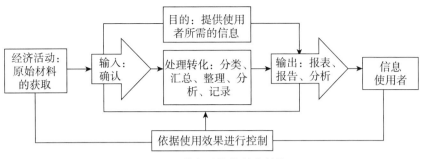

图 7-1 信息系统的基本结构

一、信息系统管理的目标和风险

信息系统管理的目标包括合规性目标和业务目标。信息系统的合规性目标是指企业在开发、使用信息系统的过程中,为防止违反国家法律法规及内部规章制度情况的出现而制定的工作目标。信息系统的业务目标是指企业在开发、使用信息系统的过程中,在系统开发、系统使用、系统维护等环节应达到一定的标准。企业在建立与实施信息系统内部控制的过程中可能会因审批不当、监督不力、管理存在漏洞等而遭受各种系统运营风险。信息系统的业务目标及其可能面临的风险具体如图 7-2 所示。

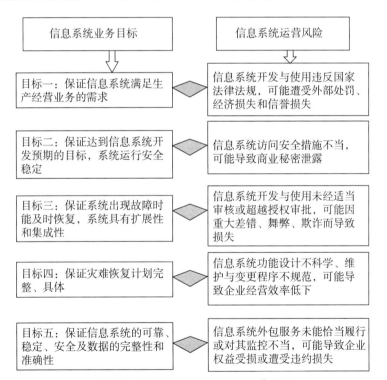

图 7-2 信息系统业务目标及运营风险

信息系统的目标直接统驭信息管理各环节的工作,运营风险必须在信息系统研究与开发、运行和维护等方面受到高度重视。

二、信息系统的开发、变更和维护管理

1. 信息系统开发过程参与人员及分工

信息系统的开发涉及企业的信息部门、财务部门、生产部门、销售部门和仓储部门，参与人员包括总经理、运营总监、编程员、设计员、测试员、信息部门人员等。信息系统开发流程及相关人员职责如图7-3所示。

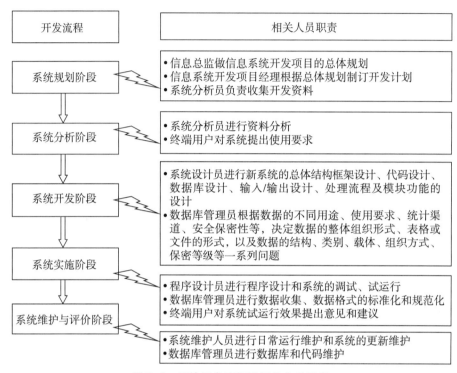

图7-3 系统开发流程及相关人员职责

2. 信息系统开发过程中的风险及其应对策略

信息系统开发过程中的风险包括系统规划阶段、系统分析阶段、系统开发阶段、系统实施阶段、系统维护与评价阶段所产生的风险。

（1）在系统规划阶段，可能存在的风险有：市场竞争风险；竞争优势被效仿；背离政治、经济环境和违反法律法规的风险；缺乏高层领导支持的风险。应对风险的策略有：第一，要增强自身特色，提高系统的技术含量和竞争优势；第二，做详尽的可行性分析，用先进工具进行风险控制；第三，培训、沟通、聘请权威专家讲课等。

（2）在系统分析阶段，可能存在的风险有：不合理的组织结构影响项目小组进行系统分析的效果；用户需求的多样性以及用户的数量和受重视程度加大系统分析的工作量。应对风险的策略有：第一，业务流程重组，对内部进行调整；第二，建立多样化的沟通渠道，加强沟通。

（3）在系统开发阶段，可能存在的风险有：开发团队经验不足，造成信息系统开发时

间过长;系统开发技术过于复杂、技术不成熟。应对风险的策略有:第一,全面考察开发团队,选择有经验的开发人员;第二,设立有效的监督机制;第三,加强技术交流,集中精力解决技术难题;第四,尽可能地设计备选方案。

(4) 在系统实施阶段,可能存在的风险有:时间和费用超出预算造成信息系统开发成本过高;用户经验不足导致系统功能不完整。应对风险的策略有:第一,编制详尽、科学的预算,加强内部成本管理和控制;第二,加强人员教育和培训。

(5) 在系统维护与评价阶段,可能存在的风险有:数据是否准确、安全及保密直接影响信息系统开发的效果;系统目标不明确、缺乏软件质量监控导致系统功能不健全。应对风险的策略有:第一,进行合理的系统设计,采用防火墙和加密技术;第二,制定明确的目标,加强质量管理。

3. 信息系统变更管理

由于经营环境或管理要求的变化,企业会遇到信息系统变更问题。信息系统变更会面临随意变更、变更后匹配性差等风险。在信息系统需要变更时,使用部门应根据工作需要,提交信息系统变更申请,系统设计人员负责设计信息系统新功能程序方案,程序员按照设计方案编写代码,测试员负责测试变更后的系统。信息部门负责制订信息系统上线计划,对涉及新旧系统切换的情形,应当在上线计划中明确应急预案,保证新系统一旦失效就能顺利切换回旧系统。新旧系统在切换时,涉及数据迁移的,要对数据迁移结果进行测试,并在测试报告上确认。信息系统投入使用之前应当至少完成整体测试和用户验收测试,以保证系统正常运行。使用部门验收正常的,开始投入使用;信息系统原设计功能未能正常实现时,使用部门信息管理员负责详细记录,并及时报告信息部门。信息部门负责系统程序修正和软件参数调整,以实现设计功能。

三、信息系统的访问安全管理

1. 信息系统授权使用管理

为了加强企业保密信息的管理、降低泄密风险、确保信息系统安全稳定地运行,有必要对信息系统的使用进行授权。企业首先要对包括以书面形式和电子媒介形式保存的重要信息进行等级划分,分为五个保密等级:一级保密信息指一般信息,二级保密信息指适用于各个部门内部的信息,三级保密信息指涉及部门利益的一般信息,四级保密信息指涉及公司利益的一般信息,五级保密信息指涉及公司利益的重大信息。不同等级的信息需指定不同的人员签字方可使用。一级保密信息需信息部门主管签字同意,二级保密信息需信息部门经理签字同意,三级保密信息需信息部门经理和相关部门经理共同签字,四级保密信息需财务总监签字同意,五级保密信息需总经理签字同意。

2. 信息系统访问安全管理

为了提高企业信息系统的可靠性、稳定性、安全性,应规范信息部门与使用部门中涉及信息系统的相关操作人员的行为。企业应禁止未经培训的人员使用信息系统,充分利用操作系统、数据库、应用系统提供的安全性能,在系统中设置安全参数,加强系统访问安全;禁止操作人员未经授权擅自删除或修改系统中设置的各项参数,以及进行系统软件的卸载、升级、杀毒;涉及上网操作的,还应加强防火墙、路由器等网络安全方面的管理。

操作人员如果离开工作现场,要确认锁定或退出了运行程序,防止他人利用自身帐号操作。对于密码泄露的,操作人员必须及时修改密码。信息部门指定人员要定期审阅信息系统中的帐号,避免授权不当或非授权帐号的存在;同时,要检测各个帐号使用信息系统的情况,对异常状况要及时上报信息部门经理。

3. 信息系统帐号审批管理

为了提高信息系统帐号管理的可靠性和安全性,企业应规范信息系统的帐号审批。首先,相关部门要向企业提出使用信息系统的申请,由信息部门主管出具帐号分析报告,经信息部门经理审批,获取编发帐号。信息部门根据员工的职务等级与权限发放帐号,员工要根据其帐号的权限阅读、使用系统中的信息与数据。员工每人拥有唯一的帐号,而且只允许使用自己的帐号,禁止使用他人帐号或将帐号借与他人使用。员工越级使用信息系统必须经上级领导授权,以授权书为准,否则视为非法使用。

四、网络硬件安全管理

企业应当制定计算机信息系统硬件管理制度,对设备的新增、报废、流转等情况建档登记,统一管理;同时,做好硬件的保管、维护和应急工作。

系统硬件的维护包括对系统硬件所处环境的维护、系统硬件的检查更换等。一方面,系统硬件受所处环境的影响,如机房的温度、湿度、电压、网络设施的保护措施等;另一方面,硬件本身也存在寿命、质量等问题。因此,企业应当定期或不定期地对系统硬件环境及硬件本身的状况进行检查,及时发现、排除问题。

硬件设施只能由经授权的人员接触。企业应当将计算机硬件设备放置在合适的物理环境中,由专人负责管理和检查,其他任何未经授权的人员不得接触计算机信息系统的硬件设备或私自移动硬件。硬件设备的更新、扩充、修复等工作应由相关人员提出申请,报上级主管负责人审批后方可进行。硬件设备出于老化、损耗及其他原因报废时,信息部门工作人员应对设备进行检测,填写"硬件报废单",经审批通过后才可以进行报废处理,同时将信息记入档案。

企业操作人员应当严格遵守用电安全,不得在计算机专用线路上使用其他用电设备。对于主要的系统服务器,应当配备不中断电源供给设备。企业信息部门应当成立应急管理小组,负责处理信息系统的突发事件,如关键设备或系统的故障、自然灾害造成的物理破坏以及人为操作失误造成的安全事件。同时,企业应完善计算机信息系统硬件设备异常状况处理制度,一旦发现异常状况(如冒烟、异常声响等),立即通知有关部门,并按制度进行处理。

五、会计信息化操作管理

会计信息化是指利用计算机信息技术进行财务信息处理,以及替代部分由人工完成的对会计信息进行分析和判断的过程。企业应加强会计信息化工作,并有效控制其工作流程。

企业应建立信息化档案管理制度、会计信息化操作管理办法和会计信息系统管理制度,保证会计信息化工作的顺利开展,明确会计信息系统的合法性,规定使用人员及其操作权限和操作程序,以提高财务部门的工作效率,规范企业会计信息系统的管理工作。

对存储在磁性介质或光盘介质的会计数据和计算机打印的记账凭证、会计账簿、会计报表等书面形式的信息化档案,由电算化审查人员负责管理,会计信息主管负责监督检查。信息化档案的存放要做到防消磁、防火、防潮、防盗、防尘、防高温、防害虫,对这些档案要进行定期软件备份,并且备份软件与数据存放于不同的地点。

企业财务部门应严格遵守会计信息化操作管理制度,财务部门计算机采取专人专用的措施,会计信息经审核人员审核后由专人负责录入,相关人员应保管好自己的帐号和密码,严防泄露。会计编制的记账凭证要求审核人员审核并做好审核记录,打印的报表要财务部门经理审核,并定期报送财务总监审核。对财务人员使用的计算机要提供不间断的电源,防止因断电导致核心数据丢失。财务人员下班前应将系统进行备份;同时,经授权后要定期将系统中的会计信息进行备份,存储于其他介质并保存完好。财务人员未经授权不得对会计软件进行修改、升级或更换。

对会计信息系统的管理,要实行严格的岗位责任制。财务部门经理、财务部门主管、系统管理员、会计核算岗、出纳、稽核等岗位要按要求执行信息系统的日常管理任务。对当天发生的业务,会计要当天登入账。会计要打印记账凭证、总分类账、现金日记账和银行存款日记账,同时要根据税务、审计等有关部门的要求,及时打印有关账簿和报表。财务部门人员应按规定的时间和顺序结账,报表生成后不能再录入本月的凭证,保证账表一致,同时对报表进行检验上报。系统管理员要定期检查工作日志,核实操作人员的上机时间、操作内容等,发现异常情况要及时上报财务部门经理。

典型案例
沃尔玛成功经验之一——信息系统战略

一、沃尔玛的信息系统内容

1. 电子自动订货系统

电子自动订货系统(electronic ordering system,EOS)包括三部分:一是企业内部的EOS(如连锁经营中各个连锁门店与总部之间建立的EOS);二是零售商与批发商之间的EOS;三是零售商、批发商与生产商之间的EOS。

2. 电子数据交换系统

电子数据交换(electronic data interchange,EDI)系统具有自动化、省力化、及时化和正确化的特点,沃尔玛已与上千家供应商实现电子数据交换,通过计算机联网进行数据传递和订货等交易活动,不需要人工的直接介入。

沃尔玛采用更先进的快速反应和联机系统代替采购指令，真正实现了自动订货，有些系统利用条形码扫描和卫星通信系统，与供应商每日交换产品销售、运输和订货信息，包括商品规格、款式、颜色等，从发出订单、生产到将货物送到门店，最快甚至不超过10天。

3. 有效客户反馈系统

有效客户反馈（efficient customer response，ECR）系统是以零售市场为导向的供应链策略，商品生产商/批发商、物流配送商、销售商、门店之间紧密配合，由客户引导补货，使高品质的商品和正确的信息经过无纸化的电子数据交换系统，从而把生产商的生产线和零售商的结账平台连接起来。

4. 快速反应系统

1986年，沃尔玛建立了快速反应（quick response，QR）系统，其主要功能是办理订货业务和付款通知业务，通过电子数据交换系统发出订货明细单和受理付款通知，提高订货速度和准确性，节约相关成本。

5. 销售时点数据系统

沃尔玛的销售时点数据（point of sale，POS）系统包括前台POS系统和后台管理信息系统（management information system，MIS）两大部分。在门店完善前台POS系统的同时，后台MIS也同时建立。在商品销售过程中的任一时刻，商品的经营决策者都可以通过MIS了解和掌握POS系统的经营情况，实现门店库存商品的动态管理，使商品的存储量保持在一个合理的水平，减少不必要的库存。

二、沃尔玛的信息系统的运用

1. 高效率的电子自动订货系统

对于供应商和批发商来说，电子自动订货系统可以帮助分析零售商的商品订货信息，便于准确判断畅销品和滞销品，有利于企业调整生产计划、物料计划、采购计划、商品库存计划和销售配送计划，使产供销一体化。

电子自动订货系统使各批发门店、零售门店将所需的订货数据输入计算机，并通过计算机通信网络，将有关数据和资料传送到公司总部、业务部门、供应商/制造商，一旦订货得到确认，物流中心（仓储中心）就可以根据总部的通知，将商品配送给各个订货的门店，从而有利于降低企业库存水平，加快库存资金周转速度，有效防止销售缺货现象，避免错失销售良机。

2. 无与伦比的物流配送中心

沃尔玛素以精确地把握市场、快速地传递商品和最好地满足客户需要而著称。之所以能取得如此辉煌的成就，一个极为重要的原因就是沃尔玛拥有庞大的物流配送系统，并实施严格有效的物流配送管理制度。这确保了沃尔玛在效率和规模成本方面的最大竞争优势，也保证了其全球扩张计划的顺利进行。

沃尔玛的这一全球供应链正是以先进的信息技术为依托，构成了沃尔玛的一整套先进的供应链管理系统。没有统一、集中、实时监控的供应链管理系统，沃尔玛的直接"控制生产"和高水准的"客户服务"就无从谈起。沃尔玛通过基于信息技术的供应链的高效运作,超越了自身商业零售企业的传统身份。

3. 强大的数据库管理系统

只有依赖外部信息,企业才能决定如何分配知识资源,以产生最佳收益。沃尔玛每周都把来自订单处理系统和客户数据库的数据存储在中央数据库中。中央数据库保存了沃尔玛上千万笔交易的详细数据,使决策者能够按客户、产品和交易查找和分析数据。

数据库信息来自企业内部和外部。沃尔玛通过保存详细的记录并恰当地整理这些记录,自己开发数据库技术。数据库管理系统帮助管理者真正建立起自己的报告工具,并按自己的需要选择数据。一旦给货品贴上条形码或接收到门店计算机扫描的销售点记录,管理层就可以通过所有门店的货品,掌握即时的销售信息。管理者可以在任意时段选择自己关注的特定商品,得到所有相关的信息。

4. 迅速的销售时点数据系统

沃尔玛的 POS 系统包括前台 POS 系统和后台 MIS 两大部分。POS 系统是指在销售商品时,商品的销售信息(如商品的品名、单价、销售数量、销售时间、销售店铺、采购客户等)通过自动读取设备读取,并通过后台的 MIS 传送到有关部门(如公司总部、生产部门、采购部门、供应部门等)进行分析加工以提高经营效率的系统。

三、沃尔玛信息系统成功的六大前提条件

(1)改变传统的经营方式,革新企业的组织结构,企业不能局限于依靠自己的力量提高经营效率和效益,而要与供应链各方建立合作伙伴关系,利用各方资源共同提高经营效益的现代经营意识。

(2)零售商在快速反应系统中起主导作用,零售店铺是快速反应系统的起始点,通过 POS 数据的相互公开和实时交换来提高供应链上各企业的经营效率。

(3)明确快速反应系统中各相关企业之间的分工协作范围和形式,消除重复作业,建立有效的分工协作框架。

(4)改变传统的事务作业方式(如电话、传真、电传、邮寄、上门等),通过电子数据交换、电子自动订货等信息技术实现作业的无纸化和自动化。

(5)改变传统的对企业商业信息保密的做法,将销售信息、库存信息、生产信息、成本信息等与合作伙伴交流分享,并在此基础上与各方一起发现、分析和解决问题。

(6)供应链合作的目标应确定为:削减库存的同时避免缺货、大幅降价,逐步减少作业人员、简化作业流程。

四、信息系统给沃尔玛带来的优势

与其他竞争对手相比,沃尔玛具有价格优势。很多人认为沃尔玛的"天天平价"源自低价采购,其实不尽然,沃尔玛的"天天平价"还源于其高超的信息管理技术、重视信息的及时沟通和信息系统的基础建设。这也成为沃尔玛的一大传统。

尽管信息系统并不是沃尔玛取得成功的充分条件,却是沃尔玛成功的必要条件。这些投资使得沃尔玛可以显著降低成本,大幅提高资本生产率和劳动生产率,做到每天提供种类繁多且低价的商品、增强竞争力。

通过全球网络,沃尔玛可以在一小时内对全球四千多家分店进行盘点,实现实时监控。

沃尔玛的信息网络连接着上万个供应商和合作伙伴,使其可以直接从工厂进货,确保供应商和沃尔玛之间的物流配送渠道畅通,使货品储存量达到最优。

销售和采购数据能够及时集成与实时共享。通过电话、网络及分销渠道,在第一时间知道客户的真实需求,并对需求做出快速反应,这大大缩短了沃尔玛的供应链,加快了沃尔玛的商务进程,使得沃尔玛几乎能把握每一个销售机会。

通过信息系统,最大限度地降低进货成本,维持信息流的畅通运行,提高工作效率,为用户提供更满意的服务。信息技术使沃尔玛建立全球采购配送中心成为可能。

资料来源:http://wenku.baidu.com/view/65546e1a10a6f524ccbf85c5.html? from = rec&pos = 0&weight = 47&lastweight = 19&count = 5,访问日期2017年9月8日。

第四节 沟 通

沟通是信息系统固有的,是指将信息提供给相关人员,便于其履行职责。沟通必须贯穿于信息传递与处理的整个过程,有效的沟通不仅包括企业各部门、各层级之间的内部沟通,还包括企业与外部的沟通。企业内部的沟通包括公司层面的沟通和业务层面的沟通。所谓公司层面的沟通,是指董事会及其下属委员会、经理层、监事会、内部审计等组织之间的沟通;所谓业务层面的沟通,是指总经理与各部门高层管理人员以及基层员工之间的沟通。为了清晰地反映企业的内外部沟通,图7-4列示了沟通涉及的各部门及该沟通所属的沟通层次。

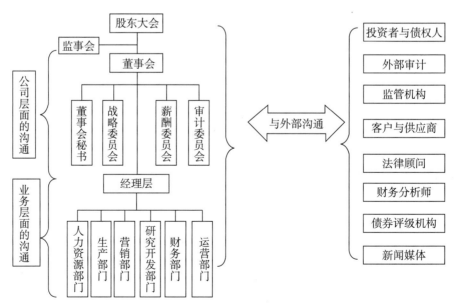

图7-4 沟通涉及的部门及沟通层次

一、内部沟通

（一）业务层面的沟通

沟通分为正式沟通与非正式沟通。正式沟通是指按照规定的指挥链或者作为工作的一部分而进行的沟通；非正式沟通是指不由组织层级结构限定的沟通。非正式沟通能满足员工社会交往的需要，有利于改进企业绩效，是一种更有效和更快速的沟通方式。

按沟通信息的流向可分为下行沟通、上行沟通、平行沟通。下行沟通是信息从管理者流向下属人员，通常用于命令、通知、协调和评估；上行沟通使管理者能了解下属人员对工作、同事及整个企业的看法，以改进工作；平行沟通是发生在同一层级员工之间的沟通。企业中使用上行沟通方式的程度与企业文化有关，跨职能团队急需平行沟通方式形成互动。

作为对企业经营活动负主要责任的管理层，在内部控制中承担重要责任，其职责包括：为高级管理人员提供行为准则和指引；定期与主要职能部门（营销、生产、采购、财务、人力资源等部门）的高级管理人员会谈，以便对他们的职责（包括如何管理风险等）进行核查；负责组织领导单位内部控制的日常运行。员工作为经济活动的重要参与者和执行者，应在内部控制中承担相应职责并发挥积极作用。在日常管理工作中，管理层应当重视员工的作用，加强与员工的沟通，并为员工反映诉求提供通道。

1. 下行沟通

管理者应提供特定的或直接的沟通渠道说明对员工行为的预期和各自的职责，包括对企业风险管理原理和方法的沟通、对各部门目标和企业整体目标的沟通以及员工权责分配的沟通。

首先，风险管理信息的沟通。所有管理者都要就企业的风险偏好和风险承受度以及风险管理方面的信息与下层员工进行有效的沟通。高级管理者对待风险的态度很大程度地影响着员工执行风险控制的态度。对于风险管理过程和程序的沟通，应与企业预期的风险文化相结合，并作为企业风险文化的基础。沟通应使员工了解有效的企业风险管理的重要性和相关性，了解企业的风险偏好和风险容忍度。管理者在企业内设计、执行统一的风险用语并向员工说明他们在影响和支持企业风险管理要素中的地位与职责。

其次，经营目标信息的沟通。管理层在制定企业的经营决策和目标时应鼓励员工积极参与，公司的经营决策和目标的执行计划要传达到相关重要职能部门（如销售部门、生产部门、采购部门、财务部门和人力资源部门等）负责人，并由部门负责人传达给员工。例如，公司在制定降低生产成本和提高销售额的经营目标时，要将计划有效地传达给生产部门和销售部门人员，并且就具体的执行计划与下层员工进行有效的沟通。

最后，员工职责的沟通。管理层要让员工理解其在内部控制系统中的角色，员工应将履行职责过程中发现的问题及时报告给管理层。每天处理关键事务的前线员工（如销售代表或会计经理）可以了解重要客户的产品设计需求；生产员工能意识到高代价程序的缺陷；采购员工可能面临来自供应商的不当诱惑。对于这类向上报告的信息，企业必须有一个开放的沟通渠道和清晰的自发倾听意愿，员工必须相信他们的上级确实想了解问题并能有效地解决这些问题;同时,企业应让员工认识到企业内并不存在对报告相关问题的报复。例如,员工对上级滥用职权、玩忽职守等行为的举报应当受到保护;企业对任何投诉、举报均采取保密措施,严禁泄露举报人的姓名、部门、住址等;严禁将举报情况透露给被举报人或有可能对举报人产生不利后果的其他部门和员工。管理层要让所有人员,特别是有着重要的经营和财务管理职责的人员,取得所需的信息,理解所负责的内部控制的部分,并清楚地知道个人在系统中的职责。

2. 上行沟通

在沟通中,员工需要知道自己的行为怎样与他人的工作相联系,需要知道什么样的行为是被期望的,什么样的行为是可接受的,什么样的行为是不可接受的。员工也需要知道在企业中自下而上地传递重要信息的方法和渠道。员工必须相信其上级确实想了解问题并愿意有效地解决问题,在任何情况下不会因报告相关信息而受到报复。在多数情况下,正常的报告渠道就是适当的沟通渠道。然而,在特定条件下,企业需要一个独立的沟通渠道作为预防失败的机制,在正常渠道不起作用时加以运用。例如,为员工提供直接接触财务总监或企业法律顾问这样的高层领导人的渠道;总裁可以定期抽出时间接待员工来访,并且让员工知道来访是受欢迎的;总裁也可以定期去车间拜访员工,形成一种能交流难题和关心问题的氛围。

在执行自己的职责时,每个人都应知道,当意外发生时,不仅要关注事件本身,还要关注事件发生的原因,这样才能了解系统潜在的缺陷并采取预防措施。例如,发现滞销的存货时,员工不仅要在财务报告上留下准确的记录,更重要的是对滞销原因做出判断,并将发现的问题及时向上级领导汇报。

3. 平行沟通

业务层面的沟通除了上下级之间的沟通,平行部门之间也需要沟通。例如,财务部门要定期与各部门交流和通报财务状况、经营成果、预算执行情况等,同时要定期将应收账款情况反馈给销售(信用)部门和清欠办公室。生产部门与销售部门也要定期沟通,以销定产,减少库存和积压。生产部门还要与市场调研部门沟通,生产符合顾客需求的产品。企业各职能部门的负责人可以通过电话、邮件、面谈等方式直接沟通。

(二) 公司层面的沟通

1. 经理层与董事会的沟通

信息是沟通的基础,沟通必须满足各部门和个人的要求,以便他们能有效地履行职责。最重要的沟通渠道之一是经理层和董事会之间的沟通。董事会通常负责监督公司,包括企业控制和问责机制,任免 CEO(或相应职位),批准任免财务总监(或相应职位),批准经理层关于企业的发展战略和业绩目标,审查和批准风险管理系统,审查内部控制、行为守则和法律的遵守情况,监测经理的业绩和战略的执行情况并确保他们得到适当的资源,审批和监督重要的资本支出、资本管理、并购及资产剥离的过程,审批和监督财务报告与其他报告。因此,经理层必须及时让董事会了解关于企业业绩、发展、风险管理执行和其他事项的信息。沟通越畅通,董事会在执行监督职能、重大问题的宣传媒介职能及提供建议、咨询和指导职能时才会越有效。相应地,董事会也应向经理层传递所需的信息并进行反馈和指导。

董事会应以书面形式明确其与经理层之间的权责分工,即董事会保留的职能和授权经理层代其执行的职能。董事会保留的职能和授权经理层执行的职能范围取决于企业的规模、复杂程度、所有权结构以及企业传统和文化。在经理层与董事会沟通的过程中,董事会要充分信任经理层,要与经理层合作。当经理层报告坏消息时,董事会应当认真分析原因,而不是一味地批评经理层;同时,经理层要认可董事会的权威,使董事会发挥应有的职能,若经理层认为董事会因掌握的信息不足或不正确而做出错误决策,则可以发表意见,董事会应认真倾听经理层的想法。

2. 经理层与审计委员会的沟通

审计委员会是董事会设立的专门工作机构,主要负责公司内外部审计的沟通、监督和核查工作。审计委员会的主要职责包括:审核与监督外部审计机构的客观独立性及审计程序的有效性,审核公司的财务信息及其披露,监督公司的内部审计制度及其实施,负责内部审计与外部审计之间的沟通,审查公司内部控制制度等。

审计委员会与经理层沟通的主要目标是督促其提供有效的财务报告,并控制、识别与管理给公司财务状况带来风险的因素。公司面临的风险涉及竞争、环境、财务、法律、运营、监管、战略与技术等方面。审计委员会本身无法监管所有这些风险,应该与各方(包括董事会下设的其他专业委员会)共同合作。

经理层与审计委员会的沟通发生在年度审计之前和年度审计之后。在年度审计之前,经理层需要就以下内容与审计委员会进行沟通:①会计师事务所及审计项目组成员的独立性;②公司的财务、经营情况、风险状况及报告期内的重大事项;③审计委员会对上市公司会计师事务所改聘事项发表的书面意见;④提供给年报审计机构的财务会计报表形成的书面意见;⑤内部控制制度的建立健全及执行情况;⑥重要会计政策、会计估计选用的恰当性;⑦内部审计工作的开展及与外部审计的沟通情况;⑧重要事项及重大错报风险领域的识别、评估和分析;⑨上一年度审计机构提供的管理建议书涉及事项的落实情况;⑩监管机构提请关注问题的讨论情况。在外部审计机构审计财务报告后,审计委员会主席还应主持会议,就期后事项和或有事项的影响及披露、尚未解决的重大会计事项、审计分歧、重大风险事项、持续经营能力的讨论及披露、关联交易及其资金往来情况、对外担保情况等内容与经理层进行有效的沟通。此外,审计委员会还应就内部控制制度及存在的风险与经理层沟通。

3. 经理层与内部审计师的沟通

内部审计师的主要作用是独立且客观地复核及评价企业的活动,以维持或改善企业风险管理、内部控制及公司治理的效益与效率。内部审计师必须了解企业的战略方向、目标、产品、服务和程序。内部审计的目标包括评价会计、运营及行政控制的可靠性、充分性和有效性,正确地保护资产,确保企业遵循法律法规及自身制定的政策,保证经理层采取适当的步骤应对控制的不足。此外,越来越多的内部审计师为企业上线新产品或服务提供建设性的商业建议,还帮助企业制定及修订新的政策、程序。内部审计师常常在兼并、收购和转型活动中发挥作用,包括帮助董事会和经理层评价收购计划及实施过程中的安全措施与控制制度。

内部审计师与经理层主要通过审计报告进行沟通。在完成审计后,内部审计师首先要与部门经理会面,审核内部审计报告草稿,更正任何不精确的信息,并就经理层的承诺和行动达成一致;然后,将内部审计报告终稿提交给有责任且有权力按照建议执行纠正举措的管理人员。

4. 董事会、审计委员会与内部审计师的沟通

《企业内部控制基本规范》第十五条规定,企业应当加强内部审计工作,保证内部审计机构设置、人员配备和工作的独立性。内部审计机构应当结合内部审计监督,内部控制的有效性进行监督检查。内部审计师或内部审计的管理者或董事应直接且定期向董事会报告。当主管审计师向高级管理层(非董事会)报告日常行政事务时,董事会必须采取额外的措施,确保这种报告关系不会损害审计师的独立性,或对其独立性产生不当的影响。

董事会应定期或根据事件和环境的需要随时与首席内部审计师会谈。内部审计师应将公司各业务部门、各子公司内部控制的运行情况、存在的问题及整改情况向董事会汇报。内部审计机构对于在监督检查中发现的内部控制缺陷,应当按照企业内部审计工作程序报告;对监督检查中发现的内部控制重大缺陷,有权直接向董事会、审计委员会及监事会报告。

审计委员会要定期会见内部审计师,包括私下会见。内部审计主管每年要将下一年度的内部审计范围、工作计划、人员配备和预算、对于界定职能和责任的规章制度的任何必要修改,以及审计过程中发现的重大问题,提交审计委员会。

二、外部沟通

(一) 与投资者和债权人的沟通

投资者和债权人作为企业资本的提供者,享有依法平等、及时地了解企业重大信息的权利,包括企业的财务状况、业绩、所有权和治理情况。企业应向投资者披露重要信息,这是改善公司治理的主要方式。向投资者披露重大信息的最主要途径就是企业的年度报告。

此外,企业可以建立书面政策和程序,以确保遵守有关条例和信息披露的要求,并建立确保高级管理人员遵循政策的问责制度;还要设计审查和审批程序,以确保企业及时、准确地公开信息,不遗漏重要信息,并以一种明确客观的方式加以实现,便于投资者在做出投资决策时评估这些信息。

企业应评估其财务业绩,以提高报告的相关性和透明度。这种评估应包括投资者对企业的经营活动和结果做出明智评估所需的信息。

股东有权知道企业内部的控制活动能否充分保护他们的投资。管理层必须对他们实施内部控制的活动进行汇报。董事长要定期与股东进行沟通,在管辖权内必须每年在年度股东大会和股东特别大会上以主席声明的形式向股东致函。为了保障股东的权益,

企业应当设计和披露沟通政策,以促进和股东之间的有效沟通,并鼓励股东参与股东大会。此外,公布股东沟通政策也有助于投资者获取信息。企业可以考虑如何最好地利用新技术、提供更多的机会,以便更有效地与股东沟通,并解决与不能出席会议的股东的沟通问题。

(二) 与客户和供应商的沟通

客户、供应商和其他外部各方是企业实施控制活动中所使用的信息的重要来源,各方均可以提供对企业实现经营目标、财务报告目标和合规目标极为重要的信息。例如,客户告知一家企业发运延误、产品质量低劣或者未能满足客户对产品或服务的需求,积极与企业共同探讨产品改进,潜在供应商向高级管理层反映员工索要回扣,这些信息都有助于企业改进内部控制。

销售部门应通过拜访或电话询问客户等方式,定期听取客户对产品质量、售后服务、消费偏好、货款结算等方面的意见和建议,收集客户的需求和客户对企业的意见,强化售后服务并制定相应的政策,解决工作中存在的问题。

管理层可以通过企业网站等公布企业的联系信息;客户、供应商和其他外部各方可以利用举报电话和电子邮件等,获得与企业有业务往来的第三方的重要信息。

(三) 与监管机构的沟通

监管机构通过对特定企业进行检查,对企业的内部控制系统施加影响,使管理层确保内部控制系统满足最低的法律和监管要求,同时针对内部控制系统提出改进建议。企业应及时了解监管政策、监管要求及其变化,并完善自身的管理制度;同时,认真了解自身存在的问题,积极反映建议,努力加强与监管机构的协调。

企业与监管机构之间的沟通主要是通过董事会秘书来完成的。董事会秘书负责企业和相关当事人与证券交易所及其他证券监管机构之间的沟通与联络,并按照有关规定向证券交易所提交定期报告和临时报告以完成披露工作。

(四) 与外部审计的沟通

注册会计师审计在企业实现财务报告目标方面发挥着重要的作用。通过对财务报表的审计,外部审计师对财务报表符合公认会计原则的公允性发表意见,能给经理层和董事会带来独立、客观的观点,为企业实现财务报告目标做出贡献。

良好的内部控制系统有助于注册会计师实施财务报告审计,内部控制越好,注册会计师实施控制测试的程序就越少。因此,在实施财务报表审计之前,注册会计师有必要了解企业的内部控制。企业的内部审计部门、审计委员会、经理层都要与注册会计师进行相应的沟通。内部审计师要配合外部审计,为外部审计提供真实、可信的审计材料,从而减少外部审计的工作量。审计委员会要与外部审计就其独立性、审计范围和审计计划、审计中遇到的问题及时沟通。经理层要积极配合注册会计师的审计,重视审计中发现的问题、分析性信息,以及有关内部控制缺陷问题的改进建议。企业应定期与外部审计师会晤,听取外部审计师有关财务报表审计、内部控制等方面的建议,以保证内部控制的有效运行以及双方工作的协调。

(五) 与法律顾问的沟通

市场经济是法制经济,企业作为市场经济的主体必须依法经营管理、开展各项经济活动。法律顾问是企业为了维护自身的合法权益,聘请律师就经营管理活动提供法律服务而设立的特定职务。企业聘请律师做法律顾问,能提高企业的声誉和信誉,同时使客户在履约过程中有所顾忌,不会轻易违约或者触犯法律。

企业需要就制定的业务和服务规则的合法性与法律顾问沟通,法律顾问需要对企业所涉行业的法律对经营管理可能产生的影响进行评估,协助企业制定标准的合同文本,并制定合同等法律文书。此外,企业还可以就本单位的工商、税务、法人治理结构以及涉及的重大事项等与法律顾问沟通。

(六) 与财务分析师、债券评级机构和新闻媒体的沟通

财务分析师和债券评级机构考虑许多与企业投资价值相关的因素,包括管理层的目标和战略、历史财务报表以及预估的财务信息、针对经济和市场环境所采取的应对措施、短期和长期成功的潜力、行业业绩以及与同行的比较。新闻媒体,尤其是财经记者也会经常进行类似的分析。这些方面的调查和监控活动可以为管理层提供其他人如何看待企业的业绩、企业面临的行业和经济风险、可能会提高企业业绩的创新经营和融资战略以及行业趋势等方面的见解,这些信息有时通过各方与管理层的面对面会谈直接提供,有时在针对投资者、潜在投资者和公众的分析中间接提供。无论哪种情况,管理层都应重视财务分析师、债券评级机构和新闻媒体对企业内部控制的观察与见解。

三、如何实现有效的信息沟通

(一) 规范信息收集、加工机制

为了随时掌握有关市场状况、竞争情况、政策及环境的变化,保证企业发展战略和经营目标的实现,企业应当完善内外部重要相关信息的收集和传递机制,使重要信息能及时获得并向上级呈报。信息收集的关键是完整、准确、及时地把所需的信息收集并记录下来,做到不漏、不错、不误时。因此,它要求实践性强、校验功能强、系统稳定可靠。信息加工是在不同的信息系统之间进行的,其实质是从别的信息系统中得到本信息系统所需的信息,关键在于有目的地选取所需信息并正确解释所得信息。

首先,企业要根据信息需求者的要求、按照一定的标准对信息进行分类汇总。其次,企业应对信息进行审核和鉴别,对已经筛选的资料做进一步检查,确定其真实性和合理性。企业应检查信息在事实与时间上有无差错,是否合乎逻辑,来源单位、资料份数、指标等是否完整。再次,企业应在收集信息的过程中考虑信息获取的便利性及获取成本的高低,若要以较大代价获取信息,则应权衡成本与使用价值,确保所获取的信息符合成本效益原则。

(二) 完善信息传递机制

信息的最终目标在于使用,为实现企业经营目标服务。处于内部控制之中的信息必须服务于内部控制,服务于内部控制的有效性。为了提高内部控制的有效性,企业应将

相关信息在企业内部各管理层级、责任单位、业务环节之间进行传递。对于内部信息传递,一方面要完善信息的向下传递机制,使企业内部参与经营活动的相关方和全体人员了解企业实现经营目标方面的信息,明确各自的职责,了解自身在内部控制系统中的地位和作用;另一方面要完善信息的向上传递机制,使企业员工能及时将其从企业经营活动中了解的重要信息向经理层及董事会等方面传递。此外,还要建立信息的横向传递机制,特别是使信息在经理层与董事会及其专业委员会之间进行传递。

典型案例
及时沟通、制止舞弊

2017年12月,银行职员周某查询多名甘肃省落马高官(包括甘肃省委原常委、省政府原常务副省长虞某某)的银行账户。2018年年初,周某查询到虞某的账户定活两便存单内有资金500多万元,便办了虞某的假身份证。2018年3月12日,周某骗得同事梁某的授权,对虞某的存单进行密码挂失,后又骗得会计主管张某的授权,对该存单进行密码挂失操作。梁某看到张某为周某授权心生疑虑,汇报给相关人员。次日,银行领导向公安机关报案。临夏县人民法院认为,周某无视国法,以非法占有为目的,欲将他人存单内的巨额存款据为己有,通过事先查询、准备假身份证创造条件,并着手实施密码挂失等操作,其行为符合盗窃罪的构成要件,构成盗窃罪。周某的盗窃行为因梁某的及时汇报以及银行领导的及时报案被制止,属盗窃未遂,未给客户造成实际损失,故可对周某从轻处罚。最终,法院判决周某犯盗窃罪,判处有期徒刑六年,并处罚金10 000元。

资料来源:http://www.sohu.com/a/258005982_99958475,访问日期2017年3月14日。

(三) 加强信息技术的应用,促进信息集成共享

随着信息技术的发展,新技术在信息系统中得到越来越广泛的应用,无论是行业还是企业,都从信息技术的应用中获得了种种好处。信息技术能促进企业管理模式的变革,有助于提高员工的素质,提高信息资源的利用率和企业的经济效益。但我国企业对信息技术的应用缺乏整体概念,如信息集成化程度不高,信息交换标准不统一,共享程度低等。在建立内部信息系统时,企业应利用信息技术促进信息的集成与共享,充分发挥信息技术在信息与沟通中的作用,根据企业内部控制目标以及经营活动的特点建立自身的信息系统。由于信息系统在内部控制中的重要性,其本身又是内部控制的对象,因此企业应加强对信息系统的开发与维护、访问与变更、数据输入与输出、文件储存与保管、网络安全等方面的控制,保证信息系统安全、稳定地运行。

(四) 建立反舞弊机制,提高信息的真实可靠性

舞弊是指以故意的行为获得不公平的或者非法的收益,主要存在于以下方面:虚假财务报告、资产的不适当处置、不恰当的收入和支出、故意的不当关联方交易、税务欺诈、贪污以及收受贿赂和回扣等。有效的反舞弊机制是企业防范、发现和处置舞弊行为、优

化内部环境的重要制度安排。有效的信息沟通是实施反舞弊程序的关键。如果信息交流机制不畅通,就会产生信息不对称的问题,发生舞弊行为的机会就会增大。

《企业内部控制基本规范》第四十二条规定,企业应当建立反舞弊机制,坚持惩防并举、重在预防的原则,明确反舞弊工作的重点领域、关键环节和有关机构在反舞弊工作中的职责权限,规范舞弊案件的举报、调查、处理、报告和补救程序。企业至少应当将下列情形作为反舞弊工作的重点:①未经授权或者采取其他不法方式侵占、挪用企业资产,牟取不当利益;②在财务会计报告和信息披露等方面存在的虚假记载、误导性陈述或者重大遗漏等;③董事、监事、经理及其他高级管理人员滥用职权;④相关机构或人员串通舞弊。

企业开展有效的反舞弊活动,需要做到以下几点:第一,企业应重视和加强反舞弊机制建设,对员工进行道德准则培训,通过设立员工信箱、投诉热线等方式,鼓励员工及企业利益相关者举报与投诉企业内部的违法违规、舞弊和其他有损企业形象的行为;第二,企业应通过审计委员会对信访、内部审计、监察、接受举报过程中收集的信息进行复查,监督管理层对财务报告施加不当影响的行为、管理层开展的重大不寻常交易以及企业各管理层级的批准、授权、认证等,防止侵占资产、挪用资金、提供虚假财务报告、滥用职权等现象的发生;第三,企业应建立反舞弊情况通报制度,定期召开反舞弊情况通报会,由审计部门通报反舞弊工作情况,分析反舞弊形势,评价现有的反舞弊控制措施和程序。

(五)建立举报投诉制度和举报人保护制度

《企业内部控制基本规范》第四十三条规定,企业应当建立举报投诉制度和举报人保护制度,设立举报专线,明确举报投诉处理程序、办理时限和办结要求,确保举报、投诉成为企业有效掌握信息的重要途径。举报投诉制度和举报人保护制度应当及时传达至全体员工。对于投诉、举报的案件,按照投诉人或被举报人在企业的岗位采取不同的处理方法。中层以下的管理人员由人力资源部门直接实施调查,并经董事会及审计委员会审批后予以处理。中层及以上的管理人员由董事会及审计委员会直接调查处理。企业对任何投诉、举报均采取保密措施,保护投诉人或举报人的人身、利益不受侵害。企业应妥善保管和使用举报材料,不得私自摘抄、复制、扣压、销毁;严禁泄露举报人的姓名、部门、住址等情况;严禁将举报情况透露给被举报人或有可能对举报人产生不利后果的其他部门和员工;调查核实情况时,不得出示举报材料原件或复印件,不得暴露举报人的身份;对匿名的举报书信材料及电话录音,不得鉴定笔迹和声音。

本章小结

信息与沟通是企业及时、准确、完整地收集与经营管理相关的各种信息,并使这些信息以适当的方式在有关层级之间及时传递、有效沟通和正确应用的过程,是实施内部控制的重要条件。组织结构的设计会影响信息与沟通。一个理想的组织结构应该鼓励其成员在必要时提供横向信息、进行横向协调。信息要经过获取、识别和处理的过程。首先,根据战略目标、经营目标和合规目标等的考核要求收集信息,并通过多种信息渠道获取信息;其次,识别信息的质量并形成内部报告;最后,通过内部报告的传递、内部报告的使用和保密、内部报告的保管和内部报告的评估等处理信息。随着信息技术的发展,信息技术的引进和应用极大地提高了信息获取、识别和处理的效率。沟通涉及不同的部门及层级,要想实现有效沟通就必须选择正确的沟通渠道。

思考题

1. 组织结构如何影响信息与沟通?
2. 战略目标、经营目标和合规目标等的考核要求与需收集的信息有什么关系?
3. 为了使信息系统充分、高效地发挥作用,企业需要对信息系统的安全、稳定做哪些管理控制?
4. 沟通涉及哪些部门?不同沟通层级的沟通对象和沟通内容分别是什么?

案例分析题

摩托罗拉于1992年在天津经济开发区破土兴建它的第一家寻呼机、电池、基站等5个生产厂,成为摩托罗拉在本土之外最大的生产基地。

在摩托罗拉,每一个高级主管都被要求与普通操作工形成介于兄弟姐妹之间的关系——在人格上千方百计地保持平等。"对人保持不变的尊重"是公司的个性,最能体现其个性的是它的"Open Door"。所有管理者办公室的门都是敞开的,任何职工在任何时候都可以直接进来,与任何级别的上司平等交流。

每个季度第一个月的1日到21日,中层干部都要与手下和主管进行一次关于职业发展的对话,回答"你在过去三个月受到尊重了吗?"之类的6个问题。这种对话是一对一和随时随地的。

摩托罗拉的管理者们为每一个下层的被管理者预备了11条这种"Open Door"式表达意见和发泄抱怨的途径:

(1) I Recommend(我建议)。员工可以以书面形式提出对公司各方面的意见和建议,"全面参与公司管理"。

(2) Speak out(畅所欲言)。如果员工要对真实的问题进行评论和投诉,应诉人必须在3天之内对隐去姓名的投诉信给予答复,整理完毕后由第三者按投诉人要求的方式反馈给本人,全部过程必须在9天内完成。

(3) G.M. Dialogue(总经理座谈会)。每周四召开总经理座谈会,对于大部分问题,总经理可以当场答复,7日内对有关问题的处理结果予以反馈。

(4) Newspaper and Magazines(报纸和杂志)。公司给其内部报纸起名《大家庭》。

(5) DBS(每日简报)。员工通过每日简报可以快速地了解公司和部门的重要事件与通知。

(6) Town-hall Meeting(员工大会)。在员工大会上,经理直接传达公司的重要信息,且有问必答。

(7) Education Day(教育日)。在教育日,每年重温公司文化、历史、理念和有关规定。

(8) Notice Board(墙报)。

(9) Hot Line(热线电话)。当你遇到任何问题时都可以向热线电话反映,热线电话24小时均有人值守。

(10) ESC(职工委员会)。职工委员会是员工与管理层直接沟通的另一架桥梁,委员会主席由员工关系部门经理兼任。

(11) 589 Mail Box(589信箱)。当员工尝试以上渠道后其意见仍无法得到充分、及时和公正的解决时,可以直接写信给589信箱,此信箱钥匙由中国区人力资源总监亲自掌管。

思考: 案例中的沟通涉及哪些部门?该沟通属于哪个沟通层级?具体沟通了哪些内容?从此案例中得到哪些启示?

资料来源:http://www.doc88.com/p-260188061251.html,访问日期2018年8月15日。

第八章　内部監督

[学习目标]

通过学习本章,您应该:
1. 掌握内部监督的含义、内部监督体系的构成及各机构的职责;
2. 熟悉内部监督的意义及基本要求;
3. 掌握内部监督的方法与各种程序。

[引导案例]

从内部控制监督视角看獐子岛"扇贝事件"

2014年10月30日,獐子岛发布第三季度报告称,因海洋牧场遭遇几十年一遇的异常"冷水团",在2011年和2012年播撒的100多万亩即将进入收获期的虾夷扇贝绝收,需计提存货跌价准备约8亿元。受此影响,獐子岛三季度业绩"大变脸",由预报盈利变为巨额亏损。

为了平息广大投资者对獐子岛巨亏的质疑,证监会组织相关机构对该事件进行了调查。调查结果表明此次獐子岛巨亏原因是企业管理存在漏洞和内部控制不规范,而并不是外界猜测的财务造假,此次事件被定性为内部控制问题。

獐子岛作为农业产业化国家重点企业、一家大型综合性海洋食品上市公司却在"冷水团"事件中遭受巨大损失,这揭示了獐子岛在内部控制方面存在重大缺陷。具体表现除了部分事项决策程序不规范、内部控制制度执行不力,内部监督不力也是一个重要方面。对于獐子岛来说,监事会和内部审计委员会等部门负有不可推脱的责任。

獐子岛作为养殖业上市公司,生物性资产是其存货的主要部分,而存货是资产的主要部分。由于海洋底播养殖方式的特点,对存货的监盘难以在数量和质量上予以控制,一般情况下采用抽样样本推测整体样本的审计方法难以准确估算水下存货的数量及价值,从而造成不准确的审计结果,使审计程序很大程度上流于形式。一般情况下,审计师应出具保留意见的审计报告,但会计师事务所对獐子岛2013年年报和2014年半年报都出具了标准无保留意见的审计报告。

当然,超过百万亩海域的存货仅依赖外部审计进行监督和盘点是非常困难的。对于这些高风险的存货只能从根本上进行监督,从一开始的策略制定到后来的播种、检测等都要进行严格的内部监督。然而,内部审计部门并没有承担应有的责任。另外,在董事会的内部控制评价报告上,虽然对内部控制缺陷进行定义并规定了相应的认定方法,但2013年和2014年的报告及企业内部控制鉴证报告中却根本没有说明企业内部控制存在缺陷,也没有出具标准的内部控制审计报告,这只能说明獐子岛的内部审计流于形式,监事会的监督和内部审计的自我评价作用没有显现,难以发挥内部监督的作用。

资料来源:张贵祥,《獐子岛内部控制失效案例分析》,《中国市场》,2005年第22期,第41页。

监督是监察和督促的活动,从有人类活动开始,监督活动就出现了。内部控制中的监督要素,除了具有监察和督促作用,还强调监督对内部控制的补充作用:内部监督不是简单地为监督而监督,而是对内部控制的补充与完善。随着时间及企业组织结构、规模的变化,影响企业活动的风险也会发生变化,企业的内部控制活动也应进行相应的调整,以保证内部控制活动的有效性。

内部监督与内部控制的其他要素相互联系、互为补充,共同促进企业实现控制目标。第一,内部监督以内部环境为基础,并与内部环境具有互动关系。管理层就内部控制及监督的重要性传递积极的基调,不断优化控制软环境,有助于内部监督工作的开展;反过来,加大内部监督的力度,又有利于进一步优化企业的内部环境,为实现控制目标提供充分保障。第二,内部监督与风险评估、控制活动形成三位一体的控制系统。企业根据风险评估结果和风险应对策略,确定并实施控制活动,再通过事前、事中和事后的内部监督,对风险评估的适当性和控制活动的有效性进行检查评价与优化调整,进而形成一套严密、高效的控制系统。第三,内部监督离不开信息与沟通的支持。企业应通过适当的信息收集、传递、反馈渠道,获取足够的相关信息来验证内部控制的有效性,并将发现的问题及时报告给有关方面以促进其整改。

第一节 内部监督机构及其职责

内部监督机构是进行监督活动的主体,按照企业制定的相关监督机制,对企业内部控制活动进行全面、持续的监督,确保内部控制的有效运行。内部监督从以下三个方面为企业提供价值:①帮助经理层及董事会判断内部控制系统(包括所有五个要素)是否持续有效运行。如果需要的话,还将为内部控制系统有效性的认定提供支持。②帮助提升企业的总体效果和效率。及时发现内部控制设计或运行中已经发生的或者可能发生的变化,帮助企业识别和整改内部控制系统缺陷。③促进良好的内部控制系统的运行。内部控制负责人员在知道其工作受到监督时,可能会更加持续、恰当地履行职责。

一、内部监督机构的要求

内部监督机构是由相关部门和人员组成的监督主体,应按照有关法律法规的要求,结合企业的实际进行设置。监督活动通过采取适当的程序和方法,落实和完善企业内部控制,是内部控制活动中十分重要的环节,必须引起企业足够的重视。

(一) 对人员的要求

负责监督的人员应具有胜任能力和独立性。胜任能力是指监督人员在内部控制和相关流程方面的知识、技能和经验。相比于简单的控制,企业中大多数控制活动都是复杂多变的,需要监督人员通过培训提高对控制活动的认识,充分理解监督过程及控制活动的要求。企业可以制定职务说明书,对员工的工作加以规定。说明书应充分考虑实现目标的需要及所设岗位或职务对能力的需要。管理层必须明确规定某一特定工作所需员工的能力水平,以及构成能力水平的知识和技能要求。在考虑能力水平时,应注意能力与成本及监督之间的替代关系;在考虑知识和技能水平时,应视个人的天分、训练和经验而定,注意特定工作的性质和所需判断的程度。例如,上市公司的监事应该具有基本的法律知识和从事会计工作的经验,由拥有专业知识的人员构成的监事会才能对经理层及其他管理人员开展独立有效的监督和检查。对于监事来说,要履行监督职能,还应该对内部控制的相关知识有充分的了解,获得企业有关内部控制尽可能多的信息。《企业内部控制基本规范》第十五条规定:内部审计机构对监督检查中发现的内部控制重大缺陷,有权直接向董事会及其审计委员会、监事会报告。不难发现,监督人员处于被动的地位,依赖于其他人员的汇报。因此,监督人员应该变被动为主动,积极从企业内部发现可能存在的问题和缺陷。

独立性是指在不考虑可能的个人后果且不会为了追求个人利益或者自我保护而进行结果操纵的情况下,负责监督的人员执行监督和提供信息的公允程度。一般而言,独立性程度按自我监督、同级监督、上级监督和完全独立监督逐级增强。例如,《上市公司治理准则》中规定:审计委员会中独立董事应占多数并担任召集人,审计委员会中至少应有一名独立董事是会计专业人才。《企业内部控制基本规范》第十三条明确规定:审计委员会负责人应当具备相应的独立性、良好的职业操守和专业胜任能力。只有保证审计委员会中各委员的独立性,才能保证他们在履行监督责任时做出客观、公正的评价,促进监督工作的有效进行。

(二) 对机构的要求

1. 专职的内部监督机构

为保证内部监督的独立性,内部监督应由独立于内部控制执行的机构进行。一般情况下,企业可以授权内部审计机构具体承担内部控制监督检查的职能。当企业内部审计机构因人手不足、力量薄弱等无法有效地对内部控制履行监督职责时,企业可以成立专门的内部监督机构,或授权其他监督机构(如监察部门等)履行相应的职责。专职的内部监督机构根据需要开展日常监督和专项监督,对内部控制的有效性做出整体评价,提出整改计划,督促其他有关机构整改。

2. 其他机构的监督

内部监督不仅是内部审计机构(或经授权的其他监督机构)的职责,企业内部任何一个机构甚至个人都应在内部控制的建立与实施过程中承担相应的监督职责。例如,财务部门对销售部门的赊销行为负有财务方面的监督职责;财务部门的负责人对本部门的资产、业务、财务和人事具有监督职责;财务部门内部控制的会计岗和出纳岗也具有相互监督的职责等。企业应在组织架构设计与运行环节明确内部各机构、各岗位的内部监督关系,以便监督职能的履行。内部各机构应在其职责范围内,承担起内部控制相关具体业务操作规程及权限设计的责任,并在日常工作中严格执行。企业应进行定期的管理活动,利用内部和外部数据所做的同行业比较和趋势分析,将监督嵌入企业常规的、循环发生的经营活动中;企业应进行定期的测试、监督活动,及时发现环境变化、执行中出现的偏差,及时更新初始控制;企业应建立、保持与内部控制机构之间有效的信息沟通机制,及时传递内部控制设计和执行有效性的相关信息。

3. 识别关键控制点

企业应根据风险评估结果识别内部控制中的关键控制点,收集判断内部控制有效性的具有说服力的信息,进一步明确监督程序以及需执行的频率。

关键控制点应考虑以下情形:控制的复杂程度较高;控制需要高度的判断力;已知的控制失效;相关人员缺少实施某一控制所必需的资质或经验;管理层凌驾于某一控制活动之上;某一控制失效是重大的,且无法被及时地识别和整改。

适当的信息必须是相关的、可靠的、及时的和充分的。按照信息的相关性,信息可以分为直接信息和间接信息两种。直接信息可以证实控制的运行情况,一般可通过观察执行中的控制、重新执行控制或者直接评估控制执行等方式获取;间接信息是指在控制执行中可以表明其发生改变或无效的其他所有信息,包括但不限于控制运行的统计数据、关键风险指标、关键绩效指标、行业同比数据等。一般来说,间接信息需经推理后才能得出控制是否有效的结论,因此其识别控制缺陷的能力比直接信息弱,导致已存在的控制缺陷可能因不够重大而无法被当作异常情况识别出来,或者间接信息可能随着时间的推移失去了识别异常情况的能力。信息的可靠性是指信息应当是准确的、可验证的、客观的、无偏的。信息的及时性是指信息必须在一定的时期内生成并使用,从而能预防控制缺陷,或者在这些控制缺陷产生不利影响之前就被及时发现并予以整改。信息的充分性是指针对某一控制点的业务记录,有多少样本纳入了监督测试的范围。企业至少应在以下情况下考虑增加监督样本量:近期频繁出现偏差的控制,发生频率不固定的控制,执行监督的人员因不熟悉控制程序或惯性执行控制而可能弱化效果的控制,较为复杂的控制,需要运用重大判断的控制,涉及舞弊或管理层凌驾风险的控制等。

典型案例
美国通用公司的内部审计

通用公司的内部审计人员绝大多数是有几年工作经验的年轻人,其中80%的人有财会专业方面的学历,15%的人有相关产业知识背景和管理等方面的经验,5%的人负责信息处理。包括副总裁在内的各级管理干部中有相当数量的人有审计工作经历,整个公司中级以上管理人员中有60%~70%是由公司审计部门输送的。每年离开审计部门的人员中约40%可以直接提升为中级以上管理人员。

在通用公司,内部审计人员选用严格、组成结构合理。公司在选用内部审计人员时,并不过多考虑审计人员的专业背景,而是注重人的素质和才能,要求每个新人能给审计部门带来他人所没有的新思想或无法做到的新贡献。进入审计部门的人员有着各种各样的学历背景,而且见解往往与众不同。不同的经历和见解有助于问题的发现和解决。

公司治理要求内部审计人员具有职业的预见性和对风险的敏感性,但这正是大部分内部审计人员所缺乏的。企业内部审计机构必须注重多渠道、多专业地选拔审计人员,努力改善审计队伍的知识结构,提高整体学历水平和执业能力。除聘用会计专业人才外,还应选调一些计算机、建筑工程、经济和法律等方面的专家,提高审计队伍对全局的把握能力。

资料来源:王敏,《案例中分析内部审计的发展》,《财会信报》,2008年2月4日。

二、内部监督机构的职责

企业的董事会、经理层以及各职能部门都拥有监督的责任,并发挥监督作用。除此之外,企业还需成立专门履行监督职责的机构。监事会、审计委员会、审计部门是企业从事监督活动的专门机构,要充分发挥监督机构的作用。企业必须明确各监督机构的职责定位以及各机构在履行职责过程中的相互关系。

(一) 监事会的监督职责

有一个积极主动的监事会对内部控制的有效性是至关重要的。监事会要恰当履行监控、引导和监督责任,其成员不仅要拥有与职务相适应的知识、才能和经验,还应注意监管的适当程度。为了质询和审视经理层的活动,监事会应提出不同的观点,对董事会建立与实施内部控制进行监督。

监事会有权对董事、高级管理人员履行公司职责的行为进行监督,当董事、高级管理人员的行为损害公司的利益时,监事会有权要求董事、高级管理人员予以纠正,还可以根据监督情况对董事、高级管理人员提起诉讼;监事会发现公司经营情况异常时可以进行调查,必要时可以聘请会计师事务所等专业中介机构协助其工作,费用由公司承担。监事可以列席董事会会议,并对董事会的决议事项提出质询或者建议。对于上市公司来说,监事会应向全体股东负责,对公司财务以及公司董事、经理和其他高级管理人员履行职责的合法性、合规性进行监督;监事会发现董事、经理和其他高级管理人员存在违反法律法规或公司章程的行为的,可以向董事会、股东(大)会反映,也可以直接向证券监管机构及其他有关部门报告。

(二) 审计委员会的监督职责

独立于管理部门的审计委员会,在调整控制机构和解决经理层与独立审计人员之间的争议方面能发挥更好的沟通效果,因为董事会下设的审计委员会一般由董事会成员组成,这些成员并不在公司管理部门任职。国外很多公司由内部审计人员直接向审计委员会报告,这样更有助于审计委员会履行调整内部控制机构的责任,也有助于针对内部控制中的严重缺陷迅速采取处理措施。审计委员会负责审查企业的内部控制、监督内部控制的有效实施和自我评价情况、协调内部控制审计及其他相关事宜等。审计委员会在企业内部控制建立和实施中承担的职责一般包括：审核企业内部控制及其实施情况，并向董事会报告；指导企业内部审计机构的工作，监督检查企业的内部审计制度及其实施情况；处理有关投诉与举报，督促企业建立畅通的投诉与举报途径；审核企业的财务报告及有关的信息披露内容；负责内部审计与外部审计之间的沟通协调。

如果要充分发挥审计委员会的职能，其成员就必须对企业相关情况有充分的了解和认识。审计委员会成员大部分是独立董事，缺少对企业信息的了解，会造成内部审计委员会与企业经营者之间存在信息不对称。因此，审计委员会应与内部审计人员、经理层之间进行定期的、开放式的谈话，鼓励内部审计人员和经理层对公司进行客观的评价，同时创造良好的内部控制环境，使企业内部各个层级形成一种自我约束和主动参与的意识；还应与外部审计人员进行沟通，将外部审计成果应用到内部监督中，凭借监督人员的判断能力，预测和发现企业面临的各种风险，发现企业内部控制中存在的缺陷，提出相应的改进措施；同时，协调内外部审计人员的关系，促进内外部审计人员开展积极的合作，提高内部监督的有效性。

（三）内部审计的监督职责

内部审计是指企业内部的一种独立客观的监督、评价和咨询活动，通过对经营活动及内部控制的适当性、合法性和有效性进行审查、评价与建议，提升企业运行的效率和效果，实现企业的发展目标。

企业应明确内部审计机构（或经授权的其他监督机构）和其他内部机构在内部监督中的职责和权限，规范内部监督的程序、方法和要求。企业应保证内部审计机构具有相应的独立性并配备与履行内部审计职能相适应的人员和工作条件，内部审计机构不得置于财务机构的领导之下或者与财务机构合署办公。内部审计机构依照法律规定和企业授权开展审计监督，对于审计过程中发现的重大问题，视具体情况可以直接向审计委员会或董事会报告。

在内部控制系统中，内部审计具有非常重要的作用。根据《企业内部控制基本规范》的规定，内部审计机构是进行内部监督的主体。内部审计机构应结合内部监督，对内部控制的有效运行进行监督，其监督结果不仅为内部控制活动提供信息反馈，促进控制缺陷的改进，还为其他管理机构了解内部控制活动的基本情况提供帮助。企业应重视内部审计在内部监督中的作用和地位，确保内部审计机构的职责权限和人员配备，使内部审计人员具备相应的胜任能力和独立性。

《企业内部控制基本规范》规定，内部监督的主体主要是监事会、审计委员会和内部审计机构。内部监督的主体由企业按照内部控制监督检查与评价独立于内部控制设计和运行的原则，并根据自身情况进行选择。但必须注意的是，由于多元监督机构的存在，企业应避免各个机构职权交叉造成的监督成本增加以及监管范围模糊造成的监督不到位等问题的出现。企业应明确各个机构的监督权限，确定各自的监督重点，确保各个监督主体发挥各自的监督作用，保证内部控制监督的有效运行。

典型案例
向辛西娅·库柏致敬

曾是美国第二大电话服务和数据传输公司的世通公司因财务造假、欺诈投资者而倒闭,这一事件不仅被多所大学商学院作为经典教学案例,在各类企业管理培训班上也被频频提起。

那么,这起美国有史以来最大的财务造假诈骗案是如何暴露的呢?2002年2月,公司审计委员会与安达信讨论2001年财务报表,双方并不存在任何分歧,公司所采用的会计政策也得到安达信的认可。出乎意料的是,此案是由不起眼的公司内部审计人员发现的。

在2002年6月一次例行的资本支出检查中,公司内部审计部门副总经理辛西娅·库柏(Cynthia Cooper)在履行审计职责中发现,2002年第一季度及2001年资本账户有几笔可疑费用转入,这些转入的成本在公司以前财务报表中是作为当期费用列支的。关于38.52亿美元数额的财务造假,辛西娅·库柏直接向董事会审计委员会主席进行了报告,随即通知了外部审计机构毕马威(毕马威当时新近接替安达信成为公司的外部审计机构)。丑闻迅速被揭开,副总裁兼CFO斯科特·沙利文(Scott Sullivan)被解职,副总裁兼主计长大卫·迈尔斯(David Myers)主动辞职,安达信收回了2001年的审计意见。美国证券管理委员会于2002年6月26日发起对此事件的调查,发现在1999年到2001年,世通公司虚构的营业收入达到90亿美元;截至2003年年底,公司总资产虚增约110亿美元。

2002年6月,美国证券交易管理委员会正式起诉世通公司欺诈投资者,随后世通公司申请破产保护。2005年7月13日案件尘埃落定,前CEO伯纳德·艾伯斯(Bernard Ebbers)以诈骗罪被判25年徒刑;斯科特·沙利文以同罪被判5年徒刑。而公司10名外部董事(包括独立董事)与原告股东达成协议,赔偿原告1 800万美元,占公司除住房和养老金以外资产的20%。

资料来源:赵险峰,《向辛西娅·库柏致敬》,《中国经济时报》,2009年10月29日。

第二节 内部监督方式

如果仅有监督机构,而没有有效的监督方式,监督的目标同样达不到。监督方式是发挥监督作用、实现监督目标的技术手段,在监督活动中起着重要的作用。企业采用合适的方法对控制活动进行监督,可以完善内部控制活动的有效性。随着内部控制活动的不断发展,监督方法也得到不断的发展与演化。《企业内部控制基本规范》将内部监督分为日常监督、专项监督和定期评价。通常情况下,企业应当综合运用日常监督和专项监督,并定期对内部控制的有效性进行自我评价,以提高内部控制设计与运行的有效性,促进内部控制目标的实现。本节主要介绍日常监督和专项监督,内部控制评价将在第九章中介绍。

一、日常监督

日常监督是指企业对建立与实施内部控制的情况进行常规、持续的监督检查。日常监督发生在经营活动过程之中,包括日常管理、监督活动、对照、核对和其他常规性活动,根植于企业日常、重复发生的活动中。与专项监督的程序相比,日常监督程序在实时基础上实施,动态地应对环境的变化,在企业中根深蒂固,因而显得更加有效。

日常监督是企业对内部控制总体情况进行的连续、动态、系统和全面的监督,其过程伴随着企业的管理流程,能发现管理过程中存在的问题。日常监督的范围越大、程度越高,其有效性越强,对专项监督的依赖就越弱。

> **典型案例**
> **依云矿泉水频陷质量门:如何完善企业 持续提升产品质量**
>
> 2012年4月,针对国家质检总局进境食品化妆品不合格信息中披露的2.376吨依云矿泉水因亚硝酸盐超标不合格一事,法国高端矿泉水品牌依云公司发布公告。依云否认产品质量有问题,而把问题归于进口渠道。不过,这样的交代显然不能令外界满意。据了解,这已经是依云矿泉水连续六年登上"黑榜"。一些业内人士认为,在屡次出现问题后,依云只是一再强调自己的产品合格,而对非官方渠道给不出任何解决方案,暴露出依云渠道管理的混乱。
>
> 任何高质量项目的一个前提条件是强调持续改进,不断完善的循环过程。产品质量管理的过程也不例外,应将保证企业产品质量的内部控制系统当作一项可持续发展的系统工程来建设。
>
> 根据国际内部控制协会(ICI)企业内部控制系统设计的理念,如果内部控制目标定义准确,业务流程与控制活动设计完善,就能识别高风险领域和建立关键控制点;而且如果各部门和员工严格执行计划,在检查和整改环节就不需要花费很多的时间和精力。相反,如果内部控制目标定义不准确,设计有缺陷,其业务流程就可能经历一系列重新设计、反复检查、返工重建的过程。这就要求通过日常监督保证企业内部控制的有效性,进而持续保证产品的质量。
>
> 资料来源:http://www.neikong.com/Ic_view.asp? Id = 6333&classid = 196&pclassid = 189,访问日期2018年7月15日。

(一)日常监督的主体

日常监督是对企业连续的监督过程,它的主体包括企业的所有部门和全体员工。为了保证监督的有效运转,按照监督主体的不同,日常监督一般分为管理层监督、单位(机构)监督、内部控制机构监督、内部审计监督等。

1. 管理层监督

董事会和经理层充分利用内部信息与沟通机制,获取适当、足够的相关信息来验证内部控制是否有效设计和运行,并对日常经营管理活动进行持续监督,包括但不限于以下措施:

(1)董事会召开董事会会议或专业委员会会议,获取来自经理层的风险评估与控制活动的信息。董事会可以利用内部审计、外聘专家及外部审计师、政府监管的力量,也可以采用询问非经理层员工、客户(供应商)等方式,持续监督经理层的权力行使情况。

(2)经理层召开经理办公会、生产例会、经济活动分析例会等,收集、汇总内部各机构的经营管理信息,持续监督内部各机构的工作进展、风险评估和控制情况。经理层听取员工的合理化建议,不断完善员工合理化建议机制,明确相应的责任部门、征集方式、评审办法、奖励措施等内容,对员工提出的问题予以及时解决。

(3)董事会(或授权审计委员会)、经理层组织实施内部控制评价,审阅内部控制评价报告,发现内部控制设计和运行中存在的缺陷,积极采取整改措施并监督整改,促进内部控制目标的实现。

2. 单位(机构)监督

企业所属单位及内部各机构定期对职权范围内的经济活动实施自我监督,并向经理层直接负责,包括但不限于以下措施:

(1)企业所属单位及内部各机构召开部门例会或运营分析会等,汇集来自本单位(机构)内外部的有关信息,分析并报告存在的问题,对日常经营管理活动进行监控。

(2)企业所属单位及内部各机构对内部控制设计与运行情况开展自我评测,至少每年进行一次。企业所属单位及内部各机构对本单位(机构)环境变化、相关的新增业务单元以及业务性质变化、业务变更导致重要性改变的业务活动进行跟进确认,评价及进一步完善相关的内部控制。

3. 内部控制机构监督

有条件的企业应设置专门的内部控制机构。内部控制机构结合单位(机构)监督、内外部审计、政府监管部门的意见等,根据风险评估结果,对企业认定的重大风险的管控情况及成效开展持续性的监督。

内部控制机构还可以通过自我评估控制的方法,召集有关经理层和员工就企业内部控制设计与执行中存在的特定问题进行面谈和讨论;同时,可以通过问卷调查和管理结果分析等方式进行监督测试。

4. 内部审计监督

内部审计机构接受董事会或经理层的委托,对日常生产经营活动实施审计检查,包括但不限于以下措施:

(1)制订内部审计计划,定期组织生产经营审计、内部控制专项审计和专项调查等,主要对企业董事、高级管理人员和下属单位负责人的廉洁从业状况、管理制度的落实情况、内部控制的实际效果等进行监督检查,并向董事会或经理层提出管理建议。

（2）针对审计中发现的违反国家法律法规和企业章程规定的事项提出审计建议，做出审计决定，并对审计建议和审计决定的落实情况进行跟踪监督。

（3）接受审计委员会的监督指导，定期向董事会及其审计委员会、监事会、经理层报告工作。

（二）日常监督的范围

1. 定期考核员工

定期对员工进行考核以了解他们是否遵守和贯彻执行企业的规章制度，对内部控制来说至关重要。对于各个负责岗位的员工，企业应要求他们定期汇报某些特定控制是否得到执行，并由监督人员验证这些汇报是否属实。

2. 检查组织结构和职责分工

检查企业内部的组织结构和职责分工，以此监督控制活动的有效性，发现问题并予以改正。例如，通过职责分离、工作分段，使上级对下级制约、下级对上级牵制，不同员工之间彼此检查，以防止个人或部门舞弊。

3. 比较会计数据与实物资产数据

将信息系统记录的会计数据与实物资产数据进行比较，发现差异的，应寻找其中的问题。例如，将会计记录的固定资产数量与实物资产数量进行比较，以发现固定资产是否存在转移、挪用等情况。

4. 反馈日常管理活动的建议

利用企业日常管理活动中的各种会议，取得企业各个管理层级对内部控制的建议，理解和运用日常管理活动的经验，加强内部控制活动的有效性。

5. 取得内部控制执行程度的依据

在日常管理活动中，经理层取得内部控制持续有效运行的证据，以此证明内部控制活动的有效性。例如，监督主体可以将运营情况与财务报告进行比较，发现此过程中出现的问题并及时解决，以提高内部控制的有效性。

6. 核对与反映内外信息

获得外部信息并与内部产生的信息进行核对，以发现内部存在的问题。例如，与政府部门沟通，验证企业遵循法律法规的情况；与企业的客户沟通，核对企业销售业务与采购业务是否真实、准确，验证应收账款、应付账款记录是否完整、正确。

7. 落实内外部审计机构对加强内部控制的建议

内部控制活动由企业指定的相应机构实施，在这一过程中，需要听取内外部审计机构对内部控制设计、执行过程中所存在问题的建议，落实内外部审计机构对内部控制活动的建议，以提高内部控制的有效性。

二、专项监督

专项监督是指在企业发展战略、组织结构、经营活动、业务流程、关键岗位等发生较大调整或变化的情况下，对内部控制的某一或某些方面进行有针对性的、不定期的监督检查。日常监督是对企业进行的连续监督,但日常监督并不能保证监督过程的充分性和完整性,需要专项监督对其进行补充,以保证整个监督程序的有效性。

(一) 专项监督的主体

专项监督通常是由企业内部指定相应的监督机构进行,例如内部审计机构是单位进行内部控制的主要部门,一是因职责分工,二是因董事会、经理层等的特别要求。同时,企业也可以委托外部审计机构进行专项监督。不管是内部的监督还是外部的监督,都要保证实现内部控制活动的有效运行。

需要强调的是,企业内部控制(审计)机构、财务机构和其他内部机构都有权参与专项监督工作,企业也可以聘请外部中介机构参与,但参与专项监督的人员必须具备相关专业知识和一定的工作经验,且不得参与对自身负责的业务活动的评价。

(二) 专项监督的范围和频率

专项监督的范围和频率取决于以下因素:一是风险评估的结果。重要业务事项和高风险领域要求的专项监督频率通常较高,对于风险发生的可能性较低但影响程度较大的业务事项(突发事件),进行日常监督的成本很高,为此应更多地依靠专项监督。二是变化发生的性质和程度。当内部控制各要素发生变化并可能对内部控制的有效性产生较大影响时,企业应组织实施独立的专项监督,专门就该变化的影响程度进行分析研究。三是日常监督的有效性。日常监督植根于企业日常、反复发生的经营活动中,如果日常监督扎实有效,企业就可以迅速应对环境变化,对专项监督的需要程度较低;反之,对专项监督的需要程度较高。

(三) 专项监督的方法

评估内部控制的方法和工具有很多种,如检查清单、审卷及绘制流程图技术、量化技术等。此外,企业还可以列示一张含有所有控制目标的清单,用于辨认内部控制的基本目标。某些企业还可以采用标杆比较的方法,将自己的内部控制制度与其他企业的内部控制制度进行比较,从而帮助企业评估自己的内部控制制度。值得一提的是,在比较不同企业的内部控制制度时,企业应注意目标、事实和环境的差异、内部控制的五个组成要素及内部控制的限制。

(四) 专项监督的过程

在专项监督中可以使用不同的方法或技术,但必须遵循一些基本的原则和要求。监督者必须了解所涉及的每一个作业及每一个内部控制制度组成要素,要注意每一项制度设计的要求是什么,应该发挥什么样的控制功能,以及如何发挥其功能。监督者应与员工进行讨论并复核现有的文件,以了解设计的思想。监督者应了解制度的实际运行情况与原设计有何不同,各种变更是否必需和适当。监督者应与执行控制的人员及受控制影响的人员进行讨论,检查控制执行情况的记录。监督者应比较设计与执行之间的差异,并确认控制制度对已定目标的达成能否提供合理的保证。

专项监督是基于特定控制流程或范围进行的专门性检查,一般包括三个阶段:计划阶段、执行阶段及报告和纠正措施阶段。

1. 计划阶段

该阶段的主要任务包括:规定监督的目标和范围;确定具有该项监督权力的主管部门和人员;确定监督小组、辅助人员和主要业务单元联系人;规定监督方法、时间、实施步骤;就监督计划达成一致意见。具体包括:①根据目标的类别、内部控制的组成要素以及日常监督活动中发现的问题界定专项监督的范围;②根据应予专项监督的事项和范围确定参与专项监督检查的人员;③分析内部审计人员所执行的监督结果和考察外部检察人员的发现,决定有关专项监督的内容;④对必须注意的高风险区域,应按单位类别、组成要素或其他类别,排列先后顺序;⑤根据上述分析结果,指定专项监督计划,并做出时间安排;⑥集中参与专项监督的人员,一起研究评估的范围、时间、使用的方法和工具、内外部审计人员及主管机构所提供的信息、预期报道专项监督发现及做成书面记录的方法等;⑦恰当把握专项监督的进程,必要时修改专项监督计划的后续部分。

2. 执行阶段

该阶段的主要任务包括:获得对业务单元或流程的了解;了解业务单元或流程的内部控制程序是如何设计运作的;应用何种方法评价内部控制程序;比较企业内部审计标准并分析结果,在必要时采取后续措施;记录内部控制缺陷和拟定的纠正措施;与适当的人员复核和验证调查结果。

3. 报告和纠正措施阶段

该阶段的主要任务包括:与业务单元或流程的管理人员以及其他适当的管理人员复核结果;从业务单元或流程的管理人员处获得情况说明和纠正措施,将反馈写入最终的专项监督报告。

(五) 专项监督的书面记录

一家企业把内部控制制度制作成书面文件的程度,因企业规模的大小、复杂程度的高低及其他因素的影响而异。规模大的企业通常有书面的政策手册、正式的组织结构图、书面的工作说明、操作指令及信息系统流程图等;而规模小的企业的书面文件通常较少。许多控制虽非正式也无书面文件,但仍有规律地执行且有效,因而也可类比书面文件一样进行测试。某项内部控制虽未制作成书面文件,但并非意味其无效或无法进行评估。不过,内部控制以适当的书面文件反映,不仅有助于提高评估效率,还可以帮助员工了解控制制度如何运作,以及员工自己所扮演的角色,同时也方便修订内部控制制度。

评估者应将评估过程做成书面记录,记录评估过程中所进行的测试、分析及测试结果,必要时还可以对有关系统文件进行补充。有的评估者在原有书面文件上进行批注,但仅仅依靠这种批注不是一种好的方法。当内部控制制度的声明或评估结果要给较多的单位使用时,对书面记录内容的要求将会更加具体。书面记录应包括证实内部控制有效性声明的所有内容,以防日后有人对声明的可靠性产生怀疑。

日常监督与专项监督既有联系又有区别,相互促进,共同保证内部控制活动的有效性。两者都是为了企业内部控制活动而进行,促进内部控制目标的完成,保证内部控制的有效性。两者又有明显的区别,日常监督贯穿于企业内部控制活动的整个流程,全面、持续地进行监督;而专项监督是不定期、临时的,并且与日常监督的有效性密切相关。如果日常监督是充分有效的,那么就不再需要进行专项监督;反之,则需要加强专项监督。日常监督与专项监督的辩证统一关系,决定了两者必须密切配合,共同促进监督活动的有效进行。

第三节 内部监督程序

内部控制是为了实现企业目标由企业所拥有或建立的各种制度、程序和秩序组成的过程,是为了保证企业管理按其目标所规定的程序得以贯彻执行并保证能提供合适有用信息的过程。企业在对内部控制进行检查后,应对其健全性与有效性进行评价,以决定内部控制的可信赖程度。如评价内部控制是否完善,能否保证企业完成任务与实现目标,是否有助于节约与有效使用资源,能否预防和发现错误与弊端,能否保证提供真实与有用的信息等。通过上述评价,企业经理层就能充分了解本企业、部门管理工作中存在的问题,有针对性地改善管理工作,提高管理水平;监督人员就能诊断出企业控制的强点和弱点,进一步修改审计程序,针对控制不健全之处扩展监督程序,并对控制较强之处限制不必要的监督程序。

一、建立内部控制监督制度

我国的内部控制系统仍处于建立与发展阶段,在具体的实施中,企业的情况及影响因素各不相同,应该根据基本规范和配套指引的要求,结合企业的经营特点和管理要求,建立健全企业的内部控制监督制度。企业要合理地设计和执行监督程序,就要对有说服力的信息在各种环境下的适当性和充分性进行评估。相反,无效的监督会任由内部控制系统随时间的推移而自然恶化。所有五大要素或任一要素的相关控制都可能会因环境的变化而变化、停止运行或失效,相应地需要设计监督程序并予以实施,从而及时识别并评估这些变化。内部控制监督制度建立的关键点应立足于以下几个方面:

(一) 确定监督对象

监督是企业内部控制中的重要要素,关系到内部控制目标的实现,与其他内部控制要素具有密切关系,贯穿于内部控制的全过程,同时覆盖企业及其所属单位的各种业务和事项。按照全面性原则,监督应贯穿于内部控制其他四个要素:内部环境、风险评估、控制活动和信息与沟通。企业建立与实施内部监督应避免存在盲区和空白,将监督活动渗透到内部控制的各个环节,实现对内部控制的全面监督;同时,应在兼顾全面的基础上,重点监控重要业务事项和高风险活动。

对内部控制监督对象来说,企业必须有一份评价内部控制系统有效性的标准,以此作为监督人员监督内部控制系统的依据。内部控制有效性的标准应该是动态的,应该随着企业所面临的业务风险及内部控制的发展而发展。评估人员通过了解内部控制系统的设计以及控制是否被用来实现企业的目标来执行监督。随着管理层在监督方面的实践,企业对控制标准的理解会根据监督的结果而扩展。如果一个企业在重大风险领域还没有一个评价内部控制有效性的标准,它就应当对内部控制的设计和运行进行一次初始的、广泛的评估,以确定是否已经执行了恰当的控制。企业在设定一个内部控制有效性的标准后,通过日常监督或专项监督来识别控制运行中外界所发生的变化,证实现有内部控制是否可以有效应对或是否需要做出调整,并为调整后的控制设定新的控制有效性的标准,以此确保内部控制持续、有效地运行。

由于监督始于对内部控制系统设计的理解以及控制是否被用来实现企业内部控制目标,因此引入控制基准的概念。企业首先要形成有效的控制基准,然后通过变化识别和变化管理,改进因内外部因素变化而失效的控制,对新产生的风险实施管理,从而形成新的控制基准,如图8-1所示。例如,如果企业增加了一个新的销售渠道并采用不同的订单录入程序,监督者就要确认是否恰当设计和执行了新的程序(即变化管理),针对新录入的订单执行更细致的观察,或者选择更多的订单进行核查。有效的变化识别和变化管理程序可以使监督者把注意力集中在由变化引起的高风险领域,通过改变监督程序的类型、时间和范围来提高整体效果。

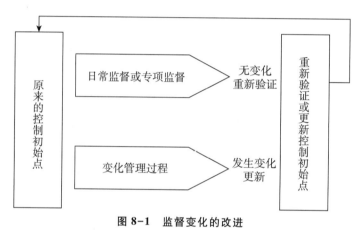

图8-1 监督变化的改进

(二)确定监督机构

内部监督的目的是实现内部控制的有效运作,促进内部控制目标的实现。内部监督机构的运转保证了监督制度在企业内部的合理实施。企业应当根据国家有关法律法规和企业章程,建立规范的公司治理结构和议事规则,明确职责权限,形成科学有效的职责分工和制衡机制。

在实务中,一部分企业建立了专门的内部控制监督机构,另一部分企业没有建立专门的内部控制监督机构,而是由内部审计机构代为履行内部控制监督职责。企业应按照内部控制监督检查与评价独立于内部控制设计和运行的原则,逐步建立健全权责明晰的内部控制相关机构或强化内部审计机构在内部控制监督检查与评价中的作用。

(三)设计监督流程

监督随着时间的变化评估和完善内部控制制度有效性,贯穿于内部控制的整个过程,对其他四个要素起补充与完善的作用。监督的方法有日常监督和专项监督,日常监督是企业全面、持续的监督活动,专项监督是不定期、临时的监督活动。在具体的操作过程中,企业需要日常监督与专项监督相互配合,共同完成监督过程。内部控制监督流程指内部控制监督的程序,包括内部控制监督准备、监督过程的实施、监督报告和监督改进等基本流程。内部控制监督准备主要包括内部控制监督项目立项、组成内部控制监督小组、监督前调研、制订内部控制监督方案、下达内部控制监督通知书等;内部控制监督过程的实施为内部控制监督流程的关键阶段,具体包括了解内部控制目标、进行风险排序、关注关键控制点、收集相关信息、实施测试和汇总缺陷等;内部控制监督报告主要包括整理、分析、复核现场监督工作记录,形成监督结果,对监督结果进行排序和沟通,编写监督报告初稿,出具正式监督报告,总结归档;内部控制监督改进是落实内部控制监督结论的阶段,关系到内部控制监督作用的发挥,该项工作往往比较复杂,且非程序化,一般包括了解监督结论的落实情况、现场核查整改措施的效果、跟踪风险问责结果、关注持续优化进度等。

（四）做好信息技术在监督中的运用

企业利用信息技术,如控制监督工具和流程管理工具,可以加强监督。信息技术不仅是企业运营的一部分,还是监督工具。随着信息技术使用的增加,针对这些信息系统内部控制评估的需求也随之增加。自动化控制监督工具执行日常的测试,能够提高监督特定控制的效率、效果和及时性。一些控制监督工具被用来执行持续控制监督。这些工具能检查出发生某些特定异常情况的每笔交易或选定的交易,为正常的交易流程提供补充。例如,识别超过特定金额的交易,分析与既定标准有出入的数据,从中发现潜在的控制问题(重复支付或者电子自动识别职责分工问题)。在内部控制监督中,这些工具主要应用于高效率的控制活动。如果它们能够在事前发现风险事项,在错误变得重大之前予以防止或识别,就能提高整个内部控制系统的效率和效果。

二、实施监督

预防和发现内部控制缺陷,对内部控制的建立与实施情况进行监督检查,最直接的目的是查找出企业内部控制存在的问题和薄弱环节。监督关注的是内部控制系统如何管理或降低风险以实现内部控制目标。从风险评估要素中得出的结论能提高监督的效率和效果,还能帮助企业根据风险级别制定相应的监督程序。一些企业根据内部控制系统有效性结论所支持的风险级别对监督进行划分,有选择地对内部控制进行监督,从而提高监督的效率和效果。

（一）综合运用日常监督与专项监督

当风险和信息的可得性决定可以使用日常监督时,企业应考虑更多地使用日常监督。日常监督程序利用直接信息和间接信息,根植于企业日常、反复发生的经营活动,包括一般的管理和监督活动、同业对比和利用内外部数据进行的趋势分析、核对以及其他常规性活动,还包括利用自动化工具评估控制和交易。由于日常监督程序被常规性地执行,常常是在实时的基础上,因此能最早识别和纠正控制缺陷。当存在外部报告需求时,管理层也可以设计日常监督,因为它提供了管理层用来支持声明的大部分证据,从而很可能缩小以支持外部声明为唯一目标的独立评估的范围。对日常监督的有效利用是提高监督效率和效果的重要方法。

专项监督必须由具备相关专业知识和一定工作经验的人员去执行,而且专项监督人员不得对自身负责的业务活动进行评价监督。与日常监督相比,专项监督可以为控制的运行情况提供更客观的分析,可以为日常监督程序的有效性提供更有价值的定期反馈。专项监督的频率需考虑两次评估之间控制失败的可能性和重要性。随着风险或控制失败的可能性及重要性的变化,两次专项监督的时间间隔也应随之变更。日常监督程序中所使用信息的说服力也会影响专项监督的频率。在某一特定风险领域,通过评估较有说服力的信息来进行日常监督可以全面支持有关该领域内部控制系统有效的结论。在这样的情况下,专项监督可能很少发生(也许几年一次),主要是对日常监督程序的运行提供独立的确认。评估缺乏说服力的信息的日常监督一般无法为内部控制在一个较长时间段内有效的结论提供必要的支持,因此企业需要更为频繁的专项监督。

日常监督与专项监督的关系如图 8-2 所示。

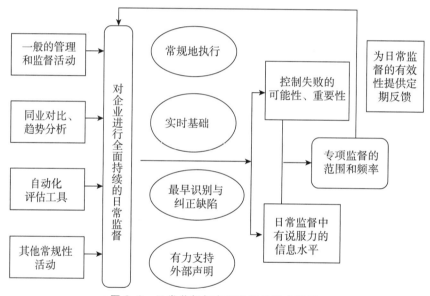

图 8-2 日常监督与专项监督的综合运用

(二) 发现内部控制缺陷

内部控制缺陷是指内部控制的设计存在漏洞,不能有效防范错误与舞弊的行为,或者内部控制的运行存在弱点和偏差,不能及时发现并矫正错误与舞弊的情形。内部控制缺陷的认定可以按重要程度分为有无内部控制缺陷、有无重要内部控制缺陷、有无重大内部控制缺陷。与之相对应,内部控制缺陷可以分为一般缺陷、重要缺陷和重大缺陷。按照成因不同,内部控制缺陷可以分为设计缺陷和运行缺陷。在内部监督的过程中,需要监督部门对缺陷性质进行初步认定,以及对缺陷进行分类。

一方面,针对已经存在的内部控制缺陷,企业应及时采取应对措施,减少控制缺陷可能给企业带来的损害。例如,在监督检查中发现销售人员直接收取货款的问题,应采取对客户进行核查和对应收账款进行分析等方法加以补救。另一方面,针对潜在的内部控制缺陷,企业应采取相应的预防性控制措施,尽量避免缺陷的发生,或者当缺陷发生时,尽可能降低风险和损失。例如,在监督检查中发现企业对汇率风险缺乏控制,经理层应及时制订外汇交易止损方案,预防风险扩大。

三、分析内部控制缺陷

内部控制缺陷按成因不同分为设计缺陷和运行缺陷,日常监督与专项监督的目的是预防和发现内部控制缺陷,并进行相应的改进、补充和完善。对于监督过程中发现的内部控制缺陷,企业应及时分析并反馈和通报,从而发挥监督在内部控制中的作用。

(一) 设计缺陷

设计缺陷是指企业缺少为实现控制目标所必需的控制,或现存控制设计不适当,即使正常运行也难以实现控制目标。缺少实现控制目标必需的控制,即在企业生产经营过程中的某些环节、某些方面无章可循,长此以往可能导致经营秩序混乱、决策失误、账目不清,降低企业的风险抵御能力,甚至最终使企业破产倒闭。现存控制设计不适当,即企业建立的内部控制制度不符合生产经营活动的实际情况,或生搬硬套其他企业的内部控制制度,或内部控制制度陈旧过时、与其他管理制度自相矛盾,不能适应外部环境的变化。

(二) 运行缺陷

运行缺陷是指现存设计完好的内部控制没有按设计意图运行,或执行者没有获得必要授权或缺乏胜任能力,导致无法有效地实施控制。控制未按设计意图运行,即企业表面上建立健全了内部控制制度,但制度仅体现在书面文件上,既无宣传又无落实,员工在实际生产经营过程中仍按照惯有的思维模式和行动方式开展活动,致使内部控制制度流于形式;执行者未获得必要授权或缺乏胜任能力,即企业内部存在权限不明、职责不清的情形,执行者没有充分的执行权、监督者没有足够的监督权,导致控制运行受阻;实施内部控制的员工素质跟不上、胜任能力不够,无法正确理解和运用相关内部控制制度,致使控制运行失效。

企业应当根据内部控制缺陷影响整体目标实现的严重程度,将内部控制缺陷分为一般缺陷、重要缺陷和重大缺陷。重大缺陷是指多个一般缺陷的组合,可能严重影响内部控制整体的有效性,进而导致企业无法及时防范或发现严重偏离控制目标的情形。企业判断和认定内部控制缺陷是否构成重大缺陷,应当考虑的因素有:针对同一细化控制目标所采取的不同控制活动之间的相互作用;针对同一细化控制目标是否存在其他补偿性控制活动。重要缺陷是指多个一般缺陷的组合,其严重程度低于重大缺陷,但导致企业无法及时防范和发现偏离整体控制目标的严重程度依然重大,应引起经理层的关注。内部控制评价机构和经理层应当合理确定相关目标发生偏差的可容忍水平,从而对严重偏离的情形予以确定。一般缺陷,没有特别规定时,是指以上两种缺陷之外的缺陷。

四、改进内部控制缺陷

通过内部监督,可以发现内部控制建立与实施中存在的问题和缺陷,进而采取相应的整改计划和措施并切实落实,促进内部控制系统的改进。

企业应当分析内部控制缺陷产生的原因,并有针对性地提出和实施改进方案,不断健全和完善企业内部控制。对于在监督检查中发现的违反内部控制规定的行为,企业应及时通报有关情况和反馈信息,并严格追究相关责任人的责任,维护内部控制的严肃性和权威性。企业应当结合内部控制监督工作,定期对内部控制的有效性进行自我评估,形成书面评估报告。

对于内部监督中发现的内部控制缺陷,企业应当授权内部审计机构(或履行内部监督职责的其他机构)进行整理汇总,分析缺陷的性质和产生原因,并提出改进建议,采取适当的形式和程序及时向董事会、监事会或者经理层报告,确保缺陷责任单位或责任人员的直接上级或更高层及时知悉有关风险和控制信息。对于内部监督中发现的重大缺陷,企业应当追究责任单位或责任人的责任。

企业应针对发现的内部控制缺陷拟订整改工作方案,明确整改的目标、内容、程序、方法和时限要求,并跟踪实施情况。整改后的控制运行一段时间后,企业应当对其进行检查以确认整改工作的效果以及控制运行的有效性。

五、汇总形成报告

企业内部控制缺陷可能会从多个来源表现出来,包括日常监督、专项监督。缺陷是企业风险管理中需要注意的一个情况,它可能是一个可察觉到的、潜在的或实际的缺点,也可能是一个强化企业风险管理以便提高实现控制目标可能性的机会。

所有已被识别的影响一个主体制定和执行其战略以及设定和实现其目标的能力的企业内部控制缺陷,都必须报告给那些有权采取必要措施的人。所要沟通的问题的性质会因个人处理方法以及监督者监督活动的不同而不同。企业在考虑需要沟通什么时,有必要了解所发生问题的实质。汇总报告的关键在于不但要报告特定的交易或事项,而且要重新评价潜在过失所属的程序。

(一)报告的对象

内部控制缺陷的报告对象至少应包括与该缺陷直接相关的责任单位、负责执行整改措施的人员、责任单位的上级单位。针对重大缺陷,内部监督机构有权直接上报董事会、审计委员会和监事会。

根据对象的不同,报告可分为对内报告和对外报告。在对内报告方面,报告的对象因执行监督目的和缺陷严重性的不同而不同。若执行监督是为了评估与企业整体目标相关的内部控制,那么这个结果就要报告给最高管理层和治理层。这样的例子包括对财务报告内部控制的监督,以及那些对组织盈利能力而言重大的经营活动控制的监督。执行监督的目的可能只与企业的某一部分有关,例如一家小的子公司为了达到本地的经营目标而对其经营活动实施的监督对于总公司来说可能不重要。因此,识别的缺陷对于子公司来说可能具有"高可能性"和"高严重性",但对于总公司目标而言并非如此。在这个例子中,监督结果可能只需报告给子公司管理层。因此,企业应制定一个报告规程,为监督结果的报告对象和报告内容提供具体的指引,使各层级的管理人员以及治理层能够及时获取必要的又非多余的信息。例如,某国际保险服务公司的内部审计部门将审计过程中识别出的控制缺陷分为次要缺陷、需上报缺陷和重大缺陷,上报缺陷的渠道和方式取决于缺陷对公司的潜在影响。公司内部控制缺陷的报告要求:次要缺陷在每次审计结束后,详细地向负责控制的经理人报告;需上报缺陷在每次审计结束后,详细地向负责控制的经理人报告,按季度向高层管理团队报告,向审计委员会概括地报告;重大缺陷在每次审计结束后,向负责控制的经理人详细地报告,按季度向高层管理团队报告,向审计委员会详细地报告。在对外报告方面,总体来说,我国上市公司年报中的内部控制信息很大程度上是流于形式的,缺乏实质性内容,使得对外报告无法提供有价值的信息,也造成资源的浪费。企业应改变这种被动披露的局面,将企业内部监督的情况进行及时、全面的披露,使外部使用者充分了解和认识企业内部监督的运行情况。

(二)报告的传递

内部控制监督评价的结果以及所发现的缺陷不仅应报告给负责相关职能或活动的人员,还应报告给该人员之上至少一个层级的管理层。在经营活动的进程中产生的信息通常通过正常的渠道报告给直接上级,以便使信息最终到达能够和应该采取行动的人员那里。较高层级的管理层为采取纠正措施提供所需的支持或监督,并且要与可能会受到影响的其他人员进行沟通。如果发现的问题超出了组织边界,报告范围也应该相应超出,并且直接呈交给足够高的管理层级,以确保采取适当的措施。

内部控制自我评价是内部监督的一种实现形式,是建立在日常监督和专项监督基础上的、定期对内部控制的有效性进行综合评价并出具自我评价报告的过程。企业应当结合内部监督情况,当期(一般于年度终了时)对内部控制的有效性进行自我评价,出具或披露年度自我评价报告。除此之外,企业还可以根据经营业务调整、经营环境变化、业务发展状况、实际风险水平等,自行确定是否需要扩大内部控制自我评价的范围,提高自我评价的频率。关于内部控制的强制评价和对外报告将在第九章进行论述。

本章小结

内部监督是企业对内部控制建立与实施情况进行监督检查的过程,目的是评价内部控制的有效性,发现内部控制缺陷并及时改进。作为内部控制的基本要素之一,内部监督对内部控制的有效运行及持续改进发挥着重要的作用。我国的内部监督体系主要由审计委员会、监事会和内部审计机构组成。内部监督分为日常监督和专项监督。专项监督的范围和频率取决于以下三个因素:一是风险评估的结果;二是变化发生的性质和程度;三是日常监督的有效性。内部控制缺陷按成因不同分为设计缺陷和运行缺陷,日常监督和专项监督的目的是预防和发现内部控制缺陷并进行相应的改进、补充和完善。

思考题

1. 什么是内部监督？内部监督的方式有哪些？
2. 在企业内部监督中，监事会和审计委员会如何协调？如何提高内部监督的效率和效果？
3. 内部监督的机构及其职责都有哪些？
4. 专项监督主要关注哪些方面？
5. 日常监督和专项监督的区别表现在哪些方面？

案例分析题

此案例将从股东监督和董事会监督两个方面来探讨青岛啤酒内部监督机制的有效性，这里将青岛啤酒内部监督机制的有效性分为股东监督机制有效性和董事会监督机制有效性，并定义了相应的间接度量指标（详见表1）。以青岛啤酒当年的年报为主要依据，参照证券之星等相关资料，根据表1中各监督指标的操作定义，对青岛啤酒进行具体测算（详见表2）。

表1 指标定义

符号	名称	定义
RMM	董事会次数	当年召开的董事会次数
RID	独立董事比率	独立董事数目/董事会成员总数
RRDS	持股关联董事比率	持有公司股份的关联董事数/董事会成员数
FSC	最终控股股东属性	国有控股赋值0，法人控股赋值1，私人控股赋值2
SMPR	股东大会出席股份比率	出席股东大会股东持有的股份总额/公司股份总额
SMN	股东大会次数	包括年度股东大会与临时股东大会，以召开的真实次数计算

表2 青岛啤酒公司内部监督机制有效性评价结果

年份	RMN	RID(%)	RRDS(%)	FSC	SMPR(%)	SMN
2000	3	11.00	15.60	0.43	80.00	1
2001	4	12.34	15.29	0.56	78.12	1
2002	5	15.18	15.51	0.60	70.13	2
2003	7	21.56	14.30	0.65	68.00	1
2004	7	24.89	14.42	0.89	60.78	2
2005	8	31.76	14.67	0.98	57.00	3
2006	9	34.56	13.98	1.03	54.12	3
2007	9	36.50	13.90	1.08	55.34	3

从表2可以看出,2000—2007年股东大会次数(SMN)、最终控股股东属性(FSC)两个指标整体呈显著增长趋势,说明青岛啤酒股东监督机制有效性改进程度比较明显。具体而言,青岛啤酒股东越来越重视通过直接参与股东大会来监督经理行为,SMN从2000年的1次增加到2007年的3次;FSC的比值也从2000年的0.43变为2007年的1.08。然而,青岛啤酒股东大会出席股份比率(SMPR)却一直徘徊不前,甚至有明显的下降趋势。这说明青岛啤酒股东大会主要是大股东在参与,中小股东仍然在事实上缺乏动力参与内部监督。因此,改进股东大会的议事方式,提高股东大会最低出席股份比率,是青岛啤酒进一步提高股东监督机制有效性的重要途径。

青岛啤酒的董事会监督机制的有效性改进程度也很明显,这可以从独立董事比率(RID)、董事会次数(RMN)两个指标在2000—2007年的显著增长趋势看出。具体而言,RMN从2000年的3次增加到2007年的9次,RID从11.00增加到36.50,中间没有出现任何倒退。同时,还必须注意到青岛啤酒的持股关联董事比率(RRDS)没有明显的变化,只是稍有一点下降的趋势。RRDS是大股东意志在董事会日常运作得以体现的形式保证,其保持稳定有利于公司整体发展。

从以上分析可以看出,青岛啤酒内部监督有效性在2000—2007年有一定程度的提高。当然,这只是从数量指标上进行了分析,而质量和内容上的分析也同样重要。

思考: 根据所提供内容,评价青岛啤酒内部控制监督机制是否有效?

资料来源:徐光华、陈炳才,《青岛啤酒内部控制制度的有效性分析》,《财务与会计(理财版)》,2009年第2期。

第九章 内部控制评价

[学习目标]

通过学习本章,您应该:

1. 了解企业内部控制评价的基本概念;
2. 掌握内部控制评价标准的确定;
3. 掌握内部控制评价的主要内容;
4. 掌握内部控制缺陷的识别、评估及认定方法,明确内部控制缺陷报告的相关规定;
5. 了解内部控制评价程序。

[引导案例]

巨人集团曾经是我国民营企业的佼佼者,一度在市场上叱咤风云,该企业以闪电般的速度崛起,又以流星般的速度沉落。巨人集团有董事会,但形同虚设,史玉柱手下的几位副总都没有股份,在讨论集团重要决策时,他们很少坚持自己的意见。在巨人集团史玉柱一人说了算,缺乏相应的财务控制制度,从而使企业违规、违纪、挪用、贪污事件层出不穷;同时,对资金实力没有准确的估计,在设计建造巨人大厦过程中不断增加资金预算,成为巨人集团"倒塌"的导火索。

巨人集团的内部控制制度存在哪些缺陷?如何进行改进?内部控制制度的建立及内部控制制度评价有什么意义?

资料来源:http://www.docin.com/p-2070121046.html,访问时间2019年1月23日。

内部控制评价是企业董事会或类似权力机构对内部控制的有效性进行全面评价、形成评价结论、出具评价报告的过程。日常监督、专项监督、定期评价是构成内部控制五要素中内部监督的重要内容。对企业而言,内部控制评价是发现问题、整改问题、持续改进企业内部控制的重要手段;对企业投资者和其他利益相关者而言,企业发布内部控制评价报告有助于信息使用者了解内部控制的构建与运行情况,评估内部控制是否为战略实施、经营合法合规、财务报告及相关信息真实可靠、资产安全、提高管理的效率与效果五目标的实现提供合理保证。企业董事会或类似权力机构应授权内部审计部门或专门机构,根据《企业内部控制基本规范》《企业内部控制评价指引》和本企业的内部控制制度,围绕五要素确定内部控制评价的具体内容,全面评价内部控制的设计与运行情况。

第一节 内部控制评价概述

一、内部控制评价历程简要回顾

企业内部控制评价最早可追溯到 20 世纪 80 年代,加拿大海湾石油公司总结了一套对内部控制系统进行评价的技术和方法,称为控制的自我评估(CSA),通过不定期或定期对内部控制系统的有效性及实施效率和效果进行评价,更好地实现内部控制目标。国际内部审计师协会认为,CSA 是检查与评价内部控制的效率和效果的流程,目的是为实现企业的目标提供一定程度的合理保证。1996 年国际内部审计师协会在研究报告中总结了 CSA 的三个基本特征:关注业务的过程和控制的成效;由管理部门和职员共同进行;用结构化的方法开展自我评估。美国的安然事件催生了内部控制强制评价和信息披露。美国最先对与财务报告相关的内部控制评价和信息披露做出了详细规定。根据《萨班斯-奥克斯利法案》302 条款"公司对财务报告的责任"和 404 条款"管理层对内部控制的评价"以及美国证券交易委员会(SEC)的相关规定和美国公众公司会计监督委员会(PCAOB)第 2 号审计准则,美国上市公司内部控制的评价与报告体系应当包括:①公司管理层对财务报告内部控制有效性进行评价,对内向审计委员会报告,对外发布公开报告;②注册会计师对财务报告内部控制进行审计,对管理层对财务报告内部控制有效性的评价发表鉴证意见,并对公司财务报告内部控制的有效性发表意见。

根据 SEC 的相关规定和 PCAOB 第 2 号审计准则,美国上市公司内部控制评价与报告体系如图 9-1 所示。

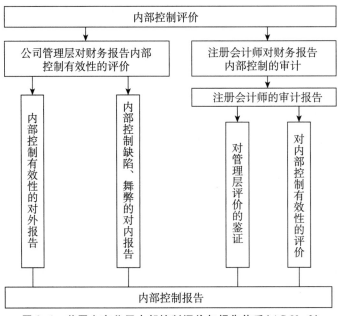

图 9-1　美国上市公司内部控制评价与报告体系(AS No.2)

根据 SEC 的建议以及 PCAOB 对第 2 号审计准则实践经验的总结,第 2 号审计准则最终被第 5 号审计准则取代,注册会计师不再对管理层评价内部控制所用程序的充分性和适当性发表意见,而只对内部控制的有效性发表意见,即"根据控制标准对公司截至特定时间是否在所有重要方面保持了有效的财务报告内部控制发表意见"[①]。根据 2007 年发布的第 5 号审计准则,美国上市公司内部控制评价与报告体系如图 9-2 所示。

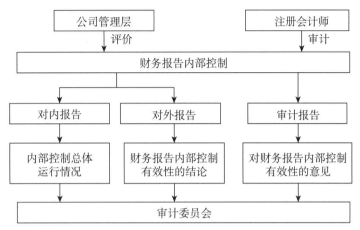

图 9-2　美国上市公司内部控制评价与报告体系(AS No.5)

从执行层面看,在 PCAOB 发布第 5 号审计准则的首个年度执行报告中,通过对在册的美国前八大会计师事务所 2007—2008 年的 250 宗财务报告内部控制审计进行检查后,评估了各会计师事务所在以下几个方面执行第 5 号审计准则的质量:风险评估、舞弊风险、对其他人士工作的利用、公司层面的控制、控制测试的性质、时间和范围,以及评估和沟通内部控制缺陷。总体而言,从 PCAOB 第 5 号审计准则的执行情况来看,监管部门、会计师事务所和企业在内部控制的评价内容与评价标准方面已达成共识。

随着《萨班斯-奥克斯利法案》404 条款的推行,内部控制自我评价在全球范围内广受关注。在我国,除了境外上市公司按所在国要求进行内部控制评价与披露,境内上市公司也进行了内部控制评价与相关信息披露的有益尝试。近几年国内外出现的上市公司丑闻大多与上市公司内部控制未通过评价进行持续改进、内部控制信息披露不透明、缺乏有效的外部监督而导致内部控制机制失灵有关。例如,安永会计师事务所受托制定的中航油新加坡公司《风险管理手册》与其他国际大石油公司的内部控制规定没有本质的差别,如此完善健全的内部控制系统的运行却最终导致石油期货交易 5.54 亿美元的巨亏,其关键在于中航油新加坡公司缺乏对内部控制状况进行定期有效的评价和信息披露、内部控制机制的执行缺乏透明度、内部控制信息披露对公司内部人员控制的监督和抑制作用失效。上海证券交易所和深圳证券交易所在总结我国上市公司信息披露有益做法并借鉴国际经验与教训的基础上,分别于 2006 年 6 月 5 日和 2006 年 9 月 28 日出台

---

① PCAOB Release No.5 2006—2007,2006-09-19.

了《上海证券交易所上市公司内部控制指引》(以下简称《上交所指引》)和《深圳证券交易所上市公司内部控制指引》(以下简称《深交所指引》),并分别自2006年7月1日和2007年7月1日起实施。2010年4月26日,财政部等五部委联合颁布的《企业内部控制评价指引》标志着我国企业内部控制评价将从自愿性工作逐渐转化为强制性工作,评价内容与方法、评价结果的信息披露也将趋于统一化和标准化。

二、相关概念的界定

内部审计部门进行的本企业内部控制审计是内部审计部门的经常性工作,是内部控制五要素中内部监督的重要内容。除内部审计部门实施内部控制审计外,按照《企业内部控制基本规范》《企业内部控制评价指引》《企业内部控制审计指引》的要求,企业可以授权内部审计部门具体组织和实施内部控制评价;企业应委托会计师事务所实施内部控制审计,并且应"判断是否利用企业内部审计人员、内部控制评价人员和其他相关人员的工作以及可利用的程度,相应减少可能本应由注册会计师执行的审计工作"。因此,在企业内部控制评价过程中,必须界定清楚以下四个相关概念:内部控制评价、内部监督、内部审计部门执行的内部控制审计(简称内审部门内部控制审计)、外部审计部门执行的内部控制审计(简称外审部门内部控制审计)。

1. 内部控制评价和内部监督

从内部控制五要素的构成来看,内部监督是指企业对内部控制建立与实施的情况进行监督检查,评价内部控制的有效性,发现内部控制缺陷并及时加以改进。因此可以认为,内部控制评价是内部监督的一种实现形式,是建立在日常监督和专项监督基础上的,定期对内部控制有效性进行综合评价并出具评价报告的过程。

内部控制评价和内部监督是两个既相互联系又存在区别的概念。两者的联系表现为:①都强调对内部控制设计和运行全过程的监督与评价;②根本目标都是要发现内部控制缺陷并提出整改措施,提高内部控制的有效性;③内部监督的直接目的是为内部控制的有效实施提供机制保障,而内部控制评价的直接目的是对内部控制的有效性发表意见。两者的主要区别表现为:①责任主体存在区别。尽管内部控制评价和内部监督的主体都涉及董事会、内部审计部门、内部控制部门等机构,但内部监督更强调专职的内部监督机构(如内部审计部门对内部控制设计和运行的监督,以及其他机构的监督),而内部控制评价更强调最终责任主体。《企业内部控制评价指引》明确指出,企业董事会或类似权力机构应当对内部控制评价的真实性负责。②实施频率存在区别。内部监督是一个持续过程,而现阶段的内部控制规范仅要求披露年度内部控制评价报告。内部控制评价建立在日常监督和专项监督的基础上,定期对内部控制的有效性进行综合评价并出具评价报告。③内容和披露形式存在区别。内部监督更强调对过程的监督,包括日常监督和专项监督,而内部控制评价则侧重对评价结果的描述。企业无须对每个项目的监督提供和披露监督报告,但必须披露内部控制评价报告,并按规定聘请注册会计师出具审计报告。

从内部控制评价范围看,内部控制评价分为财务报告内部控制评价和非财务报告内部控制评价。在内部控制评价中,企业应分别对财务报告内部控制和非财务报告内部控制进行评价,分别报告其有效性。

2. 内审部门内部控制审计

内部控制评价起源于内部审计工作的需要,是对传统内部审计内容和方法的拓展。加拿大海湾石油公司20世纪80年代对内部控制评价的探索是想引进一种新方法替代传统的内部审计。[①] 发展为内部控制评价后,其执行主体由内部审计部门(主导参与)转变为企业董事会(负责),相应的内部控制评价报告也要对外强制披露,以满足企业外部相关信息使用者的信息需求。但是,在企业经营过程中,内部审计部门作为企业的风险再控制部门,担负着企业内部控制的日常评价监督工作,并根据企业业务的需要不定期地开展专项内部控制审计工作,以满足企业内部管理者和相关人员的信息需求。

对于应由董事会负责的时点性内部控制评价,由上市公司内部审计部门执行的内部控制审计,是对企业内部控制的有效性进行日常、持续评价的一种监督活动,它不仅符合风险导向内部审计的发展趋势,还能服务于企业的内部控制评价。内部控制评价主要评价企业内部控制在设计和运行过程中的有效性,并对外披露企业内部控制评价报告。而由内部审计部门执行的内部控制审计,其评价对象不限于内部控制设计和运行的有效性,还可能关注内部控制设计和运行的成本效益,即对内部控制的经济性进行评价。在报告内部控制审计结果时,内部审计部门执行的内部控制审计除了提交关于内部控制有效性、经济性的评价报告(内部审计的确认服务),还应该向管理部门就内部控制审计的情况提出相应建议(内部审计的咨询服务)。

3. 外审部门内部控制审计

外审部门内部控制审计理论上包括国家审计部门和会计师事务所实施的内部控制审计。对上市公司而言,外审部门内部控制审计主要是会计师事务所受托进行的内部控制审计。根据财政部等五部委联合颁布的《企业内部控制审计指引》,企业内部控制审计是指会计师事务所接受委托,对特定基准日内部控制设计与运行的有效性进行审计,并进一步明确建立健全和有效实施内部控制、评价内部控制的有效性是企业董事会的责任,而开展内部控制审计并在实施审计工作的基础上对内部控制的有效性发表审计意见是注册会计师的责任。

注册会计师应当对财务报告内部控制的有效性发表审计意见,并将内部控制审计过程中注意到的非财务报告内部控制的重大缺陷,在内部控制审计报告中的"非财务报告内部控制的重大缺陷描述段"进行披露。在实施审计工作时,可以结合公司层面控制和业务层面控制的测试进行。

与财务报告审计类似,注册会计师开展内部控制审计仍然追求审计效率并注重风险规避。《企业内部控制审计指引》规定,注册会计师应当对企业内部控制自我评价工作进行评估,判断是否利用企业内部审计人员、内部控制评价人员和其他相关人员的工作以及利用的程度,相应减少可能本应由注册会计师执行的工作。当采用企业内部人员的评价工作时,注册会计师仍应对所发表的审计意见承担独立责任。

---

① 〔英〕基思·韦德等编著:《控制自我评估理论及应用》,李海风等译,北京:中国财政经济出版社,2008年版。

第二节 内部控制评价标准的确定

企业应当按照《企业内部控制基本规范》《企业内部控制应用指引》《企业内部控制评价指引》的要求,针对自身已建立的内部控制制度,围绕内部环境、风险评估、控制活动、信息与沟通、内部监督五要素,对内部控制设计与运行情况进行全面评价。内部控制评价是五要素中内部监督的重要内容,也是持续优化企业内部控制的重要手段。由于企业经营环境、经营规模、组织结构、盈利模式都处于变化之中,某一企业的内部控制系统在不同时期的运行效果也是不同的。某一时期运行有效的内部控制,其某一部分在另一时期可能变得无效;某一时期经济实用的内部控制,其某一部分在另一时期可能变得冗余。通过内部控制评价,企业能够使内部控制系统处于持续优化过程之中,不断适应上述因素的变化。因此,内部控制评价应建立有效性标准和经济性标准。

内部控制评价付诸实践,既有来自企业内部的动因,也有来自企业外部的动因,这是管理层、投资者、监管者博弈后达成的均衡。对管理层而言,通过内部控制评价,可以帮助企业发现内部控制在设计和运行两个环节存在的缺陷,提高企业的抗风险能力,为内部控制目标的实现提供合理保证;对投资者而言,内部控制设计和运行状况是衡量被投资企业运营规范化和抗风险能力、判断投资风险大小和回报程度的重要依据;而对监管者而言,内部控制评价会增加企业的成本,对提高企业内部控制建设中的主动性和约束性、树立投资者对资本市场的信心、加大监管力度和投资者保护力度均起着重要作用。有效性既是管理标准也是监管标准且具有刚性特征,无论是对企业管理者还是对企业外部利益相关者都具有可判别性;经济性属于管理标准,经济性以及经济性与有效性之间的权衡很大程度上取决于管理者的价值判断,很难在管理者与外部利益相关者之间达成共识。基于上述考虑,各国监管当局都将有效性作为内部控制评价的强制标准。

在现行规范下,内部控制评价是依据一定的框架,基于五要素评价企业内部控制系统的有效性并发表评价意见。内部控制的有效性是指企业建立的内部控制能够为控制目标的实现提供合理保证,包括内部控制的设计有效性和运行有效性。

内部控制的有效性评价不能简单地理解为对控制活动有效性的评价。在以目标为导向构建的内部控制框架中,内部环境、风险评估、控制活动、信息与沟通、内部监督是密不可分的结合体。控制活动虽然在五要素中占据极其重要的位置,但内部环境的质量以及控制措施与环境的匹配程度决定着控制活动发挥作用的程度,对环境的认定和评价是评价内部控制有效性的基础;在风险评估要素中,全面的风险识别、对风险发生可能性及风险发生后的影响程度的准确判断决定了关键控制点和控制方式的选择,基于风险分析的应对策略制定则是确定控制程度与方法的直接依据;控制活动则是风险应对策略的具体化;安全、可靠、及时的信息收集、加工、传递,有利于企业内部各层级、各单元发现和纠正经营与管理中偏离控制目标的行为;健全的内部监督机构设置和监督机构间的密切配合为企业内部控制的有效运行提供合理保障。因此,对五要素的评价应从设计有效性和运行有效性两方面进行。

(一) 内部控制的设计有效性

内部控制的设计有效性是指为达到控制目标所必需的控制要素都包含在控制过程中并且设计恰当。设计有效的内部控制只要能得到正确的执行,内部控制过程就能为控制目标的实现提供合理保证。在内部控制评价过程中,判断内部控制是否具备设计有效性的标准是分析和测试内部控制过程能否为控制目标的实现提供合理保证。例如,对财务报告目标而言,所设计的内部控制是否有效的判别标准是相关控制能否合理保证公司的业务活动均经过合理的授权并被恰当地记录并报告,控制系统能否防止或发现并纠正财务报告的重大错报和漏报。设计有效性应至少包括以下两方面的判断标准:第一,企业的内部控制设计对应关注的控制点是否都有健全的控制措施,即企业运营中相关控制过程和风险是否已被充分识别,过程和风险的控制措施是否得到明确规定并得以保持,包括明确控制风险的相关职责与权限,控制的策略、方法、资源需求和时限要求,重大、突发事项应急预案,责任人、处理流程和措施等;第二,预留的风险敞口是否妨碍控制目标的实现,企业在按设计意图贯彻既定内部控制的情况下,能否为保证内部控制相关目标的实现提供合理保证。

(二) 内部控制的运行有效性

内部控制的运行有效性是指现有的内部控制按照规定程序得到了正确执行。设计有效性是运行有效性的必要条件,但良好的内部控制因执行人员舞弊、胜任能力等未能有效实施而致使控制目标无法实现的状况在国内外公司治理与管理实践中绝非个案。在内部控制评价中,评价机构不仅要考察基于环境评估、以风险为导向而构建的控制程序与方法为控制目标实现所提供的保证能否达到或超过合理的水平,还要对内部控制的运行进行评价。运行有效性应至少包括以下两方面的判断标准:第一,企业各层级、各岗位的员工均具备相应的胜任能力,能够准确理解内部控制系统对自身的要求,并拥有实施内部控制所应有的权力;第二,在认真执行内部控制的前提下确实产生了预期的效果,不存在超过容忍度的偏差。

设计有效性和运行有效性两个方面共同构成了内部控制的有效性。当基于某一目标的内部控制无效时,企业应具体分析失效的环节。

第三节　内部控制评价的内容

内部控制评价分为五大要素,每一要素分为若干构成部分,每一构成部分又分为若干关注点,并在对每一个关注点评价的基础上形成评价结论。

一、内部环境要素评价

(一) 评价的主要内容

内部环境是内部控制其他构成要素的基础。内部环境不仅影响企业战略与目标的制定,还影响风险应对策略、控制措施的选择,以及信息与沟通体系和内部监督体系的设计与运行。因此,企业内部环境要素评价是评价内部控制其他要素是否发挥应有作用的基础。企业开展内部控制环境要素评价,通常应当从组织架构、发展战略、人力资源政策与实务、企业文化、社会责任等方面进行,并结合本企业的内部控制制度,设计内部环境要素评价工作底稿,明确主要风险点、采取的控制措施、有关证据资料以及认定结果等内容,对内部环境的实际运行情况进行认定和评价。

1. 组织架构评价

组织架构是指企业按照国家有关法律法规、股东(大)会决议和企业章程,明确董事会、监事会、经理层和企业内部各层级组织架构设计的合理性、人员编制、职责权限、工作程序、相关要求的制度安排。组织架构评价应当从机构设置、权责划分、信息流动路径等方面进行。在机构设置方面,尽管《公司法》和《企业内部控制基本规范》等法律法规规定了企业组织架构的基本框架,但企业还必须在基本框架的基础上根据自身的规模和经营特点建立自己的组织架构体系。例如,高科技企业可能在董事会下设科学技术委员会,从事市场竞争激烈的产品生产和销售的企业可能会在董事会下设市场营销委员会等。通过机构设置评价发现机构设置中存在的问题,为机构调整和优化提供基础。在权责划分方面,评估企业现有的权利和职责分配体系,分析其匹配程度及改进空间。在信息流动路径方面,按照控制流程的要求,分析信息在企业内部横向传递和纵向传递的及时性、流畅性,保证对每一控制点的控制都有信息支撑。

2. 发展战略评价

发展战略是指企业围绕经营主业,在对现实状况和未来形势进行综合分析与科学预测的基础上,制定并实施的具有长期性和根本性的发展目标与战略规划。发展战略评价应当从发展战略的制定、实施和调整三方面进行。

3. 人力资源政策与实务评价

人力资源是由企业董事、监事、高级管理人员和全体员工组成的整体团队的总称。人力资源政策与实务评价旨在评价企业人力资源招聘、任用、晋升、培训、考核、辞退等方面的制度健全性及运行情况,因为人力资源方面的规范运作是内部控制有效运行的基础。

4. 企业文化评价

企业文化是指企业在生产经营实践中逐步形成的,为整体团队所认同并遵守的价值观、经营理念和企业精神,以及在此基础上形成的行为规范的总称。不同的企业文化影响企业承担风险的类型和风险承受度、企业战略目标定位和战略路径的选择、企业风险应对策略和应对措施的制定,进而从整体上影响企业内部控制系统的构建和运行。企业文化既有相对稳定性,也有渐变性。企业文化评价既要看内部控制系统是否与企业文化相适应,找出阻碍内部控制有效运行的文化因素,又要梳理诚信、道德价值观、理念,通过评价促进诚信、道德价值观、理念的提升,为内部控制系统的完善夯实人文基础。

5. 社会责任评价

社会责任是指企业在发展过程中应当履行的社会职责和义务,主要包括安全生产、保证产品质量、环境保护与资源节约等。社会责任评价主要评价本企业对应承担的社会责任的履行情况,为企业全面承担社会责任、以最合理方式承担社会责任提供基础。

（二）工作底稿的设计

内部控制评价工作底稿的具体形式多种多样,有的采用打分法,有的则是在对评价点进行测试的基础上进行描述,并按评价标准形成评价结论。但是,无论采取哪种具体形式,其要点都应该包括如下内容:要素评价应包含的模块,每一模块的关注点,每一关注点所包含的若干评价点。表9-1所列的工作底稿中列示了内部控制环境要素评价的五部分内容、每一部分内容中的关注点以及每一关注点所包含的若干评价点。在运用工作底稿进行评价的过程中,应注意以下几个问题:

（1）在"描述与评论"栏中应对每一关注点下的若干评价点进行描述和评价,为内部环境中的每一部分形成评价结论并得出应采取的行动。

（2）"描述与评论"栏中的描述和评价必须客观、扼要,不得简单采用"是"或"否"、"有"或"无"等笼统的表述。

（3）在对每一部分形成结论并得出应采取的行动的基础上,得出内部环境要素评价的总结以及针对内部环境所需采取的完善措施。

内部环境要素评价的参考性工作底稿如表9-1所示。

表9-1　内部环境要素评价参考性工作底稿

	关注点	描述与评论
组织架构	组织架构设计的合理性 ● 董事会是否独立于经理层:董事会与经理层人员是否高度重叠,董事的知识与经验是否支撑其做出独立、客观的判断和决策 ● 专业委员会设置:专业委员会设置是否合理 ● 经理层下属职能部门设置是否合理	
	权责划分体系 ● 董事会、监事会和经理层的职责权限 ● 决策权、执行权和监督权相互分离与协调 ● 董事会下属专业委员会的职责定位	
	信息流动 ● 上下级之间、横向部门之间的信息流动 ● 董事会决策所需信息的充分性 ● 监事会监督所需信息的充分性 ● 经理层日常管理所需信息的充分性 ● 审计委员会与经理层、内部审计师、注册会计师的信息沟通	
	结论与应采取的行动:	
发展战略	战略制定 ● 战略与企业愿景、使命的结合 ● 战略与企业社会责任的结合 ● 战略决策程序的合理性 ● 董事会决策所需的知识、经验与信息	

(续表)

	关注点	描述与评论
发展战略	战略实施 • 公司层面战略与业务层面策略的匹配 • 各层级员工对战略的理解与认可度 • 战略在各层级的执行力 • 战略实施中的报告、分析与监控	
	战略调整 • 导致战略调整的外部环境变化 • 战略调整程序的合理性	
	结论与应采取的行动：	
人力资源政策与实务	人力资源现状 • 人力资源规模是否满足企业经营与管理的需求 • 各岗位员工的胜任能力 • 各层级和各部门人力资源知识、性格与经验搭配的合理性	
	人力资源政策 • 员工招聘与录用制度 • 员工晋升的条件、标准和程序 • 具有可操作性的员工行为规范 • 持续性的员工培训政策及实施情况 • 员工业绩评估、考核与奖惩制度 • 员工辞退制度	
	结论与应采取的行动：	
企业文化	诚信与道德价值观 • 企业是否有成文的员工守则和员工道德行为规范 • 守则是否全面可操作 • 管理层对员工守则和员工道德行为规范的遵守情况 • 是否定期确认员工对守则的了解情况 • 若不存在守则，企业文化是否强调诚信与道德 • 对违背诚信与道德的行为是否做出恰当的处理，并告知员工且在员工间广泛沟通 • 管理层及员工是以什么样的态度对待规则盲区：是采取恰当的方式还是采取钻规则空子的方式	
	经营理念与管理风格 • 管理层是属于勇于冒险型还是风险厌恶型（例如从资产负债状况、是否授权企业参与交易性股票投资和期货等高风险业务等方面判断） • 管理层偏好集权管理还是偏好分权管理 • 管理层对会计职能的认识：会计工作在于记账和编表，还是在于管理与控制 • 管理层对财务报告的态度：会计政策选择偏于保守还是偏于激进，是否就会计政策选择与注册会计师产生分歧 • 管理层是否严格遵循按规定授权取得、使用和处置资产的规定，有无例外 • 对违背诚信、道德、规则的行为是否采取了补救措施，补救措施是否恰当	
	结论与应采取的行动：	

(续表)

	关注点	描述与评论
社会责任	社会责任报告 • 社会责任报告是否较全面地体现了本企业所承担的社会责任 • 有关部门及社会公众对本企业社会责任履行情况的正面反映和负面反映	
	安全生产 • 企业安全生产第一责任人的确定是否合理 • 安全生产机构的设置情况,如安全生产委员会、安全生产办公室等类似机构 • 安全生产事故发生、结果及处理情况 • 是否有瞒报、谎报、迟报安全生产事故的情况	
	保证产品质量 • 产品质量控制制度是否健全 • 产品质量是否低于对客户的承诺 • 是否发生过产品质量所导致的安全事故 • 售后服务和严重缺陷产品召回制度的执行情况	
	环境保护与资源节约 • 企业的环境保护制度是否与国家的环境保护政策要求一致 • 环境保护措施执行情况 • 资源节约方面是否存在进一步完善之处	
	结论与应采取的行动:	
内部环境要素评价总结（结论与应采取的行动）		

二、风险评估要素评价

对风险评估要素的评价涉及目标设定、事项识别与风险确认、风险分析、风险应对等方面。

1. 目标设定评价

风险是目标实现过程中不利的不确定因素,没有目标就无所谓风险。对目标设定的评价包括公司层面目标评价和业务层面目标评价两个层次。公司层面目标评价主要关注企业是否有明确的目标、目标是否具有广泛的认识基础、企业战略是否与企业目标相匹配。业务层面目标评价则应关注各业务层面目标是否与企业目标和战略一致、各业务层面目标是否衔接一致、各业务层面目标是否具有操作指导性。

2. 事项识别与风险确认评价

事项识别是识别出对实现目标可能产生影响的潜在事项。有些潜在事项有助于目标的实现,有些则阻碍目标的实现。事项识别就是要识别出将来可能会对目标实现造成负面影响的事项。事项识别与风险确认评价应当对事项列示的全面性、风险事项判断的准确性进行评价。事项识别与风险确认评价应该从以下三个方面进行:目标变化与提升引发的风险,外部因素引发的风险,内部因素引发的风险。

3. 风险分析评价

风险分析是从风险发生的可能性和风险发生后负面影响的大小两方面进行的。风险分析评价主要是评价风险分析技术方法的适用性、风险发生可能性判断的准确性和风险发生后负面影响判断的准确性。

4. 风险应对评价

风险应对是在风险确认和风险分析基础上进行的对风险应对策略路径的选择。风险应对评价主要评价风险承受度与风险应对策略的匹配。

风险评估要素评价的参考性工作底稿如表 9-2 所示。

表 9-2 风险评估要素评价参考性工作底稿

	关注点	描述与评论
目标设定	公司层面目标 • 管理层是否具有明确的公司层面目标 • 公司层面目标的特色(与其他企业尤其是同类型企业的一般目标相比) • 管理层是否就公司层面目标与各层级员工进行有效沟通 • 企业战略是否与目标保持一致 • 管理层的资源配置和事项安排是否与目标、战略一致	
	业务层面目标 • 业务层面目标与公司层面目标及战略是否一致 • 研发、营销、生产、财务、人力资源等重要管理领域的目标是否衔接一致,有无存在矛盾的情况 • 各业务单元目标是否具有可操作性	
	结论与应采取的行动:	
事项识别与风险确认	目标变化与提升引发的风险 • 某一目标具体内容变化引发的风险 • 目标提升引发的风险(例如,原来按合法合规、财务报告真实可靠、资产安全三目标建立内部控制,目前又把经营的效率效果、战略纳入内部控制目标体系)	
	外部因素引发的风险 • 风险识别是否充分考虑了经济因素,是否考虑了该因素的所有风险事项 • 风险识别是否充分考虑了政治因素,是否考虑了该因素的所有风险事项	

(续表)

	关注点	描述与评论
事项识别与风险确认	• 风险识别是否充分考虑了政策因素,是否考虑了该因素的所有风险事项 • 风险识别是否充分考虑了社会因素,是否考虑了该因素的所有风险事项 • 风险识别是否充分考虑了自然环境因素,是否考虑了该因素的所有风险事项 • 风险识别是否充分考虑了外部技术环境因素,是否考虑了该因素的所有风险事项	
	内部因素引发的风险 • 风险识别是否充分考虑了资产状况,是否考虑了该因素的所有风险事项 • 风险识别是否充分考虑了财务状况,是否考虑了该因素的所有风险事项 • 风险识别是否充分考虑了员工能力、人际关系等方面的因素,是否考虑了该因素的所有风险事项 • 风险识别是否充分考虑了技术(如研发、信息处理)因素,是否考虑了该因素的所有风险事项 • 风险识别是否充分考虑了流程因素,是否考虑了该因素的所有风险事项	
	结论与应采取的行动:	
风险分析与风险应对	风险分析 • 是否对所有风险事项发生的可能性及影响均采用了定量或定性分析的方法,有无未采用相应方法而主观选用风险应对策略的情况 • 对每一风险事项的分析方法的选择是否恰当(例如,对某一事项可能造成的财务损失采用定性方法可能是不恰当的) • 关键风险指标的选择是否恰当 • 是否根据关键指标进行了风险监控 • 对重要风险事项(如发生的可能性不大,但一旦发生则损失重大的事项)的内部控制程序是否进行了压力测试,并采取完善措施(如修正内部控制程序或制订危机处理方案)	
	风险应对 • 应对策略的选择是否符合企业的风险承受度 • 应对策略的选择是否受到关键人员风险偏好的不利影响 • 每一事项应对策略的选择是否在执行可能性和影响程度两方面综合平衡的基础上做出	
	结论与应采取的行动:	
风险评估要素评价总结(结论与应采取的行动)		

三、控制活动要素评价

控制活动是风险应对策略的具体化,包括不相容职务分离、授权审批、会计系统、财产保护、预算、运营分析和绩效考评等。控制活动至少贯穿于企业的下述业务活动:采购、市场营销与销售、服务、研究与开发、人力资源管理、信息技术管理、法律事务管理、应收账款处理、应付账款处理、资金管理、固定资产管理、薪酬管理、税务事项管理、生产成本管理、财务报告的编制与提供、管理报告的编制与提供。因此,控制活动要素评价主要评价各内部控制措施在上述业务活动中的有效性,具体包括针对上述业务设计的控制措施与流程的设计有效性和运行有效性。

《企业内部控制应用指引》对上述业务活动的内部控制进行了规范,企业可以按照指引划分的模块设计工作底稿,也可以根据本企业业务活动的复杂程度自行划分模块,按指引的要求针对关注点设计工作底稿。例如,企业可以依照指引将资产当作一个模块设计工作底稿,也可以分存货、固定资产、无形资产三部分分别设计工作底稿。控制活动要素评价的参考性工作底稿如表 9-3 所示。

表 9-3 控制活动要素评价参考性工作底稿

	关注点	描述与评论
资金	按业务流程有效性评价的关注点: (一)职责分工与授权批准控制评价关注点 • 岗位责任制:检查部门和岗位的职责权限与不相容职务是否相互分离 • 是否配备合格的人员办理资金业务,这些人员是否进行强制休假或者岗位轮换 • 资金授权制度和审核批准制度:检查资金支付申请及有效的经济合同协议、原始单据或相关证明;支付审批手续;支付复核手续;支付办理手续及现金和银行存款日记账 • 是否有未经授权的部门或人员办理资金业务或直接接触资金 (二)现金和银行存款控制评价关注点 • 库存限额的管理制度 • 现金开支范围和支付限额 • 现金收入是否及时存入银行,有无坐支现金 • 借出款项审核批准程序 • 货币资金收入是否及时入账,有无账外设账,有无收款不入账 • 收支两条线和集中收付制度 • 银行账户的开立,办理存款、取款和结算 • 未经审批擅自开立银行账户或者不按规定及时办理的处置及责任追究 • 银行结算凭证的填制、传递及保管等环节的管理与控制 • 是否严格遵守银行结算纪律 • 专人定期核对银行账户以及审核制度 • 银行对账单的稽核和管理制度 • 网上银行操作协议、操作人员授权和密码、授权审批程序、不相容职务分离控制,以及专人审核网上交易、电子支付 • 定期和不定期的现金盘点制度	

(续表)

	关注点	描述与评论
资金	• 现金、银行存款和其他货币资金的核算与报告 (三)票据及有关印章的管理控制评价关注点 • 各种票据的采购、保管、领用、背书转让、注销等环节的职责权限和处理程序,专设的登记簿 • 作废法定票据的保存;超过法定保管期限,可以销毁的票据的审核批准手续,销毁清册以及是否授权人员监销 • 专门对票据转交进行登记的账簿;对收取的重要票据的复印件的妥善保管;是否跳号开具票据,是否随意开具印章齐全的空白支票 • 银行预留印鉴的管理 • 有关负责人签字或盖章用章相关的审批手续以及登记	
	结论与应采取的行动:	
采购	按业务流程有效性评价的关注点: (一)职责分工与授权审批控制评价关注点 • 采购业务的岗位责任制,不相容职务是否分离 • 采购业务的授权制度和审核批准制度 • 采购业务人员的定期岗位轮换制度 • 检查在采购与付款各环节设置的相关记录、填制的相应凭证,检查采购登记制度,检查请购手续、采购订单或采购合同协议、验收证明、入库凭证、采购发票等文件和凭证的相互核对工作 (二)请购与审批控制评价关注点 • 采购申请制度 • 采购业务的预算管理制度 • 请购审批制度 (三)采购与验收控制评价关注点 • 是否建立采购与验收环节的管理制度,对采购方式的确定、供应商的选择、验收程序及计量方法等做出明确规定,建立供应商评价制度 • 关注采购方式的确定 • 检查采购价格形成机制 • 企业对供应商信誉、供货能力等的把握,是否按规定的授权审批程序确定供应商 • 采购验收制度 (四)付款控制评价关注点 • 财务部门是否参与商定供应商付款的条件;检查采购部门在办理付款业务时,是否严格审核并提交付款申请,财务部门是否复核审批 • 预付账款和定金的授权批准制度、大额预付账款的监控制度 • 应付账款和应付票据的管理制度,是否由专人按照约定的付款日期、折扣条件等管理应付款项 • 退货管理制度 • 与供应商往来款项的核对制度	
	结论与应采取的行动:	

(续表)

	关注点	描述与评论
销售	按业务流程有效性评价的关注点： （一）职责分工与授权审批评价关注点 ● 销售与收款业务的岗位责任制，销售与收款不相容职务是否分离 ● 检查信用管理部门或岗位的责任履行情况 ● 销售业务授权和审批制度，是否按照规定的权限和程序办理销售业务 ● 办理销售业务的人员是否进行岗位轮换或者管区、管户调整 （二）销售与发货控制评价关注点 ● 销售业务的预算管理制度 ● 销售定价控制制度 ● 企业是否充分了解和考虑客户的信用、财务状况等有关情况 ● 赊销业务是否遵循规定的销售政策、信用政策及程序 ● 企业是否按照规定的程序办理销售和发货业务，具体关注：重要事项的书面记录是否完整、销售合同协议审批制度、客户信息档案、重要的销售合同协议是否征询法律顾问或专家的意见；销售合同协议、销售计划、销售通知单、销售发票通知单、销售发票；发货部门是否对销售发货单据进行审核；货物出库、发运等环节的岗位责任制 ● 销售退回管理制度 ● 各环节记录登记制度，销售订单、销售合同协议、销售计划、销售通知单、发货凭证、运货凭证、销售发票等文件和凭证的相互核对工作，销售台账是否附有客户订单、销售合同协议、客户签收回执等相关购货单据 （三）收款控制评价关注点 ● 销售收款业务是否及时办理 ● 企业是否将销售收入及时入账，是否账外设账，有无擅自坐支现金，是否采取措施防范销售人员直接接触销售现款 ● 应收账款账龄分析制度和逾期应收账款催收制度 ● 是否按客户设置应收账款台账 ● 坏账准备的计提、审批、原因查明、责任明确以及会计处理 ● 坏账核销的备查登记，已核销的坏账收回时是否及时入账 ● 应收票据的受理范围和管理措施检查 ● 企业有无定期抽查与核对销售业务记录、销售收款会计记录、商品出库记录和库存商品实物记录，是否定期对库存商品进行盘点 ● 往来款项函证检查制度，异常现象的原因查明和处理声明 ● 销售的确认、计量和报告是否符合国家统一的会计准则制度的规定	
	结论与应采取的行动：	

(续表)

关注点	描述与评论
按业务流程有效性评价的关注点： （一）职责分工与授权审批控制评价关注点 ● 岗位责任制 ● 合格人员的配备 ● 授权审批制度 ● 筹资决策、执行、偿付等环节的内部控制要求及相应记录或凭证 ● 筹资业务有关的各种文件和凭据的管理及相关人员的职责权限 （二）筹资决策控制评价关注点 ● 筹资业务决策环节的控制制度 ● 筹资方案是否符合国家有关法律法规、政策和企业筹资预算的要求 ● 重大筹资方案的风险评估，评估报告，董事会或股东大会的审批，评估报告是否有评估人员的签章 ● 重大筹资方案集体决策审批或联签制度，检查书面记录的完整性 ● 筹资决策责任追究制度 （三）筹资执行环节有效性控制评价关注点 ● 筹资决策执行环节有无控制制度 ● 筹资合同或协议与经批准的筹资方案的吻合性，筹资合同或协议的审核情况、意见及是否有完整的书面记录 ● 筹资合同或协议是否经企业有关授权人员批准，重大筹资合同或协议是否征询法律顾问或专家的意见 ● 正式承销或包销合同或协议（通过承销或包销企业债券或股票的） ● 筹资合同或协议变更的审批程序 ● 足额取得相关资产的及时性 ● 货币性资产入账的检查，非货币性资产相关的财产转移手续，有资质的中介机构及时进行的评估报告（对需评估的资产） ● 筹资费用的计算、核对工作；偿还到期本金、利息或已宣告发放的现金股利等的及时性和足额性 ● 对外筹集资金的使用；改变资金用途的审批手续是否有完整的书面记录 ● 筹资持续控制制度，预算不符合要求的预警和调整制度；公告和披露制度 （四）筹资偿付环节有效性控制评价关注点 ● 偿付环节的控制制度 ● 本金和应付利息与债权人定期对账制度 ● 企业支付筹资利息、股息、租金等的审批手续，有无授权人员的批准 ● 是否按照股利分配方案发放股利，分配方案是否依据企业章程或有关规定按权限审批；委托代理机构支付的，清点、核对代理机构的支付清单 ● 确定并报授权审批部门批准的金额，中介机构评估报告（非货币性资产偿付本金、利息、租金或支付股利以及有必要委托有资质的中介评估时） ● 已审批拟偿付的各种款项的支付方式、金额或币种等与有关合同或协议不符的报告以及报告处理制度 ● 对抵押物资的登记以及业务终结后，对抵押或质押资产的清理、结算、收缴，有关担保内容的及时注销（企业以抵押、质押方式筹资） （五）筹资活动的确认、计量和报告是否符合国家统一的会计准则制度的规定	
结论与应采取的行动：	

左侧合并单元格：筹资

(续表)

	关注点	描述与评论
固定资产管理	按业务流程有效性评价的关注点： （一）职责分工与授权审批控制评价关注点 • 岗位责任制：相关部门和岗位的职责、权限，不相容职务分离情况 • 是否配备合格的人员，人员是否具备良好的业务素质和职业道德 • 固定资产业务的授权审批制度 • 固定资产各环节的控制要求，设置的相应记录或凭证 （二）取得与验收环节控制评价关注点 • 固定资产预算管理制度 • 外购的固定资产的请购与审批制度 • 有无区分融资租赁和经营租赁，并根据风险、报酬转移情况明确固定资产租赁业务的审批和控制程序 • 建立严格的固定资产交付使用验收制度 • 固定资产的采购或建造成本检查 • 需要办理产权登记手续的固定资产，企业是否及时到相关部门办理 （三）使用与维护环节控制评价关注点 • 有无授权具体部门或人员负责固定资产的日常使用与维修管理 • 有无固定资产分类标准和管理要求、固定资产目录制度 • 折旧政策 • 固定资产的维修、保养制度 • 投保范围和政策检查，审批、投保手续办理 • 定期固定资产盘点制度 • 年末检查和分析制度 • 未使用、不需用或使用不当的固定资产的处理措施；对封存的固定资产，是否指定专人负责日常管理和定期检查 （四）处置与转移环节控制评价关注点 • 固定资产处置的控制制度 • 是否区分不同固定资产的处置方式，采取相应控制措施 • 固定资产处置是否由独立于固定资产管理部门和使用部门的其他部门或人员办理；处置价格审批，重大固定资产处置的资产评估，集体合议审批制度，集体审批记录机制 • 固定资产处置涉及产权变更的，有无及时办理产权变更手续 • 企业出租、出借固定资产的报批制度 • 对固定资产处置及出租、出借收入和相关费用的入账和记录 • 内部调拨制度：内部调拨单，审批，调拨手续、调拨价值审核 （五）固定资产的确认、计量和报告是否符合国家统一的会计准则制度的规定	
	结论与应采取的行动：	

(续表)

	关注点	描述与评论
存货	按业务流程有效性评价的关注点： （一）职责分工与授权审批控制评价关注点 ● 岗位责任制：内部相关部门和岗位的职责、权限，不相容职务分离和监督情况 ● 是否配备合格的人员，对员工的培训 ● 存货业务的授权审批制度 ● 存货业务的接触限制制度 ● 检查计算机系统和网络技术对存货管理和控制的有效性、可靠性和安全性，制定防范意外事项的有效措施 （二）请购与采购控制评价关注点 ● 存货采购申请管理制度 ● 采购计划、对存货采购的预算管理 ● 是否有专人逐日分析确定应采购的日期和数量，或者通过计算机管理系统重新预测材料需要量，及重新计算存货安全水平和经济采购批量 ● 在确定采购时点、批量时，是否考虑企业需求、市场状况、行业特征、实际情况等因素 ● 采购环节的管理制度 ● 存货年度、季度和月度的采购、生产、存储、销售预算并按预算考核 ● 存货采购和审批程序是否符合《企业内部控制应用指引第7号——采购业务》的规定 （三）验收与保管控制评价关注点 ● 入库存货的检查与验收制度 ● 对于自制存货，生产部门是否组织专人进行检验 ● 存货保管制度 ● 入库存货明细账以及是否定期与财务部门进行核对 ● 入库记录修改是否经有效授权审批 ● 商品退货的管理制度 ● 仓储的总体计划以及制定的人员分工、实物流动、信息传递等具体管理制度 ● 存货存放和管理是否有专人负责并进行分类编目 ● 是否严格限制其他无关人员接触存货，入库存货是否及时记入收发存登记簿或存货卡片，并详细标明存放地点 ● 存货采购的初始计量 （四）领用与发出控制评价关注点 ● 存货领用流程和制度，如检查核准的领料单，超出存货限额的特别授权 ● 存货发出流程和制度 ● 发出授权，仓库是否按经审批的销售通知单发货，定期与销售部门和财务部门核对 ● 存货发出的责任人是否及时核对有关票据凭证 （五）盘点与处置控制评价关注点 ● 存货盘点制度 ● 详细的盘点计划，盘点记录的完整性，是否及时处理盘盈、盘亏	

(续表)

	关注点	描述与评论
存货	• 编制盘点表,盘盈、盘亏情况原因分析 • 仓储部门是否通过盘点、清查、检查等方式全面掌握存货的状况 • 存货的会计处理是否符合国家统一的会计准则制度的规定 • 库龄分析:确定是否需计提存货跌价准备,是否经审批后处理并附材料清单	
	结论与应采取的行动:	
无形资产	按业务流程有效性评价的关注点: (一) 职责分工与授权审批控制评价关注点 • 岗位责任制:明确相关部门和岗位的职责、权限,确保不相容职务相互分离 • 合格人员的配备 • 授权审批制度 • 审批人是否根据制度,在授权范围内进行审批;经办人是否按审批办理;对于审批人超越授权范围审批的,经办人是否有权拒绝并及时向上级部门报告 (二) 取得与验收控制评价关注点 • 无形资产预算管理制度 • 是否对无形资产投资项目的可行性进行研究、分析,有无编制无形资产投资预算 • 重大的无形资产投资项目是否考虑聘请中介机构或专业人士参与并由企业集体决策和审批 • 无形资产投资预算的严格执行 • 外购无形资产请购与审批制度 • 无形资产采购过程是否规范、透明 • 无形资产采购合同协议的签订是否遵循企业合同协议管理内部控制的规定 • 无形资产交付使用验收制度 • 外购无形资产是否取得无形资产所有权的有效证明文件并仔细审核 • 自行开发的无形资产是否填制无形资产移交使用验收单 • 取得无形资产的相应验收手续 • 验收合格的无形资产是否及时办理编号、建卡、调配等手续 • 对需要办理产权登记手续的无形资产,企业是否及时到相关部门办理 (三) 使用与保全控制评价关注点 • 是否授权具体部门或人员负责无形资产的日常使用与保全管理 • 无形资产分类标准和管理要求,无形资产目录制度 • 无形资产摊销范围、摊销年限、摊销方法、残值等 • 摊销方法确需变更的审批 • 无形资产保全范围和政策 • 无形资产限制接近制度	

(续表)

	关注点	描述与评论
无形资产	• 对无形资产的定期检查、分析制度 • 无形资产计提的减值准备,确认的减值损失 (四)处置与转移控制评价关注点 • 无形资产处置的相关制度 • 出租、出借无形资产,是否由无形资产管理部门会同财务部门按规定报经批准后办理,并签订合同协议 • 处置及出租、出借收入和相关费用是否及时入账并保留完整记录 • 无形资产的内部调拨是否填制无形资产内部调拨单,经审批后办理手续 • 无形资产调拨的价值是否经财务部门审核批准	
	结论与应采取的行动:	
合同管理	按业务流程有效性评价的关注点: (一)职责分工与授权审批控制评价关注点 • 岗位责任制:明确相关部门和岗位的职责权限,确保不相容职务相分离 • 合同协议订立权限分级授予制度 • 对外签订合同协议是否由法定代表人或其授权人签章,同时加盖单位印章或合同协议专用章 • 授权签章的,是否签署授权委托书,授权对象是否符合资质要求 • 被授权人是否在授权委托的范围内签订合同协议,被授权人有无转委托 • 合同协议归口管理制度 • 是否指定合同协议归口管理部门 • 合同协议分级管理制度 • 下级合同协议归口管理部门是否定期进行统计、归集,并编制合同协议报表 (二)合同协议编制与审核控制评价关注点 • 有无相应的制度规范合同协议正式订立前的资格审查、内容谈判、文本拟定等流程 • 重大合同协议是否指定法律、技术、财务、审计等专业人员参加谈判,必要时可以聘请外部专家参与,重要事项应当予以记录 • 对拟签约对象是否进行了资格审查 • 是否指定专人负责拟定合同协议文本 • 由对方起草合同协议的,是否进行认真审查 • 合同协议会审制度 • 按规定应当报经国家有关主管部门审查或备案的合同协议是否及时报请 (三)合同协议订立控制评价关注点 • 经审核同意签订的合同协议是否由印章管理部门统一进行分类连续编号 • 合同协议专用章专人保管和收回制度 • 需要寄送对方签字并盖章的,是否在合同协议各页码之间加盖骑缝章、使用防伪印记等对合同协议文书进行控制 • 正式订立的合同协议,除即时清结外,是否采用书面形式 • 未能及时签订书面形式合同协议的,是否在事后采取相关补签手续	

(续表)

	关注点	描述与评论
合同管理	• 合同协议副本及相关审核资料是否由档案管理部门归档,正本由合同协议归口管理部门负责保管和履行 • 合同协议是否按规定办理批准、登记等手续 • 是否按照信息安全内部控制的相关规定做好合同协议保密工作 (四)合同协议履行控制评价关注点 • 是否监控合同协议的履行情况 • 可能无法履行或延迟履行的,是否及时采取应对措施并汇报 • 协议到期时,是否及时与对方办理相关清结手续,终结权利义务关系 • 合同协议已订立,但发现有显失公平、条款有误或对方有欺诈行为等情形,归口管理部门是否及时向企业有关负责人报告,并采取合法有效措施 • 变更或解除合同协议是否由合同协议双方达成书面协议 • 合同协议履行结果验收制度 • 财务部门是否根据协议条款审核执行结算业务 • 合同协议违约处理制度 • 合同协议纠纷处理制度	
	结论与应采取的行动:	
成本费用	按业务流程有效性评价的关注点: (一)职责分工与授权审批控制评价关注点 • 是否建立该业务的岗位责任制 • 办理该业务的不相容职务是否相互分离、制约和监督 • 同一岗位人员是否定期做适当调整和更换 • 办理成本费用核算的人员是否具备良好的业务知识和职业道德 • 是否通过培训不断提高办理成本核算人员的业务素质和职业道德水准 • 审批人是否根据成本费用授权审批制度的规定,在授权范围内进行审批 • 经办人是否在职责范围内,按照审批人的批准意见办理成本费用业务 (二)成本费用预测、决策与预算控制评价关注点 • 成本费用定额、成本计划编制的依据是否充分适当,成本费用事项和决策过程是否明确规范 • 是否对成本费用业务建立严格的授权审批制度 • 开展成本费用预测,是否本着费用最少、效益最大的原则,是否明确合理的期限,是否充分考虑成本费用预测的不确定因素,是否确定成本费用定额标准 • 成本费用预测是否服从企业的整体战略目标,是否考虑各种成本降低方案,并从中选择最优成本费用方案 (三)成本费用执行控制评价关注点 • 是否根据成本费用预算、定额和支出标准,分解成本费用指标,落实成本费用责任主体 • 是否建立成本费用支出审批制度,是否按照授权审批制度所规定的权限,对费用支出申请进行审批	

(续表)

	关注点	描述与评论
成本费用	• 是否指定专人分解成本费用目标、记录有关差异、及时反馈有关信息 • 对未列入预算的成本费用项目,如确需支出,是否按照规定程序申请追加预算 • 会计机构或人员在办理费用支出业务时,是否根据经批准的责任主体成本费用支出申请,对发票、结算凭证等相关凭据的真实性、完整性、合法性及合规性进行严格审核 (四)成本费用核算控制评价关注点 • 是否建立成本费用核算制度 • 成本的确认和计量是否符合国家统一的会计准则的规定 • 成本费用核算是否与客观经济事项一致,以实际的金额计价 • 成本费用是否分期核算 • 成本费用的核算方法是否前后一致,变更成本计算方法是否经有效审批 • 成本费用归集、分配、核算是否考虑重要性原则 (五)成本费用的分析与考核控制评价关注点 • 是否建立成本费用分析制度 • 是否建立成本费用内部报告制度,实时监控成本费用的支出情况,发现问题是否及时上报有关部门 • 企业是否建立成本费用考核制度,对相应的成本费用责任主体进行考核和奖惩 • 企业是否加强对成本费用的监督检查,制定制度,明确监督检查人员的职责权限,定期和不定期地开展检查工作 • 企业是否通过宣传培训和奖惩措施,增强全体员工自觉节约成本费用的意识	
	结论与应采取的行动:	
预算	按业务流程有效性评价的关注点: (一)职责分工与授权审批控制评价关注点 • 预算工作岗位责任制 • 预算工作组织领导与运行体制,是否明确企业最高权力机构、决策机构、预算管理部门及各预算执行单位的职责权限、授权审批程序和工作协调机制 • 拟定的预算目标和预算政策;制定的预算管理具体措施和办法;组织编制、审议、平衡年度等预算草案;组织下达经批准的年度等预算;协调、解决预算编制和执行中的具体问题;考核预算执行情况,督促完成预算目标 • 子公司预算的编制、执行、控制和分析工作接受上级企业的检查与考核情况 • 制定预算各环节的控制要求,设置相应的记录或凭证 (二)预算编制控制评价关注点 • 对编制依据、编制程序、编制方法等的明确规定 • 编制预算方案的汇总,年度预算方案是否符合本企业的发展战略、整体目标和其他有关重大决议,反映本企业预算期内经济活动规模、成本费用水平和绩效目标,满足控制经济活动、考评经营管理业绩的需要	

（续表）

	关注点	描述与评论
预算	• 是否明确预算管理部门和预算编制程序,对预算目标的制定与分解、预算草案编报的流程与方法、预算汇总平衡的原则与要求、预算审批的步骤以及预算下达执行的方式等的具体规定 • 关注编制预算的方法,如固定预算、弹性预算、零基预算、滚动预算等 • 预算管理部门是否加强对企业内部预算执行单位预算编制的指导、监督和服务 （三）预算执行控制评价关注点 • 对预算指标的分解方式、预算执行责任制的建立、重大预算项目的特别关注、预算资金支出的审批要求、预算执行情况的报告与预警机制等做出的明确规定 • 年度预算细分为季度、月度等时间进度预算的情况 • 重大预算项目和内容的密切跟踪情况和监控情况 • 货币资金收支业务的预算控制 • 凭证记录情况 • 预算责任部门与企业内部有关业务部门的沟通和联系情况 • 预算执行情况内部报告制度 • 预算执行情况预警机制和预算执行结果质询制度 （四）预算调整控制评价关注点 • 不可避免的调整是否报经原预算审批机构批准 • 调整预算的书面报告,预算的调整幅度 • 预算调整报告审核分析,原预算审批机构的审议批准 • 预算调整事项是否符合企业发展战略和现实生产经营状况 （五）预算分析与考核控制评价关注点 • 预算执行分析制度、审计制度、考核与奖惩制度等 • 预算管理部门是否定期召开预算执行分析会议 • 预算执行情况内部审计制度 • 预算执行情况考核制度,考核结果是否有完整记录 • 预算执行情况奖惩制度	
	结论与应采取的行动：	
内部审计	按业务流程有效性评价的关注点： （一）审计机构和人员控制评价关注点 • 职责分工、权限范围和审批程序是否明确规范,机构设置和人员配备是否科学合理 • 企业是否设置独立的内部审计机构或职能 • 内部审计机构是否在董事会、审计委员会、监事会和经理层的领导下,并向其递交定期工作报告 • 内部审计机构实施审计后,是否按规范出具审计意见书、做出审计决定 • 内部审计人员相应的资格和业务能力、职责和权限 • 内部审计人员是否借助外部专家的力量	

	关注点	描述与评论
内部审计	• 企业是否建立和实施后续教育制度 • 内部审计机构和审计人员是否遵守职业道德规范与廉政纪律规定 • 审计人员是否保持严谨的职业态度,保守知悉的商业秘密 (二)审计的内容和程序控制评价关注点 • 内部审计机构编制的内部审计工作手册 • 内部审计人员是否在考虑组织风险、管理需要及审计资源的基础上,制订审计计划,对审计工作做出合理安排 • 审计计划是否至少每年制订一次 • 在审计过程中,是否充分考虑重要性水平与审计风险 • 内部审计人员在实施审计前,是否向被审计单位送达内部审计通知书,并做好必要的审计准备工作 • 内部审计人员是否深入调查、了解被审计单位的情况,采用抽样审计等方法,对经营活动及内部控制的适当性、合法性和有效性进行测试 • 内部审计人员是否将审计程序的执行过程及收集和评价的审计证据,记录在审计工作底稿中 • 内部审计人员是否在实施必要的审计程序后出具审计报告,审计报告的编制是否以经核实的审计证据为依据 • 审计报告是否说明审计目的、范围,提出结论和建议,并包括被审计单位的反馈意见 • 对内部审计发现问题的纠正措施及其效果的后续审计工作 • 后续审计报告 • 内部审计机构负责人是否将审计结果以及被审计单位书面承诺不采取纠正措施的情况向管理层报告 (三)舞弊的预防、检查与汇报控制评价关注点 • 企业管理层是否对重大舞弊行为的发生承担责任 • 内部审计机构和人员是否保持应有的职业谨慎,合理关注组织内部可能发生的舞弊行为 • 内部审计人员是否开展舞弊检查 • 在舞弊检查过程中,内部审计人员是否及时向适当管理层汇报 (四)内部审计质量控制评价关注点 • 企业内部审计机构是否建立健全有效的质量控制制度 • 内部审计机构是否将内部质量控制政策与程序列入审计工作手册,并以适当的方式传达给每一位内部审计工作人员 • 内部审计机构是否持续和定期检查,对内部审计质量进行考核和评价 • 内部审计机构是否建立外部评价制度 • 外部评价是否至少每五年实施一次,外部评价人员在对内部审计质量做出评价后,是否出具外部评价报告,并提交董事会及审计委员会和经理层 • 内部审计机构是否对外部评价报告所提出的重大问题及时拟订改进方案,改善内部审计质量 • 内部审计项目是否按照中国内部审计准则的规定实施	
	结论与应采取的行动:	

(续表)

	关注点	描述与评论
财务报告的编制与披露	按业务流程有效性评价的关注点： （一）职责分工与职责分配控制评价关注点 • 是否建立财务报告编制与披露的岗位责任制 • 是否声明全体董事、监事和高级管理人员对企业财务报告的真实性与完整性承担责任 • 财务部门是财务报告编制的归口管理部门，检查其职责履行情况 • 企业内部参与财务报告编制的各单位、各部门是否及时向财务部门提供编制财务报告所需的信息，并对所提供信息的真实性和完整性负责 • 检查投诉举报制度 • 企业有关人员对授意、指使、强令编制虚假或者隐瞒重要事实的财务报告的情形，是否拒绝并及时向有关部门和人员报告 （二）财务报告编制准备及其控制评价关注点 • 财务部门有无制订年度财务报告编制方案，是否经企业总会计师核准后签发至各参与编制部门 • 对财务报告可能产生重大影响的交易或事项的判断标准，其会计处理方法是否及时提交董事会及审计委员会审议 • 对交易或事项所属的会计期间实施的有效控制 • 有无为赶编财务报告而提前结账 • 有无及时对账，将会计账簿记录与实物资产、会计凭证、往来单位函件等相互核对，保证账证相符、账账相符、账实相符 • 账务调节制度、各项财产物资和结算款项的清查制度，有无明确相关责任人及相应的处理程序 • 重大调账事项的标准，是否明确相应的报批程序 （三）财务报告编制及其控制评价关注点 • 财务报告格式和内容是否符合国家统一的会计准则制度的规定 • 财务报告各项目之间的钩稽关系是否正确 • 在财务报告附注和财务情况说明书中需要说明的事项是否真实、完整 • 企业发生合并、分立情形的，是否按照国家统一的会计准则制度的规定，做出恰当会计判断，选择合理的会计处理方法，编制相应的财务报告；财务部门是否将会计处理方法及其对财务报告的影响及时提交董事会及审计委员会审议 • 企业在终止营业和清算期间，是否全面清查资产和核实债务，按照国家统一的会计准则规定编制财务报告 • 财务部门是否将确定合并会计报表编制范围的方法以及发生变更的情况及时提交董事会及审计委员会审议 （四）财务报告的报送与披露控制评价关注点 • 财务报告报送与披露的管理制度 • 聘请会计师事务所的制度及报批 • 对出具的初步审计意见的沟通并经总会计师和经理签字确认，董事会（或类似机构）及其审计委员会审议	

(续表)

	关注点	描述与评论
财务报告的编制与披露	• 本年度会计师事务所的审计工作评价情况,下一年度对会计师事务所的选择和董事会的审批 • 经审计的财务报告是否装订成册,加盖公章,并由企业经理、总会计师、会计机构负责人签名;履行报备义务的企业,是否及时将经审计的财务报告报送监管部门及有关部门	
	结论与应采取的行动:	
控制活动要素评价总结(结论与应采取的行动)		

四、信息与沟通要素评价

信息与沟通要素评价包括信息评价和沟通评价。企业外部利益相关者的决策以及企业内部的决策和基于目标的风险管理都高度依赖企业的信息系统。信息评价应该评价企业信息系统能否通过有关人员履行职责的形式和时机来识别、获取、加工相关信息。沟通是企业与外部有关部门或人员(如供应商、经销商、顾客、投资者、贷款者、监管者)以及企业内部上下级之间、平行部门及相关人员之间的信息传递与反馈。沟通评价应当评价与外部有关部门或人员以及企业内部上下级之间、平行部门及相关人员之间信息传递与反馈的有效性。

信息与沟通要素评价的参考性工作底稿如表9-4所示。

表9-4 信息与沟通要素评价参考性工作底稿

	关注点	描述与评论
信息	信息识别、获取与加工 • 行业协会组织、社会中介机构、业务往来单位、市场调查、来信来访、网络媒体、监管部门等获取信息的渠道是否畅通,获取相关外部信息(如市场变化、竞争对手降价及其原因、政策法规变化等)的机制是否健全 • 财务会计信息系统能否提供外部使用者和内部使用者所需的信息 • 企业层面和各业务层面能否获取达成相应目标所需的定期报告,如各责任中心的业绩报告、产品质量报告、安全生产通报 • 企业层面和各业务层面能否获取有关突发事件的例外报告及相关信息 • 各层级是否合理筛选、核对、整合所收集的各种内部信息和外部信息,从而提高信息的有用性	

(续表)

	关注点	描述与评论
信息	• 向各层级责任人提供的信息能否做到分类合理、详细程度适当（例如,以提供四张报表和附注的简单方式向董事长提供财务信息,会使其陷入数据的海洋,无法识别决策所需的信息）	
	信息系统开发与维护 • 能否及时根据信息使用者的需求变化和要求完善信息系统 • 是否通过适当的人力和财力投入,从设备和信息技术方面升级信息系统,实现信息对接（如与供应商、经销商信息的对接）	
	结论与应采取的行动：	
沟通	员工职责方面的沟通 • 目前的沟通渠道能否满足各岗位员工履行职责的要求（如培训是否充分、总裁办公会议纪要是否向全体董事及时送达） • 各岗位员工是否充分理解自己在完成公司层面目标及业务层面目标方面所承担的责任 • 员工是否充分理解自身职责履行情况对其他岗位员工履行职责的影响 • 员工是否充分理解自身目标完成情况对其他岗位员工目标完成情况的影响	
	反舞弊机制 • 是否针对未经授权或者采取其他不法方式侵占或挪用企业资产、牟取不当利益的行为建立了反舞弊机制 • 是否针对财务报告和信息披露等方面存在的虚假记载、误导性陈述或者重大遗漏等行为建立了反舞弊机制 • 是否针对董事、监事、经理及其他高级管理人员滥用职权的行为建立了反舞弊机制 • 是否针对相关机构或人员的串通舞弊行为建立了反舞弊机制 • 员工是否实际利用了上述反舞弊机制 • 是否存在舞弊行为不是通过反舞弊机制发现,而是通过其他渠道发现的情形	
	诚信、企业文化、道德标准方面的沟通 • 员工守则、员工道德及行为规范是否被员工熟悉、理解和认可 • 员工间和员工与外界间的矛盾及摩擦能否通过有效沟通来解决 • 管理层是否以积极的态度接受员工有关提高产品质量、竞争力和服务水平的建议 • 对先进模范事迹或违反道德事项的处理是否在员工之间广泛宣传,得到员工认可;对员工的反馈意见是否采取相应的沟通措施 • 是否通过与外部（客户、经销商、供应商、监管机构）的沟通,使外界了解并认可本企业的企业文化和道德价值观	

(续表)

	关注点	描述与评论
沟通	信息沟通的充分性 • 信息在企业内部横向沟通的充分性(例如,销售部门是否将客户对产品的需求及时与研发部门和生产部门沟通) • 各层级管理者是否拥有决策和监控所需的充分信息 • 针对来自客户、供应商、经销商、监管者和其他利益相关者的沟通,是否建立了有效的信息反馈机制,管理层采取的跟进措施是否及时和适当 • 与媒体的沟通是否充分,针对媒体的不利报道是否建立了有效的应急机制	
	结论与应采取的行动:	
信息与沟通要素评价总结(结论与应采取的行动)		

五、内部监督要素评价

内部监督包括日常监督和专项监督。无论是日常监督还是专项监督,对监督过程中发现的内部控制缺陷,都应当分析缺陷的性质和产生的原因,并提出整改方案,采取适当的形式及时向董事会、监事会和经理层报告。对内部监督要素的评价应当从日常监督、专项监督、报告缺陷三方面进行。

内部监督要素评价的参考性工作底稿如表9-5所示。

表9-5 内部监督要素评价参考性工作底稿

	关注点	描述与评论
日常监督	各管理层对内部控制系统持续运行的监督 • 是否将他们日常活动中获取的有关生产、库存、销售的信息或其他信息与信息系统生成的信息进行比较 • 是否将财务报告信息与生产经营的其他信息(如采购、销售、产量、库存)进行集成和比较 • 上报的数据(如财务报表、预算执行进度报告)是否有相关责任人签字,并对发现的错误承担责任 • 是否定期将会计系统记录的数据与实物资产进行比较,并对差异进行更正 • 对内部审计提出的完善内部控制系统的建议是否采取了相应的措施	
	内部审计监督有效性 • 内部审计人员是否具备适当的胜任能力和工作经验 • 内部审计人员能否与董事会、审计委员会和监事会成员沟通 • 内部审计人员的工作范围、责任以及审计计划是否适合企业需要	

(续表)

	关注点	描述与评论
日常监督	外部信息与沟通对内部生成信息的印证 • 是否从核对银行对账单与银行日记账中发现银行存款管理中的问题 • 是否将和供应商、经销商的沟通与应付账款、应收账款进行比较验证,以发现内部控制系统的缺陷 • 是否对来自供应商和经销商的投诉进行认真调查 • 是否对外部监管者提出的问题(如监管当局对某上市公司签发的限期整改通知书中列明的问题)进行认真核实、原因分析并采取有针对性的措施 • 管理层对外部审计提出的完善内部控制系统的建议是否采取了相应的措施	
	结论与应采取的行动:	
专项监督	专项监督的范围与频率 • 企业是否制定了有关专项监督的范围与频率的制度 • 是否基于内部控制目标的变化进行了专项监督 • 在组织结构、经营活动、业务流程、关键岗位员工等发生较大调整或变化的情况下,是否针对某一或者某些方面进行有针对性的监督检查	
	专项监督检查的过程 • 专项监督检查的人员是否具备必要的知识和经验 • 每项专项监督检查是否已制订明确的检查评价计划 • 专项监督检查所采用的方法是否适当 • 专项监督检查过程是否进行了必要的记录	
	结论与应采取的行动:	
报告缺陷	内部控制缺陷报告机制 • 是否存在日常监督下的缺陷报告机制,运行情况如何 • 是否存在专项监督下的缺陷报告机制,运行情况如何 • 是否存在来自外部渠道的内部控制缺陷报告机制	
	缺陷报告程度及改进行动的适当性 • 缺陷是否报告给直接负责该业务的人员以及至少高出一个层级的人员 • 重大缺陷是否报告给最高管理层和董事会 • 是否对问题的根源进行调查 • 是否进行必要的跟踪,以确保采取必要的改正措施	
	结论与应采取的行动:	
内部监督要素评价总结(结论与应采取的行动)		

第四节 内部控制缺陷认定

内部控制评价是持续改进企业内部控制的重要手段。内部控制评价得出内部控制是否有效的关键在于判定内部控制是否存在缺陷、缺陷的类型及采取的措施。因此,内部控制有效性认定的核心是缺陷的识别和缺陷的分类。

尽管《企业内部控制评价指引》和《企业内部控制审计指引》对缺陷的初步认定和最终认定做了原则性规定,但在实施《企业内部控制评价指引》过程中,不可避免地会遇到一些急需明确的操作性问题。例如,缺陷识别的技术方法,如何界定缺陷的类型和严重程度,如何根据缺陷判定内部控制的有效性,什么样的缺陷必须对外报告,等等。虽然美国的内部控制评价与审计规范对缺陷的识别和严重程度评价有较为具体的操作指南,但这些操作指南也仅限于财务报告相关的内部控制,是围绕重要账户和披露以及它们的相关认定进行的。我国的《企业内部控制评价指引》要求企业基于五目标进行全面评价,《企业内部控制审计指引》要求注册会计师"对财务报告内部控制的有效性发表审计意见,并对内部控制审计过程中注意到的非财务报告内部控制的重大缺陷,在内部控制审计报告中增加'非财务报告内部控制重大缺陷描述段'予以披露"。因此,在我国的内部控制实践中,我们应以内部控制缺陷的实质及其与内部控制局限性的关系为突破口,弄清如何进行内部控制缺陷的识别、严重性评估、严重等级认定、应对以及缺陷的对外报告。

一、内部控制缺陷及识别基础

内部控制缺陷是内部控制过程中存在的缺点或不足,这种缺点或不足使得内部控制无法为控制目标的实现提供合理保证。内部控制评价正是要找出内部控制的缺陷,不断提高为实现内部控制目标提供合理保证的程度。正如 COSO 对控制缺陷下的定义:已经察觉的、潜在的或实际的缺点,抑或通过强化措施能够带来目标实现更大可能性的机会。

理想化的、没有任何瑕疵的内部控制是不存在的,判断内部控制是否存在缺陷的标准不是仅仅看控制系统是否存在缺点或不足,而是看这种缺点或不足是否阻碍其为控制目标的实现提供合理保证。正如 PCAOB 第 5 号审计准则所言:对那些没有以合理可能性导致财务报表发生重大错报的控制来说,即使存在缺陷,也没有必要进行测试。尽管内部控制评价的范围不局限于财务报告内部控制,但 PCAOB 第 5 号审计准则给予我们一个方法论的启示:无论是内部控制评价还是内部控制审计,对内部控制缺陷的识别以及缺陷严重程度的划分都应该基于目标导向来进行。

内部控制未能实现目标的原因分为两大类:内部控制缺陷和内部控制局限性。正确识别内部控制缺陷必须厘清内部控制缺陷和内部控制局限性的关系。COSO 报告指出:无论内部控制系统设计和运行得多么好,都只能对主体目标的实现向经理层和董事会提供合理而非绝对的保证。目标实现的可能性受到所有内部控制系统都存在的固有局限的影响。COSO还列举了内部控制局限性的典型表现：决策过程中可能出现错误判断、执行过程中可能出现错误或过失；因勾结串通或管理层越权而失效；受制于控制带来的收益与执行控制成本之间的权衡。内部控制缺陷和内部控制局限性这两个概念既有本质区别，又密切联系。

内部控制缺陷和内部控制局限性的共性表现为：第一，两者都以目标为判断的准绳，内部控制缺陷表现在不能为控制目标的实现提供合理保证，而内部控制局限性体现在能为控制目标的实现提供合理保证但不能为控制目标的实现提供绝对保证；第二，两者都产生于内部控制设计和运行两个环节；第三，尽管内部控制包括预防性控制(preventive controls)和察觉性控制(perceived controls)，但它对蓄意策划的合谋和管理层越权行为是无能为力的，这既是内部控制的固有局限性，也是内部控制最严重的运行缺陷；第四，衡量缺陷和局限性的标准不是看是否实际发生偏离目标，而是看是否具有合理的可能性。

内部控制缺陷和内部控制局限性的区别在于：第一，内部控制缺陷是内部控制设计者在设计过程中未意识到的缺点，以及内部控制执行过程中不按设计意图运行而产生运行结果偏差的可能；内部控制局限性则是设计者在设计过程中事先预留的风险敞口，以及运行过程中按照设计意图运行也无法实现控制目标的可能。第二，由于内部控制存在局限性，内部控制只能为控制目标的实现提供合理保证而非绝对保证；内部控制缺陷的存在使得内部控制过程无法为控制目标的实现提供合理保证。第三，内部控制存在因合谋和越权而失效的可能，表现为内部控制的局限性；但某一控制过程存在合谋或越权的迹象，则表现为内部控制缺陷。

无论是将内部控制局限性误当作内部控制缺陷进行认定和揭露，还是将内部控制缺陷误作为内部控制局限性而忽略，都将导致控制过程偏离控制目标，并可能导致内部控制有效性信息的虚假揭露。为了保证内部控制缺陷识别和评估的科学性，我们必须厘清内部控制缺陷和内部控制局限性的共性与区别。

二、内部控制缺陷的识别、严重性评估与认定方法

内部控制缺陷认定需要解决识别的技术手段和认定权限问题。内部控制缺陷按成因分为设计缺陷和运行缺陷，按影响程度分为重大缺陷、重要缺陷和一般缺陷。因此，对内部控制缺陷的认定应分为以下三个步骤：第一，分设计和运行两部分识别内部控制缺陷；第二，对识别出的内部控制缺陷进行严重程度评估，将其分为重大缺陷、重要缺陷和一般缺陷；第三，赋予不同管理层级以不同影响程度的缺陷认定权限。

(一) 缺陷识别

内部控制缺陷中，有些设计缺陷和运行缺陷仅表现为控制过程偏离控制目标的可能性但并未造成现实的危害；有些缺陷则表现为控制系统已发生偏离控制目标的现实。对这两种缺陷类型的识别应分别采用测试识别和迹象识别方法。

1. 测试识别

测试识别是指采用控制过程技术分析、符合性测试等手段识别内部控制的设计缺陷和运行缺陷。

设计缺陷是指缺少为实现控制目标所必需的控制，或者现存控制设计不适当，即使正常运行也难以实现控制目标。如果管理层和员工遵循内部控制政策与程序处理交易和事项，也不能为内部控制目标的实现提供合理保证，这类缺陷就归为设计缺陷。设计缺陷应该从缺失和设计不当两个角度识别。缺失指缺少某一方面的内部控制政策或程序，如会计估计变更没有经过必要的审批程序；设计不当指虽然针对某一交易或事项制定了内部控制政策和程序，但采用了不正确的控制手段（例如，在货币资金内部控制中规定由出纳核对银行存款日记账和银行对账单并由出纳编制银行存款余额调节表），或者是指控制政策或程序未能涵盖影响控制目标实现的所有风险（例如，资产减值内部控制制度设计得过于简单，无法为资产减值计提的合理性和资产计价的可靠性提供合理保证）。

运行缺陷是指现存设计完好的控制没有按设计意图运行，或者执行者没有获得必要授权或缺乏胜任能力以有效地实施控制。运行缺陷需要通过对内部控制执行过程的穿行测试来发现。例如，某笔资金使用需经总经理签字授权后方可使用，但企业以急需使用资金为由在先使用的情况下再追补总经理审批手续，则可判断资金授权审批控制存在运行缺陷；测试中发现财务人员对会计准则缺乏准确的理解，则有理由认为财务报告内部控制存在运行缺陷，财务报表存在错报的可能。

2. 迹象识别

迹象识别是指从所发现的已背离内部控制目标的迹象中识别内部控制的设计缺陷和运行缺陷。迹象识别实际上是基于内部控制的运行结果对内部控制有效性进行的判断。发生严重背离内部控制目标的迹象本身已表明现有的内部控制无法为控制目标的实现提供合理保证。表明内部控制缺陷的迹象包括：①管理层的舞弊行为，内部控制系统未能发现或虽已发现但不能给予有效的制止；②因决策过程中违规、违法使用资金等受到监管部门的处罚或责令整改；③审计委员会或者外部审计师发现财务报表存在错报；④企业出现贪污、挪用资产等行为；⑤某个业务领域频繁发生相似的重大诉讼案件。

尽管企业能基于表明内部控制缺陷的迹象直接判断缺陷的严重程度，但并不能直接指出缺陷所处的环节。因此，企业应以迹象为突破口，测试内部控制的设计与运行，并进行缺陷定位。

（二）缺陷严重程度评估

无论是中国的内部控制规范还是美国的内部控制框架，都依据控制系统偏离控制目标的程度对缺陷的严重程度进行分类。我国的《企业内部控制评价指引》和《企业内部控制审计指引》根据缺陷导致企业偏离控制目标的可能性和严重程度将缺陷分为重大缺陷、重要缺陷和一般缺陷，将"可能导致企业严重偏离控制目标"的缺陷界定为重大缺陷，将"严重程度和经济后果低于重大缺陷，但仍有可能导致企业偏离控制目标"的缺陷界定为重要缺陷,将"除重大缺陷、重要缺陷之外的其他缺陷"界定为一般缺陷。《企业内部控制评价指引》同时指出,重大缺陷、重要缺陷和一般缺陷的具体认定标准由企业自行确定。以下为评估缺陷严重程度的两点建议:

1. 以偏离目标的可能性和偏离目标的程度作为衡量缺陷严重性的标准

《企业内部控制基本规范》和配套指引赋予了企业在内部控制缺陷严重程度判断中的自由裁量权,允许企业在判断缺陷是否重大时考虑自身的行业特征、风险偏好和风险容忍度、所处的特定环境。当风险容忍度以目标的形式分解到各部门、各岗位,成为判断缺陷是否存在以及缺陷严重程度的标准时,目标偏离的可能性和偏离的程度就反映了缺陷的严重程度。根据迹象识别出的缺陷可直接根据目标偏离度(这里特指"消极偏离"即目标未实现,而不是超额实现)判断其严重程度,对处于潜在风险期的缺陷可以从偏离目标的可能性和偏离目标的程度两个维度进行缺陷严重程度评估。评估方法可以是定性分析,也可以是定量分析。定性分析是直接用文字描述偏离目标的可能性和偏离目标的程度,如极低、低、中等、高、极高等;定量分析是用数值衡量偏离目标的可能性(如概率)和偏离目标的程度(如可能的损失额或损失额占净利润的百分比、可能的错报额或错报额占资产的百分比)。当然,定性指标可以利用技术方法(如 Likert 等级量表法)转化成为定量指标。

2. 充分考虑缺陷组合和替代性控制

缺陷严重程度评估必须充分考虑以下两点对评估结论的影响:一是关注和分析缺陷组合风险。缺陷与偏离目标的可能性之间不仅存在一一对应关系,还存在缺陷组合的风险叠加效应。例如,在其他控制环节严密的情况下,由出纳核对银行存款日记账和银行对账单是一个重要缺陷,但是如果同时与银行印鉴管理不严、支票管理漏洞相组合,则构成重大缺陷。二是替代性控制(补偿性控制)的作用。替代性控制是其他正式或非正式的控制对某一控制缺陷的遏制或弥补。例如,某企业尽管存在信息与沟通方面的制度设计缺陷,但有一个良好的惯例:每天上班之前的半小时,管理层成员都自发地来到办公楼前的操场上,就昨天的生产、销售、安全、财务情况进行交流,然后回到各自的工作岗位。这样不成文的习惯做法成为该企业经理层以及经理层与董事会成员之间有效沟通的良好途径。

(三)内部控制缺陷认定与应对

缺陷识别和严重性评估在很大程度上属于技术层面的问题,但缺陷认定属于管理层面的问题。企业应建立内部控制缺陷分级授权认定制度以及纠偏责任落实制度,并将其嵌入内部控制评价组织体系。缺陷认定与负责采取纠偏措施两者间要权责对应。不同严重程度的缺陷由于风险、控制层次、纠偏难度(纠偏所涉及的部门或动用的资源)存在差别,需要由企业的不同层级来认定和承担纠偏责任。对于认定的属于运行环节的缺陷,应通过加强监督、提高执行力度的方法加以解决;属于设计环节的缺陷,应在采取纠偏措施的同时,着手修订内部控制设计。缺陷严重程度判断标准、认定与应对措施间的对应关系如表 9-6 所示。

表 9-6　内部控制缺陷判断标准认定与应对措施

缺陷影响程度	判断标准	认定并负责纠偏的机构	应对措施
一般缺陷	对存在的问题不采取任何行动,可能导致较小范围的目标偏离	内部控制评价部门	给予常规性的关注,将目前的状况调整至可接受的水平
重要缺陷	对存在的问题不采取任何行动,有一定的可能导致较大的负面影响	经理层	经理层应采取行动或者督促有关部门采取行动解决存在的问题,阻止对控制目标产生较大负面影响的事件发生;属于设计环节的缺陷,应在采取纠偏措施的同时,着手修改内部控制设计
重大缺陷	对存在的问题不采取任何行动,有较大的可能导致严重偏离控制目标	董事会	董事会给予关注,并督促有关部门立即进行原因分析、采取纠偏措施;属于设计环节的缺陷,应在采取纠偏措施的同时,着手修改内部控制设计

三、内部控制缺陷的对外报告

对外发布内部控制评价报告将成为对上市公司的强制性规定,但是需要厘清何种影响程度的内部控制缺陷应该对外披露、如何披露内部控制缺陷等技术层面的问题。

内部控制信息披露服务于投资者的权益保护以及投资者对企业投资回报的预期。财务报告之所以是投资决策的重要依据,原因在于它有助于投资者评估企业未来产生现金流量的金额、时间和不确定性,从而服务于投资决策。但是,依据财务数据对企业前景的预期能否成为现实和差异的波动方向取决于对未来不确定因素的管控。内部控制的有效性以及缺陷的严重程度决定着管控未来风险的能力以及预期变为现实的可靠程度。对外披露内部控制缺陷信息是企业必须承担的义务。但是,无论是从法律赋予管理层的义务层面上讲,还是从受托者对委托者承担的道义责任层面上讲,并不是所有的内部控制缺陷都必须对外披露。对外披露的缺陷信息应是对投资者制定投资决策、修正以往的投资决策产生影响的缺陷信息。缺陷的披露实际上起着风险提示的作用,只有较大可能偏离目标且危害程度较严重的缺陷才有必要对外披露。

内部控制评价报告的结论性内容是内部控制是否有效,核心内容是有关内部控制缺陷信息的披露。但是,"自我揭短"是需要勇气但又不是单凭勇气就能够实现的。我国近年来上市公司内部控制信息的自愿披露情况已充分印证了这一点。因此,《企业内部控制基本规范》已要求企业强制进行内部控制评价并对外披露内部控制评价报告。为了不折不扣地贯彻《企业内部控制评价指引》和《企业内部控制审计指引》,有关部门应该通过配套讲解内部控制指引等方式对内部控制缺陷披露予以规定和引导。有关内部控制缺陷的信息应至少披露以下内容：①内部控制缺陷的认定标准；②缺陷对外披露的标准；③按认定标准和披露标准确定的应对外披露的内部控制缺陷；④采取的缺陷整改措施；⑤采取缺陷整改措施后的剩余风险。

第五节 内部控制评价程序

企业可以自行组织评价机构进行内部控制评价，也可以委托中介机构实施内部控制评价。值得注意的是，即使委托中介机构进行内部控制评价，企业董事会仍需对评价结果承担责任。如果企业委托中介机构实施内部控制评价，必须注意：不得聘用为本企业设计内部控制系统的中介机构以及为本企业提供内部控制审计服务的会计师事务所为企业提供内部控制评价服务。

企业如果自行组织评价机构进行内部控制评价，通常应按以下程序进行：成立评价组织机构、制订评价工作方案、实施评价方案、编制和报送评价报告。

一、成立评价组织机构

与美国由管理层作为责任主体负责组织内部控制评价不同，我国内部控制评价主体是董事会，由董事会或类似权力机构对本企业内部控制的有效性进行评价。但是，董事会对内部控制评价和报告承担责任并不意味着由董事会具体组织与实施内部控制评价。在内部控制评价过程中，董事会应责成审计委员会指导内部控制评价工作。另外，内部控制评价应在监事会的指导下进行。关于内部控制评价的组织机构设立，通常有三种可选的做法：

（一）设立常设的、专门从事本单位内部控制评价的机构

大型企业尤其是大型跨国企业可以成立专司内部控制评价之责的内部控制评价机构，包括为满足外部监管要求、必须对外发布评价结果而进行的定期评价，以及基于特定目的而进行的专门评价。该机构应与负责内部控制设计的机构适当分离，以保证评价的独立性。

（二）按照评价的要求设置非常设的内部控制评价机构

企业在进行内部控制评价之前，从审计部门、财务部门、法律部门以及其他业务部门抽调有关人员组成内部控制评价工作组，具体实施内部控制评价。评价工作组应当吸收企业内部相关机构熟悉情况的业务骨干参加。评价工作组成员对本部门的内部控制评价工作应当实行回避制度。

（三）由内部审计部门负责内部控制评价

不设置专门评价机构的企业应该授权内部审计部门具体负责内部控制评价工作。由内部审计机构实施内部控制评价基于以下两点考虑：第一，内部审计部门具有相对独立性；第二，相对于其他部门而言，内部审计部门的工作内容和业务专长与内部控制评价

工作所涉及的内容以及所需的专业知识有着更加密切的联系。

大型企业集团的内部控制评价通常兵分几路同时进行。因此,无论是设置专门的评价机构或非常设评价机构,还是由内部审计部门负责内部控制评价,企业都很可能需要在评价机构下设立若干个内部控制评价工作组,在内部控制评价部门的指导下执行具体的评价事宜。

二、制订评价工作方案

企业内部控制评价机构应当按照评价的目的、范围,基于企业的经营活动分析高风险经营领域、重要业务事项以及管理中的风险,拟订评价工作方案,明确评价范围、工作任务,并根据企业规模和组织形式合理安排每一评价工作组的评价计划和评价进度,编制费用预算。企业在制订每一评价工作组的评价计划时,应对下属企业按经营领域和管理特点进行归类,并使每一评价工作组人员的知识和经验专长与所评企业的经营领域和管理特点相符合,从而最大限度地节省评价费用、提升每一评价工作组的工作效率与效果。评价工作方案在报审计委员会审核并经董事会或其授权机构审批后方可实施。

三、实施评价方案

（一）了解被评价单位的基本情况,确定评价范围及重点

评价工作组按照评价进度的安排,全面了解纳入评价范围的企业本部及下属单位的发展战略、业务经营范围及变动、组织机构设置及职责分工、管理方式及管理手段、经营业绩等基本情况。在了解被评价单位基本情况的基础上,确定评价范围、做好评价工作组成员之间的分工,并落实对各关键控制点及评价点的检查评价。

（二）实施现场检查测试

评价工作组应当对被评价单位进行现场测试,综合运用个别访谈、调查问卷、专题讨论、穿行测试、实地查验、抽样和比较分析等方法,广泛收集被评价单位内部控制设计和运行是否有效的证据,按照评价的具体内容,如实填写内部控制评价工作底稿,研究分析内部控制缺陷。

（三）认定控制缺陷、汇总评价结果

各评价工作组在识别被评价单位控制缺陷并对缺陷进行初步分类的基础上,由企业内部控制评价机构会同各评价工作组对被评价单位的控制缺陷进行初步认定并汇总初步认定草案。评价机构将认定草案按认定权限分别提交内部控制评价机构、经理层和董事会认定,并由认定机构制定相应的缺陷整改措施。

四、编制和报送评价报告

企业内部控制评价机构在按权限进行缺陷认定、汇总评价结果的基础上,结合内部控制评价工作底稿和内部控制缺陷汇总表等资料,按照规定的时间和要求编制对外披露

的内部控制评价报告与内部管理建议报告。

《企业内部控制评价指引》第五章对内部控制评价报告的编制和报送做了明确的规定。内部控制评价报告至少应当包含如下内容：

(1) 董事会对内部控制报告真实性的声明。公司董事会及全体董事保证内部控制评价报告所载内容不存在任何虚假、误导性陈述或者重大遗漏，并对内容的真实性、准确性和完整性负个别及连带责任。

(2) 内部控制评价工作的总体情况。该部分披露内部控制评价工作的组织安排和评价计划的落实情况。

(3) 内部控制评价的依据。该部分说明企业内部控制评价所依据的法律法规及规章制度，通常包括《企业内部控制基本规范》、各项应用指引、评价指引以及企业按上述法律法规制定的本企业内部控制制度。

(4) 内部控制评价的范围。该部分披露企业内部控制评价所涉及的下属单位范围、纳入评价范围的经营领域、业务事项，以及重点关注的高风险经营领域和重要业务事项；评价中省略领域和事项的原因及其对评价结果客观性的影响。

(5) 内部控制评价的程序和方法。本部分描述评价中所遵循的流程，以及针对各经营领域和业务事项所采取的评价方法。

(6) 内部控制缺陷及其认定情况。本部分说明重大缺陷、重要缺陷、一般缺陷的区分及具体认定标准，并声明认定标准与以前年度是否保持一致；若对认定标准做了调整，应列示并说明调整的具体内容、调整的原因。本部分还应声明本评价期末是否存在重大缺陷、重要缺陷、一般缺陷，对存在的控制缺陷需做详细说明。

(7) 内部控制缺陷的整改情况及重大缺陷拟采取的整改措施。对于前期存在的缺陷以及评价期间发现、期末已完成整改的重大缺陷，应提供证据表明缺陷已得到有效整改、相关内部控制设计有效和运行有效。对于评价期末存在的内部控制缺陷，企业应披露拟采取的整改措施及预期效果。

(8) 内部控制有效性的结论。根据内部控制有效性标准、缺陷认定标准和评价结果做出评价结论。评价结果认定企业不存在内部控制重大缺陷的，方可出具内部控制有效性的评价报告；反之，不可出具内部控制有效性的评价报告。对于存在的重大缺陷，需要说明重大缺陷的性质、企业未来面临的风险以及对控制目标的影响程度。对于内部控制评价报告基准日起至评价报告报送日止所发生的重大缺陷，应由内部控制评价机构进行核查，确属重大缺陷的，应调整评价结论并说明拟采取的整改措施。

本章小结

内部控制评价是企业董事会或类似权力机构对内部控制的有效性进行全面评价、形成评价结论、出具评价报告的过程。内部控制评价必须保证设计的有效性和运行的有效性。内部控制的设计有效性是指为达到控制目标所必需的控制要素都已包含在控制过程中且设计恰当，内部控制的运行有效性是指现有的内部控制按照规定程序得到了正确执行，设计有效性是运行有效性的必要条件。企业应当按照相关规定，针对自身已建立的内部控制制度,围绕内部环境、风险评估、控制活动、信息与沟通、内部监督五要素,对内部控制设计与运行情况进行全面评价。内部控制评价得出内部控制是否有效的关键在于判定内部控制是否存在缺陷、缺陷的类型及采取的措施。企业通过成立评价组织机构、制订评价工作方案、实施评价方案、编制和报送评价报告等程序完成内部控制评价,达到持续改进和完善企业内部控制的目标。

思考题

1. 内部控制的有效性主要涵盖哪两个方面?
2. 内部控制评价的内容包括哪几部分?每部分的具体评价内容是什么?
3. 如何识别、认定、评估内部控制缺陷?
4. 企业自行组织评价机构进行内部控制评价时遵循什么程序?

案例分析题

财政部会计司、证监会会计部、证监会上市部、山东财经大学于2017年1月联合发布了《我国上市公司2015年执行企业内部控制规范体系情况分析报告》,该报告对2014—2015年主板、中小板和创业板上市公司内部控制缺陷认定标准披露情况进行了比较,具体资料如下:

分类	主板				中小板+创业板			
	2015年		2014年		2015年		2014年	
	家数	占比(%)	家数	占比(%)	家数	占比(%)	家数	占比(%)
财务报告未区分定量和定性标准	9	0.64	41	2.98	4	0.33	18	2.44
非财务报告未区分定量和定性标准	29	2.06	102	7.42	17	1.39	41	5.55
财务报告未区分重大和重要标准	16	1.14	53	3.86	23	1.88	8	1.08
非财务报告未区分重大和重要标准	16	1.14	60	4.37	30	2.45	8	1.08
财务报告定性标准不够详细	101	7.19	120	8.73	45	3.67	30	4.06
非财务报告定性标准不够详细	137	9.75	134	9.75	310	25.29	216	29.23

思考:阅读上述资料并查阅《我国上市公司2015年执行企业内部控制规范体系情况分析报告》全文,分析2014—2015年主板与中小板和创业板上市公司内部控制缺陷认定标准披露方面的差异,并分析差异产生的原因,为完善我国上市公司内部控制缺陷认定标准制定及披露提出建议。

参 考 书 目

1. 〔美〕安德鲁·D. 贝利等,《内部审计思想》,王光远等译,北京:中国时代经济出版社,2006年版。
2. 财政部会计司,《企业内部控制规范讲解》,北京:经济科学出版社,2010年版。
3. 〔美〕罗伯特·R. 穆勒,《COSO内部控制实施指南》,秦荣生等译,北京:电子工业出版社,2015年版。
4. 秦荣生,《内部控制与审计》,北京:中信出版社,2008年版。
5. Treadway委员会发起组织委员会(COSO)发布,《内部控制——整合框架(2013)》,财政部会计司组织翻译,北京:中国财政经济出版社,2014年版。
6. 〔美〕约翰·C. 肖,《公司治理与风险》,张先治译,大连:东北财经大学出版社,2009年版。
7. 杨雄胜、夏俊,《内部控制评价》,大连:大连出版社,2009年版。
8. 杨有红,《企业内部控制系统——构建·运行·评价》,北京:北京大学出版社,2013年版。
9. 中国会计学会,《企业内部控制自我评价与审计——操作指引与典型案例研究》,大连:大连出版社,2010年版。

教辅申请说明

北京大学出版社本着"教材优先、学术为本"的出版宗旨，竭诚为广大高等院校师生服务。为更有针对性地提供服务，请您按照以下步骤在微信后台提交教辅申请，我们会在1~2个工作日内将配套教辅资料，发送到您的邮箱。

◎ 手机扫描下方二维码，或直接微信搜索公众号"北京大学经管书苑"，进行关注；

◎ 点击菜单栏"在线申请"—"教辅申请"，出现如右下界面：

◎ 将表格上的信息填写准确、完整后，点击提交；

◎ 信息核对无误后，教辅资源会及时发送给您；如果填写有问题，工作人员会同您联系。

温馨提示：如果您不使用微信，您可以通过下方的联系方式（任选其一），将您的姓名、院校、邮箱及教材使用信息反馈给我们，工作人员会同您进一步联系。

我们的联系方式：

通信地址：北京大学出版社经济与管理图书事业部
　　　　　北京市海淀区成府路205号，100871
联 系 人：周莹
电　　话：010-62767312 / 62757146
电子邮件：em@pup.cn
Q　　Q：5520 63295（推荐使用）
微　　信：北京大学经管书苑（pupembook）
网　　址：www.pup.cn